股权争议的处置与防范
股东法律羊皮书
（第二版）

吕俊山 / 著

本书旨在为股权争议的处置与防范提供知识、方法和法律思维的训练

根据《民法总则》《公司法司法解释（四）》等修订

SHAREHOLDERS' EQUITY DISPUTES

北京大学出版社
PEKING UNIVERSITY PRESS

图书在版编目(CIP)数据

股权争议的处置与防范:股东法律羊皮书/吕俊山著.—2版.—北京:北京大学出版社,2018.5

(法商丛书)

ISBN 978-7-301-29410-9

Ⅰ.①股… Ⅱ.①吕… Ⅲ.①股权管理—公司法—研究—中国 Ⅳ.①D922.291.914

中国版本图书馆 CIP 数据核字(2018)第 052188 号

书　　　名	股权争议的处置与防范——股东法律羊皮书(第二版) GUQUAN ZHENGYI DE CHUZHI YU FANGFAN——GUDONG FALÜ YANGPISHU(DI-ER BAN)
著作责任者	吕俊山　著
责 任 编 辑	陆建华　方尔埼
标 准 书 号	ISBN 978-7-301-29410-9
出 版 发 行	北京大学出版社
地　　　址	北京市海淀区成府路 205 号　100871
网　　　址	http://www.pup.cn　http://www.yandayuanzhao.com
电 子 信 箱	yandayuanzhao@163.com
新 浪 微 博	@北京大学出版社　@北大出版社燕大元照法律图书
电　　　话	邮购部 62752015　发行部 62750672　编辑部 62117788
印 刷 者	三河市北燕印装有限公司
经 销 者	新华书店
	730 毫米×1020 毫米　16 开本　22.75 印张　428 千字 2015 年 1 月第 1 版 2018 年 5 月第 2 版　2018 年 5 月第 1 次印刷
定　　　价	59.00 元

未经许可,不得以任何方式复制或抄袭本书之部分或全部内容。

版权所有,侵权必究

举报电话:010-62752024　电子信箱:fd@pup.pku.edu.cn

图书如有印装质量问题,请与出版部联系,电话:010-62756370

第二版修订说明

《公司法司法解释（四）》颁布不久，编辑陆建华先生就来电建议对本书进行及时修订。在为北京大学出版社编辑对读者高度负责的态度而赞叹的同时，也为我国法律变化速度而感叹。从本书2015年初出版至2017年8月末《公司法司法解释（四）》出台，才不到三年时间。本书的目的，重在训练读者的法律思维，而法律思维具有较强的稳定性，不会因为法律的调整而轻易改变；但是，旧法如果不及时更替为新法，则一定会给读者带来一些阅读的不便，从而影响本书所传递法律知识的准确性。

本次修订，不仅解决了公司法司法解释相关法律文本和《民法总则》对《民法通则》的替换和衔接问题，还专门参考《最高人民法院公司法的司法解释（四）理解与适用》和最新版的《最高人民法院关于公司法司法解释（一）、（二）理解与适用》《最高人民法院关于公司法解释（三）、清算纪要理解与适用》的内容和理念对本书进行了补充。同时，本书还吸纳了笔者在最高人民法院第一巡回法庭提供法律咨询的经验，近期成功办理的特别复杂的股权争议案件的经验，以及参与仲裁案件的最新经验，对部分内容进行了新的补充或调整。

但是，很多问题的介绍或者阐述只能服从该知识点对应的层级安排，而不同知识点的层级又要服从整本著作的布局。因此，有些内容修订之后仍然会让一些对公司法理论和实务研究特别深入的专业人士觉得"不解渴"，有些内容甚至会让一些专业人士认为"不够专业"。这些缺憾，也是为了追求本书的写作目的而难以避免的。因为本书并不准备在很多问题上进行非常前沿的探讨，除非这些问题对公司法实务具有重要的作用。也就是说，本书不从来不打算做偏离实务，对实务无益的探讨。

对有些知识点的苛求，可能会颠覆我们的现有知识，但是这些颠覆如果并没有实际的价值，我就不做这方面的尝试，而满足于说得过去的"通说"。原因在于，一方面，充分的论证需要过多的篇幅——这样容易挤压其他知识点的空间；另一方面，论证得出的结论因为不是通说，在一般情况下对法律实务并无多大益处，就多少显得怪异——比如《孔乙己》中的"回字有四样写法"，掌握住这些知识只是多些饭后谈资而已。关于对赌协议，就是这类知识的典型。关于这类知识，读者如果有特别的兴趣，当然可以展开更深入的研究，但如果和本书对相关知识点的介绍一样满足于通说，对法律实务工作并无大碍。本书的内容和体系简明却并不简单，如果一个法律人真正掌握了本书的体系和精髓，再加上丰富的实践经验，就足以事先分辨出哪些是你所面对案件的确定性结论，哪些是不确定的结论。

读者中的不少律师、企业法律顾问、企业家、高校老师和法学院研究生甚至个别法学本科生给了我很多积极的反馈，在网上书店"当当网"，本书的好评率也超过99%。不足1%的差评，激励着我努力将本书修订得更加完美，因为买书就意味着信任，读者的不完全满意几乎和委托人的不完全满意一样会让我感到深深的不安。

特别感谢西南政法大学的郑达轩老师在百忙之中为本书提供书名的英文翻译。感激之中带着不少羞愧。郑达轩老师在为我们讲授博士英语课程期间，认真而充满激情，并在工作和学术研究上给了我很高的期许。每当参考英文资料时，郑老师仿佛就在我的身边，郑老师的期许一直是我前行的动力。如果本书能够对研习中国公司法的各界人士有所帮助，将归功于母校西南政法大学和中国政法大学的老师们对我的培养，也归功于我的家人对我治学所必须花费大量时间的忍耐和支持。

广东吕博士律师事务所　吕俊山
2018 年 3 月 24 日

超越经验（代序）

有经验的人都知道，争议总会存在，因为利益分配不会绝对公允，人们彼此也不会永远认同。争议一定会涉及法律问题，但争议不一定会公开化，更不一定要用诉讼的方式解决。股权争议也是如此：公司的股东、股权投资的相关各方、企业股权激励或者虚拟股权激励的各方、股权转让或者股权继承的各方、重组并购的各方，等等，一般都会谨慎考虑各自的利益和企业利益分配的格局和变化，并在最大限度上维护自己的利益。这些经验，正是本书有力的支撑点。

本书离不开经验，但又超越经验。因为本书的目的，在于为股权争议的处置与防范提供知识、方法，并训练读者的法律思维，这就决定了本书既不能满足于书本知识或者满足于对法律条文的理解，也不能满足于现有的经验，而是要将现有的知识、方法、经验根据本书的写作目的进行新的审视、筛选和进行新的建构。读者也是一样，不能把书中的知识、方法、经验完全作为教条对待，而应当从知识体系入手，理解和掌握知识和经验的精华。

一、股东博弈的复杂性

股权争议，是矛盾各方博弈的开端、过程和结果。用博弈的思想理解股权争议，是阅读本书和处理股权问题的诀窍。博弈需要的基本假定是，首先，博弈的各方都倾向于选择对自己最有利的战略，即占优战略——"不论其他参与人选取什么战略，对该参与人来说都是最好的战略"①。其次，当事人遵守某种制度是考虑成本因素的，即在遵守制度获得的收益总是等于或者大于遵守制度的成本的前提下，当事人才有动力遵守这种制度。② 这里的制度可以是法律，可以是道德，也可以是企业的具体制度。

战争和游戏，都是博弈的种类。我们可以用战争的思想来理解股权争议，而且很多人也习惯这样对待股东之间的争议。我们应当注意的是，要站在统帅的角度从战争的全局出发对待战争中的对抗和妥协、策略和技巧、目的和成本，而不能陷入单纯的你死我活、不计手段的肉搏战幻想的泥潭，不能过分关注激烈的对抗，却忽视了博弈形势的变化。我们用下棋作类比来理解股东之间的博弈，也很贴近问题的实质。但是，股东之间的博弈显然不是一般的游戏，股东博弈的结果决定着股东利益的得失甚至是事业的成败，所以，如果一定用下棋来帮助理解股东之间的博弈，可以把股东之间的博弈看做是以股东的相关利益和事业作为筹码的一盘大棋。

我们也可以用扑克牌或者其他自己熟悉的游戏，帮助理解股东之间博弈的规律。应当注意的是，用任何游戏作比喻，都要明白股东之间的博弈不是生活中的小游戏，而是重大利益的争夺和安排。

股权争议是法律领域中的一个涉及公司法、税法、证券法和民法、刑法、行政法以及诉讼法等多个法律部门的专业领域，相关的法律规则复杂而且专业性很强，熟悉和把握均有一定难度。股权争议的规则，有些规定在法律条文之中，有些规定在公司的章程和制度中，还有些隐藏在法律条文之外复杂多变的现实之中。

本书不满足于博弈理论通常的假设和结论，而是仅仅借用博弈的思想研究一些通常的模式。事实上，发生争议的股东，不一定都是坚持一贯行为方式的人；股东所考虑的因素，也不一定都是单纯的金钱和商业利益。现实中各式各样的影响因素，在处理股权争议的过程中，都是不可忽视的变量。于是，每一个争议都是独特的，每一个争议也正因为独特而散发着法学的魅力。

二、法律的现实性

实质上的股权争议，表面上可能是其他争议；反过来，实质上的其他争议，表

---

① 〔美〕道格拉斯·G. 拜尔、〔美〕罗伯特·H. 格特纳、〔美〕兰德尔·C. 皮克：《法律的博弈分析》，严旭阳译，法律出版社1999年版，第7页。
② "一种法律规则如果要在不论对方怎么做的情况下都能保证双方当事人对激励保持适度谨慎，则必须要求当事人从谨慎中获得的收益总是等于或超过谨慎的成本。"〔美〕道格拉斯·G. 拜尔、〔美〕罗伯特·H. 格特纳、〔美〕兰德尔·C. 皮克：《法律的博弈分析》，严旭阳译，法律出版社1999年版，第25页。

面上也可能是股权争议。这是现实。股权争议，可以通过法律途径解决，也可以通过其他途径解决。法律的作用，在不同的地区、不同的个案中是不同的。这也是现实。法律途径，始终是不可回避的话题。这还是现实。

现实中的博弈双方，在很多方面都存在强势和弱势之分。法律上的强势，和其他方面的强势不可互相替代。坚持法律上的强势地位，并不是件非常容易的事情。"你跟领导讲法律，领导跟你讲政治；你跟领导讲政治，领导跟你耍无赖；你跟领导耍无赖，领导跟你讲法律。"[1] 一旦失去了法律底线，不论经历了什么样的过程，也无论事实上谁更应当承担责任，最终承担更多法律责任的人，往往都是那些在博弈中处于弱势又不坚守法律底线的人。这仍然是现实。

当一个人不希望谋求自己在法律领域里的优势地位时，本书的法律处置和防范部分会变得艰涩难懂；相应的，法律处置和防范领域很可能成为自己的软肋。而正视现实，是卓越法律人的基本素质；正视现实，也是卓越法律人开展工作的基本前提。正视现实，才会积累真正有用的经验；正视现实，才会让写在纸上的案例活起来，"纸上谈兵"也会感同身受。法律人如此，其他读者也应当如此；否则，自己理解的法律便只是自己想象的法律，而不是现实生活中的法律。

三、股权法律服务的评价标准

以方案风险可控，成本、风险和收益平衡，委托人满意这三项指标衡量法律服务的质量，能够帮助律师作出正确的决策，也能够帮助读者在发生股权争议时对律师服务作出客观的评价。

（一）股权博弈方案风险可控

股权博弈方案风险可控，指的是与股权争议和实施过程相关的方案设计应当坚持风险可控，并确切理解法律的底线。

方案坚持明确区分历史性、现实性和前瞻性，坚持明确区分法律的合法、非法、灰色三个地带，并从实务的角度进行设计。每个方案都是量体裁衣后制作成的合身的衣服，每个方案都具有自己的独特性，每个方案都是一件艺术品；换个角度说，看似完全一样的法律事务，针对此时此地此人的法律设计方案，很可能不适合彼时彼地彼人。拿别人的衣服来穿，是否合身、是否卫生等问题必须重新审视；抄袭别人的方案来用，也应该重新审视方案的适用性和风险问题。

那种从网上下载一个方案就去套用的做法，是非常不可取的。读者一定要认真

---

[1] 郭光东：《讲谁的法律》，载南方周末网（http://www.infzm.com/content/48260），访问日期：2014年12月25日。

衡量现有方案对自己的法律事务是否适用，有无矛盾之处，一定要使方案的风险可控才成。

（二）成本、风险和收益平衡

成本、风险和收益平衡，指的是科学评判方案的成本、风险和收益，避免超过委托人的实际承受能力去追求"最佳方案"式的纯理论化方案，坚持站在整体的高度，综合衡量现有风险和可能风险、实际成本和可能成本、自身利益和社会影响、眼前利益和长远利益。

绝对要避免因小失大和盲人摸象。有时，律师要对有些委托人明确地说"不"，不让委托人因为其自身的认识偏差遭受更大的损失——除非委托人书面同意在明知将因小失大的情况下坚持己见。① 读者在处理股权争议中也应当注意这些问题。

（三）委托人满意

委托人满意，不同于诉讼中的胜诉。因为律师法律事务范围较广，除了诉讼法律事务之外，还有种类繁多的非诉讼法律事务。在诉讼法律事务中，有些当事人坚持诉讼的目的可能不是胜诉，而是拖延、最大限度减少损失、不屈从于对方等。所以，当事人满意这个标准要比胜诉宽泛很多。而且，同样是胜诉，有些当事人并不满意，因为他可能希望获得胜诉之外的非法利益或者希望律师费更低一些，甚至胜诉后还能退还给自己一些律师费。律师这一方的情形也很复杂，因为有些律师能处理好法律事务，但是不一定能读懂委托人的心思。有些律师在处理法律事务中已经做得非常完满了，但会因为过于繁忙等原因沟通不足，同样会给当事人造成"律师不尽责"的错觉，结果是当事人仍然不满意。

当事人不满意，不能排除律师的执业水平低下、道德低下的极端情形——和其他行业一样，鱼龙混杂的局面似乎也是律师界的常态。当事人如果对律师不满意，可以通过律师事务所、当地律师协会进行协调，处理争议，也可以按照合同约定通过诉讼或者仲裁解决争议。律师与委托人出现纠纷的本身，也是对律师提高自身水平的警示，出现纠纷后律师应当多从自己本身找原因、不断提升客户的满意度，因为律师业毕竟是服务业，应当和其他服务业一样奉行"顾客是上帝"的宗旨。

但是，委托人满意不是唯一的标准，律师应当有自己可以坚持的领域，否则就会丧失执业的原则和自我，在工作中与自己的目标渐行渐远而最终迷失。这一点，律师执业时间越长，体会就越深刻。对于读者来说，应当注意自己律师所坚守的领域是否超越了法律规定与合同约定的范围。

---

① 委托人坚持对自己不利的行为，可以理解为委托人还有其他不便向律师透露的信息。在这种情况下，律师为了防范执业风险，可以让委托人在备忘录或者类似文件上签字确认。

四、处理股权法律事务的坐标

处理法律事务应有三个坐标——现实的角度、整体的高度和发展的视野。三个坐标是处理好法律事务的基本维度,也是作者多年处理法律事务经验的概括和总结。本书提供的处理问题的方法,是用上述三个坐标衡量的结果,因此本书提出的各种方法从整体上看是统一的。读者可以把书中的经验、方法作为整体中的一部分来看待,在把握全书体系和精神的基础上,结合本书写作的时代特征,根据自身的独特情况,在主动思考中阅读,切忌刻舟求剑、邯郸学步。

(一)现实的角度

本书立论的起点,是法律问题的现实性和处理方案的实用性。现实性和实用性在这里几乎可以画上等号。但是,为了避免被贴上"实用主义"等容易引人误解的标签,我将这种立足点称为观察问题的"现实角度"。

引用歌德的名言"生活之树常青,而理论是灰色的",突出现实角度的重要性在这里是再恰当不过了。在法律人所努力构建的法律面前,生活有时活泼得让法律显得有些尴尬,现实中的法律问题有时会复杂得让法律人、当事人难以适应。法律有其不足,应对现实问题会出现力有不逮的时候,妙处也正在这里:以自成体系的和相对固定的规则来处理变化多端的现实问题,有所不足又无所不能,相对稳定又不断发展。

无论对待任何法律问题,都应以现实的态度提出现实的方案是律师的第一要务。作为律师,即使是一名久经沙场的律师,不管已经掌握了多少法律和生活的规律和规则,都应当用庖丁解牛的态度处理法律事务,遇到疑难法律问题时"怵然为戒"[①];在新的法律事务面前,都应当虚心准备应对可能出现的新变化。

(二)整体的高度

从整体的高度处理法律问题,是高水平律师的必然选择。就像高水平医生看病一样,绝不头痛医头,脚痛医脚。高水平医生看病,既要除掉病根,又要尽量减少对病人身体的伤害,例如治疗肝病要想到药物会不会影响到肠胃的功能。

从整体的高度看问题,更容易找到问题的答案。究其原因,在于站在整体的高度解决局部问题,可以避免盲人摸象一样的偏差。

(三)发展的视野

发展,是变化的另一种说法。变化,可以是进步,也可以是退步,也可以仅仅

---

① 关于庖丁解牛过程中遇到困难部分的描述,参见《庄子·内篇·养生主》:"虽然,每至于族,吾见其难为,怵然为戒,视为止,行为迟。动刀甚微,謋然已解,如土委地。"

是不同。以发展的眼光处理法律事务，要看到法律事务的发展规律、发展方向以及种种变数的概率。

用发展的眼光处理法律事务，会让人更容易发现时机、更容易准确计算成本、更容易比较博弈各方的策略，当然就更容易找到真正适合的方案。

五、合法博弈的假设

和在其他活动中一样，在股权投资、股东合作过程中，人们有机会为了自己的利益做出错误的事情。只是每个人的错误可能付出的代价不同而已：刑事的、行政的、民事的、道德的；近期的、长期的；隐性的、显性的；小的、大的；与错误匹配的、与错误不匹配的。

股东之间的博弈、股东和高管的博弈、公司和员工的博弈，既可以推动股东行为、高管行为和公司的运行合法化，也可能造成股东、公司、员工的部分或者整体损失。

本书的定位是在合法层面展开博弈。合法的博弈，也会使股东、高管、员工在实质上处于不公平的地位；有预见的、连续的合法博弈，能够达到现行法律框架下的各方法律表面均衡和实质上的不均衡状态。在公平和效率这两个要素的匹配问题上，任何要素的重要性和纯粹性都不可能被无限度地提高。就像家庭主妇日常购物一样，需要对"时间"和"价格"这两个因素进行匹配：到所有地方寻找便宜货，必须花费最多的时间；花费的时间最短，则花费的金钱可能最多——绝对强调任何一个因素都是不理性的，也是不现实的。现行法律规定给效率和公平提供了基本框架，这个基本框架在不同的地区有不同的弹性。法律和法律运用的规则，就是我们法律生活的游戏规则。越懂得游戏规则并充分利用这些游戏规则，在合法层面的博弈中就越能占到更多的优势。

虽然本书以合法的博弈假设为基本前提，不过书中也提到了某些灰色甚至黑色的领域设计。因为律师要面对各式各样的现实，所以律师应当对合法博弈之外的领域也有所了解。以合法博弈假设为前提，并不是表明对合法博弈之外的领域一无所知和束手无策。

六、像律师一样思考

有个笑话讲到，一个丈夫向妻子炫耀，说自己在5分钟内打死了10只苍蝇，"4只公的，6只母的"。妻子问他是怎么分辨苍蝇的公母的，丈夫解释道，"再简单不过了——公的在酒杯上，母的在镜子上"。①

　　律师不应当像这个笑话中的丈夫一样用自己的经验推测另一个领域的知识，律师应当是用法律思维解决问题的专家，并且把注意力集中在解决问题的层面上——拿上面的笑话作例子，对律师而言，消灭 10 只苍蝇是问题的终结，苍蝇的公母则是律师思考范围之外的问题。这并不是说，律师不应当深入地研究问题，而是说，好的律师，包括好的学者型律师，都不应当把注意力放在无现实意义的问题上去。

　　Think like a lawyer，通常翻译作"像律师一样思考"。施天涛教授认为，除此之外，还要 Practice like a lawyer，即"像律师一样实践"。② 由此可见，法律思维和法律运用能力对学习者的重要性。通过本书的研读来帮助读者养成法律思维和法律实践能力，是作者的目标之一。细心的读者可以通过文字体会到，作为一名执业多年的 lawyer（律师），作者是如何运用法律思维处理股权争议有关问题的。

　　律师最宝贵的东西是什么？答案不只是"时间"，因为这个问题没有标准答案。以下这些命题，不是"如何像律师一样思考"这类问题的参考答案，只是作者多年从事律师业务的心得，或多或少在本书中有所体现。因为语句短小，有些容易被错误理解，比如第一句——"不多说话，不多管事"，不是说律师可以不为社会作出自己的贡献，而是要珍惜自己的时间，珍惜自己的判断。希望这些命题能够经得起时间的检验，也希望这些语句能够帮助读者理解本书的内容，帮助读者理解那些始终坚持法律理想和职业操守的律师们。

- 简单说来，好的律师，不多说话，不多管事。
- 律师是委托人的律师，法官是国家的法官。
- 委托人是律师的客户，不是律师的主宰。
- 律师，承载着委托人的希望，是社会天平的一端，不必迎合世俗的偏见。
- 你的疏漏，成就了对手。
- 不精通法律实务，就不要谈论法律设计。
- 博弈双方都有自己的律师的时候，博弈也不单是律师和律师的较量。
- 如果为自己目前的不利处境而沮丧，你的处境将会更加不利。
- 事前，穷尽所有不利的情形，并坚持进一步追问——"那该怎么办？"事后，往往会发现一些糟糕的情形并没有发生。
- 对待问题，律师的任务是应对，不是应付，也不只是解决。
- 不要轻易把你的财富放在法律的灰色地带，因为那里不会纯粹是你的地盘。

---

① 引自《中国青年报》1991 年 12 月 29 日刊。
② 参见施天涛：《公司法论》，法律出版社 2006 年版，"代第一版序"，第 1 页。

- 不是法律偏向你，而是你不违反法律。
- 遇到麻烦，不都是因为不符合法律规定；但不符合法律规定，很容易遇到麻烦。
- 法律确定了人们行为的底线。从这个意义上说，法律注定不是理想公民的标尺。
- 行为的底线，只能从法律中寻找，而不能到金钱和人际关系中去寻找。
- 多少呼风唤雨的人物倒下了，伴随着一系列被揭开的内幕；始终坦然享受生活的，是清白守法的公民。
- 误解法律的人，容易误解现实。
- 有时候，法律规则仅仅是裁判的借口。
- 法律程序，也会成为非法勾当的工具。

编写说明

本书不是一般的教科书类的全面介绍股权、股份知识的书籍，也不是纯粹实务经验的总结和介绍，而是为了实用而写的，意在让人比较透彻理解股权、股份知识和把握相关争议处置方法和技巧的一部书。本书的目标，是既能解决实务中出现的主要问题，又要把道理说到位；既让读者明白该怎么做，又让读者明白为什么要这么做。

本书最重要的特征，是内容分级，用星号（☆）从一颗星到四颗星，按照难度由低到高进行标注。标注为一颗星的内容，难度一般要小于两颗星的内容，依此类推，四颗星难度最大。对于读者而言，如果对标注为一颗星的基础知识尚未理解和掌握，则难以真正读懂两颗星及其以上的内容。学不躐等，循序渐进，是本书内容分级的原因和根据。

一、读者范围

第一类：与企业有关的高端人士。包括股东、股权投资者（包括有"合伙办企业"计划的投资者）[1]、企业实际控制人、企业高级管理人员、董事、监事。这是本书主要的读者群。

第二类：与企业股权有关的人群。包括可能与企业股权激励、虚拟股权激励有

---

[1] 通常人们所说的"合伙办企业"或者"合伙开公司"，实际上多指共同设立公司，不是创办"合伙企业"。我们需要面对的现实是，法律语言在生活中运用得并不普遍。法律人没有必要强迫别人用法律语言，也不必对外行人士鄙夷不屑，因为毕竟"术业有专攻"。

关的企业人员，包括家族企业的家族成员，也包括因为继承、赠与、放弃、债（侵权之债、合同之债）等法律关系而涉及企业股权的人士。

第三类：与股权有关的理论研究者。包括对法律实务有需要的公司法、税法、反垄断法、诉讼法以及经济犯罪领域的理论研究者，包括大学教师、有能力的研究生和其他类似的学者。

第四类：其他对股权争议、股东诉讼、股权设计有需要的学习者和研究者。

需要特别说明的是，上述列举的读者中，没有特别指明包括法官、律师、企业法务人员和大学本科生，但是他们也可能是本书的读者。股权争议和防范，是一个需要综合知识和技能、经验的领域，更是一个需要真正虚心面对、潜心钻研、戒骄戒躁的领域。老道的法官、律师和企业法务人员，如果带着挑剔的绣花针是很容易被本书中看似熟悉的知识宠坏的。对大学本科生而言，因为实务经验的不足，新颖的知识或者独到的技巧也可能会显得平凡无奇。对经验老到的法官、律师、企业法务人员或者经验不多的大学本科生来说，如果静下心来把本书当成一个多层级的测试套题，关注自己还没有熟悉的知识，估计也会有所收获。至少，本书的作者，作为执业多年的学者型律师，试图将本书打造成覆盖股权争议主要领域的法律人经典，希望在"传道""解惑"方面都有所突破。

二、内容分级

具体而言，本书内容按照难度和重要性分为如下几个级别：

一星（☆）：标记为一星的内容，是最重要的知识，也是最基本的内容。不理解这部分内容，将无法展开阅读。如果对自己没有特别的把握，建议挑选几个带一星标记的内容看一下；如果没有太多问题的话，就可以直接学习二星的内容。

二星（☆☆）：标记为二星的内容，大都属于拓展性知识。全部理解这类知识，就能比较顺畅地吸收本书的精华。但是，假设满足于二星水平，则可能仍然停留在纸上谈兵的阶段。这个阶段的特点就是提起什么都懂，看着什么都容易，但是一遇到实际中的难题，就容易落入对手圈套。

三星（☆☆☆）：标记为三星的内容，属于难度较大的知识或者实践经验。掌握这些内容，属于需要深刻而系统的知识和经验支撑。从一星、二星到三星，就像一个中医学院学生从入学、毕业到成为一个知识和经验都非常丰富的老中医一样。毋庸讳言，属于这个层次的实践经验，不论和老生常谈多么相似，都需要认真对待。

四星（☆☆☆☆）：标记为四星的内容，多数属于探索和研究领域。这些内容可能有不止一种观点和理由，希望学有余力的读者能够进一步运用法律思维进行深入的思考。探索和研究，可以让人深入理解法律的困境和实践的困难，也可以让人更具体地明白法律途径其实是一种选择，是带有强烈实务色彩的选择，其目的是为了把问题迅速处理掉并追求适可而止的公平、正义，是力求达到能够为现实社会所接受的效率与公平、正义的平衡而不是一味追求绝对的公平、正义却不顾效率。本书给出的四星内容，较多集中在后部的裁判文书，由此可以看出作者对裁判文书的态度——裁判文书不是法律理论和法律实践的终结，而是探索和研究的一个样本；即使裁判文书已经生效，探索也不能就此停步。

虽然内容已经分级，作者也一直力图降低各级知识的阅读难度，争取使表述易于理解，内容安排的根据是咨询的经验和知识的逻辑结构，与教科书式的"大而全"的安排不同。一星、二星、三星、四星，是依据内容难度和读者建立有关知识体系的认知阶梯而设定的，但是划分本身并不具有绝对性。如果对某些内容不太理解，可以由较低一级的相关内容入手或者结合本书其他部分相关内容一并研读。

为了照顾不同层次读者的需求和特点，不同星级内容的语言特点也不相同。星级较低的内容比较通俗、形象，行文尽量不用长句子和复句，尽量少用注释；星级较高的内容更强调用词准确和逻辑严密，长句子和复句比较多见，注释相对较多。因为不是学术论文，本书在引用作者的法律实务经验和真实见闻时，多数没有专门解释；因为保密的习惯和对委托人的尊重，本书在引用作者办理的法律事务时，不透露具体案件事实或者委托人甚至对方当事人的信息。这样做的结果是书中的有些表述可能类似于道听途说或者无端猜测。所以，作者虽然可以保证本书基于作者经验内容的真实性和引用资料符合学术规范，但是希望读者不要把本书从整体上按照学术论文的标准去衡量和评判。

三、快速搜索答案

如果仅仅是需要寻找特定问题的答案，可以根据关键词，以目录为索引确定有关知识点并进一步寻找答案。比如，"给朋友开的公司当挂名股东，有什么问题没有？会不会承担个人责任？"通过目录可以查找到"股东与股权""名义股东""股东的有限责任"等知识点，通过对这些知识点的研读，帮助解决问题。

但是，可以实事求是地说，如果没有公司法的基础知识，直接根据目录搜索问题的解决方案，不是最短时间内获得正确答案的捷径。只有真正理解标记为一星的基础知识，才可能理解按照目录搜索到的知识、方案或者建议。或者说，一个不具备基础知识的纯粹的"外行"，最好先变成"内行"，再从本书中搜索相关知识，才会更准确地找到有关内容。

和传统考试中的答案不同，本书的方案或者建议，如果不考虑此时、此地、此人、此事的真正实际情形，都将会严重减损其应有的价值。换言之，不能以教条的态度或者在一知半解的情形下,照搬本书中的具体结论。特别对书中案例的研读,必须注意和真切理解具体案例在我国司法体制中作用的局限性。

四、熟悉相关法律

理解和掌握了三星的内容并深入研读书中列举的相关案例,加上对四星的裁判文书有所研究,也许距离真正理解并掌握股权争议处置与防范的精髓已经不远了。

区分法律文本和法律现实是精通法律的前提。法律文本和法律现实,都是"实然的法"。法律文本,是法律专家必须精通的。精通法律文本,必须有理论做基础,如此才能理解"应然的法"是什么样的状态,并理解"应然的法"与"法律文本上的法"的断层和结合点之所在,也能在法律出现空白的时候正确地运用法律,而不是消极等待或者邯郸学步。法律现实,尤其是审判和仲裁的现实以及法律因为不同地区的风土人情而变化的现实,也是必须认真面对和透彻了解的,《红楼梦》中贾政房中对联"世事洞明皆学问,人情练达即文章"所阐明的道理与此有相通之处。

本书立足于法律文本和法律现实,除非必要,一般不对知识点做古今中外罗列式的介绍,为的是节省读者的时间。作为"实然的法",必有"应然的法"作为其灵魂,所以,在整本书的展开过程中,材料的选择和安排,知识点的介绍和案例的评价,无不是在作者所理解和推崇的"应然的法"的统摄之下进行的。比如根据经济法的"市场需要干预"理念,即国家只有在市场有确切需要的情况下才能谨慎介入的理念,公司法应当保证公司及公司机关、股东有充分的自治权,公司法应尽量控制法律和政府对公司、公司机关和股东"指手画脚"的可能性,这是"应然的法"在公司法运用中的一个典型例子。

目　录

第一部分　公司和股权的首要知识　001

第一章　公司形式、法人和有限责任问题　003

一、企业的形式　003

　　[1] 公司≠股份制企业【☆】　003

　　[2] 分公司≠子公司【☆】　003

　　[3] 企业形式：公司、合伙企业，独资企业【☆☆】　004

　　[4] 有限责任公司和股份有限公司【☆】　005

二、法人制度　005

　　[5] 法人【☆】　005

　　[6] 公司有"生死"【☆】　006

　　[7] 公司法人格的否定——揭开公司的面纱【☆】　006

　　[8] 揭开公司面纱后的"自然人"股东【☆☆】　006

　　[9] 揭开公司面纱后的"法人"股东【☆☆】　007

三、有限责任制度　007

　　[10] 股东的有限责任【☆】　007

　　[11] 当代最伟大的发明【☆☆】　008

　　[12] 两种有限责任【☆☆】　008

　　[13] 有限责任制度下的平衡【☆☆】　009

　　[14] 有限责任制度下债权人的保护【☆】　009

　　[15] 股东出资不足的连带责任【☆☆】　010

四、有限责任制度的例外 010
　　[16] 股东的无限责任【☆】 011
　　[17] 揭开公司的面纱【☆☆】 011

第二章　身份问题：股东、董事、监事、高管和法定代表人 012

一、股东 012
　　[18] 股东与股权【☆】 012
　　[19] 控股股东【☆】 013
　　[20] 实际控制人【☆☆】 013
　　[21] 控股股东≠实际控制人【☆☆】 013
　　[22] 发起人≠股东【☆☆☆】 014
　　[23] 股东≠高管【☆】 015
　　[24] 股东≠债权人【☆】 016
　　[25] 合法代持股＝股权信托【☆☆】 016
　　[26] 灰色代持股【☆☆☆】 017
　　[27] 股东资格继承【☆☆】 017
　　[28] 未成年人股东【☆☆】 018
　　[29] 精神病人股东【☆☆】 018

二、董事、监事和高级管理人员 018
　　[30] 高管的范围【☆】 019
　　[31] 高管的认定【☆☆☆】 019
　　[32] 董事、监事、高管的法定义务【☆☆】 020
　　[33] 董事、监事、高管的法律限制【☆】 021
　　[34] 董事、监事、高管的法律责任【☆☆】 022
　　[35] 董事【☆】 023
　　[36] 监事【☆】 023
　　[37] 三权分立的治理结构【☆】 023
　　[38] 经理【☆】 024
　　[39] 经理的法律义务和责任【☆】 024
　　[40] 董事和经理职务不冲突【☆】 024

三、法定代表人 025
　　[41] 法定代表人【☆】 025
　　[42] 法定代表人≠"法人"【☆】 025

[43] 法定代表人与公司债务【☆☆☆】 025
　　　[44] 法定代表人风险的转移和承担【☆☆】 026
　　　[45] 法定代表人的职务行为【☆】 026
　四、身份冲突 026
　　　[46] 股东的资格和身份冲突【☆】 027
　　　[47] 股东、董事、监事、经理、法定代表人的身份冲突【☆】 027

第三章　公司治理结构：三权分立，相互制衡　　　　　　　028

　一、公司治理结构 028
　　　[48] 股东权的间接性【☆☆】 028
　　　[49] "三会"职权的法定性和灵活性【☆☆】 028
　　　[50] 股东会【☆】 029
　　　[51] 股东会的召集程序瑕疵【☆☆☆】 029
　　　[52] 董事会【☆】 030
　　　[53] 董事会僵局【☆☆】 030
　　　[54] 董事的委托代理权【☆☆】 031
　　　[55] 监事会【☆】 032
　　　[56] 合法合规的公司治理结构【☆☆】 032
　　　[57] 现实的公司治理结构【☆☆】 033
　二、公司治理结构的异化 034
　　　[58] 董监高的一致行动【☆☆☆】 035
　　　[59] "夫妻店"【☆☆☆】 035
　三、关联关系 036
　　　[60] 关联关系【☆】 036
　　　[61] 关联点【☆☆】 036

第四章　股东权利问题　　　　　　　　　　　　　　　　　038

　一、股权、股份和公司财产 038
　　　[62] "股权"≈"股份"【☆】 038
　　　[63] 公司财产独立【☆】 038
　　　[64] 股东出资和公司财产【☆】 039
　　　[65] 股东权利【☆】 039
　　　[66] 自益权和公益权【☆☆】 040
　　　[67] 资产收益权≈分红权【☆☆】 041

［68］剩余财产分配权【☆】 041

［69］股权转让中的优先购买权【☆】 041

［70］异议股东股权回购请求权【☆】 042

［71］有限责任公司股东出资优先权【☆】 042

［72］股份有限公司股东的累积投票权【☆】 043

［73］参与重大决策和选择管理者的权利【☆】 043

［74］知情权≠查账权【☆☆】 043

［75］质询权【☆】 044

［76］直接诉讼权和代位诉讼权【☆】 044

［77］确认公司违法决议无效的诉权【☆】 044

［78］撤销公司瑕疵决议的诉权【☆】 045

［79］解散公司的诉权【☆☆】 045

［80］股东权利＝公司所有者权利【☆☆】 045

［81］公司财产≠股东财产【☆】 045

［82］公司财产＞公司净资产【☆】 046

［83］所有权≠经营权【☆】 046

二、股东权利的四大根基 046

［84］股权比例＝出资比例≠实际出资比例【☆☆】 046

［85］出资比例与分红比例【☆】 047

［86］股本溢价与资本溢价【☆】 048

［87］股东出资与注册资本、资本公积的关系【☆】 048

三、股权比例与话语权 049

［88］表决权与股权的分离【☆】 049

［89］敏感股权比例：1%、1/10、1/3、1/2、2/3【☆☆】 049

［90］股东一点规则：股东的代位诉讼权【☆☆】 050

［91］股东一成规则：召开临时股东会、临时董事会，解散公司【☆☆】 051

［92］董事会双重规则：灵活规则和绝对过半数规则【☆】 053

［93］股东会相对过半数规则【☆】 054

［94］股权转让绝对过半数规则【☆☆】 054

［95］股东2/3规则：修改公司章程，变动注册资本，公司合并、分立、解散或者变更公司形式【☆】 055

［96］累积投票制【☆】 056

［97］累积投票结果的科学预测【☆☆☆】 056

[98] 累积投票制度的难点【☆☆☆】　057

四、易生僵局的股权比例　057

[99] 公司僵局【☆☆】　057

[100] 股东僵局之一：五五型僵局【☆☆】　058

[101] 股东僵局之二：三一型僵局【☆☆】　058

五、股权价值和股权价格　059

[102] 股权价值≠股权价格【☆】　059

[103] "股权价值不为负"定律【☆☆☆】　060

[104] "1元转让"：股权转让敏感区【☆☆】　061

[105] "1元转让"的对策【☆☆】　061

第五章　大股东和小股东　062

一、资本多数决　062

[106] 资本多数决的利弊【☆☆】　062

[107] 大股东的私有收益【☆☆☆】　063

二、小股东权利　063

[108] 小股东有大能量【☆】　063

[109] 代位诉讼【☆】　064

三、大股东失权　064

[110] 大股东"大权旁落"【☆☆】　064

[111] 大股东的"代位诉讼"【☆☆☆】　065

四、股东的联合　065

[112] 股东表决权代理【☆☆】　065

[113] 表决代理权的征集和表决权竞争【☆☆】　066

第六章　公司章程和股东协议　067

一、公司章程的法律地位　067

[114] 公司章程：公司的宪法【☆】　067

[115] 章程约束对象【☆】　068

[116] 公司章程的对外效力【☆】　068

二、公司章程的记载事项　068

[117] 应当记载事项【☆】　068

[118] 其他应当记载事项【☆】　069

[119] 公司章程让渡股东会职权【☆☆☆】　070

三、股东协议　070
　　[120] 股东协议——股东的宪法【☆☆】　070
　　[121] 股东表决协议【☆☆】　071
　　[122] 股东协议与公司章程的冲突【☆☆☆】　071

第七章　分红、转投资、担保和贷款问题　　072

一、分红　072
　　[123] 分红和出资比例【☆☆☆】　072
二、转投资　072
　　[124] 资本三原则【☆☆】　073
　　[125] 公司成为普通合伙人【☆☆☆】　073
三、担保　074
　　[126] 公司的担保【☆】　074
四、公司之间的借贷　074
　　[127] 公司间借贷合同【☆☆】　074

第二部分　股权争议的处置　　077

第八章　专业法律判断　　079

一、法律判断的专业性　079
　　[128] 诉讼＝战争【☆☆☆】　079
　　[129] 把专业的事交给专业的人【☆】　080
　　[130] DIY精神止步【☆☆☆】　080
　　[131] 律师收费【☆☆】　080
　　[132] 法律判断的优先性【☆】　081
　　[133] 草率起诉的弊端【☆☆☆】　081
二、律师法律清单　082
　　[134] 律师的初步法律清单【☆☆☆】　082
　　[135] 律师正式法律清单【☆☆☆】　083
三、诉讼时效　084
　　[136] 诉讼时效期间【☆】　084
　　[137] 出资不足的诉讼时效期间【☆☆☆】　085

[138] 撤销公司决议的诉讼时效期间【☆☆】 086

[139] 异议股东回购请求权的特殊期限【☆☆☆】 086

四、股东争议的焦点确认 087

[140] 公司控制和利益分配【☆☆】 087

[141] 重新分配利益的可能性【☆☆】 088

[142] 不可忽视的熟人社会【☆☆】 088

[143] 免受熟人干扰【☆☆☆】 089

[144] 法律之外的力量【☆☆】 089

[145] 法律约束的地区差异【☆☆】 090

[146] 从问题簇到焦点问题【☆☆☆】 090

[147] 控制型股东【☆☆☆】 091

[148] 投资型股东【☆☆☆】 091

五、股权争议的实用分类 091

[149] 公司决议效力瑕疵诉讼的三种类型【☆☆☆】 092

[150] 公司决议的无效之诉和不成立之诉【☆☆☆】 093

[151] 公司决议撤销之诉的原告资格【☆☆☆】 093

[152] 公司决议不成立的情形【☆】 094

[153] 债权与股权的混淆【☆☆☆】 094

[154] 股权和债权的转化【☆☆】 094

[155] 出资合法性争议【☆】 095

[156] 出资真伪的争议【☆☆】 095

[157] 人力资本出资【☆☆】 096

[158] 劳务出资【☆☆】 096

[159] 人力资本和劳务出资的"马甲"【☆☆】 096

[160] 干股【☆☆☆】 097

[161] 公务员的"干股"【☆☆☆】 097

[162] 投资洗钱【☆】 097

[163] 黑钱投资者的股东地位【☆】 097

[164] 股权转让的财产瑕疵【☆☆☆】 098

[165] 程序合法性争议【☆】 098

[166] 投资程序瑕疵的困扰【☆☆】 098

[167] 股权数量争议【☆☆】 099

[168] 显名股东与隐名股东【☆☆☆】 099

[169] 名义股东和实际股东【☆☆☆】 101

[170] 代持股与职工股【☆☆】 101

[171] 股权信托【☆☆☆】 101

[172] 代持股的信托文件【☆☆】 102

[173] 代持股的信托登记【☆☆】 103

[174] 代持股人的否认【☆☆☆】 103

[175] 代持股案例【☆☆☆】 103

[176] 风险投资中"懒惰投资"争议【☆☆☆】 104

[177] 外资实际投资人的悲剧【☆☆☆】 104

[178] 股东财产权争议【☆】 105

[179] 公平权争议【☆】 106

[180] 高层股东的复杂争议【☆】 106

[181] 高层股东的股权争议【☆☆】 106

[182] 高层与股东联合的股权争议【☆☆】 106

[183] 高层的年金和保险【☆☆】 107

[184] 公司内部的合同【☆】 107

[185] 股东与员工身份的耦合【☆☆】 107

[186] 股东与员工身份的虚假重合【☆☆】 107

[187] 内地股东的风险意识【☆☆】 108

[188] 钓鱼式圈套【☆☆☆】 108

[189] 谨慎国际合作【☆☆☆】 109

第九章 股权争议的筹划 110

一、股权争议的策略 110

[190] 股权争议的收益与成本【☆】 110

[191] 股权争议的分类【☆】 110

[192] 股权争议的最优策略【☆】 111

[193] 不战而胜【☆☆】 111

[194] 诉讼则必胜【☆☆】 112

二、股权争议路径的选择 112

[195] 路径依赖【☆☆】 112

[196] 仲裁保密,诉讼公开【☆】 113

[197] 仲裁的优势和劣势【☆☆☆】 113

三、公司各阶段的股东争议　114

　　[198] 争议的时机【☆☆】　114

　　[199] 股东出资的垫付【☆☆☆】　115

　　[200] 股东除名的途径【☆☆☆】　116

　　[201] 企业重组【☆☆】　117

　　[202] 上市公司的重大资产重组【☆☆】　117

　　[203] 资产重组【☆】　118

　　[204] 债务重组【☆】　118

　　[205] 收购【☆】　119

　　[206] 回购【☆】　119

　　[207] 资产收购【☆☆】　119

　　[208] 收购、合并与兼并、并购【☆☆】　119

　　[209] 收购兼并的中国特质【☆☆】　121

　　[210] 创业投资、风险投资和私募股权投资　121

　　[211] 上市辅导：包装与重组【☆☆】　122

　　[212] 新三板【☆】　122

　　[213] 全国中小企业股份转让系统【☆】　123

　　[214] 新三板"上市"【☆☆】　123

　　[215] 新三板的股份争议【☆】　124

　　[216] 破产≠清算【☆】　124

　　[217] 前破产清算阶段【☆☆】　124

四、股权争议方案的筹划　125

　　[218] 对抗到底的准备【☆☆☆】　126

　　[219] 闪电战法【☆☆☆】　127

　　[220] 消耗战法【☆☆☆】　127

　　[221] 反消耗战法【☆☆☆】　128

　　[222] 可持续的谈判过程【☆☆☆】　128

　　[223] 给对方谈判的机会【☆☆☆】　128

　　[224] 内部的一致性【☆☆☆】　128

　　[225] 负责人更替带来的内乱【☆☆☆】　129

　　[226] 股权争议目标之一：分裂【☆☆】　129

　　[227] 股权争议目标之二：重构【☆☆】　130

　　[228] 股权式重构【☆☆】　130

[229] 制度式重构【☆☆】 130

五、灰色方案和黑色方案 130

[230] 违约、侵权和经济犯罪【☆】 131

[231] 灰色区域【☆☆☆】 131

[232] 抽逃出资的查证【☆☆☆】 132

[233] 虚假出资【☆☆】 132

[234] 相互持股的迷局【☆】 132

[235] 背信弃义【☆☆☆】 133

[236] 愿赌服输【☆☆☆】 134

[237] 股权争议引发的惨案【☆☆☆】 134

[238] 单位犯罪的双罚制【☆】 135

[239] 双罚制犯罪的种类【☆】 136

[240] 单位犯罪的单罚制【☆】 147

第十章 民事诉讼和民商事仲裁的程序   148

一、法律舞台剧 148

[241] 法律舞台剧中的角色【☆】 148

二、股权纠纷案件的案由 149

[242] 公司纠纷案件的案由【☆】 149

[243] 股东诉讼案由的分类【☆☆】 151

三、民事诉讼程序 152

[244] 一审法院（☆） 152

[245] 二审法院（☆） 152

[246] 立案【☆】 153

[247] 被告提交的材料【☆☆】 153

[248] 缺席审判【☆☆☆】 153

[249] 上诉状和答辩状的要点【☆】 154

[250] 再审程序【☆】 154

四、仲裁程序 154

[251] 仲裁的效力和规则【☆】 155

[252] 国内仲裁和国际仲裁【☆】 155

[253] 一裁终局【☆】 155

[254] 仲裁的撤销【☆☆☆☆】 156

五、ADR 和调解　157

[255] ADR 与中国的调解制度【☆】　157

[256] 人民调解组织【☆】　157

[257] 调解书的签收【☆☆☆】　158

第十一章　法律舞台剧中的证据争议　159

一、证据和证明　159

[258] 法律舞台剧中的证据【☆】　159

[259] 法律舞台剧中的证明【☆☆☆】　159

[260] 证据的三性【☆】　160

[261] 证据真实的程度【☆☆】　160

[262] 证据不中立定律【☆☆☆】　160

[263] 用证据说话≠凭良心说话【☆】　161

[264] 客观事实≠法律事实【☆☆☆】　162

[265] "加工"案件事实【☆☆☆☆】　162

[266] 力量对比定输赢【☆☆☆】　163

[267] 善待对方的错误【☆☆☆】　163

二、常见的证据争议类型　164

[268] 文本争议【☆☆☆】　164

[269] 概念争议【☆☆☆】　164

[270] 股权文件的记载瑕疵【☆☆☆】　165

[271] 审计瑕疵【☆☆☆】　165

第十二章　人民法院的司法倾向　166

一、股权转让的基本原则　166

[272] 股权转让三原则之一：股权转让自由原则【☆☆】　167

[273] 股权转让三原则之二：股权概括性转让原则【☆☆☆】　167

[274] 股权转让三原则之三：股权转让兼顾各方利益原则【☆☆】　168

[275] 股权转让三原则的应用【☆☆☆】　168

二、股权争议案件审理的四大原则　169

[276] 商法的特点【☆☆】　169

[277] 商事纠纷的特征【☆☆】　170

[278] 股权争议案件审理的四大原则之一：商事外观主义【☆☆】　170

[279] 股权争议案件审理的四大原则之二：内外有别【☆☆】　170

[280] 股权争议案件审理的四大原则之三：维持企业稳定【☆☆】 171
[281] 股权争议案件审理的四大原则之四：重视商事习惯【☆☆】 172

第十三章 股权争议仲裁的实务问题 173

一、概念与定义 173
　　[282] 示范文本【☆☆】 173
　　[283] 关于"大授权"【☆☆☆】 175
二、主体的同一性 175
　　[284] 主体误认【☆☆☆】 176
三、虚假出资和抽逃出资 176
　　[285] 虚假出资不否定股东身份【☆☆☆】 176
　　[286] 抽逃出资不否定股东身份【☆☆☆】 177
四、内容违法和程序违法 178
　　[287] 合同内容的行政违法性【☆☆☆】 179
　　[288] 股权转让的设计【☆☆☆】 179
　　[289] 内容违法的股权转让合同【☆☆☆】 180
五、履行义务的顺序和条件 180
　　[290] 以承担公司债为支付条件【☆☆☆】 181
六、代扣代缴税款 182
　　[291] 代扣代缴义务人无权强行扣款【☆☆☆】 183
七、期待权问题 183
　　[292] 政府批准证明期待权存在【☆☆☆】 184

第三部分　股权争议的防范 185

第十四章　股权设计及文件签署 187

一、合同文本的制作 187
　　[293] 从方案到合同【☆☆】 187
　　[294] 模板和模仿【☆☆】 187
　　[295] 整体性检验【☆☆】 188
　　[296] 对抗式检验【☆☆】 189

二、股权设计的根据　189
　　［297］蛋生鸡法则【☆☆】　189
　　［298］创业团队的内耗期【☆☆☆】　190
　　［299］零和博弈与牡鹿狩猎【☆☆】　191
　　［300］股东制衡与股东利益平衡【☆☆☆】　191

三、股权设计的假设　191
　　［301］坏人假设【☆☆☆】　192
　　［302］理性沉默假设【☆☆☆】　192
　　［303］公司不规范假设【☆☆☆】　193

四、股权文件的签署　193
　　［304］股权文件签署的要点【☆☆】　193
　　［305］律师的忠告【☆☆☆】　194
　　［306］股权合同的签署模式【☆☆☆】　194
　　［307］留白文件与空白文件【☆☆☆】　196
　　［308］真人假公章【☆☆☆】　196

第十五章　股权配置方案的设计　　198

一、公司控制设计　198
　　［309］股权控制【☆☆】　198
　　［310］协议控制【☆☆】　198
　　［311］控制协议【☆☆☆】　199
　　［312］灰色协议控制【☆☆☆】　199
　　［313］VIE【☆☆☆】　199
　　［314］控制协议的违法和违约【☆☆☆】　200
　　［315］公司控制的双层结构与股东合伙制度【☆☆☆☆】　202

二、公司制度设计　203
　　［316］大股东利益【☆】　203
　　［317］公司的内部制度【☆】　203
　　［318］公司内部制度的设计【☆☆】　203

三、公司章程设计　204
　　［319］公司章程的法源地位【☆☆】　204
　　［320］强公司章程和弱公司章程【☆☆】　206
　　［321］补充性规范【☆☆☆】　206

[322] 公司章程的法律设计空间【☆☆☆】 207

[323] 模板式公司章程：照搬《公司法》法条【☆】 213

[324] 违反弱公司章程的股权转让【☆☆☆】 213

四、股东协议设计 214

[325] 股东出局的设计【☆☆☆】 214

[326] 违反公司章程被除名【☆☆☆☆】 215

五、股权回购设计 215

[327] 欺诈性回购【☆☆】 215

[328] 不公平回购【☆☆】 216

[329] 强行回购【☆☆】 217

[330] 股权投资的回购条款【☆☆☆】 217

六、改制上市中的股权设计 218

[331] 不平等增资【☆☆☆】 218

[332] 弱势股东出局【☆☆】 219

第十六章 高管股东的股权争议之防范 221

一、高管的激励 221

[333] 朝三暮四的智慧【☆☆】 222

[334] 薪酬的构成【☆☆】 222

[335] 奖金【☆】 223

[336] 直接股权激励【☆☆】 223

[337] 股票期权【☆☆☆】 223

[338] 虚拟股票期权【☆☆】 224

[339] 限制性股票【☆☆】 225

[340] 类限制性股票【☆☆☆】 225

二、股权激励制度的固定 225

[341] "大嘴巴"陷阱【☆☆☆】 226

[342] 激励制度书面化【☆☆☆】 226

三、高管股东风险的分散、转移及弱化 226

[343] 转移风险的"邮件法"【☆☆☆】 227

[344] 转移风险的"外脑法"【☆☆☆】 227

[345] 分散风险的"签字法"【☆☆☆】 227

[346] 分散风险的"会议法"【☆☆☆】 227

[347] 请假回避的"弱化法"【☆☆☆】 227

四、股权投资的风险防范 227

[348] 风险投资≈私募股权投资【☆☆】 228

[349] 对赌协议【☆☆☆☆】 228

[350] 对赌协议的输赢【☆☆☆】 229

[351] 对赌协议的对手【☆☆☆】 230

五、细节设计 230

[352] 大股东陷阱【☆☆】 231

[353] 协商出的陷阱【☆☆☆】 231

[354] 股权方案的重要细节【☆☆☆】 232

[355] 流程设计的重要细节 232

第十七章 股权争议的税务风险防范 234

一、公司和股东的税务法律责任 234

[356] 税务刑事责任【☆】 234

[357] 逃税罪的"以罚代刑"【☆☆】 234

[358] 滞纳金【☆】 235

二、避税 236

[359] 避税与逃税【☆】 236

[360] 不缴冤枉税【☆☆】 236

[361] 合理避税【☆☆☆】 237

三、反避税 237

[362] 一般反避税管理【☆☆】 237

[363] 关联交易的反避税措施【☆☆】 238

四、税务风险防范 238

[364] 企业税务风险【☆☆】 238

[365] 风险的价格【☆☆】 239

[366] 风险的转移【☆☆】 239

[367] 税务筹划的目标【☆☆☆】 239

[368] 税收政策的变化风险【☆☆☆】 240

[369] 税收政策的适用风险【☆☆☆】 240

[370] 重组并购的税务风险防范【☆☆☆】 240

[371] 关联交易的税务风险防范【☆☆☆】 242

［372］0元股权转让的税务问题【☆☆☆☆】 243

［373］"1元转让股权"的税务风险防范【☆☆☆】 244

第十八章 股权争议的裁判文书研究　　245

一、裁判文书的价值与研究方法　245

［374］裁判文书的价值【☆】 245

［375］裁判文书的研究方法【☆☆☆】 246

二、裁判文书精选与点评　246

［376］增资纠纷再审民事判决书（我国首例对赌争议案）【☆☆☆】 247

［377］企业出资人权益确认纠纷再审民事裁定书（及时固定法律关系）【☆☆☆】 254

［378］股权转让纠纷二审民事判决书（协议与交易实质不符）【☆☆☆】 261

［379］股权转让纠纷二审民事判决书（转让合同要素不全）【☆☆☆】 272

［380］出资纠纷再审民事裁定书（被注销企业接受出资）【☆☆☆】 283

［381］股权转让纠纷再审民事裁定书（股权转让合同的审批）【☆☆☆】 291

［382］股权转让纠纷执行案复议裁定书（股权归属的争议）【☆☆☆】 308

［383］股权转让纠纷执行案复议裁定书（股权转让生效裁判的执行）【☆☆☆】 319

本书主要法律规范性文件简全称对照二维码索引表　323

附录　参考网站　327

第一部分 公司和股权的首要知识

下棋，要了解棋子的名称和每种棋子的基本走法。学习股权争议的知识和技巧，首先需要理解和掌握股权和公司的首要知识。

本部分所列举的知识，并不是作为公司股权争议法律专家所必须具备知识的全部，而仅仅是各界人士正确理解股权争议处理与防范的前提和基础，所以叫做首要知识。本部分内容，照顾了知识本身的系统性，也充分考虑到知识的层级性，因此，这些知识主要是基础知识，也有一些拓展知识和少量的实战经验。对善于学习的人来说，了解这些知识的过程，也是提出新问题的过程和解决已有困惑的过程。对股东和高管而言，这些知识有着不言而喻的重要性；即使对久经沙场的高水平律师或者专业研究机构里的资深专家来说，因为知识领域和经验领域的不同，本部分中的有些知识也有其不可替代的价值。

我国的公司，是按照《中华人民共和国公司法》（以下简称《公司法》）设立的公司，我国的《公司法》有着自己独特的规定，因此，与其他国家相比，我国的"公司"也有着自己的特征。我国的《公司法》是于1993年12月29日第八届全国人民代表大会常务委员会第五次会议通过的，之后分别于1999年、2004年、2005年、2013年进行了多次修正。本书旨在通过从股东的角度解说我国公司法律实务中常见的和重要的法律问题，展开讨论的基础和重点都是现行公司法，同时把不同时期成立的公司也一并纳入话题范围。

第一章　公司形式、法人和有限责任问题

公司的最典型特征，应当算是公司的法人制度和股东的有限责任制度了。

一、企业的形式

企业是一种组织生产的方式，而公司是将资本引入企业的一种方式，典型的大商业实体具有企业和公司的双重性质。[①]

[1] 公司≠股份制企业【☆】

对我国企业形式的分类，目前还没有统一的认识。有些企业形式还在演化之中——比如股份制企业，历史上的工商登记中确有这些企业形式而且有些一直延续到现在，但是法律并没有给"股份制企业"一个恰当的位置，这种企业形式是消亡、延续还是发展，目前还莫衷一是。但是，根据作者的经验，所谓的股份制企业在很多地方已经很难再登记注册了。

公司则是我国经济生活中日益发展壮大的企业形式，我国的公司法律制度也已经相当完备。所谓"公司"，是按照《公司法》设立的企业形式，是典型的现代企业组织形式。我国的《公司法》于1993年12月29日第八届全国人民代表大会常务委员会第五次会议通过，之后经过多次修正，现行《公司法》是于2014年3月1日生效的。《公司法》诞生之前，各种股份制企业大行其道，给人们很多错觉。至今还有所谓的"公司"不符合公司法的规定，还有不符合公司法规定的股份制企业自称"公司"。不过，可以肯定的是，其他企业通过改制后符合了《公司法》的规定，就可以成为《公司法》意义上的有限责任公司或者股份有限公司。

[2] 分公司≠子公司【☆】

分公司，没有独立的法人地位，虽然依法可以作为法律主体参与民事活动，但

[①] 参见〔美〕理查德·A. 波斯纳：《法律的经济分析》（下），蒋兆康译，中国大百科全书出版社1997年版，第534—535页。

是公司本身要对分公司承担最终的责任。如果把公司比作孙悟空,分公司就相当于孙悟空的化身,化身完全由孙悟空控制,化身的责任最终也由孙悟空承担。

与分公司不同,子公司本身有独立的法人地位,与子公司相对的母公司只不过是其大股东而已。"子公司",这个名称本身形象地表明"子"与"母"是不同的主体,二者因为投资而形成"母子关系"。这里的母子关系,指的是法律上的投资关系和由投资产生的影响、控制等关系,其中比例足够大的投资方是母公司,接受投资方是子公司。

[3] 企业形式:公司、合伙企业,独资企业【☆☆】

我国企业的形式多种多样。目前,作者在实践中遇到的咨询者,较多在公司、合伙和独资这三种企业之间举棋不定,意图在农村的发展中抓住机遇的投资者,还会考虑农业合作社等经济组织形式,因为后者可能会得到地方政府更多的支持。

公司和合伙企业、独资企业各有自己的吸引力。从给普通人的感觉上看,办公司最有面子,而且注册资本越多越可信;相比而言,合伙企业和独资企业则是毛毛雨。公司的优势,从出资人的角度看,主要有两点:一是可以将注册资本无限扩大,相应的,股东人数可以是一个人,也可以是50人以下或者200人以下甚至200人以上,方便吸收新的投资者共同完成使公司发展、壮大的事业;二是公司一旦破产,股东不必从个人腰包里再掏出钱来倒贴给公司,做公司失败的底线是把给公司的投资赔完,自己的其他个人财产不受牵连。

实际上,合伙企业也是现代企业的一种重要形式,对投资人而言,有公司所不具备的独特价值。合伙企业在投资领域广泛存在,尤其是"特殊普通合伙"这种形式,很适合有人出钱、有人出力而且不需要太多人员的紧密型企业。合伙企业不需要缴纳企业所得税,只需要缴纳个人所得税,合伙人的税负较轻也是颇具吸引力的一个因素。

独资企业,也有自己生存的空间。因为,并不是所有的行业和所有的投资人都想要把企业持续扩大规模。独资企业投资、决策高效而且灵活,能够实现很多人的独立创业的梦想,也自有其吸引力。合伙企业的优势,是"船小好掉头",投资规模和管理制度非常灵活。其中的特殊普通合伙,则让出资人和公司股东一样享受个人其他财产不受牵连的好处,普通合伙人的好处是不必出资,只需出人就行——普通合伙人出大脑,有限合伙人出资金,各得其所,皆大欢喜。

简单说来,就是大舰船有存在的理由,小舢板也有存在的价值。

重要的在于,公司、合伙企业、独资企业这三种企业形式并非井水不犯河水,而是可以实现法律上的互相转换。当一种企业形式不再适合你的企业或者不再适合某个行业的时候，可以按照法律规定转换成更合适的形式。

[4] 有限责任公司和股份有限公司【☆】

我国的公司，是指依照《公司法》在中国境内设立的有限责任公司和股份有限公司，因此，我国的公司只有两类：有限责任公司和股份有限公司。

公司是企业法人，有独立的法人财产，享有法人财产权。公司以其全部财产对公司的债务承担责任，有限责任公司的股东以其认缴的出资额为限对公司承担责任；股份有限公司的股东以其认购的股份为限对公司承担责任。股东的有限责任是有限责任公司和股份有限公司的共性。

我国的上市公司要求必须是股份有限公司。因为有限责任公司改制为股份有限公司后业绩可以连续计算，所以设立公司的最初形式原则上不影响上市目标的实现；但是，如果有境内上市目标的话，可以优先考虑设立股份有限公司而不是有限责任公司，因为跳过"改制"这一环节，公司不但可以少付费用，还可以从设立时就为上市做好公司治理层面的准备。上市这一愿景的确立，便于公司尽早做好吸引人才和风险投资等各种社会资源的筹划，使公司的激励、考核等各项制度在公司发展中具有连贯性。

二、法人制度

我国法人制度比较复杂，包括企业法人、机关法人、事业单位法人和社会团体法人等多种类型，公司只是其中的一种组织形式。

[5] 法人【☆】

我国法律所指的"公司"，是一种企业"法人"。《中华人民共和国民法总则》（以下简称《民法总则》）第57条规定："法人是具有民事权利能力和民事行为能力，依法独立享有民事权利和承担民事义务的组织。"第58条规定，"法人应当依法成立。法人应当有自己的名称、组织机构、住所、财产或者经费。法人成立的具体条件和程序，依照法律、行政法规的规定。设立法人，法律、行政法规规定须经有关机关批准的，依照其规定。"第59条规定，"法人的民事权利能力和民事行为能力，从法人成立时产生，到法人终止时消灭。"第60条规定，"法人以其全部财产独立承担民事责任。"

如果形象地解析我国的法人制度，我们会发现，法人，是法律所拟制的"人"。为了方便起见，可以简单把法人这种"拟制人"与自然人作类比——自然人有生有死，法人有设立和注销；自然人有姓名，法人有字号；自然人可以承担法律责任，法人可以承担法律责任；自然人可以结合（结婚），法人也可以结合（合并）；自然人可以生育子女，公司法人可以设立子公司和分公司。

法律把公司作为"人"来对待，赋予公司几乎和自然人相同的权利，为公司高效从事各种活动提供了便利，也为别人和公司打交道提供了方便。因此公司法人制度具有明显的节省社会成本的作用。例如，如果你要起诉一个公司，从法律层面看，你不必担心这个公司的人事变更，因为不管是张三还是李四当老板、当总经理，公司还是那个公司，这叫做"跑了和尚跑不了庙"。

[6] 公司有"生死"【☆】

公司是一种"法律制造出来的人"，公司的人格是法律赋予的，是法律所拟制的，所以公司是一种"法人"。法律赋予公司和自然人相似的多种属性：自然人的姓名——对应公司的名称字号，自然人的财产——对应公司的独立财产，自然人的身体——对应公司的组织机构和场所，等等。

法人在有些方面也像"人"一样：公司也有出生和死亡。公司的出生，叫做"设立"，公司设立需要履行一系列法定手续；公司的死亡，是一切法律关系都转化成债的关系，而且所有的债权债务经过"算清"后都一笔勾销；公司死亡后，和自然人死亡一样要销户，叫做"注销"，公司注销也需要履行一系列法定手续。

[7] 公司法人格的否定——揭开公司的面纱【☆】

公司是法律虚拟的"人"，公司人格具有被否认的可能性。这一点，与自然人完全不同：自然人的人格具有不可否认性。①

我国公司法设置了公司法人格否认制度。这种制度，就是证明"假"公司法人为"假法人"的制度，有人叫做"揭开公司的面纱"，也有人叫做"刺穿公司的面纱"。公司的法人格一旦被否认，股东对公司承担有限责任就失去了法律基础，股东将失去有限责任这层法律屏障的保护。揭开公司面纱后，股东将为公司债务的清偿承担无限责任。

[8] 揭开公司面纱后的"自然人"股东【☆☆】

揭开公司面纱后，股东失去有限责任的保护，将为公司的债务承担无限责任。这对自然人而言，理论上，就应当是自然人以其全部财产为公司的债务承担责任。但是，这并不是说，这个承担无限责任的股东，必须变卖房产，从此食不果腹、衣

---

① 参见施天涛：《公司法论》，法律出版社2006年版，第6页。

不蔽体，才能保证不被继续追究责任。

自然人作为债务人，如果应当承担的债务超过其目前的经济能力，还债的前提便是这个债务人能够维持基本的生活。我国的法律并没有让债务人为了还债而食不果腹，还债只能在保证其基本生活之外的财产和收入中支付；我国的法律甚至也没有让债务人为了还债变卖其居住所必需的房产，不超过规定标准的住房也只能被查封而不能被拍卖。

但是，只要债务没有清偿，自然人作为债务人还债的行为可能一直持续到债务人死亡，可以称作"死而后已"。不可否认，父债子还，这种缺乏法律依据的做法在一些地方还有市场。一次失败导致长期负担，是目前我国自然人承担无限责任的法律风险中最严酷的一面，因为我国还没有建立自然人破产的法律制度。

[9] 揭开公司面纱后的"法人"股东【☆☆】

揭开公司面纱后，股东失去有限责任的保护，为公司的债务承担无限责任。如果法人作为股东（即法人股东），理论上是最简单不过了，那就是法人股东以其全部财产承担责任，也可以称作"死而后已"。

实务中，法人一旦确定要承担可能导致其破产的责任，收购、兼并就有了用武之地；即使严重到真的进入破产程序，破产中的重整也可能使企业起死回生。法人股东回旋的余地要比自然人大得多。

三、有限责任制度

公司法所指的有限责任，是股东的有限责任，是股东对公司承担的责任明确限定在出资限度内。正因为这种责任有明确的限度，所以叫做"有限"责任。

[10] 股东的有限责任【☆】

法律上规定股东责任的有限性，等于将股东和公司之间进行了法律上的隔离，股东对公司的出资就是股东所可能损失的最大量。这样，股东与公司的债权人无关，公司的债务包袱再大，公司的债主也追不到股东的头上，公司因此成为股东的"保护人"，使股东免受公司债权人的烦扰。有限责任制度，是在控制投资失败的风险限度和刺激投资者通过团体形式获取的投资收益之间找到的一个有利于社会发展和进步的平衡点。

相比以有限责任制度为根本的公司制度而言，虽然无限责任制度，在个人独资企业、合伙企业等企业形式中仍然有蓬勃的生命力，但是，从总体而论，其他企业制度迄今为止仍然难以与公司制度对投资者的吸引力、对社会经济的贡献相提并论。

[11] 当代最伟大的发明【☆☆】

有限责任制度，将股东财产和公司的负债分开，保护股东的财产不因公司的负债而受到牵连——给投资者赚钱的可能性，又保住了投资人的财产底线，刺激了人们投资的愿望，因此有人称它为当代最伟大的发明，其产生的意义甚至超过了蒸汽机和电的发明。① 这种将制度的进步和技术的进步相提并论的说法，本身可能经不起严格的推敲；不过，从语文的角度看，这是用对比的手法，强调有限责任制度对人类进步的伟大贡献，生动形象、浅显易懂。

有限责任对投资者具有的吸引力，基本道理在于公司赚钱了，股东可以分红；赔钱了，也最多把股东投入到公司的财产赔净而已，不会再让股东自己从家里往公司贴钱，更不至于让股东倾家荡产。

有人问，那为什么有些公司赔钱后老板跳楼呢？除了不敢面对挫折外，有些老板是直接以自己的名义为公司借了高利贷，有些老板作为股东承担的是对公司债务的担保责任，等于老板个人作为借款主体，借款后再把所借款项给公司使用或者老板以个人财产、家庭财产作担保。而股东以个人全部财产甚至家庭财产对公司债务承担担保责任，在民营企业中并不罕见。

[12] 两种有限责任【☆☆】

公司股东的有限责任分为两种：有限责任公司股东的有限责任，股份有限公司股东的有限责任。《公司法》第 3 条第 2 款规定："有限责任公司的股东以其认缴的出资额为限对公司承担责任；股份有限公司的股东以其认购的股份为限对公司承担责任。"

股份有限公司的股东，不是以其认缴的出资额为限对公司承担有限责任的，而是以其认购的股份为限对公司承担责任。有限责任公司的股东所认缴的出资额具有数量上的确定性，所以有限责任公司股东的责任也具有金额上的确定性；股份有限公司的股东出资是折算成股份的，股份表示股东在全部出资中所占的比例，从而具有明显的比例特征，所以股份有限公司股东的责任具有股份数量的确定性。

举例来说，一个自然人甲如果在 A 有限责任公司认缴 100 万元的出资额，其对公司承担责任的最大限度是 100 万元。甲如果在 B 股份有限公司认购每股 1 元的 100 万股股份，其出资额也是 100 万元，但是其对公司承担责任的最大限度是 100 万股股份而不是 100 万元。如果 B 公司的股票价格上升到每股 10 元时，甲以其认购的股份

---

① 参见施天涛：《公司法论》，法律出版社 2006 年版，第 6 页。

对B公司承担责任，甲的最大责任为100万股股份（相当于1 000万元）；如果B公司的股票价格降到每股0.1元时，甲对B公司承担责任，则甲的最大责任仍然是100万股股份（相当于10万元）。而无论A公司的100万元股权的转让价格是多少，甲对A承担的责任限度都是其出资额100万元。

[13] 有限责任制度下的平衡【☆☆】

在有限责任制度下，公司经营失败的风险似乎不合情理地分散给了公司的各种债权人。但是，股东责任的有限性是法律赋予"公司"这种企业形式的特权。这种看似不合情理的风险分散，其合理性在于股东在公司解散时，是后于债权人主张公司的剩余财产的。如果公司因为破产清算导致债权人的债权得不到完全满足，则股东必然"血本无归"。

股东的有限责任和后于债权人主张公司财产的规定结合起来所形成的平衡结构，很容易被社会所理解和接受。"公司"这种企业形式的不断发展和公司为社会所做的巨大贡献，表明公司的有限责任制度设计，符合社会整体利益的要求，符合社会发展的需要。

[14] 有限责任制度下债权人的保护【☆】

在有限责任制度下，公司因解散而清算的，股东在债权人获得清偿之后分配公司剩余财产，这是非破产清算情形。如果公司在非破产清算过程中发现公司财产不足以清偿全部债务，则应终结清算程序并向人民法院申请进入破产程序，这是进入破产程序的特殊情形。符合破产条件的公司，可由债权人向人民法院申请破产，也可由公司向人民法院申请破产，这是进入破产程序的普通情形。公司各种债权人的债权性质不同，受到的法律保护也不相同，表现在公司破产时获得清偿顺序的不同。

《中华人民共和国企业破产法》（以下简称《企业破产法》）第113条规定："破产财产在优先清偿破产费用和共益债务后，依照下列顺序清偿：（一）破产人所欠职工的工资和医疗、伤残补助、抚恤费用，所欠的应当划入职工个人账户的基本养老保险、基本医疗保险费用，以及法律、行政法规规定应当支付给职工的补偿金；（二）破产人欠缴的除前项规定以外的社会保险费用和破产人所欠税款；（三）普通破产债权。破产财产不足以清偿同一顺序的清偿要求的，按照比例分配。破产企业的董事、监事和高级管理人员的工资按照该企业职工的平均工资计算。"

债权人如果在人民法院受理破产申请1年之前取得破产企业的财产担保，则该担保财产不属于破产财产，这类债权人的债权相对于依靠破产财产支付的债权而言，能够得到更多的保护。当股东为公司债权人提供担保时，股东对公司的有限责任将在担保法层面上被实际打破，债权人将得到公司财产之外股东财产的保障。

[15] 股东出资不足的连带责任【☆☆】

我国公司股东出资不足的责任，根据公司形式是有限责任公司和股份有限公司而有所不同。《公司法》关于有限责任公司出资不足的规定，集中在《公司法》第28条和第30条。《公司法》第28条规定："股东应当按期足额缴纳公司章程中规定的各自所认缴的出资额。股东以货币出资的，应当将货币出资足额存入有限责任公司在银行开设的账户；以非货币财产出资的，应当依法办理其财产权的转移手续。股东不按照前款规定缴纳出资的，除应当向公司足额缴纳外，还应当向已按期足额缴纳出资的股东承担违约责任。"《公司法》第30条规定："有限责任公司成立后，发现作为设立公司出资的非货币财产的实际价额显著低于公司章程所定价额的，应当由交付该出资的股东补足其差额；公司设立时的其他股东承担连带责任。"

《公司法》关于股份有限公司出资不足的规定，集中在《公司法》第93条。《公司法》第93条规定："股份有限公司成立后，发起人未按照公司章程的规定缴足出资的，应当补缴；其他发起人承担连带责任。股份有限公司成立后，发现作为设立公司出资的非货币财产的实际价额显著低于公司章程所定价额的，应当由交付该出资的发起人补足其差额；其他发起人承担连带责任。"

简而言之，有限责任公司的股东未及时足额缴纳出资的，其他股东不承担连带责任，但是作为设立公司出资的非货币财产的实际价额显著低于公司章程所定价额的，其他股东承担连带责任。而股份有限公司的发起人出资不足的，其他发起人要对出资不足部分承担连带责任。可见，就股东出资不足的民事责任而言，股份有限公司对股东的要求更加严格。

"连带责任"是"一根绳上拴几个蚂蚱"，每个蚂蚱不但责任自负，还可能为其他蚂蚱负责。在连带责任制度下，债权人可以向连带责任人中的任何一个主张全部连带责任者的法律责任。法律如此规定公司股东责任的理据，在于公司发起人股东对其他发起人股东出资监督的成本低于债权人等其他主体监督的成本。但是法律对股份有限公司股东比有限责任公司股东要求更严格，似乎难以找到非常合理的解释。

四、有限责任制度的例外

有限责任制度是对股东的保护制度，因为这种制度通过限制股东的责任而激发了社会投资的热情，并使公司制度成为现代文明社会生产的最基本、最重要的制度，因此被称为公司制度的基石。不过，因为社会经济生活的复杂性，有限责任制度也有例外情形。

[16] 股东的无限责任 【☆】

股东承担有限责任的前提,是股东和公司的人格相分离。"在法理上,一个人无须对另一个人的行为负担责任,当然,股东也无须对公司的债务承担责任。"① 但是,如果股东和公司发生人格混同,无法从法律上区分股东和公司,则股东在确定被"揭开公司面纱"的情况下,就要为公司的债务承担责任,而不以出资为限。这样,股东的有限责任保护就变成了无限责任灾难。②

实践中较为常见的股东为公司的债务提供担保的做法,也将可能使股东对公司的债务承担责任。股东为公司提供担保的做法,甚至也在律师代理合同中开始出现,因为有些公司本身就是大股东的小棋子,让大股东提供担保,等于是让公司债的真正受益者难以通过公司的有限责任制度逃脱债务。

[17] 揭开公司的面纱 【☆☆】

法律知识较少的债权人常常表现出的倾向,是让股东直接对公司的债权承担责任,有些公司的小债权人更是如此,声称"我不管公司是不是破产清算,我只认老板不认公司;老板到哪儿我跟到哪儿,不信要不回来账"。这种耍赖对耍赖的方法,越来越不合时宜。如果没有让股东为公司债务做担保,让股东承担公司债务的唯一思路就是否定公司的法人格。从理论上说,证明公司与股东实际上是一体的、公司对股东而言不是一个实际独立的法人,就否定了公司的法人格,从而揭开了公司面纱。

揭开公司面纱,核心就是证明股东和公司的人格事实上是混同的。财产混同、人员混同、场所混同等可以用来否定公司法人格的因素,因为个案的不同,其重要性也有所不同。

---

① 施天涛:《公司法论》,法律出版社 2006 年版,第 10 页。
② 但是,这并不等于说"无限责任就是灾难"。相反,普通合伙企业本身就是出资人承担无限责任的企业,出资人对企业承担无限责任,可以加强债权人的信任,因为"跑了和尚跑不了庙",债权人的债权由出资人的全部财产作为最终担保。

第二章　身份问题：股东、董事、监事、高管和法定代表人

企业中的人员，基本上分为两类：（1）所有者；（2）员工。

在公司法层面，公司中的人员也可以分为两类：（1）股东；（2）员工。①

"你是股东吗？"这看似简单的问题，实际却是核心问题。

一、股东

"股东"，是一个法律术语。"股东"一词，从汉语词汇的角度分析，核心在于"东"，即"东家"的意思；不过，公司里的"东家"通常不是单独一个，公司的出资因此要分为"股"，"股"的大小、多少，是"东家"大小和"东家"权利多少的衡量基础，于是出资设立公司的人，在汉语里叫做"股东"。英语中的对应概念，叫做 shareholder，是 hold 公司的 share 的人，所以直译就是"股份持有者"或"持份者"。

在中国人的观念里，虽然股东是公司的"东家"，但不是所有的股东都能被称做"东家"，只有那些有较多话语权的较大股东可以被称做"东家"——通俗称呼是"老板"。可见，老板和股东的范围并不相同。

[18] 股东与股权【☆】

公司的股东，是公司的所有者。是股东，就拥有股权；拥有股权，就是股东；不是股东，就不拥有股权；不拥有股权，就不是股东。这些都是正确的命题。也可以说，有且只有股东，才拥有股权。

现实的复杂性在于，自认为是真正股东的人不一定有合法的证明；真正的出资人，也不一定最终被法律确认为股东。一旦产生股权争议，股权争议的处置技巧就显得特别重要。股权争议从谈判、仲裁、诉讼方式设计、诉讼时机选择到证据搜集、证据保全、适时启动刑事程序和行政程序、法庭处理和应变技巧等，任何瑕疵都会

---

① 公司的管理人员，属于员工的范畴，又有别于普通员工。我国的劳动法律将员工不加区分，一并纳入保护范围。

导致失败的结局。因此,股东拥有股权,这一简单的命题在现实中不再简单。

[19] 控股股东【☆】

控股股东,是指其出资额占有限责任公司资本总额50%以上或者其持有的股份占股份有限公司股本总额50%以上的股东;出资额或者持有股份的比例虽然不足50%,但依其出资额或者持有的股份所享有的表决权已足以对股东会、股东大会的决议产生重大影响的股东。① 出资比例超过50%或者持股比例大到足以对公司最高决策机构——股东会、股东大会产生重大影响的程度,是判断控股股东的两个标准。

控股股东可以是法人,也可以是自然人;可以是一个,可以是多个股东形成的稳定集合体,也可以是零个。

[20] 实际控制人【☆☆】

实际控制人,是指虽不是公司的股东,但通过投资关系、协议或者其他安排,能够实际支配公司行为的人。② 实际控制人,可以是法人,也可以是自然人;可以是零个,可以是一个,也可以是协同一致的多数——比如夫妻共同控制。

我国公司法上的实际控制人,不包括公司的股东,这一点往往不被社会大众和普通媒体所接纳。在不严格的法律场合,将实际控制公司的小股东也叫做"实际控制人"似乎更符合公众的心理——公司应当是大股东控制的,所以不是大股东却控制了公司的人就应当叫做实际控制人。这样的逻辑,事实上比现行公司法的规定更符合逻辑,也更容易让人接受。但是,法律人只能按照法律的规定使用法律术语,否则就等于表明自己是个外行了。

[21] 控股股东≠实际控制人【☆☆】

我国公司法把持股比例占一半以上或者影响重大的股东称为控股股东。但是,不管是多大的股东,都不可能成为我国公司法所称的"实际控制人",实际控制人是股东之外的概念。简言之,是实际控制人则不是股东,是股东则不是实际控制人。

《公司法》第216条规定:……(二)"控股股东,是指其出资额占有限责任公司资本总额百分之五十以上或者其持有的股份占股份有限公司股本总额百分之五十以上的股东;出资额或者持有股份的比例虽然不足百分之五十,但依其出资额或者持有的股份所享有的表决权已足以对股东会、股东大会的决议产生重大影响的股东。

---

① 参见《公司法》第216条规定。
② 同上注。

(三)实际控制人,是指虽不是公司的股东,但通过投资关系、协议或者其他安排,能够实际支配公司行为的人……"

我国公司法中的"实际控制人"概念,强调的是股东以外的人。如果小股东实际控制了公司,这个小股东因为是"股东",所以就不是"实际控制人"。

从股东表决的多数决规则或者根据普通人的观念分析,控股股东或者实际控股股东或者基于上述两种人的授权或者合同而控制公司是理所当然的事情,而其他人控制公司则属于特殊的情形,因此需要特别创设"实际控制人"这一概念。由此我们可以清晰地看到,"实际控制人"还应当包括实际控制公司的小股东这种"非控股股东"的重要角色。因此,我国公司法中"实际控制人"概念排除了"非控股股东",在逻辑上似有缺陷。完善的方法,可以将"实际控制人"定义中的"股东"改为"控股股东",即"实际控制人,是指虽不是公司的控股股东,但通过投资关系、协议或者其他安排,能够实际支配公司行为的人"。如图2-1所示:

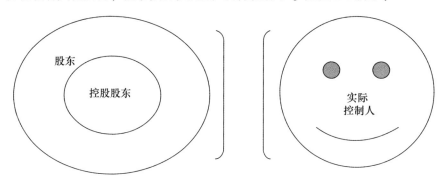

图2-1 《公司法》中实际控制人、控股股东、股东三者关系示意图

[22] 发起人≠股东【☆☆☆】

发起人是为设立公司而签署公司章程、向公司认缴出资或者认购股份并履行公司设立职责的人。发起人不论是否参与具体的筹办事务,都需要对公司设立事务承担责任。发起人之间是合伙关系,每个发起人都是发起人合伙中的成员,因此当公司不能成立时,对设立公司行为所造成的后果,全体发起人连带承担法律责任。发起人作为设立中公司的机关,必须根据权限忠实地履行自己在公司设立中的职务。发起人如果因为怠于履行职务等过失,给公司造成了损害,就要依法承担损害赔偿责任。①

---

① 参见最高人民法院民事审判第二庭编著:《最高人民法院关于公司法解释(三)、清算纪要理解与适用》,人民法院出版社2016年版,第23页—35页。

发起人在公司设立阶段并不能被称为股东。在设立阶段,发起人对外代表公司,对内执行设立任务。公司成立后,在公司存续阶段,发起人因为签署章程、认缴出资或者认购股份而成为股东。因为发起行为而称为股东的,通常被称为"发起人股东"或者"原始股东",以此区别于设立后因受让公司股权或者股份或者因为增资而成为公司股东的股东。①

[23] 股东≠高管【☆】

高级管理人员是指公司的经理、副经理、财务负责人,上市公司董事会秘书和公司章程规定的其他人员。②

股东是公司的所有者,高管是公司的聘用人员;公司是雇主,高管是雇员。如果把公司比做一部私家车,则股东是车主,高管是司机。股东兼任高管的现象比较普遍,高管持股的现象也比较普遍。在实行股权激励措施的公司中,高管能够通过股权激励变成小股东。在我国相当多的公司中,创业者身兼大股东和高管双重角色。但是,弄清楚这两个角色的基本定位,就不难回答以下高管在法律咨询中常见的问题:

股东一定要到公司上班吗?不在公司做事,是否一定要退股呢?

通常而言,答案都是否定的。不过,现实的复杂性在于,如果公司章程或者股东协议中有另外规定的,就不能一概而论。

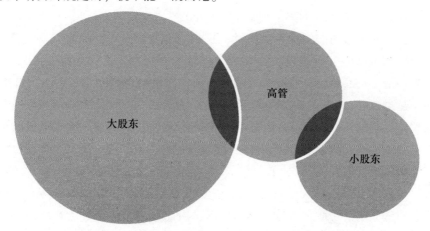

图 2-2　公司中大股东、高管、小股东关系示意图

---

① 参见最高人民法院民事审判第二庭编著:《最高人民法院关于公司法解释(三)、清算纪要理解与适用》,人民法院出版社 2016 年版,第 35 页。

② 参见《公司法》第 216 条规定。

[24] 股东 ≠ 债权人【☆】

股东和债权人都是把财产投入到公司中。其中,如果是把财产作为投资入股(不要求偿还,只要求股东利益并承担相应的风险),并且履行一定的法定程序,结果就变成了公司的股东;如果是把财产出借给公司使用(只要求公司归还本金或者公司支付一定的利息),则成为公司的债权人。

如果合同约定,既是投资,又要固定回报,问题就复杂化了。

现实,总是比法律规定更丰富多彩,正如歌德所言,"生活之树长青,而理论是灰色的"。不过,运用科学的法律思维方式,所有现实问题都可以用法律理论来解决,看似灰色的法律理论其实正好是解决多彩生活中复杂法律问题的利器。也就是说,问题复杂一些,终究还是可以解决的。这里强调的是,股东和债权人是完全不同的法律角色;为了避免争议,一般不把股权投资合同与借贷合同的特征性条款混同。但是,在风险投资领域和其他复杂的法律设计中,股权投资与借贷之间具有转换或者选择的余地,无疑会拓宽资金运用的空间。

[25] 合法代持股 = 股权信托【☆☆】

代持股问题,目前仍然属于比较复杂、难以准确定性的法律问题。解决代持股法律问题,必须要解决的是为什么代持股。现实生活中有以下比较普遍的两种情形:

第一种情形,仅仅是自己怕"露富"或者想投资又怕"麻烦",而授权另一个人代替自己作为股东参与公司的相关活动。这种行为符合《中华人民共和国信托法》(以下简称《信托法》)的规定。

第二种情形,因为公司的股东人数受到公司法的硬性规定的限制——有限责任公司不得超过50人,非上市的股份有限公司不得超过200人,而实际参与出资又应当享有股东权利的人数太多,只能将一部分人"打包",用一个人的名义做股东,此举虽存有争议,但有学者认为符合《信托法》的规定。[1] 比如一个5 000人的大企业改造成全员持股的股份有限公司,可以将一部分职工的股权集中到一个人的名下,从而让公司名册上登记的人数符合法律的规定。这种做法符合《信托法》的规定,也符合公司法关于公司股东人数的形式要求,因此可以认为是合法有效的。职工持股会作为受托人,有其优越性,我国有关政府部门对职工持股会的态度有待改进。[2]

---

[1] 参见刘俊海:《新公司法的制度创新:立法争点与解释难点》,法律出版社2006年版,第178—179页。

[2] 同上书,第180页。

[26] 灰色代持股【☆☆☆】

有些人因为法律规定身份冲突原因或者资金来源不合法等原因，不能或不愿作为股东向公司投资，于是找到自己的亲戚朋友作为名义股东，自己作为实际投资人，进行规避法律强制性规定的投资。因为这种代持股导致危害社会的结果发生，因此被称作灰色代持股。

灰色代持股的股东地位问题引起人们的困惑是很正常的。但是，司法实践表明，我国一般不因为实际投资人向公司投资的不合法性而否定投资的事实和实际投资者在公司法上的股东地位和权利。至于灰色代持股中对实际投资者权利的处理，属于其他法律范畴，这里不再展开。有兴趣的读者可以参考刘志军案的判决。

[27] 股东资格继承【☆☆】

关于有限责任公司股东资格的继承，《公司法》第75条规定，自然人股东死亡后，其合法继承人可以继承股东资格。但同时，该条法律也允许公司章程"另有规定"。该条法律中"但书"——"但是，公司章程另有规定的除外"，表明公司法允许公司章程对继承股东资格进行限制和否定。因为股东权利除了股东资格之外，还包括非常重要的财产权，所以不能将上述"但书"理解为"可以否定对已死亡自然人股东的股东权利的任何继承"。

有限责任公司成立与存续的重要基础之一是股东的个人信用，公司章程可以规定自然人股东的继承人不当然继承股东资格，即限制继承人继承股东的地位。换言之，公司章程可以规定不允许继承人继承股东的身份性权利，但是，不能否定股东合法继承人继承财产性权利的资格。如果公司章程对合法继承人继承财产性权利进行剥夺，则因为该章程相应的规定违反法律的强制性规定而无效。公司章程在限制股东资格的继承权的同时，应当规定保护股东继承人财产权的办法，比如通过股东内部股权转让或公司进行股权回购等规定，使合法继承人得以行使股权中的财产权利。① 如果公司章程规定股东继承人不得继承股权而成为股东，又未规定保护股东继承人股权中财产权的办法，继承人可以依照《公司法》第71条的规定，转让被继承人的股权。

相对而言，股份有限公司的人合性色彩较轻，谁来做股东对公司的影响都不大，因此股份有限公司似乎完全没有必要限制自然人股东的继承权。但是，因为发起设立的股份有限公司的法定最低人数为2人，因此不排除有些股份有限公司人数少、

---

① 参见王保树：《从法条的公司法到实践的公司法》，载《法学研究》2006年第6期，第28页。

人合性强的情形，即谁来做股东很重要。因为《公司法》中没有对股份有限公司关于自然人股东死亡后继承的情形作出规定，所以非上市股份有限公司可以适用《公司法》第75条关于有限责任公司的规定，即非上市股份有限公司章程可以排除自然人股东资格的继承。

[28] 未成年人股东【☆☆】

要理解未成年人是否可以做股东的问题，应该先了解我国对未成年人的民事权利能力和民事行为能力的法律规定。

民事权利能力是指依法享有民事权利承担民事义务的能力。民事行为能力是指能以自己的行为行使民事权利并承担相应民事义务的能力。自然人的民事权利能力始于出生，终于死亡。年满18周岁的自然人是成年人。未成年人属于无民事行为能力人或者限制民事行为能力人。10周岁以下属于无民事行为能力人，10周岁以上的未成年人属于限制民事行为能力人，其中16至18岁以自己的劳动收入作为主要生活来源的行为人，可视为完全民事行为能力人。

未成年人虽然行为能力受限，但是其法定代理人可以为了未成年人的利益代其进行意思表示，所以未成年人可以因为投资、购买、继承或者受赠而成为上市公司的股东。未成年人同样可以成为有限责任公司和非上市股份有限公司的股东——除非公司章程作了否定性的规定。如果公司章程规定该公司股权不得继承，这种规定能够排除股东的继承人成为该公司股东的权利，但是并未剥夺继承人转让被继承人作为股东所持有该公司股权的权利。这样，在章程否定股东身份继承权的有限责任公司，有限责任公司和非上市股份有限公司的人合属性得以保护，股东继承人的财产权也得到了保护。

[29] 精神病人股东【☆☆】

精神病人和未成年人一样，虽然具有民事权利能力，但是民事行为能力受限。

与未成年人成为股东的法理一样，精神病人同样可以成为上市公司的股东，也同样可以在公司章程没有否定性规定的前提下成为有限责任公司等非公众公司的股东。

二、董事、监事和高级管理人员

公司中的董事、监事、高级管理人员属于公司的高层人士，可以简单称为"董监高"。

公司中的高级管理人员，一般可以简称为"高管人员"，或者更简单地称为"高管",是指"公司的经理、副经理、财务负责人,上市公司董事会秘书和公司章程规定的其他人员"。①

这三种人士的法律义务和责任有较大程度的相似性。

[30] 高管的范围【☆】

所谓的高管,是一个开放式概念,公司章程可以规定"公司的经理、副经理、财务负责人,上市公司董事会秘书"以外的本公司其他人员为本公司的"高管"。② 就是说,公司章程可以添加本公司的特定职位上的人员作为本公司的"高管",而不管这个职位在别的公司地位如何。

由此可见,我国公司的高管,分为法定的高管和公司章程规定的高管两种。③ 法定的高管,上市公司共有四种人——经理、副经理、财务负责人、董事会秘书,有限责任公司和非上市的股份有限公司则将董事会秘书排除在外。公司章程规定的高管没有职位和岗位的限制,仅仅需要公司章程赋权、限制和确认——公司章程对本公司高管的规定,随着公司章程的公开而具有对抗善意第三人的效果。有学者认为,公司"可以对高级管理人员权限予以特别限制,但是,公司对高级管理人员的限制不得对抗善意第三人"——其所针对的情形,应当是公司未公开其对高级管理人员限制的规定。④

[31] 高管的认定【☆☆☆】

高管,不是公司的机关,而是《公司法》规定和公司内部认定的高级管理人员。

什么职位上的人员被认定为"高管",不仅是商业决策行为,也是法律定性行为。因为《公司法》规定了高管和董事、监事处于同一个级别的,远远高于普通员工的法定忠实义务和勤勉义务,相应的,高管的法律责任也远远高于普通员工。

公司章程圈定高管的范围,表面上是公司认定其管理人员里高级别人员的范围,

---

① 参见《公司法》第216条。
② 《公司法》第216条规定:"高级管理人员,是指公司的经理、副经理、财务负责人,上市公司董事会秘书和公司章程规定的其他人员。"根据文字表述中的标点符号,可知"上市公司董事会秘书"和前面的"经理""副经理""财务负责人"不是并列的概念,上市公司的"高级管理人员"的范围是开放的,而其他类型公司(包括非上市的股份有限公司)的同一个概念的范围则是封闭的——仅仅包括三种人(公司的经理、副经理、财务负责人)。实际上,这应当是法条标点符号误用造成的误解。因为"高管"被《公司法》赋予了特定的责任,完全没有必要将上市公司以外类型公司中"高管"的概念封闭起来。该法条中间的逗号,应当换成顿号。这样,所有公司的"高管"概念都是开放的,上市公司和其他公司中"高管"的区别,仅仅在于前者必然包含"董事会秘书",后者则不一定。
③ 根据是我国《公司法》第216条的规定。
④ 参见施天涛:《公司法论》,法律出版社2006年版,第351页。

实际上是公司圈定其严管人员的范围。从这个角度看来,扩大高管的范围,就等于给公司提供了更多的保护。

[32] 董事、监事、高管的法定义务【☆☆】

公司的董事、监事、高管人员,俗称"董监高",在公司法里面属于"严管人员"。我国《公司法》规定了董事、监事、高管的忠实义务和勤勉义务,《公司法》第147条第1款规定:"董事、监事、高级管理人员应当遵守法律、行政法规和公司章程,对公司负有忠实义务和勤勉义务。"

违反忠实义务,收入归公司所有。《公司法》第148条用列举加兜底的方式规定了董事、高级管理人员违反忠实义务行为的类型:"(一)挪用公司资金;(二)将公司资金以其个人名义或者以其他个人名义开立账户存储;(三)违反公司章程的规定,未经股东会、股东大会或者董事会同意,将公司资金借贷给他人或者以公司财产为他人提供担保;(四)违反公司章程的规定或者未经股东会、股东大会同意,与本公司订立合同或者进行交易;(五)未经股东会或者股东大会同意,利用职务便利为自己或他人谋取属于公司的商业机会,自营或者为他人经营与所任职公司同类的业务;(六)接受他人与公司交易的佣金归为己有;(七)擅自披露公司秘密;(八)违反对公司忠实义务的其他行为。"其最后一项规定发挥的是兜底作用,意图将上文未列举的情形一网打尽。

有关勤勉义务的规定,我国《公司法》没有像忠实义务一样进行列举,也没有对勤勉义务进行定义。至于我国《公司法》第112条第3款规定的"董事应当对董事会的决议承担责任。董事会的决议违反法律、行政法规或者公司章程、股东大会决议,致使公司遭受严重损失的,参与决议的董事对公司负赔偿责任。但经证明在表决时曾表明异议并记载于会议记录的,该董事可以免除责任",以及第149条规定的"董事、监事、高级管理人员执行公司职务时违反法律、行政法规或者公司章程的规定,给公司造成损失的,应当承担赔偿责任"属于法律责任,但是与"勤勉"无关。①

证监会2006年修订的《上市公司章程指引》第98条规定了董事的勤勉义务:"董事应当遵守法律、行政法规和本章程,对公司负有下列勤勉义务:(一)应谨慎、认真、勤勉地行使公司赋予的权利,以保证公司的商业行为符合国家法律、行政法规以及国家各项经济政策的要求,商业活动不超过营业执照规定的业务范围。(二)应公平对待所有股东。(三)及时了解公司业务经营管理状况。(四)应当对

---

① 有学者认为属于勤勉责任,但是难以自圆其说。详见任自力:《公司董事的勤勉义务标准研究》,载《中国法学》2008年第6期。

公司定期报告签署书面确认意见，保证公司所披露的信息真实、准确、完整。（五）应当如实向监事会提供有关情况和资料，不得妨碍监事会或者监事行使职权。（六）法律、行政法规、部门规章及本章程规定的其他勤勉义务。"该规定注释中表示："公司可以根据具体情况，在章程中增加对本公司董事勤勉义务的要求。"指引要董事保证公司的商业行为符合"国家各项经济政策"的要求，并不得"超过营业执照规定的业务范围"，等于把董事变成国家安插在企业内的经济警察或者是不领国家俸禄的市场监督特派员，没有考虑到董事的勤勉义务只是对公司尽职尽责而已，他们根本没有能力也没有必要如此对政府提供"保证"。《上市公司章程指引》的制定者可能没有明白，董事的忠实义务是对公司的忠实义务，董事的勤勉义务自然也是对公司而非对其他主体的勤勉义务。

不过，证监会的《上市公司章程指引》，在法律体系中属于"部门规章"这一级别，位阶和效力都低于法律、行政法规，其规定的董事的勤勉义务不属于严格意义上的法定义务。

[33] 董事、监事、高管的法律限制【☆】

董事、监事、高管的法律限制，包括任职资格限制、借款限制、薪酬披露、不得兼任监事、持股限制等多种情形。

① 任职资格限制

《公司法》为董事、监事和高管在经济犯罪、经营能力、经济能力三种领域设置了法律底线，具体表现为《公司法》对其任职资格规定的否定性条件。

《公司法》第146条规定了在经济犯罪方面的法律底线："……（二）因贪污、贿赂、侵占财产、挪用财产或者破坏社会主义市场经济秩序，被判处刑罚，执行期满未逾五年，或者因犯罪被剥夺政治权利，执行期满未逾五年"，不能任职董监高。该条也规定了在经营能力方面的破产清算和吊销营业执照两个法律底线："……（三）担任破产清算的公司、企业的董事或者厂长、经理，对该公司、企业的破产负有个人责任的，自该公司、企业破产清算完结之日起未逾三年；（四）担任因违法被吊销营业执照、责令关闭的公司、企业的法定代表人，并负有个人责任的，自该公司、企业被吊销营业执照之日起未逾三年"。该条还规定了个人经济能力方面的法律底线："（五）个人所负数额较大的债务到期未清偿"。

其中，个人较大数额的债务到期未清偿，不论是经济能力所致还是个人品行所致，都属于《公司法》所不能容忍之列。这和让一个饥肠辘辘的人去送外卖让人不放心一样，这项规定是为了提高董事、监事、高管抗拒经济诱惑以正常行使职责的概率。

② 借款限制

《公司法》第115条规定："公司不得直接或者通过子公司向董事、监事、高级管理人员提供借款。"

③ 薪酬披露

《公司法》第116条规定："公司应当定期向股东披露董事、监事、高级管理人员从公司获得报酬的情况。"

④ 任职限制

董事、高管不得兼任本公司监事。其根源在于，以经理为首的高管，都是执行董事会决议的人员，从而归属于公司治理三权分立结构中的"行政权"之列，监事则是监事会的成员，属于监督权之列。这种法定的"不得兼任"，等于在董事会和监事会中间从"自然人"的人身角度进行的分离，虽然并不排斥董事和监事是夫妻、父子、密友等各种可能，但是，毕竟实现了董事和监事成员形式上的分离，从而保证了二者各自形式上的独立性。

⑤ 持股限制

上市公司中的高管，其所持有公司的股份受到法律和公司章程的双重限制。

《公司法》第141条第2款规定："公司董事、监事、高级管理人员应当向公司申报所持有的本公司的股份及其变动情况，在任职期间每年转让的股份不得超过其所持有本公司股份总数的百分之二十五；所持本公司股份自公司股票上市交易之日起一年内不得转让。上述人员离职后半年内，不得转让其所持有的本公司股份。公司章程可以对公司董事、监事、高级管理人员转让其所持有的本公司股份作出其他限制性规定。"因此，公司章程可以就上述相关内容进行更严格的限制。

[34] 董事、监事、高管的法律责任【☆☆】

董事、监事、高管的法律责任，包括违反法定的忠实义务和勤勉义务和法律限制性规定应当承担的法律责任、对公司损失的赔偿责任、对股东的赔偿责任三种基本类型。

① 违反法定义务和法律限制性规定的责任

法律在此留下了空白，因此，这里是公司章程和公司内部制度以及高管劳动合同设计的极其重要领域，是法律人发挥自己才能的极其重要领域，更是公司"软实力"的极其重要的保障。

② 对公司损失的赔偿责任

《公司法》第149条规定："董事、监事、高级管理人员执行公司职务时违反法律、行政法规或者公司章程的规定，给公司造成损失的，应当承担赔偿责任。"

《公司法》第21条规定："公司的控股股东、实际控制人、董事、监事、高级管理人员不得利用其关联关系损害公司利益。违反前款规定，给公司造成损失的，应当依法承担赔偿责任。"

可见，董监高的上述赔偿责任都是法定责任。

③ 对股东损害的法律责任

《公司法》第152条规定："董事、高级管理人员违反法律、行政法规或者公司章程的规定，损害股东利益的，股东可以向人民法院提起诉讼。"

股东受到损害后，可以行使诉权，当然也可以放弃诉权而通过其他方式解决。

[35] 董事【☆】

董事，是公司董事会的成员。董事产生的法律程序包括股东选举、职工代表大会等民主形式推举董事会中的职工代表、国有资产监督管理机构委派等形式，其中国有资产监督管理机构委派的范围非常狭窄，仅限于国有独资公司中的非职工代表董事。

董事每届任期一般不超过3年，可以连选连任。

[36] 监事【☆】

监事是监事会的成员。监事的组成，法律规定应当包括股东代表和适当比例的公司职工代表，其中职工代表的比例不得低于1/3，其具体比例由公司章程规定。监事会中的职工代表由公司职工通过职工代表大会、职工大会或者其他形式的民主选举产生。①

需要强调的是，监事不能兼任本公司董事或者高管。

[37] 三权分立的治理结构【☆】

我国公司的"三会"中，股东会是股东集体意志的表达机关，董事会是公司运营的决策机关，监事会是监督机关。

我国公司法所构建的公司治理结构，是典型的三权分立式治理结构，即股东集体利益和意志相关的所有权、公司营运相关的"行政权"、监督权这三种权力分立制衡结构。我国公司中的股东会、董事会、监事会是法定的必须具备的公司机关。② 其

---

① 参见《公司法》第51条。
② 股东会和股东大会，是分别对应有限责任公司和股份有限公司的名词，为了行文方便，除非必要，本书多数情况下不再用"股东（大）会"这种说法或者对"股东会"和"股东大会"进行区分，而直接用"股东会"表示股东会和股东大会。同样为了行文方便，本书也不再将不设董事会、监事会而只设立执行董事、监事的公司中的"执行董事""监事"这两个概念单独提出，而统一用"董事会""监事会"的说法。

中，股东会是股东集体意志的表达机关，董事会是公司运营的决策机关，监事会是监督机关，而经理是公司董事会下的公司机关。经理既是董事会的执行机关，也是董事会之下公司的最高决策机关和管理机关。①

[38] 经理【☆】

三权分立式的公司治理结构，没有使公司陷入低效的、扯皮的官僚化问题，要归功于董事会下的经理制度。经理对董事会决议的执行权和对自身事务的决策权由一个经理这一个自然人拥有，不再实行会议决策制和多个机关制衡机制，能够提高执行和决策的效率。因此，效率是选择经理制的根本理由。

《公司法》第49条规定："有限责任公司可以设经理，由董事会决定聘任或者解聘。经理对董事会负责，行使下列职权：（一）主持公司的生产经营管理工作，组织实施董事会决议；（二）组织实施公司年度经营计划和投资方案；（三）拟订公司内部管理机构设置方案；（四）拟订公司的基本管理制度；（五）制定公司的具体规章；（六）提请聘任或者解聘公司副经理、财务负责人；（七）决定聘任或者解聘应由董事会决定聘任或者解聘以外的负责管理人员；（八）董事会授予的其他职权。公司章程对经理职权另有规定的，从其规定。经理列席董事会会议。"

[39] 经理的法律义务和责任【☆】

经理的法律义务和责任，包含在上述"董事、监事、高管的法律义务和责任"中。公司章程和公司内部制度可以专门对经理的法律义务和责任进行规定。

[40] 董事和经理职务不冲突【☆】

我国公司法对公司治理结构的安排，使"三会"的制衡机制与经理的高效管理机制的各自优势得以有效发挥。

董事在公司中的地位和作用，不能离开董事会来单独评价。董事与经理的职务并不冲突，我们也时常看到有些人的名片上印着"董事总经理"的字样。董事只有通过参加董事会和行使表决权，才会发挥其作用。董事的作用，是由董事会整合而发挥出来的。董事会是公司机关，经理也是公司机关；董事会是通过会议行使权利的公司机关，经理则是经理个人直接行使职务权利的公司机关。

---

① 经理在执行董事会的决议过程中，是执行机关；但是，经理的执行是通过独立的、负责任的决策进行的，所以，经理又是董事会之下的最高决策机关。

三、法定代表人

法定代表人，可以顾名思义理解为"法律规定代表公司的人"，相当于公司的法定"元首"。

[41] 法定代表人【☆】

法定代表人，是公司的常设机关。担任公司代表人的是一个自然人——这个活生生的自然人，通过签字、盖章等实实在在的行为，代表公司表示各种意思——主要是签署各种文件以使公司对外活动更加方便、对外形象更加人性化，其作用限于"代表"签字、盖章，而不是"代替"其他公司机关作出决定。公司法定代表人的产生和职权均由公司法律规定，所以叫做"法定"代表人。

我国有资格担任公司法定代表人的，只能是本公司的董事长、执行董事或者经理。至于担任法定代表人的是本公司董事长（执行董事）还是经理，看谁更适合代表公司签字和谁更愿意承担法定代表人的法律责任。

[42] 法定代表人 ≠ "法人"【☆】

法人，指法律所拟制的法律意义上的所谓"人"，公司就是一种法人。对一个公司而言，法人是这个公司本身，法定代表人是这个公司的代表机关，所以法定代表人不能简称做"法人"，否则将造成概念的混淆和使用的不便。

把法定代表人叫做"法人"，会很容易被内行人贴上"外行"的标签。

[43] 法定代表人与公司债务【☆☆☆☆】

债，分为合同之债、侵权之债、无因管理之债和不当得利之债等基本类型。公司的债务，主要包括合同之债和侵权之债两种类型。公司的合同之债，必然来源于公司法定代表人的代表行为和公司授权产生的代理行为；公司的侵权之债，则不一定与法定代表人的代表行为或者公司授权产生的代理有关。因为，合同的成立和生效，一定是有权代表公司的人签署才行；侵权的发生，则可能是因为公司的故意，也可能源自公司的过失。比如公司车辆在营运过程中出现交通事故后应当由公司承担的侵权责任或者公司产品质量责任，就属于过失责任。

公司的侵权之债，与合同之债不同，是按照民法的归责原则确定的。非代表人的行为也可能归为公司的行为，也可能引发公司的侵权责任，与行为人是不是公司法定代表人或公司授权的人没有必然联系。所以，"非代表人的行为不可能引发公司的侵权责任，因为非代表人不具有代表权，其行为属于自己行为，不属于公司行为"

的观点值得商榷。①

[44] 法定代表人风险的转移和承担【☆☆】

法定代表人虽然只是公司法定的"代表人",看似没有"实权",但是,公司法定代表人的授权行为等于公司的决定,具有法律效力。法定代表人对公司内部人在特定事项上的授权,可以让公司的内部人在特定事项上的行为具有对外效力,比如授予业务部门买卖合同签订权,则被授权部门有权代表公司对外签订买卖合同;法定代表人代表公司对公司外部人的授权,比如授权律师代理公司的法律事务,同样如此。法定代表人的授权,在转移事务处理权的同时,也能起到转移法律风险的作用:对内授权,等于将责任分为决策责任和执行责任,如果出现执行方面的法律责任,将会由被授权的直接负责人来承担;对外授权,必然一并将委托事项处理过程的法律风险转移给代理人。

法定代表人的授权,具有一定的法律风险,因为接受授权委托的代理人,在授权范围内的行为代表公司。代理人的行为因为授权被赋予了代表公司的法律效力,授权的范围和事项通常都是被明确限制的,但是具体代理的过程仍然具有一定的不可控性和与其俱来的风险。因此,法定代表人需谨慎选择代理人,并采取适当的监督、激励措施。

[45] 法定代表人的职务行为【☆☆】

法定代表人,以公司名义签订合同并在合同上加盖公章和私章(或者签字),属于代表公司的职务行为。即使该行为超越了法定代表人的实际职权范围,比如法定代表人因为个人的过失或者故意,在不应当签字的文件上签字,对善意第三人而言仍然属于职务行为。

如果法定代表人签署的合同上没有公司名称或者公司公章,是代表公司的职务行为吗?这是实务中比较复杂的问题,需要具体问题具体分析,并不是与公司业务或者发展有关,就简单判定为职务行为。

四、身份冲突

公司作为一种经济组织,归根结底还是由人组成的。有些人能够进入公司,有些人则因为身份限制不能进入公司。人们一旦进入公司,便被法律赋予各种角色;公司的不同角色之间,有些存在冲突。

---

① 参见施天涛:《公司法论》,法律出版社2006年版,第360页。

[46] 股东的资格和身份冲突【☆】

不是谁都可以当股东的，因为公司除了具有资合的性质外，还具有人合的性质。相对而言，有限责任公司更侧重于人合，股份有限公司更侧重于资合，上市的股份有限公司因股票交易的高度市场化而可以认为不具有人合性质。人合性质越强，公司对股东资格进行限制的理由就越充分。

法律本身也对股权转让有一些限制。公司可以通过章程的规定，对股权转让进行限制或者对股东设定义务，以保证股东持续享有融洽关系或者特定股东承担特定的法律责任。

国家公务员尤其应当谨慎对待股权问题。因为，身份冲突问题可能导致股东资格纪律型、政策型瑕疵。这些瑕疵，目前可能比公司法层面上的瑕疵更加重要。

[47] 股东、董事、监事、经理、法定代表人的身份冲突【☆】

在公司法层面，股东和其他任何身份都不冲突。

董事、经理、法定代表人三者不冲突，但是都与监事冲突。因为《公司法》明确规定，"董事、高级管理人员不得兼任监事"[1]，而公司的法定代表人，只能"依照公司章程的规定，由董事长、执行董事或者经理担任，并依法登记"。[2]

所以，股东可以同时任公司的董事、经理、法定代表人，股东也可以任监事，但是做了监事，就不能兼任董事、经理、法定代表人，做了董事、经理、法定代表人，也不能做监事了。

在一个小公司的法律架构中，极端精简的例子是，两个自然人出资做股东，一个股东任公司的执行董事、经理、法定代表人，另一个股东任公司的监事。两个股东把现代公司治理结构中的"董、监、高"和法定代表人全部担任，仍然符合我国《公司法》的规定。

---

[1] 参见《公司法》第51条第4款、第117条规定。
[2] 参见《公司法》第13条的规定。

第三章　公司治理结构：三权分立，相互制衡

相对于其他企业形式，公司这种形式的成功，不但是因为股东的有限责任极大地激发了投资者的热情并有效限制风险范围，也因为公司日益完善的民主化治理结构为公司的科学发展提供了制度的保障，甚至也可以说是公司的合规式设计将效率和民主的不平衡限制在了让各方利益主体都能"过得去"的范畴。普通人觉得出格的设计，若是合规，则各方都无话可说，吃亏上当也要认赌服输，且等下一次机会再做较量；若是不合规，则立即可以依法或者依照公司章程、新协议按照法定程序进行修改。

简言之，我国公司法所规定的治理形式，是民主和高效的，是可以被识别和修正的。

一、公司治理结构

公司法规定了公司应当具备的治理结构，公司具备了公司法规定的治理结构，方能真正实现公司的健康运行。

[48] 股东权的间接性【☆☆】

公司的股东权、管理权、监督权，分别由股东会、董事会、监事会行使。股东享有最高决策权，但这种权力是间接的，是通过股东会形成股东会决议行使的，其立法预期在于排除股东直接参与或者干预企业经营管理；董事会独立负责公司的经营管理事务，它只对公司或者股东作为一个整体负责，而无须对股东个人负责；而监事会则负责对企业管理层进行监督。[①]

股东、董事会、监事会三者的协调和制约制度，是我国公司法公司治理制度的基本框架。

[49] "三会"职权的法定性和灵活性【☆☆】

股东会、董事会、监事会，俗称"三会"。

---

① 参见施天涛：《公司法论》，法律出版社2006年版，第9页。

股东会、董事会、监事会作为公司的三个机关，分别行使各自的法定职权和公司章程赋予的职权，形成三权分立且相互制衡的治理机构。三会的法定职权范围，由《公司法》进行了明确规定，这就是三会职权的法定性。

三会各自的职权，并非全部由法律进行具体规定，而是表现出相当大的灵活性。在《公司法》规定三会职权的时候，最后是授权给公司自己决定的——"公司章程规定的其他职权"。因此，不同的公司，其三会的职权范围可能会因为公司章程的不同而有所不同，这就是三会职权的灵活性。

关于灵活性，应当确定的是，公司三会职权的范围，只能由"公司章程"进行规定，而不能由公司机关或者公司代表规定，也不能由股东协议规定，即使是股东会的决定，也必须进一步上升到公司章程的层级和形式，才具有法律效力。

[50] 股东会【☆】

股东会是公司的权力机关，是公司的表意机关，股东会根据法律规定和公司章程规定对公司重大事项作出决议，形成公司的意思。

国有独资公司不设股东会，国有资产监督管理机构可以授权公司董事会行使股东会的部分职权，决定公司的重大事项，但公司的合并、分立、解散、增加或者减少注册资本和发行公司债券，必须由国有资产监督管理机构决定。①

《公司法》第 37 条规定："股东会行使下列职权：（一）决定公司的经营方针和投资计划；（二）选举和更换非由职工代表担任的董事、监事，决定有关董事、监事的报酬事项；（三）审议批准董事会的报告；（四）审议批准监事会或者监事的报告；（五）审议批准公司的年度财务预算方案、决算方案；（六）审议批准公司的利润分配方案和弥补亏损方案；（七）对公司增加或者减少注册资本作出决议；（八）对发行公司债券作出决议；（九）对公司合并、分立、解散、清算或者变更公司形式作出决议；（十）修改公司章程；（十一）公司章程规定的其他职权。"

上述规定，对股份有限公司和有限责任公司都适用。②

[51] 股东会的召集程序瑕疵【☆☆☆】

由于现实的复杂性，股东会的召集程序也会出现瑕疵。股东会通知的时间与公司章程规定的提前量不符，如果相关股东同意或者存在可以视为股东同意的事实，

---

① 参见《公司法》第 66 条的规定。
② 《公司法》第 99 条规定："本法第三十八条第一款关于有限责任公司股东会职权的规定，适用于股份有限公司股东大会。"

则是可以弥补的。由不适当的人召集股东会，这种瑕疵也是可以弥补的——只要全体股东出席即可弥补。①

虽然在股东会召开前或者公司设立后的初始阶段，如果矛盾尚未凸显，也有可能会出现弥补股东会召集程序瑕疵的机会，在实务中，尽量不要出现召集程序瑕疵这种不必要的"硬伤"，否则容易被对手抓住机会。

[52] 董事会【☆】

董事会执行股东会的决议，是公司重大商业事项的决策机关。董事会的职权分为两个部分，一部分是《公司法》赋予的，另一部分则是依据《公司法》的规定由公司章程规定的。

董事会中非由职工代表担任的董事，由股东会选举和更换。②

《公司法》第46条规定："董事会对股东会负责，行使下列职权：（一）召集股东会会议，并向股东会报告工作；（二）执行股东会的决议；（三）决定公司的经营计划和投资方案；（四）制订公司的年度财务预算方案、决算方案；（五）制订公司的利润分配方案和弥补亏损方案；（六）制订公司增加或者减少注册资本以及发行公司债券的方案；（七）制订公司合并、分立、解散或者变更公司形式的方案；（八）决定公司内部管理机构的设置；（九）决定聘任或者解聘公司经理及其报酬事项，并根据经理的提名决定聘任或者解聘公司副经理、财务负责人及其报酬事项；（十）制定公司的基本管理制度；（十一）公司章程规定的其他职权。"

上述关于董事会职权的法律规定，适用于有限责任公司，也适用于股份有限公司。③

董事会在两种情况下可以精简为"执行董事"，由最低的三人变成一人。《公司法》第50条规定："股东人数较少或者规模较小的有限责任公司，可以设一名执行董事，不设董事会。执行董事可以兼任公司经理。执行董事的职权由公司章程规定。"在实际操作中，不设董事会而只设执行董事固然符合法律规定，但是不利于公司规范治理形象的塑造。

[53] 董事会僵局【☆☆】

董事会僵局是公司僵局的一种形式，公司僵局的另一种形式是股东僵局。董事

---

① 参见施天涛：《公司法论》，法律出版社2006年版，第315—316页。
② 参见《公司法》第37条规定。
③ 《公司法》第108条第4款规定："本法第四十七条关于有限责任公司董事会职权的规定，适用于股份有限公司董事会。"

会僵局,是指董事会持不同意见的董事之间的表决比例使得董事会长期不能形成有效决议,从而导致董事会长期不能正常行使职能。

因为董事会作为公司机关,其工作方式是开会形成董事会决议,董事会形成决议的表决比例非常重要。我国董事会的议事方式和表决程序中,有两个法律强制性规定:第一,董事会应当对所议事项的决定作成会议记录,出席会议的董事应当在会议记录上签名。第二,董事会决议的表决,实行一人一票。① 除此之外,有限责任公司董事会的议事方式和表决程序,由公司章程规定;而股份有限公司董事会的议事方式和表决程序,则更多由法律作了强制性规定。

有限责任公司董事会的出席和表决比例,除了简单多数规则外,还有其他比例可以选择。然而,如果将出席比例规定为董事人数的100%,形成决议的比例也要求为董事人数的100%,这种安排,虽然可以保证代表小股东的董事表达意见的权利,但因为任何一个董事都将实际获得否决权,所以非常容易产生董事会僵局。应当根据公司的股东数量和比例以及股东之间的关系,恰当安排董事会议事方式和表决程序,尽量争取避免董事会僵局的产生。

[54] 董事的委托代理权【☆☆】

股份有限公司董事的委托代理权受到《公司法》的严格限制。《公司法》第112条规定:"董事会会议,应由董事本人出席;董事因故不能出席,可以书面委托其他董事代为出席,委托书中应载明授权范围。"上市公司董事的委托代理权受到更严格的限制。《公司法》第124条规定:"上市公司董事与董事会会议决议事项所涉及的企业有关联关系的,不得对该项决议行使表决权,也不得代理其他董事行使表决权。"董事不能授权本公司董事以外的人代理出席董事会会议和代理行使表决权,深层原因不但在于董事表决事项的保密性、专业性,也在于董事"圈子"封闭性带来的决策高效率,以及对董事身份、董事选举程序的高度尊重和上市公司对关联关系董事的回避要求。

有限责任公司则有所不同。公司法没有对有限责任公司的董事代理问题进行专门规定,因此有限责任公司的董事代理问题不是法定事项,而是有限责任公司内部可以灵活处理的问题。有限责任公司董事的代理问题应当由公司章程进行明确规定,否则容易出现争议。有限责任公司董事的委托代理权可以参考股份有限公司和上市公司的有关规定予以确定。

---

① 参见《公司法》第48条、第111条、第112条的规定。

[55] 监事会【☆】

监事会是公司机关中的监督机关。因为任何权利都有膨胀的动力，权利的边界可以在权利生长的过程中因为其他权利主体维护自身权利而形成，也可以由制度设定而成。在我国公司法律制度中，监事会是用来约束公司、股东、股东会、董事、董事会和高管的行为的。监事会的法定职权中，首要的职权是"检查公司财务"，这也是监事会对股东约束和对其他与公司利益相关者约束的根基和重要手段。按照《公司法》的规定，有限责任公司和股份有限公司的监事会，人数都不得少于3人——例外的情形是股东人数较少或者规模较小的有限责任公司，可以设1至2名监事，不设监事会。① 可见，我国公司即使不设置监事会，也必须设置监事。《公司法》第53条、第54条规定了监事的法定职权。

《公司法》第53条规定："监事会、不设监事会的公司的监事行使下列职权：（一）检查公司财务；（二）对董事、高级管理人员执行公司职务的行为进行监督，对违反法律、行政法规、公司章程或者股东会决议的董事、高级管理人员提出罢免的建议；（三）当董事、高级管理人员的行为损害公司的利益时，要求董事、高级管理人员予以纠正；（四）提议召开临时股东会会议，在董事会不履行本法规定的召集和主持股东会会议职责时召集和主持股东会会议；（五）向股东会会议提出提案；（六）依照本法第一百五十二条的规定，对董事、高级管理人员提起诉讼；（七）公司章程规定的其他职权。"

《公司法》第54条规定："监事可以列席董事会会议，并对董事会决议事项提出质询或者建议。监事会、不设监事会的公司的监事发现公司经营情况异常，可以进行调查；必要时，可以聘请会计师事务所等协助其工作，费用由公司承担。"

另外，《公司法》第118条规定："本法第五十四条、第五十五条关于有限责任公司监事会职权的规定，适用于股份有限公司监事会。监事会行使职权所必需的费用，由公司承担。"

公司各主管部门的关系如图3-1所示：

[56] 合法合规的公司治理结构【☆☆】

合法合规的公司治理结构，是按照法律规定的形式规范要求设置的公司治理结构。公司治理结构必须首先符合法律规定的形式标准。符合形式标准，才可以被当事人、公众和主管机关接受；不符合法律规定的形式标准，表明公司治理结构存在

---

① 参见《公司法》第50条、第117条的规定。

第三章 公司治理结构：三权分立，相互制衡

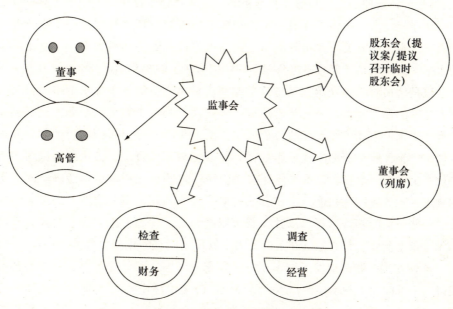

图 3-1　公司各部门关系示意图

"法律上的硬伤"，这样的公司不经过治理结构调整，就难以取得信任，难以对抗对手的攻击，也不可能成为公众公司。

但是符合法律规定的形式标准，并不意味着符合法律规定的实质标准。在现实的公司中，不符合法律规定实质标准的情形并不少见，甚至一些"巨无霸"级别的大公司，也可能存在公司治理方面的问题，合法合规的要求常常只能停留在形式标准上。

[57] 现实的公司治理结构【☆☆☆】

现实的公司治理结构，除了严格按照法律规定设置、运行的之外，大致分为两大类：第一类是形式上不遵从公司法律和公司章程的规定，公司治理结构的形式仅仅停留在工商登记的文件上，公司的实际运行和个体工商户、合伙企业并无二致——这类公司仅仅有公司法规定的股东（会）、董事会或执行董事、监事（会）、经理这些常见的公司机关，实际上，股东会不开会，董事会不开会，监事会也不开会，有些是一个人说了算，有些是夫妻店通过"枕边会"决定公司事务，公司机关的活动通常不具备法律规定的必要形式。第二类是表面上遵从公司法律和公司章程的规定，而在公司运行中则时常突破公司法律和公司章程关于公司治理的约束，股东会、董事会、监事会这些公司机关都按照法律规定和公司章程规定的形式"开

会",但是公司治理的实质与形式并不相同,有些"会"仅仅是流于形式甚至仅仅为了应付法律规定的形式要求而流于书面记载。律师对公司进行规范的工作,有些就是把只有基本公司机关没有相应法律形式的水平提升到公司机关齐全、法律形式完备的水平,最终只是让人看不出公司治理法律形式上的缺陷而已。

这也是公司对法律规定主动适应的结果。事实上,那些不谋求上市的公司,一般没有足够的动力完善其公司治理结构,公司仅仅是一个方便的企业工具而已。而对于那些谋求上市和已经上市的公司来说,因为我国关于上市公司治理方面的法律规定体系中,证监会的部门规章作用很大而规定却不尽合理,公司即使试图严格按照法律规定设置、运行,也难以保证有关公司治理的每一项制度都能够全面落实法律的规定并充分发挥其功能。形式合法就成了公司治理的第一要务,满足于形式合法成了一些公司的客观选择。以独立董事制度为例,我国上市公司中的独立董事移植于独立董事制度,是否能够在上市公司中发挥其应有的作用,目前存在很大争议,甚至"即使在美国和其他发达国家,也没有充分证据证明外部董事比例高的公司绩效更好"。[①] 而且,"并不存在普适的'最佳'公司治理模式","那些'最佳'公司治理做法是在特定社会、文化、政治等制度环境下各种复杂社会力量和利益群体'建构'的结果,其作用的发挥在很大程度上取决于是否契合所在的制度环境"。[②] 于是,在有合法合规的公司治理结构、章程和制度的前提下,公司在治理结构问题上形成最适合本公司情况的实际治理结构,就是现实中让人满意的结论。

用"务实"的态度而不是"理想"或者"纯理论"的态度对待公司治理结构,可以很容易理解上述现状。当我们学会用"务实"的态度看待问题的时候,就可以尝试着从"实务"的角度研究实际生活中发生的问题了。顺便提及的是,这也是 Think like a lawyer 的捷径:运用法律而不拘泥于法律,用法律解决问题,而不是用法律束缚行动。

二、公司治理结构的异化

法定公司治理结构本身具有对公司内部权力的制衡作用。如果公司内部权力不平衡,却不能由公司通过公司治理结构的正常运作得以纠正,权力不平衡就可能导致公司治理结构的异化。公司中具有经济优势或者法律优势的力量,都能够加剧权力的不平衡。

[①] 杨典:《公司治理与企业绩效——基于中国经验的社会学分析》,载《中国社会科学》2013年第1期,第90页。

[②] 同上书,第94页。

[58] 董监高的一致行动【☆☆☆】

董事、监事、高管作为股东，能否成为一致行动人？这些人作为股东层面的一致行动人，是否符合法律的规定？是否从本质上危害公司现有的治理结构？

我国公司的董事、监事、高管都可以是本公司的股东，所以，作为股东而采取一致行动，并没有公司法层面的法律障碍。从《公司法》的规定可以看出，即使是同一个股东所选择的人员，只要经由合法的程序，也可以同时分别担任公司的董事、监事、高管，只要监事不由董事、高管兼任即可。

但是，如果董事、监事、高管凭借其股东身份成为一致行动人，其中任董事和监事的股东在履行各自的职务时，将很难公平对待所有股东。原因在于，作为"一致行动人"的宣示或者实际的联合，表示董事、高管作为股东形成了"一致行动人阵线"，其成员不可避免地带有自己明显的倾向性。其他股东是否加入该团体，其实也暗含了是否对这些董事、监事的能力认同。在连续博弈中，如果董事、监事在执行职务过程中不"党同伐异""投桃报李"，董事、监事的做法在我国不少地方就是不可理喻的——不具有报复能力就不必结盟形成利益共同体。

董监高形成"一致行动人阵线"，和某一大股东通过正常程序将"自己的人"推进公司担任董监高不同。在后一种情况下，作为大股东代表的担任董监高的人士，理应对自己"老板"的利益进行更多的维护，但是这种维护，并不鼓励其他股东与其"老板"结盟。而董监高作为股东形成一致行动人阵线则有所不同，董监高以股东身份加入阵线等于暗示或者鼓励其他股东与之结盟，其作为董监高的职务便利，成为隐含的威胁或者引诱的条件，所以，这是对公司三权分立且互相制衡制度的破坏。

因此，董监高作为股东的一致行动，可能导致侵害其他股东利益的结果发生。

[59] "夫妻店"【☆☆☆】

公司中典型的"夫妻店"，指的是夫妻在公司中的股权比例合计超过2/3，一人担任经理、执行董事（董事长）和法定代表人，另一人担任唯一的监事或者监事会主席的公司。

通常，在夫妻共同创业过程中和夫妻关系融洽的时期，这种公司的三权分立和相互制衡都是名存实亡的——公司必然被夫妻二人完全控制，公司章程的制定和修改、重大决策的制定，完全可以在枕头上完成，公司会议等于"枕头会议"，各种与公司决策有关的法律程序和文件都蜕变成为应付法律规定的工具。但是，从相反角度看，只要夫妻店表面符合法律规定，其内部各公司机关的认识高度一致，只是削弱了公司治理的水平，而并不为《公司法》所禁止。

事实上，夫妻关系存续本身也不应当作为夫妻一致行动的声明，因为夫妻意见不见得永远都是完全一致的。不过，一般的情形是夫妻店中夫妻实际上完全控制了公司，公司的债权人或者其他股东应当对这种公司采取更加谨慎的态度。

三、关联关系

关联关系，是集团公司内部的最引人入胜的话题之一，也是公司利益博弈最精彩的领域之一，属于股东、经理人必然要重点关注的"兵家必争之地"。关联关系是利益输送的纽带，也是公司治理流于形式的重要原因之一。

[60] 关联关系【☆】

关联关系，是指公司控股股东、实际控制人、董事、监事、高级管理人员与其直接或者间接控制的企业之间的关系，以及可能导致公司利益转移的其他关系。从公司法的上述定义不难看出，关联关系的核心，在于"可能导致公司利益转移"。也正因为公司利益可能向具有关联关系的企业转移，所以，公司法对关联企业进行了专门的规定。但是，《公司法》第216条规定，国家控股的企业之间不仅因为同受国家控股而具有关联关系。

我国《公司法》关于关联关系的规定，因为采用的是列举加兜底的方法，用兜底性规定揭示了关联关系"可能导致公司利益转移"这一核心特征，所以具有无限的容纳能力。新型的非直接投资关系形成的协议控制模式——即坊间热议的 VIE 模式也能够被囊括其中。

[61] 关联点【☆☆】

关联点是公司法认定具有关联关系的企业之间的结合点。我国《公司法》列举的"关联点"包括五类人，分别是公司控股股东、实际控制人、董事、监事、高级管理人员。《公司法》第126条规定："关联关系，是指公司控股股东、实际控制人、董事、监事、高级管理人员与其直接或者间接控制的企业之间的关系，以及可能导致公司利益转移的其他关系。但是，国家控股的企业之间不仅因为同受国家控股而具有关联关系。"其中高管的范围可以由企业自己决定扩大，扩大高管范围，必然从公司法层面相应扩大了关联关系的范围。

《公司法》第21条规定："公司的控股股东、实际控制人、董事、监事、高级管理人员不得利用其关联关系损害公司利益。违反前款规定，给公司造成损失的，应当承担赔偿责任。"

可见,《公司法》第 21 条的规定,是对各种公司的统一性规定,规定那些公司的"大佬"——控股股东、实际控制人、董事、监事、高级管理人员——不得利用其关联关系损害公司利益,否则要承担赔偿责任。由该条规定倒推可知,现实中这些公司老板和高层完全可以利用其关联企业"影响"公司利益,其中有的是"损害"公司利益的负面影响。因此,如何从制度上保证这种损害的发生,是公司章程设计的要点之一。

《公司法》第 124 条的规定,是从公司董事会入手进行的强制性规制,针对的是上市公司:"上市公司董事与董事会会议决议事项所涉及的企业有关联关系的,不得对该项决议行使表决权,也不得代理其他董事行使表决权。该董事会会议由过半数的无关联关系董事出席即可举行,董事会会议所作决议须经无关联关系董事过半数通过。出席董事会的无关联关系董事人数不足三人的,应将该事项提交上市公司股东大会审议。"

第四章 股东权利问题

股权是股东享有的公司的所有权,是在将公司作为一个整体对待的前提下股东所占有份额相应的权利,不是对公司财产的整体或者一部分所享有的所有权。换言之,公司的财产属于公司所有,不属于股东所有。股东不得擅自占有、处置公司的任何财产,否则其行为即属非法或者可能被找到揭开公司面纱的突破口。

一、股权、股份和公司财产

股权、股份是股东的财产,不是公司的财产。公司财产是公司的财产,不是股东的财产。

[62]"股权"≈"股份"【☆】

我国公司法意义上的"股权",是相对于有限责任公司而言的;"股份"则是相对于股份有限公司而言的,二者没有包含关系。但是,如果不严格按照我国《公司法》的规定咬文嚼字的话,无论是在日常生活中,还是在不特别对这两个概念进行区分的法律以及学术场合,"股权"的概念较大,通常都包含了和股份有限公司相对应的"股份"概念;反过来,"股份"的概念则只与"股份有限公司"相对应,不包含和有限责任公司相对应的"股权"。

为了表述方便,本书在行文中一般用"股权"代表企业的所有权(整体或者部分),"股权"包括"股权"和"股份"。至于需要对特殊的企业所有权加以强调或者进行区分的场合,则会专门使用相应的严格意义上的法律术语。

[63]公司财产独立【☆】

公司的财产是公司所有的财产,是公司独立享有的财产。

首先,公司财产独立于公司的投资者——股东。一笔钱,股东将其注入公司并履行法定出资手续后,这笔钱就属于公司所有。一部车,股东将其作为出资投入公司并履行法定手续,则这部车就已经归公司所有了。如果有些股东一定把自己投入公司的财产作为自己个人的财产来看待和处理,就会因为违反《公司法》《刑法》等法律规定，给自己找很多麻烦，有时会触犯刑法而"后果很严重"。如果投资者一定要把自己投入到企业的财产当做自己的财产来看待和处理，就不应当设立公司，而应当设立个人独资企业或者直接做个体工商户。

其次，公司财产独立于公司的债权人。公司借的钱，也是公司的财产。公司因为借债变成债务人，财产增多的同时负债也同样增多了。同样道理，如果公司用赊销的方式从供货商那里进货，货物到了公司就成了公司财产。这样，公司的财产增多的同时，负债也增多了。

这么说来，似乎不论什么财产，进入公司就成了公司财产了。公司因此好像是一个有魔力的"吸钱神兽"，不管是股东的财产，还是借别人的财产，到了公司就是公司的财产。

[64] 股东出资和公司财产【☆】

公司股东的出资，受到公司法有限责任制度的保护。在投资于公司这种整体上有利于社会进步的商业组织中，股东的有限责任制度将股东向公司的投资与股东的其他财产从法律层面进行切割，使公司只能为股东带来利益而不可能进一步损害股东所拥有的股权之外的其他财产。

在合法完成出资并全面履行相关手续后，股东的出资就转化为公司的法人财产了。股东只能通过对公司行使股东权利而间接支配公司的财产，而不能直接以股东名义支配公司的财产；公司的财产，只能由公司的管理机关通过合法程序支配，无论是占有、使用、收益、处分。我国《公司法》明确规定："公司是企业法人，有独立的法人财产，享有法人财产权。公司以其全部财产对公司的债务承担责任。"[1]

[65] 股东权利【☆】

根据我国《公司法》的规定，股东权利包括资产收益、参与重大决策和选择管理者等权利[2]，股权转让权和股份转让权[3]，对拟转让股权的优先购买权，剩余财产

---

[1] 参见《公司法》第3条第1款的规定。

[2] 《公司法》第4条规定："公司股东依法享有资产收益、参与重大决策和选择管理者等权利。"

[3] 《公司法》第71条规定："有限责任公司的股东之间可以相互转让其全部或者部分股权。股东向股东以外的人转让股权，应当经其他股东过半数同意。股东应就其股权转让事项书面通知其他股东征求同意，其他股东自接到书面通知之日起满三十日未答复的，视为同意转让。其他股东半数以上不同意转让的，不同意的股东应当购买该转让的股权；不购买的，视为同意转让。经股东同意转让的股权，在同等条件下，其他股东有优先购买权。两个以上股东主张行使优先购买权的，协商确定各自的购买比例；协商不成的，按照转让时各自的出资比例行使优先购买权。公司章程对股权转让另有规定的，从其规定。"

关于股份转让，《公司法》第137条规定："股东持有的股份可以依法转让。"

分配权，异议股东股权回购请求权①，解散公司的诉权②，确认公司违法决议无效的诉权，撤销公司瑕疵决议的诉权③，质询权④，直接诉讼权和代位诉讼权⑤，以及有限责任公司股东的按照出资比例优先认缴出资权和股份有限公司股东的累积投票权。⑥

[66] 自益权和公益权【☆☆】

股东权利，以行使权利的目的为标准，可以分为自益权和公益权。自益权，是股东为了自己从公司获得经济利益为目的之权利，其中以资产收益权为最具代表性。公益权，是股东以参与公司决策和匡正公司决策和行为，以及保护公司免受内部人和他人不法侵害为目的之权利，以表决权和代位诉讼权为最具代表性。自益权旨在维护股东自身的利益，公益权旨在维护股东整体的利益和公司利益；自益权主要与财产权利有关，公益权主要与公司治理权利有关。

自益权和公益权的区分，在实践中是为了股东能够自觉认识到自身权利包括为自己利益和为公司的"公共"利益的两重属性而提出的，方便股东从自身利益和公司整体利益两个角度考虑问题，方便股东在维护自己权利的同时积极参与到公司治理中来，提高公司决策和运营的效率，防止公司受到不法侵害，从而有利于公司的健康发展。

---

① 《公司法》第74条规定："有下列情形之一的，对股东会该项决议投反对票的股东可以请求公司按照合理的价格收购其股权：（一）公司连续五年不向股东分配利润，而公司该五年连续盈利，并且符合本法规定的分配利润条件的；（二）公司合并、分立、转让主要财产的；（三）公司章程规定的营业期限届满或者章程规定的其他解散事由出现，股东会会议通过决议修改章程使公司存续的。自股东会会议决议通过之日起六十日内，股东与公司不能达成股权收购协议的，股东可以自股东会会议决议通过之日起九十日内向人民法院提起诉讼。"

② 《公司法》第182条规定："公司经营管理发生严重困难，继续存续会使股东利益受到重大损失，通过其他途径不能解决的，持有公司全部股东表决权百分之十以上的股东，可以请求人民法院解散公司。"

③ 《公司法》第22条规定："公司股东会或者股东大会、董事会的决议内容违反法律、行政法规的无效。股东会或者股东大会、董事会的会议召集程序、表决方式违反法律、行政法规或者公司章程，或者决议内容违反公司章程的，股东可以自决议作出之日起六十日内，请求人民法院撤销。股东依照前款规定提起诉讼的，人民法院可以应公司的请求，要求股东提供相应担保。公司根据股东会或者股东大会、董事会决议已办理变更登记的，人民法院宣告该决议无效或者撤销该决议后，公司应当向公司登记机关申请撤销变更登记。"

④ 《公司法》第150条规定："股东会或者股东大会要求董事、监事、高级管理人员列席会议的，董事、监事、高级管理人员应当列席并接受股东的质询。董事、高级管理人员应当如实向监事会或者不设监事会的有限责任公司的监事提供有关情况和资料，不得妨碍监事会或者监事行使职权。"

⑤ 参见《公司法》第149条、第151条的规定。

⑥ 《公司法》第105条规定："股东大会选举董事、监事，可以依照公司章程的规定或者股东大会的决议，实行累积投票制。本法所称累积投票制，是指股东大会选举董事或者监事时，每一股份拥有与应选董事或者监事人数相同的表决权，股东拥有的表决权可以集中使用。"

[67] 资产收益权 ≈ 分红权【☆☆】

资产收益权，主要表现为分取红利的权利。① 公司的资产收益，对于股东而言，在资产负债表上表现为所有者权益的增加，包括资本公积、盈余公积和未分配利润的增加。把利润留存在公司以使公司获得更好的发展条件，从而使股东获得更多的资产收益，可以是公司的一种政策。因此，分取红利即分配利润并不是股东资产收益权的全部内容。

但是，分红可以照顾到股东的短期利益和公司的良好形象，即使有些股东投资是为了从转让股权中获利并不是从直接分红中获利，公司对股东的价值最终也必须从公司分取红利上体现。因此，从这个角度看，也可以简单地把股东的资产收益权当做分红权。

[68] 剩余财产分配权【☆】

与公司正常经营时股东的分红权不同，剩余财产分配请求权是在公司清算最后阶段而且公司还有剩余财产可供股东分配的情形。② 股东是公司清算的最后位次的参与分配者，公司无剩余财产则股东自然不存在这种权利。

一般说来，公司破产清算是因为不能清偿到期债务而发生的，所以公司破产清算很难会有剩余财产，只有在公司非破产清算中才可能产生剩余财产分配问题。但是，我国在房地产市场出现大量泡沫的时期，某些公司破产清算过程中因为作为破产财产的房地产急剧升值导致破产清算有剩余财产的案例也曾经出现过。

[69] 股权转让中的优先购买权【☆】

关于股东对拟转让股权的优先购买权的规定，在《公司法》第71条和第72条。《公司法》第71条规定："有限责任公司的股东之间可以相互转让其全部或者部分股权。股东向股东以外的人转让股权，应当经其他股东过半数同意。股东应就其股权转让事项书面通知其他股东征求同意，其他股东自接到书面通知之日起满三十日未答复的，视为同意转让。其他股东半数以上不同意转让的，不同意的股东应当购买

---

① 《公司法》第34条规定："股东按照实缴的出资比例分取红利；公司新增资本时，股东有权优先按照实缴的出资比例认缴出资。但是，全体股东约定不按照出资比例分取红利或者不按照出资比例优先认缴出资的除外。"

② 《公司法》第186条第2款规定："公司财产在分别支付清算费用、职工的工资、社会保险费用和法定补偿金，缴纳所欠税款，清偿公司债务后的剩余财产，有限责任公司按照股东的出资比例分配，股份有限公司按照股东持有的股份比例分配。"

该转让的股权;不购买的,视为同意转让。经股东同意转让的股权,在同等条件下,其他股东有优先购买权。两个以上股东主张行使优先购买权的,协商确定各自的购买比例;协商不成的,按照转让时各自的出资比例行使优先购买权。公司章程对股权转让另有规定的,从其规定。"

《公司法》第72条规定:"人民法院依照法律规定的强制执行程序转让股东的股权时,应当通知公司及全体股东,其他股东在同等条件下有优先购买权。其他股东自人民法院通知之日起满二十日不行使优先购买权的,视为放弃优先购买权。"

其中,第71条是关于股权转让的优先购买权的一般性规定,第72条则是在法院对股权强制转让时的其他股东优先购买权的规定。整体而言,其他股东有优先购买权是原则,公司章程的否定性规定是例外——公司章程的例外性规定,将会给股东随时"用脚投票"的自由。

为了防止其他股东用"拖延战术"或者"失踪战术",通过不表态来干扰股权转让,为了防止出现其他股东不购买也不同意股权对外转让的死结,《公司法》第71条第2款规定了两种"视为同意"的推定制度,从而从法律规定层面实现了股东"T+30"的"用脚投票"的自由。①

[70] 异议股东股权回购请求权【☆】

《公司法》第74条规定了异议股东的股权回购请求权:"有下列情形之一的,对股东会该项决议投反对票的股东可以请求公司按照合理的价格收购其股权:(一)公司连续五年不向股东分配利润,而公司该五年连续盈利,并且符合本法规定的分配利润条件的;(二)公司合并、分立、转让主要财产的;(三)公司章程规定的营业期限届满或者章程规定的其他解散事由出现,股东会会议通过决议修改章程使公司存续的。自股东会会议决议通过之日起六十日内,股东与公司不能达成股权收购协议的,股东可以自股东会会议决议通过之日起九十日内向人民法院提起诉讼。"

[71] 有限责任公司股东出资优先权【☆】

在公司增资时,除非全体股东另有约定,有限责任公司股东享有按照出资比例优先认缴出资的权利②,即有限责任公司增资的比例,以原出资比例为原则,以其他比例为例外。

---

① T是股东收到股权转让征求同意通知书之日。如果股东约定用电子邮件通知,因为电子邮件具有即时到达的特性,所以T等于拟转让股权的股东发出通知的同时;传真也是如此。

② 参见《公司法》第34条的规定。

值得注意的是，这里的例外情形不是公司章程的规定，而是全体股东的约定。全体股东，意思是股东协议中一个股东都不能少，任何股东都有否决权。其中有两个要点，一个是优先认缴出资，一个是按照原出资比例认缴出资，这也是有限责任公司股东认缴出资权利中如果不被全体股东约定剥夺则必然存在的优先权利。可见，我国公司法特别保护有限责任公司股东原比例出资优先权。

[72] 股份有限公司股东的累积投票权【☆】

《公司法》第 105 条规定了股份有限公司股东的累积投票权："股东大会选举董事、监事，可以依照公司章程的规定或者股东大会的决议，实行累积投票制。本法所称累积投票制，是指股东大会选举董事或者监事时，每一股份拥有与应选董事或者监事人数相同的表决权，股东拥有的表决权可以集中使用。"

这是股份有限公司股东投票权相对于有限责任公司的灵活性所在，集中使用投票权使得小股东有可能选出代表自己的董事、监事，让足够大的小股东也在董事会、监事会中有可能拥有自己的代表，给小股东在董事会、监事会发声的机会。这种制度，不利于大股东控制公司，有利于股东之间在董事会、监事会层面形成一定的制衡关系。

[73] 参与重大决策和选择管理者的权利【☆】

参与重大决策和选择管理者的权利，股东必须通过在股东会上行使表决权来实现。股东不能直接对公司行使股东权利，因为股东不是公司的机关，而股东会才是公司的权力机关。① 股东的意思如果不能上升为股东大会的意思，并通过法定的形式加以确定，就不能对公司产生任何法律层面的效力。股东通过参加股东会行使表决权，行使参与重大决策和选择管理者的权利。

知情权是股东行使表决权的基础。股东有权通过行使知情权掌握公司与知情权相关的法定信息，从而作为自己行使股东权利的依据。对公司运行等与知情权相关的法定信息不知情，股东就难以形成自己对公司重大决策和管理者的合理看法。

[74] 知情权≠查账权【☆☆】

知情权不等于查账权，因为知情权最多延伸到查阅公司会计账簿，而不包括公司的会计凭证，更不用说会计凭证中的原始凭证了。人们把知情权简单归纳为查账权，甚至更多地将知情权和对公司或者某些内部人士的违法行为监督联系起来，至

---

① 参见《公司法》第 36 条和第 98 条的规定。

少有其现实依据。也可以说，公司法设定股东的知情权，在常态下是帮助股东行使表决权，在公司不正常的时候，则可以帮助股东发现疑点甚至是发现公司及其负责人员违法犯罪的线索。

因为公司的会计凭证更有助于发现公司财务方面的问题，但是过于深入的查账，却可能增加公司的负担，并可能增加泄露公司商业秘密的风险，还会为股东的知情权的边界是否应当包括会计凭证而争论。不过，可以肯定的是，上市公司典型的为数甚巨的小股东，"是不了解公司的业务状况的"，这种股东"是一个消极投资者，而且由于利益的流动性，他与企业只具有一种松散和暂时的关系"。[①] 因此上市公司股东的知情权，最深入的也就到财务报告这一步。

[75] 质询权【☆】

《公司法》第150条规定了股东的质询权："股东会或者股东大会要求董事、监事、高级管理人员列席会议的，董事、监事、高级管理人员应当列席并接受股东的质询。董事、高级管理人员应当如实向监事会或者不设监事会的有限责任公司的监事提供有关情况和资料，不得妨碍监事会或者监事行使职权。"

[76] 直接诉讼权和代位诉讼权【☆】

股东享有直接诉讼权和代位诉讼权。股东的直接诉讼权利，是因为侵权或者违约而提起诉讼的权利，不管对手是公司、公司员工还是公司其他股东。代位诉讼权，则是代替公司向侵犯公司权利的董事、高管或者他人起诉，换句话说，代位诉讼不是为自己的事情起诉，而是为了公司的事情起诉。代位诉讼不是直接"管闲事"，因为股东通过管公司的"闲事"维护公司的利益，从而维护自己在公司的股东权利或者借此打击对手。

股份有限公司连续180日以上单独或者合计持有1%以上股份的股东、有限责任公司的股东，具有代位诉讼权。

[77] 确认公司违法决议无效的诉权【☆】

《公司法》第22条第1款规定了股东确认公司违法决议无效的诉权依据："公司股东会或者股东大会、董事会的决议内容违反法律、行政法规的无效。"

---

① 〔美〕理查德·A. 波斯纳：《法律的经济分析》（下），蒋兆康译，中国大百科全书出版社1997年版，第535页。

[78] 撤销公司瑕疵决议的诉权【☆】

《公司法》第22条第2款及其以下各款，分别规定了股东撤销公司瑕疵决议的诉权："股东会或者股东大会、董事会的会议召集程序、表决方式违反法律、行政法规或者公司章程，或者决议内容违反公司章程的，股东可以自决议作出之日起六十日内，请求人民法院撤销。股东依照前款规定提起诉讼的，人民法院可以应公司的请求，要求股东提供相应担保。公司根据股东会或者股东大会、董事会决议已办理变更登记的，人民法院宣告该决议无效或者撤销该决议后，公司应当向公司登记机关申请撤销变更登记。"

[79] 解散公司的诉权【☆☆】

《公司法》第182条规定了解散公司的诉权："公司经营管理发生严重困难，继续存续会使股东利益受到重大损失，通过其他途径不能解决的，持有公司全部股东表决权百分之十以上的股东，可以请求人民法院解散公司。"

更加详细的操作细则，在最高人民法院《关于适用〈中华人民共和国公司法〉若干问题的规定（二）》（法释〔2008〕6号，2008年5月5日最高人民法院审判委员会第1447次会议通过）中进行了规定。

[80] 股东权利＝公司所有者权利【☆☆】

股东权利是公司的所有者的权利。这种所有者权利并不是一般民法意义上的财产所有权，而是包括表决权、知情权、利润分配请求权、剩余财产分配请求权、公司新增资本时按照出资比例优先认缴出资权等公司法规定的权利。

通常，一位股东所拥有的股东权利，只是公司所有者权利的一部分。只有在一人公司中，这唯一的股东才拥有公司全部的所有者权利；正因为只有一个股东，所以这种公司叫做"一人公司"。

[81] 公司财产≠股东财产【☆】

公司财产属于公司所有，公司是公司财产的唯一所有者。

因为公司是法律意义上的"人"，它的财产是独立的——既独立于其他公司财产，也独立于公司的股东财产。虽然公司财产最初是股东出资形成的，但是，一旦股东出资程序完成，则股东出资的财产就从法律层面转化成公司财产，公司财产作为整体归属于公司所有，股东不再有权对公司的财产以股东名义进行支配。

于是，我们可以清晰地理解以下命题：

第一，股东对公司享有所有权，公司对自己的财产享有所有权，但是股东不对公司财产享有所有权。第二，股东侵犯公司的财产权，公司有权依法追究。

[82] 公司财产＞公司净资产【☆】

公司财产，和公司资产是同义词，只不过前者是法律术语，后者是会计术语。会计基本公式：资产＝负债＋所有者权益。其中的所有者权益，就是公司的净资产。

公司在正常的经营中，需要一定的负债比率来放大自有资金的收益，也就是说，公司总倾向于在一定限度内支配比自己净资产更多的财产。所以，在通常情况下，公司财产总是大于公司的净资产。

[83] 所有权≠经营权【☆】

尽管所有权和经营权分离成为现代公司标榜的特征，事实上，股权和经营权却常常难解难分。股东担任公司高管，公司高管获得股权成为股东，这些比较普遍的现象常常给人以股东就应当管理公司的错觉。股东有权选择经营者，当然也有权选择自己作为经营者。因此，所有权与经营权的交叉，有其现实基础和法律依据。

股东权利的行使渠道，正常的是在股东会投票，非正常渠道主要是诉讼。股东不能对公司的日常事务指手画脚，经理却能。反过来，经理不能对公司的特别重大问题作决定，股东却能。

二、股东权利的四大根基

股权比例是股东在公司中权利的唯一经济根基，股东协议和公司章程以及公司法的规定是股东在公司中权利的三个法律根基。因为股东协议、公司章程的不同约定，股东的出资比例与股权比例可能不对等，股权比例与表决权比例可能不对等，股权比例和分红比例也可能不对等。但是，因为法律的规定，股权比例决定了股东表决权之外的"话语权"。可以说股权比例决定了股东绝大多数话语权，但不能决定股东的最重要的话语权——表决权。

[84] 股权比例＝出资比例≠实际出资比例【☆☆】

股权比例是股东在公司的股权在全部股权中的比例。一般说来，在同时出资的情况下，股东的出资比例决定着股权比例；但是在公司发展的不同时期出资，则往往出现实际出资所占比例与股权比例不同的情形。

比如，某公司的注册资本是100万元，甲、乙、丙3个自然人出资设立公司时分别出资50万元、30万元、20万元，相应的出资比例是5∶3∶2，相应的股权比例通常

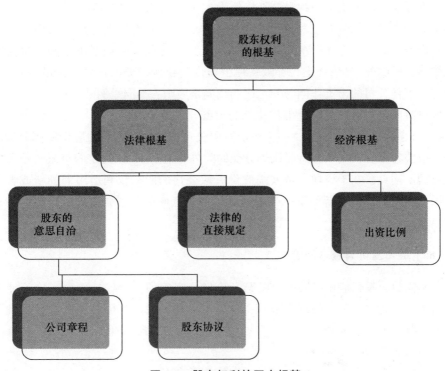

图 4-1　股东权利的四大根基

也是 5∶3∶2。1 年后，自然人丁出资 100 万元成为该公司的股东，则丁的 100 万元所占的股权比例要根据丁与其他股东之间的协议确定：丁所占的股权比例可能是 50%，也可能只占 10% 或者其他比例。丁的出资，如果把 10 万元作为公司注册资本，不作为公司注册资本增加部分的 90 万元出资则作为公司的资本公积，则该公司在丁出资后注册资本增加到 110 万元。因此，作为公司注册资本中的 10 万元出资所对应的股权比例 1∶11（10 万元占公司注册资本的比例），就是丁投资 100 万元所占的股权比例。

实际出资比例与出资比例产生差异，不但因为不同时期的出资对公司的时间价值不同，也因为不同出资的时间点对公司而言，价值也不同。

[85] 出资比例与分红比例【☆☆】

对有限责任公司而言，同一时期的不同出资者对公司的价值如果不同，可以表现为出资比例与分红比例的不相等，即出资比例与分红比例分离。比如甲、乙、丙 3 个自然人在公司设立时实际出资为 50 万元、30 万元、20 万元，出资比例和实际出资比例都是 5∶3∶2，但是分红比例可以按照全体股东的约定而有不同，比如可以因为甲、丙本人对公司的价值而约定分红比例为3∶3∶4。《公司法》第34条规定："股东按照实缴的出资比例分取红利；公司新增资本时，股东有权优先按照实缴的出资比例认缴出资。但是，全体股东约定不按照出资比例分取红利或者不按照出资比例优先认缴出资的除外。"该规定是有限责任公司出资比例与分红比例分离的法律依据，表明有限责任公司的出资比例与分红比例相同是原则，不同是例外。

股份有限公司也可能实行出资比例与分红比例分离，法律依据是《公司法》第166条第4款后半句的规定："……股份有限公司按照股东持有的股份比例分配，但股份有限公司章程规定不按持股比例分配的除外。"但是，该规定与有限责任公司类似规定的不同点，在于该规定是鼓励股份有限公司的股东权利运用的创新或者为股份有限公司股东权利创新预留法律空间。如果恶意使用，则会成为小股东权利被剥夺的借口。

[86] 股本溢价与资本溢价 【☆☆】

股本溢价，是指股份有限公司股票溢价发行产生的溢价，这部分溢价不计入公司的资本，而是计入公司的资本公积，与资本一样是股份有限公司所有者权益的组成部分。类似的，有限责任公司接受的资本之外的投资，叫做资本溢价，是有限责任公司所有者权益的一部分。

正是因为存在资本溢价的空间，有限责任公司的股东也可以不用投资比例与分红比例的脱钩确认不同投资者本人对公司的价值，而是采用不同的投资者向公司投资作为公司资本溢价部分的不同来实现这一目的。如此说来，对有限责任公司而言，同一时期，不同出资者对公司价值的不同，可以通过两种方式进行结构性确认：第一，通过全体股东协议约定分红比例与出资比例分离，之后经由公司章程进行确认；第二，通过股东协议约定不同股东对公司出资中归入资本溢价的部分有所不同，只有经由工商登记文件进行确认。

与股份有限公司发行股票获得股本溢价不同，一方面，有限责任公司通过将股东出资的一部分归入资本溢价这一做法，尚没有普及化和常态化；另一方面，有些有限责任公司已经开始在此领域进行专门的避税设计了。

[87] 股东出资与注册资本、资本公积的关系 【☆】

在股东出资中，可以全部归入注册资本，也可以把一部分归入注册资本，一部分归入资本公积。归入注册资本的部分属于公司股权，是股东出资的关键部分，也是其行使股东权利的经济基础；而归入资本公积的部分不属于公司股权，是股东对公司的贡献。

是不是说，归入资本公积的资本溢价或者股本溢价就是股东白白投入公司的呢？不是的，因为这是对公司价值的认可，也是获得向公司投资机会的必要代价。

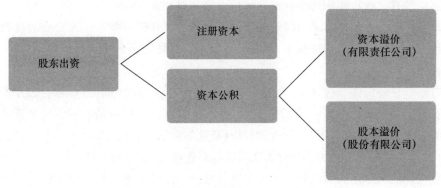

图 4-2　股东出资与注册资本的关系

三、股权比例与话语权

整体而言，股权比例决定了话语权的比例，不过二者并不是严格的对应关系，二者的关系会因为公司的不同而不同。

[88] 表决权与股权的分离【☆】

作为股东权利，股权如果不经限制性的约定或者规定，先天包含着股东对公司相关事项的表决权。虽然我国公司法中股东的表决权比例与出资比例可以分离，但是二者不分离是原则，分离是例外，就像我国婚姻法一样，夫妻财产共同所有是原则，分别所有是例外。夫妻财产分别所有，必须有夫妻的书面协议才行；表决权比例与股权比例的分离，则必须由公司章程或者股东协议特别规定或者法律特别规定才行。

优先股也是表决权与股权分离的例子。优先股股东的表决权受到限制，这些股东通过放弃表决权获得优先分配权。

[89] 敏感股权比例：1%、1/10、1/3、1/2、2/3【☆☆】

一般说来，股权比例越大，股东的话语权越大。大比例的股权必然包括小比例股权所应有的权利，比如股权比例为 1/10 的股东权利，肯定包括 1% 的股东所享有的权利。根据《公司法》的规定，敏感股权比例从小到大的作用依次是：

1%：核心权利是股份有限公司的代位诉权，即代替公司向侵犯公司权利的董事、高管或者他人起诉。

在公司的股权比例中，股份有限公司连续180日以上单独或者合计持有1%以上股份的股东、有限责任公司的股东，具有代位诉讼权。① 有限责任公司的股东，连这种限制也没有，股权比例再小也拥有代位诉讼的权利。

1/10：核心权利是请求法院解散公司的权利和召开临时股东（大）会的权利。

持有公司全部股东表决权1/10以上的股东，在特定情形中，可以申请人民法院解散公司。

有限责任公司中，代表1/10表决权以上的股东，有权申请召开临时股东会议。股份有限公司中单独或者合计持有1/10股份的股东，有权申请召开临时股东大会；代表1/10以上表决权的股东，可以提议召开董事会临时会议。②

1/3：意义在于阻止对手超过2/3形成绝对优势比例。

该比例的股东还有可能获得1/3董事会席位。在股份有限公司中，1/3席位董事可以提议召开临时董事会。

1/2：超过此比例，则被称为控股股东。

股份有限公司股东大会作出普通决议，必须经出席会议的股东所持表决权过半数通过；股份有限公司董事会作出决议，必须经全体董事的过半数通过，股份有限公司监事会决议应当经半数以上监事通过。有限责任公司股东向股东以外的人转让股权，应当经其他股东过半数同意。

2/3：超过此比例，则称为绝对控股股东。

无论是有限责任公司还是股份有限公司，修改公司章程、增加或者减少注册资本的决议，以及公司合并、分立、解散或者变更公司形式的决议，必须经代表2/3以上表决权的股东通过。

[90] 股东一点规则：股东的代位诉讼权【☆☆】

股东一点规则，指的是具有为公司诉讼的话语权——代位诉讼权的最小股权比例规则。换言之，股份有限公司的更小的股东，就没有代位诉讼权利了。对有限责任公司的股东而言，只要你有"一丁点"股权在公司里，哪怕你是小得不能再小的股东，你也有代位诉讼权，因此也可以对公司里面的"董、监、高"的不当行为说点什么。对股份有限公司的股东而言，"一丁点"股份就不够，必须要到"一个点"的股份比例才行——股东一点规则，实际上就是针对股份有限公司小股东的限制性规定。

---

① 详见下文：【核心法条】股东一点规则：股东的代位诉讼权。
② 详见下文：【核心法条】股东一成规则：召开临时股东会、临时董事会，解散公司。

为什么要限制股份有限公司的小股东而不限制有限责任公司的小股东呢？主要原因是有限责任公司的人数上限是 50 人，而股份有限公司发起设立时股东人数最多会到 200 人，公司上市则没有股东人数的限制。如果对股份有限公司股东的持股比例没有最低限制的话，随便一个小股东都可能对公司的高层说三道四，在公司股东人数众多的情况下，会大大增加恶意诉讼的风险并可能在较大程度上干扰公司的运营，当然也会大大增加法院的工作量。《公司法》因此为股份有限公司股东代位诉讼设置了最低持股比例——1%，限制了持股不足 1% 的小股东对公司高层的话语权，以此换取股份有限公司运行的低成本、高效率和司法资源的节约。这种以牺牲 1% 以下持股比例的小股东的公平话语权为代价的制度设计是否合理呢？假设一个大型上市公司股份的 0.1% 是一个自然人的全部投资，这个人碰巧又获得了该上市公司"董、监、高"违反《公司法》第 149 条行为的证据，剥夺这个人对公司高层不当行为的话语权是否合适呢？事实上，《公司法》规定 1% 的比例，并没有剥夺股权比例小于 1% 的小股东对股份有限公司高层的监督权，因为这些股东也可以通过其他有资格的股东或者通过代表诉讼的方式实现自己的意愿。

关于股东一点规则的内容，规定在《公司法》第 151 条。该条规定："董事、高级管理人员有本法第一百五十条规定的情形的，有限责任公司的股东、股份有限公司连续一百八十日以上单独或者合计持有公司百分之一以上股份的股东，可以书面请求监事会或者不设监事会的有限责任公司的监事向人民法院提起诉讼；监事有本法第一百五十条规定的情形的，前述股东可以书面请求董事会或者不设董事会的有限责任公司的执行董事向人民法院提起诉讼。① 监事会、不设监事会的有限责任公司的监事，或者董事会、执行董事收到前款规定的股东书面请求后拒绝提起诉讼，或者自收到请求之日起三十日内未提起诉讼，或者情况紧急、不立即提起诉讼将会使公司利益受到难以弥补的损害的，前款规定的股东有权为了公司的利益以自己的名义直接向人民法院提起诉讼。他人侵犯公司合法权益，给公司造成损失的，本条第一款规定的股东可以依照前两款的规定向人民法院提起诉讼。"

[91] 股东一成规则：召开临时股东会、临时董事会，解散公司【☆☆☆】

小股东的权利是分层的。对于代表 1/10（一成）以上表决权的股东而言，其权利和不足一成的股东相比，有着质的不同。股东一成规则，是指公司法赋予代表一成（1/10）以上表决权的股东以召开临时股东会、临时董事会和请求法院解散公司

---

① 《公司法》第 149 条的规定是："董事、监事、高级管理人员执行公司职务时违反法律、行政法规或者公司章程的规定，给公司造成损失的，应当承担赔偿责任。"

的权利。

临时股东会和临时董事会的重要性，在于经由会议这个舞台，参与人可以依法通报信息、平等对话、实时较量、对新提案表决，从而可能从根本上改变公司现有的人事格局和其他重大事项的布局，从而使公司发生根本的改变。临时股东会和定期股东会的决议法律效率相同，临时董事会和定期董事会的决议法律效率也相同。①

《公司法》第39条（有限责任公司）规定："股东会会议分为定期会议和临时会议。定期会议应当依照公司章程的规定按时召开。代表十分之一以上表决权的股东，三分之一以上的董事，监事会或者不设监事会的公司的监事提议召开临时会议的，应当召开临时会议。"

《公司法》第40条规定："有限责任公司设立董事会的，股东会会议由董事会召集，董事长主持；董事长不能履行职务或者不履行职务的，由副董事长主持；副董事长不能履行职务或者不履行职务的，由半数以上董事共同推举一名董事主持。有限责任公司不设董事会的，股东会会议由执行董事召集和主持。董事会或者执行董事不能履行或者不履行召集股东会会议职责的，由监事会或者不设监事会的公司的监事召集和主持；监事会或者监事不召集和主持的，代表十分之一以上表决权的股东可以自行召集和主持。"

《公司法》第110条（股份有限公司）规定："董事会每年度至少召开两次会议，每次会议应当于会议召开十日前通知全体董事和监事。代表十分之一以上表决权的股东、三分之一以上董事或者监事会，可以提议召开董事会临时会议。董事长应当自接到提议后十日内，召集和主持董事会会议。董事会召开临时会议，可以另定召集董事会的通知方式和通知时限。"

《公司法》第100条（股份有限公司）规定："股东大会应当每年召开一次年会。有下列情形之一的，应当在两个月内召开临时股东大会：（一）董事人数不足本法规定人数或者公司章程所定人数的三分之二时；（二）公司未弥补的亏损达实收股本总额三分之一时；（三）单独或者合计持有公司百分之十以上股份的股东请求时；（四）董事会认为必要时；（五）监事会提议召开时；（六）公司章程规定的其他情形。"

《公司法》第101条（股份有限公司）规定："股东大会会议由董事会召集，董事长主持；董事长不能履行职务或者不履行职务的，由副董事长主持；副董事长不能履行职务或者不履行职务的，由半数以上董事共同推举一名董事主持。董事会不

---

① 股份有限公司的股东会议叫做"股东大会"。除非特别必要，本书将用"股东会议"代表有限责任公司的股东会议和股份有限公司的股东大会，而不使用"股东（大）会"或者"股东会/大会"等进行区分。原因既是因为方便，也是因为股份有限公司的股东有些尚不及有限责任公司的股东数量多。

能履行或者不履行召集股东大会会议职责的，监事会应当及时召集和主持；监事会不召集和主持的，连续九十日以上单独或者合计持有公司百分之十以上股份的股东可以自行召集和主持。"

《公司法》第182条规定："公司经营管理发生严重困难，继续存续会使股东利益受到重大损失，通过其他途径不能解决的，持有公司全部股东表决权百分之十以上的股东，可以请求人民法院解散公司。"

[92] 董事会双重规则：灵活规则和绝对过半数规则【☆】

董事会是公司机关，但董事不是公司机关。董事会的议事规则，有限责任公司非常灵活，而股份有限公司则以全体董事的过半数而非参加会议的董事过半数为原则，所以，前者称为灵活规则，后者称为绝对过半数规则。

《公司法》对股份有限公司的董事会议事规则有强制性规定，有限责任公司董事会的议事规则可以自行规定采用股份有限公司的董事会议事规则采取绝对过半数规则，也可以自行规定采取相对过半数规则。

《公司法》第47条规定（有限责任公司）："董事会会议由董事长召集和主持；董事长不能履行职务或者不履行职务的，由副董事长召集和主持；副董事长不能履行职务或者不履行职务的，由半数以上董事共同推举一名董事召集和主持。"

《公司法》第48条规定（有限责任公司）："董事会的议事方式和表决程序，除本法有规定的外，由公司章程规定。董事会应当对所议事项的决定作成会议记录，出席会议的董事应当在会议记录上签名。董事会决议的表决，实行一人一票。"

《公司法》第109条规定（股份有限公司）："董事会设董事长一人，可以设副董事长。董事长和副董事长由董事会以全体董事的过半数选举产生。董事长召集和主持董事会会议，检查董事会决议的实施情况。副董事长协助董事长工作，董事长不能履行职务或者不履行职务的，由副董事长履行职务；副董事长不能履行职务或者不履行职务的，由半数以上董事共同推举一名董事履行职务。"

《公司法》第111条规定（股份有限公司）："董事会会议应有过半数的董事出席方可举行。董事会作出决议，必须经全体董事的过半数通过。董事会决议的表决，实行一人一票。"

《公司法》第124条规定（上市公司）："上市公司董事与董事会会议决议事项所涉及的企业有关联关系的，不得对该项决议行使表决权，也不得代理其他董事行使表决权。该董事会会议由过半数的无关联关系董事出席即可举行，董事会会议所作决议须经无关联关系董事过半数通过。出席董事会的无关联关系董事人数不足三人的，应将该事项提交上市公司股东大会审议。"

[93] 股东会相对过半数规则【☆】

公司的普通决议,包括向其他企业投资、为他人提供担保、创立大会,都是经出席会议的股东所持表决权过半数即可。相对过半数,是指相对于出席会议的股东所持表决权而言过半数,不出席会议的则不统计入基数。相对过半数表决形式,是比较宽松的简单多数决,因此,其表决事项不及绝对过半数表决规则所规制的事项重要。

《公司法》第16条规定:"公司向其他企业投资或者为他人提供担保,依照公司章程的规定,由董事会或者股东会、股东大会决议;公司章程对投资或者担保的总额及单项投资或者担保的数额有限额规定的,不得超过规定的限额。公司为公司股东或者实际控制人提供担保的,必须经股东会或者股东大会决议。前款规定的股东或者受前款规定的实际控制人支配的股东,不得参加前款规定事项的表决。该项表决由出席会议的其他股东所持表决权的过半数通过。"

《公司法》第90条(股份有限公司)规定:"发起人应当在创立大会召开十五日前将会议日期通知各认股人或者予以公告。创立大会应有代表股份总数过半数的发起人、认股人出席,方可举行。创立大会行使下列职权:(一)审议发起人关于公司筹办情况的报告;(二)通过公司章程;(三)选举董事会成员;(四)选举监事会成员;(五)对公司的设立费用进行审核;(六)对发起人用于抵作股款的财产的作价进行审核;(七)发生不可抗力或者经营条件发生重大变化直接影响公司设立的,可以作出不设立公司的决议。创立大会对前款所列事项作出决议,必须经出席会议的认股人所持表决权过半数通过。"

《公司法》第103条(股份有限公司)规定:"股东出席股东大会会议,所持每一股份有一表决权。但是,公司持有的本公司股份没有表决权。股东大会作出决议,必须经出席会议的股东所持表决权过半数通过。但是,股东大会作出修改公司章程、增加或者减少注册资本的决议,以及公司合并、分立、解散或者变更公司形式的决议,必须经出席会议的股东所持表决权的三分之二以上通过。"

[94] 股权转让绝对过半数规则【☆☆】

股权转让制度,是股东权利的保障制度和公司股东结构变动的关键制度。就股东权利而言,股东对公司和其他股东具有"用脚投票"的权利,其他股东有同等条件下的优先购买权。因此,恰当设计的股权转让制度,是股东之间"好合好散"的制度。就公司股东结构变动而言,股东之间的排挤、压迫和新的利益分配格局固定,也可由公司的股权转让制度实现。经过股权转让制度,可以对某些股东的份额、权利加以挤压甚至将其排除出局；反过来，受到排挤的股东，也可以通过股权转让制度"引狼入室"，做到反客为主。因此，股权转让制度事关重大，公司法给了公司充分的自主权，并且为那些不做制度设计的公司作了保底性的规定。

《公司法》第71条规定："有限责任公司的股东之间可以相互转让其全部或者部分股权。股东向股东以外的人转让股权，应当经其他股东过半数同意。股东应就其股权转让事项书面通知其他股东征求同意，其他股东自接到书面通知之日起满三十日未答复的，视为同意转让。其他股东半数以上不同意转让的，不同意的股东应当购买该转让的股权；不购买的，视为同意转让。经股东同意转让的股权，在同等条件下，其他股东有优先购买权。两个以上股东主张行使优先购买权的，协商确定各自的购买比例；协商不成的，按照转让时各自的出资比例行使优先购买权。公司章程对股权转让另有规定的，从其规定。"

上述规定表明，股权转让的绝对过半数规则，是附条件的强制性规范，可以被公司章程所改变。但是，如果公司章程没有设计不同的股权转让制度，则该规则就是法定的强制性规范。公司章程关于股权转让的规定因此具有更高的效力，例如"过半数"这个比例，公司章程可以制定得更高，也可以更低；甚至，股权自由转让权也可以被公司章程所限制。因此，股权转让制度，可以设计的空间非常广阔。

[95] 股东2/3规则：修改公司章程，变动注册资本，公司合并、分立、解散或者变更公司形式【☆】

公司修改公司章程，公司合并、分立、解散或者变更公司形式，增加或者减少注册资本的决议，在有限责任公司必须有2/3以上的绝对多数（以本公司全部表决权为基数）通过，在股份有限公司必须有2/3的相对多数（以出席本次股东大会的股东所持表决权为基数）通过。这就是相对过半数规则和公司2/3规则的含义。

公司最重要的事项，《公司法》认为是修改公司章程，增加或者减少注册资本，公司合并、分立、解散或者变更公司形式。公司合并、分立、解散或者变更公司形式，如果把公司比做"家庭"，就非常容易理解其极端的重要性。公司合并、分立，或许没有改变股东的利益格局，但是，这种股东利益格局不变化的情形，只是公司合并、分立的一个特例。因此，公司合并、分立对股东和公司和债权人而言，都是非常重要的事情。公司作为拟制的"人"，数量因合并而减少或因分立而增加，对公司注册登记机关和税务登记机关来说也非常重要。这种极端重要性，表现在公司法上，就是要求有代表2/3表决权的股东通过，相关决议方具有法律效力。

公司形式的变更，导致公司的治理结构、法律适用都会发生相应的变化；公的解散，将会影响更多主体的法律关系，法律适用也很复杂，所以，在公司法层面上，其重要性与公司合并、分立的重要性相同。公司章程，是基于法律规定的股东集体合意产生的记载法定信息和公司规则的法律文件，是一个公司运行和发展的具有独特性质的根本性法律文件，因此，公司法赋予公司章程非经2/3表决权的股东通过不能修改，也有其科学性。

《公司法》第43条第2款（有限责任公司）规定："股东会会议作出修改公司章程、增加或者减少注册资本的决议，以及公司合并、分立、解散或者变更公司形式的决议，必须经代表三分之二以上表决权的股东通过。"

《公司法》第103条第2款（股份有限公司）规定："股东大会作出修改公司章程、增加或者减少注册资本的决议，以及公司合并、分立、解散或者变更公司形式的决议，必须经出席会议的股东所持表决权的三分之二以上通过。"

另外，关于上市公司，《公司法》第121条规定："上市公司在一年内购买、出售重大资产或者担保金额超过公司资产总额百分之三十的，应当由股东大会作出决议，并经出席会议的股东所持表决权的三分之二以上通过。"

[96] 累积投票制【☆】

累积投票制，"是指股东大会选举董事或者监事时，每一股份拥有与应选董事或者监事人数相同的表决权，股东拥有的表决权可以集中使用"。[①]

可见，累积投票制只适用于股份有限公司，而且必须依据"公司章程的规定或者股东大会的决议"。[②]

[97] 累积投票结果的科学预测【☆☆☆☆】

股东行使累积投票权在选举董事、监事的时候，可以通过以下公式进行科学预测，精确计算在不透露累积投票权信息的前提下自己选出特定董事、监事人数需要的最低股份数：

$$X = (Y \times N_1) \div (N_2 + 1) + 1$$

公式中，X是计算结果，代表某股东能够成功选出特定数额的董事或者监事所需要的最低股份数；Y代表在该股东大会上有投票权的股份总数，N_1代表某股东希望成功选出的董事或者监事的人数，N_2代表股东大会应当选出的董事或者监事人数总和。

该公式是美国公司法学者威廉姆斯（G. Williams）和康贝尔（Campbell）在20

[①] 参见《公司法》第105条的规定。
[②] 同上注。

世纪50年代研究的结果。其中，X出现小数时不能四舍五入，只能再多持有1股才成。比如，X计算结果如果等于1 000.8股，则X的取值应当是1 001股，而不是1 000股。

例如，某公司发行在外的有表决权的股份总数为6 000股，股东大会决定选举5名董事。某股东要选举自己及其妻子担任董事，则他们至少需要持有的该公司有表决权的最低股份数是(6 000×2)÷(5+1)+1=2 001股。[①]

根据上述公式可知，大股东加强控制力的方法，就是增加小股东的最低股份数。基本方式，一个是减小分母，即减少N_2——减少董事、监事的总数量或者某一次选举的董事、监事的数量；另一个是增加Y——增加参加本次股东大会的有表决权的总股份数。

[98] 累积投票制度的难点【☆☆☆】

因为实行累积投票制，是股份有限公司依据"公司章程的规定或者股东大会的决议"才能实行的制度。[②] 而如果事先没有在公司章程中预设累积投票制，则必须召开股东大会通过决议才可以实行这种投票制度。

而事实上，累积投票制是小股东通过争取董事会、监事会席位的工具，是限制大股东话语权的工具，也是小股东对抗大股东的工具。如果公司设立阶段或者在改制上市阶段不能将其写入公司章程，其他时间在大股东的操控下单纯依靠小股东的推动，很难通过股东会决议或者通过修改章程确认这种制度。

四、易生僵局的股权比例

股东僵局是公司运行过程中的重大内部决策机制，因为决策者不合作而长期失灵的特殊法律状态。在同股同权的未经特殊设计的公司中，五五型股权比例最容易产生股东僵局，原因在于经济利益的分配是动态的，势均力敌的股东将各自权利最大化或者采取不合作态度，很容易产生股东僵局。三一型股权比例也是常见的容易产生股东僵局的股权比例。

[99] 公司僵局【☆☆】

公司僵局（corporate deadlock）是指公司在存续运行中，由于股东、董事之间矛

[①] 参见刘俊海：《新公司法的制度创新：立法争点与解释难点》，法律出版社2006年版，第285—286页。

[②] 参见《公司法》第105条的规定。

盾激化而处于僵持状况，导致股东会、董事会等公司机关不能按照法定程序作出决策，从而使公司陷入无法正常运转，甚至瘫痪的状况。如果把公司比喻为一个人的话，公司僵局是公司的一种严重病态，相当于人的脑瘫痪或者脑死亡。

股东打破公司僵局的最后手段是提起解散公司之诉。目前有关公司僵局诉讼的法律规定，集中在2008年5月19日施行的最高人民法院《关于适用〈中华人民共和国公司法〉若干问题的规定（二）》（以下简称《公司法司法解释（二）》）之中。该司法解释第1条规定："单独或者合计持有公司全部股东表决权百分之十以上的股东，以下列事由之一提起解散公司诉讼，并符合公司法第一百八十三条规定的，人民法院应予受理：（一）公司持续两年以上无法召开股东会或者股东大会，公司经营管理发生严重困难的；（二）股东表决时无法达到法定或者公司章程规定的比例，持续两年以上不能作出有效的股东会或者股东大会决议，公司经营管理发生严重困难的；（三）公司董事长期冲突，且无法通过股东会或者股东大会解决，公司经营管理发生严重困难的；（四）经营管理发生其他严重困难，公司继续存续会使股东利益受到重大损失的情形。"同时规定："股东以知情权、利润分配请求权等权益受到损害，或者公司亏损、财产不足以偿还全部债务，以及公司被吊销企业法人营业执照未进行清算等为由，提起解散公司诉讼的，人民法院不予受理。"

[100] 股东僵局之一：五五型僵局【☆☆】

公司的股东如果只有两个或者两个派别，双方股权比例相等，各占50%，这种股权结构称为五五型僵局股权结构。这种结构非常容易出现股东僵局。

表面看来，这是一团和气的双方才能构建的股权比例，实际上，这种比例也可能是双方互不相让的结果。如果章程中没有对表决权的其他约定，则这种各占50%的股权结构，最容易产生股东僵局。双方势均力敌，如有不同意见且不愿意调和，就像在一个独木桥上迎面走来的两头犟牛，都不愿意退一步，就僵在那里，耗在那里，对公司而言，就形成了所谓的"公司僵局"。

小公司如此，大公司也是如此。我国某些合资企业，充分用足了外资比例最高为50%的政策，结果设立的公司股权比例是中方、外方对半，形成五五型僵局股权比例。

五五型僵局会妨碍公司股东表决中简单多数的形成，也因此会妨碍股东会普通决议的形成，长期下去，会对公司产生非常大的杀伤力。

[101] 股东僵局之二：三一型僵局【☆☆】

三一型僵局，是股东中某一方股东的股权比例正好是1/3或者略多，导致包括更换法定代表人等公司章程修改事项容易陷入僵局——占1/3比例的股东能够行使表决权否定其他多数股东意见。

三一型僵局，狙击的直接目标是公司章程修改、公司注册资本的增加和减少、公司的合并与分立、公司形式的变更、公司的解散。这种僵局导致公司从注册资本、股权结构到公司融资和并购、上市等任何大的变动都不可能形成。

三一型股权比例，在一个公司仅有两方股东的情况下，会造成两种局面：要么一方为1/3或者1/3略强，容易形成股东僵局；要么一方小于1/3处于绝对弱势的局面，容易形成股东压迫。

进一步考察，不难发现，只有在一个公司仅有两方股东的情况下才容易出现上述情形。通常，如果股东有三方或者更多，则不容易出现这种僵局或者股东压迫。在有第三个股东存在的场合，任何两个股东都可能有利益博弈的可能，三个股东会形成类似"三足鼎立"的局面。但是，三方股东并非就是3个股东。一般说来，两个股东之间如果是夫妻关系、兄弟关系或者有股权控制关系、协议控制关系等其他牢靠的利益同盟关系，则可以将这些股东合并认为是"一方"股东——除非他们内部出现分歧。可以看出，股东数量安排，需要一定的技巧。但是，如果将股东结构问题与股东的权利和义务、股东会的规则割裂开，如果将股东结构与公司治理结构和公司章程设计割裂开，如果离开了对个案的深入研究，则股东的数量设计很可能是一个无解的猜想，而不是一个有解的法律问题。

五、股权价值和股权价格

股权转让，只有在市场交易中才会出现公允的价格。因为市场本身的压倒性说服力，即使在市场中出现让一方当事人后悔不迭的交易，只要交易本身符合法律规定，大家也都能够理解和接受。问题在于，我国目前股票市场和新三板市场的规则，决定了多数公司的股权很难进入真正的"市场"进行交易。

[102] 股权价值 ≠ 股权价格【☆】

股权具有鲜明的财产属性，股权的重要特征是价值不断变化。股权可以看做是有生命的财产，它会成长，也会枯萎。从上市公司的股权凭证——股票的价格变化情况，可以非常直观地看出这一特点。当我们看到一些股权一飞冲天的时候，我们也发现有些股票正迅速缩水甚至变得一文不值。有些人因为自己持有的股票狂跌而跳楼的时候，另一些人因为自己持有的股票狂涨而后悔当初买得太少，也想去跳楼。

股权的价值，只有放到市场上才可以方便地用价格体现出来。非上市公司的股权，缺乏充分的交易市场，转让时价格难以科学确定，有时候甚至会和"赌石"相似——真正的内行人也可能会看走眼。① 上市公司的股价，因为存在公开的证券市场，价格相对更容易让人理解和接受。

无论是上市公司还是非上市公司，传统的观点是公司价值决定股权价值，公司的价值最终取决于公司的盈利能力，而与此相关的信息，对买卖双方而言是不对称的，内部人士相对于外部人士而言，永远掌握更多、更真实的信息。在股权转让过程中，"股权"这块含玉的石头，本身就是公司内部人士做出来的；至于"玉"的品质和形态，内部人士了如指掌，而外部人士则如雾里看花。

在新三板市场挂牌交易的公司，相对于地方股权交易所"四板市场"上挂牌交易的公司，在定价方面可以获得更多的优势，因为新三板是全国性的股权交易市场，参与交易的主体数量更大，市场竞争更激烈，市场的价格发现能力也更强。

[103] "股权价值不为负"定律【☆☆☆】

根据我国公司法律的规定，有限责任公司或者股份有限责任公司中的"有限责任"，指的就是股东责任的有限性。股东只要按照法律规定出资，并且没有损害公司利益，则再没有因为公司债务而从腰包拿钱出来的道理。言下之意，公司亏损多严重，股权对股东而言，其价值最多是零，且永远不会是负数。这个理论，可以称作"股权价值不为负"定律。

有些公司在资不抵债而且扭亏无望的情况下也有价值，比如在我国上市公司资源稀缺的年代，上市公司这个"壳"就有很高的价值；有些公司的市场、渠道、商标等，对特定收购者来说也会有价值。因为税收的原因，收购净资产为负值的公司，从整体看来，很可能是减轻其税负的赚钱买卖。

打破该定律的方法，就是不做任何法律设计就直接让公司破产。因为破产必将严重损害公司债权人的利益，在特殊的背景下，不处理好特殊债权人关系，则会导致股东的利益遭受严重损害。上市公司中蒙受了巨大经济损失的个人投资者会迁怒于高管。某上市公司在北京召开2008年度全体股东大会时，没敢在大会会场提供热咖啡或开水等热饮，因为非常担心那些愤怒不满的个人投资者会因该公司当年糟糕的股市表现，而将热咖啡或开水泼向公司总经理和董事长，甚至还有投资者向公司高管发出死亡威胁的情形。② 封闭型公司，特别是中小公司的债权人，则会把矛头直指公司的"老板"：有些债权人不论公司是否破产，直接用各种手段向大股东或者实

---

① 玉外面包着一层岩石的皮壳，未经切割难以准确判断其内部情形，因此会出现"赌石"。中国历史上最著名的一块赌石是"和氏璧"。和氏璧的故事在《韩非子》《史记》中都有记载。

② 参见杨典：《公司治理与企业绩效——基于中国经验的社会学分析》，载《中国社会科学》2013年第1期，第75页。

际控制人主张债权。因此，对债权人关系处理不当，公司价值不为负的定律将被打破。

[104] "1元转让"：股权转让敏感区【☆☆】

"1元转让"，是一种象征性转让股权的行为，其股权转让的价格是1元钱或者其他极小的数额或者其他明显不合理的低价。之所以用象征性的"1元"而不是"0元"转移股权，是因为从金钱的角度衡量，0元和1元相差无几，从法律的角度则0元转让属于赠与行为，1元转让则属于买卖行为。1元转让是为了选择"买卖"而不是"赠与"的法律通道，说到底，是为了方便。

1元转让，可能是一种合理的股权转让行为。虽然"股权价值不为负"定理告诉我们，不论公司净资产是正值还是负值，股权的价值都不会是负值，股权最低也就是0元。在净资产为0、接近为0或者为负的情况下，考虑到解散公司的繁琐手续和因此要支付的人力、时间等各种成本，采取1元转让的方式转移股权是可以理解的。

但是，1元转让很容易让人误解为以"不合理低价转让"。因为作为股权受让方来说，设立新公司本身也需要成本，所以公司各种可以利用的资源乃至人力资源，都可以作为股权转让时谈判的砝码。如此说来，股东不会轻易放弃股权，也不会轻易低价转让股权，更不会轻易进行所谓的"1元转让"。

当然，其他人也不会轻易相信1元转让的合理性与合法性——除非有严格的评估、审计等合法手续和数据作为其有力支持。

[105] "1元转让"的对策【☆☆☆】

1元转让，常常不以合法的审计为前提，也常常存在逃税问题、损害相关主体利益问题、转移财产问题等多种可能性。1元转让，也可能是非专业人士草率处理的结果，而不是高素质法律专家精心设计的方案。1元转让，如果被纳入法律审查的范畴，它将是重大的法律事件，也是重要的法律突破口和谈判筹码。

对1元转让审查后，可以通过以下两种途径突破对方防线：第一，通过诉讼撤销1元转让行为；第二，让对方拿出证据证明1元转让的审计报告和资产评估报告，证明自己1元转让的合理性，否则根据己方的证据，要求赔偿损失。第一种途径适用于被转让股权的价值确实远远高于1元的情形，第二种途径适用于被转让股权实际上确实已经接近1元，但是对方转让程序有瑕疵的情形——利用对方的程序瑕疵有可能扩大己方的利益。

第五章 大股东和小股东

大股东和小股东在公司法律框架下的博弈，复杂多样，也有其内在规律可循。

一、资本多数决

资本是公司制度中一切权利的源头。资本的投入，是公司得以成立和营运的起点。设立公司，必须要有符合法定条件的资本才行。有了资本才会有股东，有了资本的多少区分才有了股东的大小区分。

[106] 资本多数决的利弊【☆☆】

资本多数决，顾名思义，是持有多数资本的股东意见在公司股东会中起决定性作用，拥有多数表决权的股东意思能够通过股东会成为股东会决议。因此，资本多数决，简化后就是"大股东说了算"和"小股东说了不算"。

资本多数决，是公司中资本至上的性质决定的。没有资本就没有公司，有资本就有话语权，资本越多话语权越大。在公司这种企业形式中，因为资本是股东对公司投入的财产，投入的财产越多，股东与公司的相关度也越高，股东承担的风险也越高，股东对公司的权利也自然越大。资本比例和表决权比例在特设情况下可以发生分离，例如《公司法》第42条规定，有限责任公司"股东会会议由股东按照出资比例行使表决权；但是，公司章程另有规定的除外"。[①] 但是，由此也可以看出，我国公司的股东出资比例与表决权比例相同是原则，不同是例外。

资本多数决，体现了股东投入公司的产权的价值，通过忽略小表决权比例股东的意见，实现了股东会决策的高效率，保护大表决权比例股东在股东会中的意见，在客观上能够起到鼓励股东向公司投资的作用。资本多数决也存在弊端：大股东利益和小股东利益发生冲突时，大股东容易通过股东会决议的形式"合法"地损害小

---

① 《公司法》关于股份有限公司股东表决权，没有类似规定。《公司法》第103条规定，股份有限公司"股东出席股东大会会议，所持每一股份有一表决权。但是，公司持有的本公司股份没有表决权"。股份有限公司中的优先股通常都被限制了表决权。

股东的利益。因为资本多数绝不是公司的唯一法律制度,所以资本多数决的弊端可以通过公司法的其他规定和专门的法律设计得以限制。

但是,大可不必把资本多数决上升到"民主"的高度去理解。有人认为资本多数决是"少数服从多数"的民主原则的体现[1],实际上是假设了一个特殊条件:公司股权高度分散到股东持股几乎均等的地步。这不是公司股权分布的常态,所以民主之说自然也难以成立。

[107] 大股东的私有收益【☆☆☆】

相对于股权高度分散的公司而言,由大股东控制的公司中大股东发挥自己对公司的影响力,可以提高公司运营的效率,但是也容易产生大股东为了一己之私侵犯公司利益和侵犯中小股东利益的现象。大股东获得私有收益,必然直接或者间接侵犯中小股东的利益。大股东侵犯中小股东利益的目的,也是获得私有收益。

大股东获得私有收益的方式主要有以下三种途径:第一种是将公司资源低价出让给其控制的其他公司,包括股权稀释、资产剥离、通过关联交易进行转让定价等;第二种是转移或剥夺公司的发展机会,包括资金占用、贷款担保等;第三种是获取与公司控制权相关的私有收益,比如向股东支付高额现金股利、向管理层支付过高的薪酬等。

对上市公司而言,通过非公开、低价的方式发行新股稀释其他股东的权益,是大股东获取私有收益的常见手段;对上市公司注入所谓优质资产,也是大股东获得私有收益的常见借口。

二、小股东权利

小股东的话语权,如果没有特殊的公司章程设计作为支撑,一定比大股东弱。原因在于公司制度的设计基础,就是"资本多数决",即股东的话语权取决于股东投入公司资本的数量或者比例。

但是,小股东也有自己的权利。小股东可以依法改变公司治理的格局,也可以提起代位诉讼维护公司的利益。小股东,并不是任人宰割的角色。善于利用法律赋予的权利,小股东也能使公司的大股东或者其他"实力派"不得安宁。

[108] 小股东有大能量【☆】

小股东如果与大股东不和,可以通过召开临时股东会、提起股东诉讼、派生诉

---

[1] 参见百度百科中的"资本多数决"词条,载百度百科网(https://baike.baidu.com/item/%E8%B5%84%E6%9C%AC%E5%A4%9A%E6%95%B0%E5%86%B3/8467897?fr=aladdin),访问日期:2018年3月7日。

讼以及表决代理权的征集等手段，造成公司经营或者股东控制的被动局面。在实行累积投票制度的股份有限公司，小股东还可能通过行使累积投票的权利，改变董事会、监事会的格局。

小股东有效行使知情权，可以对公司经营起到监督作用，可以在大股东侵犯公司利益、关联交易、高管侵权等方面起到积极的作用。但是，小股东滥用知情权，则会因为泄露公司保密信息、不当利用公司保密信息给公司造成损害，或者通过恶意诉讼给公司的运营增加负面影响。

[109] 代位诉讼【☆】

小股东，可以对大股东、高管、董事、监事等有实力的角色在公司中的行为起到平衡和制约作用。

在特定情况下，小股东可以用自己的名义对大股东、董事、监事、高管或者其他人侵犯公司利益的行为提起诉讼。根据《公司法》第149条和第151条的规定，股东可以代替公司，为了公司利益对侵权人提起诉讼，所以，这种诉讼叫做"代位"诉讼。这种诉讼又叫做派生诉讼，因为股东不是侵权行为的直接受害者，公司才是直接的受害者，由股东提起的诉讼，是把公司作为受害者，派生出来的。

法律为代位诉讼设置了前置程序和例外的紧急通道。《公司法》第151条规定，在无法取得公司监事会、董事会等机构同意公司诉讼的情况下，书面要求公司起诉被拒绝或者被请求的公司机关超过30天未起诉，或者属于紧急情形，股东都可以代表公司向侵犯公司权利的董事、监事、高管、其他股东提起诉讼。

三、大股东失权

大股东也可能遇到无法掌控公司而处于弱势地位的情形。与小股东一样，在无法推动公司对公司高层进行诉讼时，也可以选择代位诉讼。

[110] 大股东"大权旁落"【☆☆】

大权旁落的大股东，仅仅是出资多而已，事实上不会运用公司章程、董事会、监事会、经理和高管设置等设计对公司实施有效控制，也不会对公司运营进行有效的监督，因此容易导致公司出现董事、高管、其他股东鲸吞或蚕食公司利益的"穷庙富方丈"现象。

公司利益受损，大股东的利益必然受损。

[111] 大股东的"代位诉讼"【☆☆☆】

当公司被其他人控制时,代位诉讼就成了大股东的一种理性选择。大股东失去对公司的应有影响力后,将会处于比小股东更加被动的地位,因为"积重难返""尾大不掉"。正因为从大股东手里攫取权利并非易事,控制公司的人在控制或者麻痹、欺骗大股东以获取不当利益的过程中,会更加小心谨慎。相对于麻痹大意的大股东来说,侵权者总是有备而来,有些人还聘请了法律高手全程策划,"运筹帷幄",严阵以待。

因此,实务中,作为处于弱势地位的大股东的代理人,维护大股东利益通常比维护小股东的利益难度更大。大股东的代位诉讼会遇到对方利用法律和各种资源设置的各种障碍。

在笔者办理的一个大股东代位诉讼案例中,一个发展迅速的北京公司中绝对控股的外方股东被逐渐架空、公司被逐渐掏空,大股东不得已提起代位诉讼,维护公司利益以维护自身的权利。该股东极度信任公司的总经理,每年到公司去一两次。每次都是总经理全程陪同、汇报,少不了山珍海味地招待和机场接送。几年后,大股东突然得知北京另一家经营同类业务的公司要上市,才发现自己的公司已经因为没有年检被吊销营业执照了。更让他意想不到的是,要上市的那家公司总经理和大股东就是自己公司的总经理和小股东,生产场所也与自己公司的基本相同,而且自己公司的核心专利早在3年前就被低价转让给那家公司了。在谈判失败后,大股东提起代位诉讼。

四、股东的联合

股东之间因为关联关系、公司治理或者利益分配等原因,会寻求联合以获得更大的话语权。

[112] 股东表决权代理【☆☆】

股东表决权代理,通常是指公司股东将自己的表决权授权其他人代为行使的授权代理行为。代理的法律基础是合法授权,代理人不必是本公司的股东。通过表决权的代理,拥有较小份额表决权的小股东可以汇集成较大的表决权集中行使,因此,在上市公司中表决权代理较为常见。《公司法》第106条规定了上市公司的表决权代理行为须有持表决权股东的授权委托书,且须向公司提交方可行使代理权。《公司法》没有关于有限责任公司的股东表决权代理的规定,但是根据民法关于授权代理的一般规定可知,有限责任公司的股东表决权也可以进行授权代理。

表决权的代理，也包括无民事行为能力股东的法定代理。比如因为继承而得到股票的未成年人，其法定代理人自然可以根据民法关于法定代理的规定进行代理，否则该未成年人股东的权利将被剥夺。

[113] 表决代理权的征集和表决权竞争【☆☆】

表决代理权征集可以通过征集的方式获得。征集者通常是本公司的管理层或者希望在股东会上有更大作为的股东。表决权征集，改变了股东表决权的天然分布结构，基于民法上的授权委托代理，因为征集行为而进入公司法领域。

表决权代理可以用来作为争夺控制权的工具——对管理层有异议的股东，可以用它来推翻现任管理层，现任管理层也可以用它来维护自己的地位，并形成所谓的"表决代理权竞争"。①

---

① 参见施天涛：《公司法论》，法律出版社2006年版，第327页。

第六章　公司章程和股东协议

公司章程是公司中应当重视的规则，是《公司法》赋予很大自由规定空间的法律文件。正因为公司法的赋权，公司章程才不应当是"千人一面"，而应当是"丰富多彩"；公司章程也不应当是"比葫芦画瓢"的复制品，而应当是能体现股东集体意志的与众不同的"护身符"和"魔咒"。

一、公司章程的法律地位

公司章程在公司治理中，有着举足轻重的作用。不管是复制其他公司的模板式文本，还是经过专门设计的特有文本，公司章程都可以被称得上是公司的"宪法"。公司章程可以彰显公司"软实力"中的"制度优势"。

[114] 公司章程：公司的宪法【☆】

公司章程是由公司发起人订立的可以被股东会依法修改的关于公司组织及营运的法律文件，也是公司基本的自治规则。它包括实质意义的基本规则及形式意义上的书面记载或记录。形式上，公司章程属于主要的"公司文件"，调整公司的整个活动。内容上，公司章程既可以包含调整当事人之间关系的债法性条款，也可以包括调整团体意思构成及其活动并对未来成员也有约束力的合作性规范。① 公司章程在公司中占据着非常重要的地位，是公司内部具有"根本大法"性质的"公司宪法"，也是司法裁判的重要法源。

生效的公司章程，如果没有与国家法律相违背，对股权争议各方来说，就是不能争议的法律依据。改变公司章程的唯一途径，是通过合法程序修改公司章程。和宪法一样，公司章程的制定和修改需要特殊的程序。《公司法》规定，要超过2/3有表决权的股东同意，方可修改公司章程。什么内容写进公司章程，什么东西不写进公司章程，应当是股东合意的结果，而不是照搬其他公司类似章程的结果。

---

① 参见〔德〕托马斯·莱塞尔、吕迪格·法伊尔：《德国资合公司法》，高旭军等译，法律出版社2005年版，第405页。

[115] 章程约束对象 【☆】

《公司法》第 11 条规定："设立公司必须依法制定公司章程。公司章程对公司、股东、董事、监事、高级管理人员具有约束力。"

这条规定表明，对公司内部而言，公司章程对公司的"董监高"之外的普通管理人员和普通员工没有约束力。

[116] 公司章程的对外效力 【☆】

公司章程是公司对外公开的法律文件，所以有对抗第三人的效力。公司章程在公司登记机关备案后，因为其内容完全公开，即不存在"不知道或者不应当知道"公司章程内容的善意第三人，公司章程因此具有对外的效力。①

二、公司章程的记载事项

《公司法》对有限责任公司和股份有限公司的公司章程记载事项要求不同。但是，两种公司章程应当记载事项中的最后一项，都是"其他事项"。公司法把决定公司章程应当记载的其他事项的权力赋予了股东会和股东大会。只要是股东会、股东大会"认为需要规定的其他事项"，都是公司章程应当记载的事项。

[117] 应当记载事项 【☆】

《公司法》规定公司章程"应当载明"事项的条款，不论是关于有限责任公司还是关于股份有限公司，都列在各自的"公司设立"标题之下，表明这些事项如有欠缺则不能进行公司设立登记，所以我国的"应当记载事项实际上相当于大陆法中的绝对必要记载事项和英美法上的强制记载事项"。②

第二十五条　有限责任公司章程应当载明下列事项：

（一）公司名称和住所；

（二）公司经营范围；

---

① 公司章程在工商行政部门备案，应当是公开的、可被公众查询的文件。但是，我国目前还做不到完全公开公司章程，因为可被社会公众查询的信息，目前只用 1 页 A4 纸就可以打印全部内容，这些公开信息并不包括公司章程。公司章程在有些地方归于"内档"，有些地方叫做"底档"，还有些根本不录入电脑，归入查询难度更大的"书式档案"，没有立案证明，就不能查询——至于先查清楚某些内档信息才能决定是否立案的情形，工商行政管理部门似乎还没有考虑到。所以，如果公司章程不能全部公开，则公司章程确实存在"不应当知道"这种情形，于是也不能对抗善意第三人。

② 参见施天涛：《公司法论》，法律出版社 2006 年版，第 121 页。

（三）公司注册资本；

（四）股东的姓名或者名称；

（五）股东的出资方式、出资额和出资时间；

（六）公司的机构及其产生办法、职权、议事规则；

（七）公司法定代表人；

（八）股东会会议认为需要规定的其他事项。

股东应当在公司章程上签名、盖章。

第八十一条　股份有限公司章程应当载明下列事项：

（一）公司名称和住所；

（二）公司经营范围；

（三）公司设立方式；

（四）公司股份总数、每股金额和注册资本；

（五）发起人的姓名或者名称、认购的股份数、出资方式和出资时间；

（六）董事会的组成、职权和议事规则；

（七）公司法定代表人；

（八）监事会的组成、职权和议事规则；

（九）公司利润分配办法；

（十）公司的解散事由与清算办法；

（十一）公司的通知和公告办法；

（十二）股东大会会议认为需要规定的其他事项。

经过比较可知，股份有限公司的应当记载事项，比有限责任公司多了三个实质性项目，即"公司利润分配办法；公司的解散事由与清算办法；公司的通知和公告办法"。

其中，"公司利润分配办法；公司的通知和公告办法"，是容易被操纵和产生争议的领域。而公司的解散事由与清算办法，因为我国《公司法》第十章"公司解散和清算"中规定了公司解散的法定事由和清算办法，公司实际上无法专门作出有实质意义的特别规定。

[118] 其他应当记载事项【☆】

公司章程中的其他应当记载事项，是由股东会、股东大会会议认为需要规定的记载于公司章程中的其他事项，每个公司都可以根据自己的需要进行设计和修改，并根据法定程序载入公司章程。当然，内容合法是这种条款具有法律效力的前提。

这是实务中公司章程的精华所在，也是借以研究目标公司的治理水平、股东制衡框架的一个法律根据。其他事项记载于公司章程之中，就对公司相关的特定群体产生了法律约束力。因此，恰当选择其他事项记载于公司章程之中，等于恰当配置了公司章程对公司相关群体的约束力。具体而言，公司章程规定的其他事项可以约束公司、股东、董事、监事、高级管理人员，也可以在这些"其他事项"范围内对公司"善意第三人"的范围产生影响。

[119] 公司章程让渡股东会职权【☆☆☆☆】

为了提高公司运行的效率，能否通过公司章程的规定将股东会法定职权授权给董事会行使？与此相关的更基本的问题是，公司章程能否限制股东会的法定权利？

一种观点是，公司章程是股东会给自己设定的"法律"，但是不能超越《公司法》：公司章程是"这一次"股东会设定的规则，不能限制"下一次"股东会的"法定"职权——即使"这一次"公司的股权结构和"下一次"公司的股权结构完全相同。另外，如果公司的股权结构发生了变化，导致"下一次"甚至"今后"的股东会无法达到修改公司章程的法定比例，则"这一次"股东会设定的规则，会成为公司股东会权力受到限制的枷锁，不利于股东会行使正常的法定职能。

另一种观点是，公司通过公司章程的形式将特定属于股东会的权力授予董事会行使，属于权力的自己处分行为，这种处分行为并没有从根本上影响董事会的法定地位。① 这种观点，将公司股东会的法定权力变成可由公司章程随意改变的非法定权利。

公司法上的法定权力，和普通的民事法律关系中的法定权利不同，股东会的法定权力不能长期授予董事会行使，否则就会打破公司法所拟定的法定制衡结构。换言之，公司章程并非能够改变公司法设定的各种公司机关的法定权力。

三、股东协议

股东协议是公司章程的"搭档"。如果说公司章程是公司的宪法，股东协议就是股东的宪法。

[120] 股东协议——股东的宪法【☆☆】

股东协议是公司股东的内部协议。作为股东协议的签约股东，如果协议内容不违反法律，就应当遵从协议的约定。

股东协议和其他协议一样，有两种基本形式：口头形式和书面形式。现实中还

---

① 参见施天涛：《公司法论》，法律出版社2006年版，第281页。

有第三种形式——心照不宣，即所谓"投桃报李"，通过移植其他领域的潜规则来达成默契。潜规则作为社会文化的一种，向公司治理领域浸染是常见现象。但是，因为口头协议和默契这两种类型很难留下股东行动和协议之间关系的证据，所以，股东协议通常特指股东之间订立的书面协议。

股东之间的协议，可以包括很多内容，比如公司治理结构、高管人员、公司章程、投资回报等问题，尤其是在股权投资者进入的情况下，股东协议运用得更加普遍。

股东协议分为全体股东协议和部分股东协议。全体股东协议与公司章程会出现重合现象。如果公司章程是全体股东全票通过的，则这样的文本兼有公司章程和全体股东协议的双重效力。全体股东协议在股权转让之后，对受让股权的股东的效力是股权转让的重要问题之一，应当在股东协议设计时给予足够的重视。

[121] 股东表决协议【☆☆】

股东表决协议是股东协议的一种，是指关于股东联合行使表决权的协议。

有学者认为，股东表决协议是专为非上市公司设计的，可以涉及董事的选举或者特定提案、建议，但是涉及董事会的决策权力则无效。[①]

从法理上分析，股东表决权协议和其他股东协议一样，只要不违反法律强制性规定就应当是有效的，因为股东协议是股东合同法层面意思自治的范畴，是否有效，要进行个案分析，不能因为涉及董事会的决策权力就认为无效。

[122] 股东协议与公司章程的冲突【☆☆☆】

股东协议和公司章程的区别，就在于股东协议是股东之间的合同，公司章程是公司的法定文件。从公司法层面看，股东要遵从公司章程；从合同法层面看，股东也要遵从股东协议。

股东协议与公司章程出现冲突的情形是常见的。股东应当履行公司章程规定的义务，但是承担了公司章程规定义务的股东，可以凭借股东协议行使对其他股东的合同权利。股东在股东协议有效的情况下，如果股东协议的规定与公司章程矛盾，则应当遵从公司章程的规定，同时用股东协议进行合同层面的进一步调整，但是调整的结果应当仍然符合公司章程的规定。这种操作，常常需要其他法律的参与才能顺利完成。比如公司章程规定股东增资的比例与股东协议不同，就应当按照公司章程进行增资和登记，同时运用信托法以实现股东协议关于增资的约定。这样，股东对外承担责任是根据公司章程的规定，而股东之间承担的责任则是根据股东协议的约定。

---

① 参见施天涛：《公司法论》，法律出版社2006年版，第332页。

第七章 分红、转投资、担保和贷款问题

公司的分红,若无特殊安排,通常按照出资比例进行。公司对外的投资、担保和贷款等问题,涉及公司现金流和公司的直接利益,操作不当会对公司的发展产生巨大影响。

一、分红

分红是股东的权利之一,也是股东利益实现的直接形式。

[123] 分红和出资比例【☆☆☆】

通常,有限责任公司股东按照实缴的出资比例分取红利,股份有限公司按照股东持有的股份比例分配,但是有限责任公司全体股东约定不按股东实缴的出资比例分红,股份有限公司的章程规定不按持股比例分配的除外。[①]

由上述规定可知,有限责任公司分红比例的例外情形必须经由全体股东约定形成全体股东协议才属合法,因此在这个问题上,大股东无法控制小股东。而股份有限公司则可以通过章程进行规定——股份有限公司实行例外分红方法不需要股东百分之百通过,大股东可以通过控制公司章程的内容改变分红比例。

中外合资企业则必须按照出资比例分红。原因在于《中外合资经营企业法》相对公司法而言是特别法,在法律适用上如果两者有冲突,则按照特别法优于一般法的原则,优先适用特别法。但是这种观点也被质疑,因为《中外合资企业法》颁布时间早,关于分红比例的规定不尽合理。不过,上述质疑虽然有其看似合理的成分,因为《中外合资企业法》与《公司法》并不是同一部法律,实质上不符合法律"新法优于旧法"的规定,所以并不正确。

二、转投资

公司法关于转投资的限制已经取消了,转投资的比例完全由公司自行决定。

---

① 参见《公司法》第34条、第166条的规定。

[124] 资本三原则【☆☆】

传统公司法上的资本三原则,包括资本确定原则、资本维持原则和资本不变原则。其核心思想,在于通过对资本的法定要求设定公司资本投入的最低门槛,防止股东任意处置公司资本导致债权人利益受损。

我国公司法原则上放弃了法定资本制,不再规定普通公司的最低注册资本额,《公司法》第26条第1款规定:"有限责任公司的注册资本为在公司登记机关登记的全体股东认缴的出资额。"这样,如果认为资本确定原则的重点在于公司设立要有法定最低出资门槛的话,资本确定原则等于在2014年3月1日起被柔化、被消解了,虽然我国《公司法》在第26条第2款规定:"法律、行政法规以及国务院决定对有限责任公司注册资本实缴、注册资本最低限额另有规定的,从其规定。"

我国公司法的资本维持原则,包括禁止抽逃出资,禁止以低于股票面额的价格折价发行公司股票,不得接受本公司的股票作为质押权的标的;有限责任公司变更为股份有限公司时,折合的实收股本总额不得高于公司净资产额;除了为特别目的并经专门程序,"公司不得收购本公司股份"。① 但是,转投资限制的取消,表明我国公司法在资本维持方面的弹性增加。

我国公司法一直坚持资本不变原则,对公司资本增加和减少都作了严格的规定,尤其是公司的减资行为。《公司法》第178条规定:"公司需要减少注册资本时,必须编制资产负债表及财产清单。公司应当自作出减少注册资本决议之日起十日内通知债权人,并于三十日内在报纸上公告。债权人自接到通知书之日起三十日内,未接到通知书的自公告之日起四十五日内,有权要求公司清偿债务或者提供相应的担保。公司减资后的注册资本不得低于法定的最低限额。"该条规定,赋予公司债权人在公司减资中的强大权利,也凸显了资本不变原则对债权人保护的目的。

[125] 公司成为普通合伙人【☆☆☆】

公司可以投资合伙企业成为有限合伙人或者在法律不禁止的情况下成为普通合伙人。《公司法》第15条规定:"公司可以向其他企业投资;但是,除法律另有规定外,不得成为对所投资企业的债务承担连带责任的出资人。""法律另有规定者除外"对应的法律接口,目前主要是《合伙企业法》。

《合伙企业法》第3条规定:"国有独资公司、国有企业、上市公司以及公益性的事业单位、社会团体不得成为普通合伙人。"这条规定否定了上述特定公司成为普

---

① 参见《公司法》第143条的规定。

通合伙人的可能性，但是也等于肯定了其他类型公司成为普通合伙人的合法性。

如果公司置上述法律规定于不顾，转投资合伙企业做普通合伙人，该行为无效，因此引起的法律后果，包括两种类型：行政责任和民事责任。行政机关可以追究公司的行政责任，公司可以追究责任人的民事责任。公司违反法律规定转投资而成为承担连带责任的出资人，对该行为，也有人认为是有效行为，仅仅是公司的负责人受到处罚而已。① 这种说法似是而非，因为处罚并不能纠正该行为的违法状态；通过处罚将违法行为"转正"的弊端，是鼓励更多的人与法律规定讨价还价。

三、担保

公司提供担保，是我国公司法着重规制的现象。

[126] 公司的担保【☆】

《公司法》第16条规定："公司向其他企业投资或者为他人提供担保，依照公司章程的规定，由董事会或者股东会、股东大会决议；公司章程对投资或者担保的总额及单项投资或者担保的数额有限额规定的，不得超过规定的限额。公司为公司股东或者实际控制人提供担保的，必须经股东会或者股东大会决议。前款规定的股东或者受前款规定的实际控制人支配的股东，不得参加前款规定事项的表决。该项表决由出席会议的其他股东所持表决权的过半数通过。"

由此可见，公司担保分为对外担保和为股东、实际控制人担保两种类型。对外担保依照公司章程的规定；对股东、实际控制人的担保，则依照法律规定。后者要受到更严格的限制。

四、公司之间的借贷

公司间借贷的合法性问题，是我国经济生活中比较复杂的问题。

[127] 公司间借贷合同【☆☆】

关于公司借贷，我国《公司法》第116条规定："公司不得直接或者通过子公司向董事、监事、高级管理人员提供借款。"第149条规定，董事、监事、高级管理人员不得"违反公司章程的规定，未经股东会、股东大会或者董事会同意，将公司资金借贷给他人或者以公司财产为他人提供担保"。

因此，公司法并没有限制公司的贷款资格，也没有规定公司之间的借贷合同是

---

① 参见施天涛：《公司法论》，法律出版社2006年版，第135—136页。

无效合同。金融领域的法律、法规也没有明确规定普通公司之间的借贷合同无效。实务中，普通公司之间的借贷合同是否无效虽然仍然存有争议，但是法院通行的做法是确认这类合同为无效合同。为了实现公司之间借贷的目的而且使公司之间的借贷受到法律保护，只需要将其中一方公司改成自然人即可——这种角色改动的结果，是借贷的利率最高到银行同期贷款利率的 4 倍也能受到法律的保护，不过由此也产生了其他法律问题。

第二部分 股权争议的处置

当股东之间的矛盾日渐尖锐的时候,摊牌(包括诉讼)常常是不可回避的话题。但是,草率摊牌——尤其是草率起诉,将陷自己于被动地位,不但有可能限制自己的权利,并且可能失去"秋后算账、东山再起"的机会。因为,第一,法院"一事不再理";第二,起诉者一旦准备不充分或者切入点不恰当,反而打草惊蛇,给对手反击成功的机会。

解决股东之间的矛盾,要请专业人士对公司的情形和股东的矛盾进行专业分析和判断,谋定而后动。这就像人生了病一样,要请医生进行专门的诊断,然后才能决定怎样治疗疾病。

股东争议的成败关系重大。法律高手有可能在对方看似必然成功的博弈中击败对方获得博弈的胜利,也可能在表面的不成功中使委托人实现争议目的。博弈双方代理律师的水平对比,在某种程度上决定了博弈的态势。

第八章　专业法律判断

判断的专业性，决定了判断的准确性，决定了判断的质量，也决定了今后争议的走向和双方力量对比的基本格局。

针对上市公司或者拟上市公司的股权争议和针对私有公司的股权争议策略必然有所不同，针对股东身份是公务员的股权争议和针对股东身份是老百姓的股权争议策略也应当有所不同。股权争议的法律判断，因为股权争议本身的专业性和个案的独特性，法律判断更加需要专业性和针对性。

一、法律判断的专业性

股权争议法律判断不但需要系统、完备的法律知识，还需要丰富的法律实践经验和高超的处理技巧以及对相关事项的证据搜集和准确判断，因此其专业性极强。应当首先认识到，诉讼等于战争，必须慎之又慎；把专业的事情交给专业的人士来做，是股东争议成功的最基本知识，DIY 精神在股东争议领域没有空间。

[128] 诉讼 = 战争 【☆☆☆】

诉讼等于战争。这是诉讼中当事人必须具备的情形认识，虽然对局外人而言，诉讼可能也可以用棋类或者其他游戏做类比。诉讼是博弈的一种，但是如果将诉讼当事人比作国家，诉讼就和《孙子兵法》中战争的性质、影响完全相同。

诉讼虽然不使用武器，诉讼中没有直接的伤亡，也通常没有物质性的破坏，但是，诉讼和战争一样必须借助工具，一样需要大量消耗，一样可能会有巨大的损失。诉讼所借助的工具是法律和证据，诉讼需要耗费时间、金钱和精力。诉讼最大的风险是巨大的消耗。诉讼对一个当事人的影响，不亚于战争对一个国家的影响。

战争有三种结果：战胜、战败、停战和解。诉讼也有三种结果：胜诉、败诉、和解、调解或者撤诉。战争的胜负，有些是不可改变的，有些是不确定的。诉讼也是一样。战争，需要充分准备，讲究力量对比、战略、战术，诉讼也是一样。战争需要好的统帅，诉讼需要好的律师和其他专业人士。统帅无能，盲目出击，结果可想而知。律师无能，盲目诉讼，结果也显而易见。

[129] 把专业的事交给专业的人【☆】

把专业的事交给专业的人去做,这是股权争议取得成功的前提。这一点,对久经沙场的商业精英来说,是基本的常识。无论是成功的企业家,还是普通投资者,在遇到可能会出现股权争议的局面时,需要在第一时间咨询熟悉股权争议的法律专家。因为在法律领域的精准判断和出色设计,离不开非常专业的法律专家的帮助;任何一个疏忽,都可能导致股权博弈的失败。

[130] DIY 精神止步【☆☆☆】

DIY(Do It Yourself),意即自己亲自动手。在企业家成功经历中,可能起到积极作用的 DIY 精神,常常成为股权争议失败的根源。企业家通过免费的或者普通收费的咨询从不同法律专家那里获得一些信息之后,自行拼凑出一幅看似完整的方案就抛开法律专家开始行动,DIY 的结果是企业家往往在很基本的问题上出错,在很平常的对手面前败下阵来。最被动的局面是对手已经把有关事务交给了法律专业人士去打理,而且保密工作做得很到位,只有自己还在 DIY。DIY 精神之所以不适合股权争议领域,是因为股权争议领域是个高度专业化的领域,股权争议本身根本容不得试错。热衷于 DIY 的人士应当明白,任何法律的碎片都难以被非专业人士拼凑成完整的图案,因为非专业人士从高水平法律专业人士那里获得的免费法律信息永远都是碎片化信息,而且即使完整的有益信息,也会被非专业人士曲解、粉碎成碎片化信息。

大家似乎都可以成为法律专家,似乎都可以成为股权争议领域的高手,但是没有足够的历练时间和没有足够的实践经验这两点,即使是法律人在短时间也无法逾越的障碍,何况没有真正进入法律之门的人士?所以,非专业人士如果要通过 DIY 获得成功,就只能听天由命了。

[131] 律师收费【☆☆☆】

律师收费问题,可能是股权争议者放弃高水平律师帮助的重要因素。和修理家电却没有换零件的维修师傅一样,律师只动嘴皮就收费让普通百姓难以接受;只动几下嘴皮、只花一点时间就收取高额律师费,让有辛苦创业经历的普通企业家也难以接受。其实,这种局面是我国社会长期以来对智力成果重视不够的后果,也是普通百姓和普通企业家缺乏见识的表现。当一个人病情严重的时候,借钱也要找好医生,因为好医生可以给你正确的判断、正确的指引以及正确的解决方案。或许花高价钱找专家医生诊治的结果,是看似严重的病情其实不重,小药即可医治,但是,这种肯定性的结论打消了你的疑虑,避免了DIY而滥用"虎狼药"的后果。

内地律师收费,通常是按照标的额收费,个别情况下也计时收费。我国香港特别行政区或者发达国家和地区则相反,计时收费的情况更为普遍。内地律师当然可以采用计时收费的方式,而且任何法律服务都可以采取这种方式,国家并不因为法律事务的性质不同而对计时收费设置过多条件限制。

我国关于律师收费的规定比较复杂。应当注意的是,各省、自治区、直辖市的收费标准并不相同,而且超过标准过高收费和低于标准过低收费,都将受到律师协会的惩戒,行政、刑事等案件禁止以风险代理方式收费。

以广东省律师收费标准为例:(1)计时收费,标准是每小时160元—3 600元。(2)计件收费,民事案件在基础费用1 000元到8 000元的基础上按照争议标的额(争议财产的价值)分段按比例累加收取。① (3)风险代理方式收费,包括基础费用和风险代理费两部分。后者上限为争议标的额的30%,即成功后支付的律师费上限是争议标的额的30%而不是委托人获得财产部分的30%。实践中,风险代理约定的律师费,大多是按照委托人最终获得财产或者减少财产损失部分的一定比例收取的,一般也不超过30%。

当然,风险代理收费的基数,也可以选择当事人某阶段胜诉的数额。不过,胜诉和执行并获得财产完全是两个概念。赢了官司亏了钱,这种事情也会发生,因为有的胜诉案件最终无法获得执行,有些案件的意义也仅仅在于胜诉而不在于其他。

[132] 法律判断的优先性【☆】

法律是权利保障的最后一道防线,诉讼或者仲裁是争议处理的最后手段。认可这两个前提,就应当理解:法律判断是争议发生时的优先判断。

从法律层面上,借助法律专家的智慧,对股权争议的可诉性、胜算率、最大损失等作出初步判断,是股权问题产生后应当做的第一件事情。

更专业的法律判断,则应当在初步决定提起股权争议之后尽早作出。

[133] 草率起诉的弊端【☆☆☆】

草率提起诉讼,在没有胜算的时候展开攻击,常会弄巧成拙,欲速不达。

在法律攻防形势上,作为原告,表面上是主动的,实质上是被动的。原因在于:

---

① 各地的律师收费标准,可以从各地的省级律师协会网站上查询,也可以从各地的省级司法行政部门(司法厅、司法局)网站上获得。

（1）民事诉讼的核心在于获取优势证据，即"打官司就是打证据"；（2）股权争议类型的诉讼案件，举证责任在提出主张者一方，即"谁主张，谁举证"。

草率起诉的弊端主要有以下三个方面：

1. 失去更好的诉讼时机。"一事不再理"是我国民事诉讼的基本规则。在不成熟的时机提起诉讼，就不可能再有机会处理这项事务了。一旦诉讼请求、被告等设计失误或者举证出现困难导致诉讼失败，也难以就同一个案件再次起诉。

2. 打草惊蛇，不利于充分搜集证据。在争议对手没有察觉的情况下，通过录音等方法获得有利证据的可能性较大。诉讼和战争的道理相同，诉讼准备应当提前进行，搜集证据的过程是股权争议双方博弈的核心过程，诉讼只是争议无法和解、调解情况下的不得已手段罢了。

在合理举证期限内举证困难，则诉讼非常被动。民事诉讼都有举证期限，原告在通常为15天的时间内无法完成举证，将在诉讼中处于非常不利的境地。被告可以申请延期举证，根据常规做法，原告则常常没有这样的便利——即使原告申请人民法院调取证据，也无法延长举证期限。

3. 轻易失去谈判这种增加收益、化解矛盾、降低争议解决成本的机会。诉讼是昂贵的，诉讼双方都要为诉讼支付成本。诉讼需要支付的不仅仅是金钱成本，还有时间成本和声誉（包括商誉）方面的代价。谈判的结果，和谈判者的水平、准备都有密切关系，不能因为自己谈不成，就推测任何高手通过任何的准备都不能帮你通过谈判解决争议。

4. 消耗已有优势。草率起诉也会失去不确定的诉讼给对方的威慑力。箭在弦上，引而不发，也可以为自己争取谈判的优势。

二、律师法律清单

律师在处置股权争议法律实务中，常常需要提供法律清单来帮助委托人准备证据材料，把握好搜集证据的机会，避免在搜集证据中给对手留下把柄，同时为工作的进展打造坚实的基础。

[134] 律师的初步法律清单 【☆☆☆】

经验丰富的专业律师，在面对咨询者关于股权争议的问题时，往往先从几个方面了解情况并作出初步判断，确定争议事项的实质、可诉讼性、基本方向和大致方案。股权争议者也可以从这几个方面出发作出基本判断，还可以进一步推测自行提起诉讼或者仲裁的胜算率。律师初步法律清单就是这类基本信息的集合。

律师对有关事项初步法律清单所包括的材料名称、信息来源等，需要丰富的经验积累和做精准判断力的准备。因此，以下列举的内容，重点在于帮助理清清单的方向和实质，而不是可以适用于任何一个股权争议的完备清单。

- 权利性质判断：是股权争议还是其他争议，抑或是综合争议。
- 诉讼时效判断：是否超过诉讼时效，是先决性问题。
- 履约和违约判断：争议双方履约和违约情形的严重性。
- 争议时机判断：目前是否提起争议的良好机会。
- 争议焦点判断：目前争议的焦点及科学分布争议焦点。
- 博弈策略判断：双方科学战略的动态推断，咨询者的目标体系。
- 最大损失判断：我方最大损失的情形和概率。
- 已有证据判断：现有证据的形式、证明内容、与争议内容的关联度、与对手弱点的关联度。
- 拟搜集证据判断：拟搜集的证据范围、证据的数量、证据的合法性、证据与双方利益的关联度以及搜集证据的难度。
- 争议趋势判断：争议双方的背景资料、双方目前的关系和今后关系的走向、各自的发展过程和所处的发展阶段、矛盾产生的根本原因和导火索。

《孙子兵法》说，"多算胜，少算不胜，而况无算乎？"等你根据现有材料作出基本判断，明白自己的优势、劣势和可能的路径后，下一步的行动才可以展开。这个"判断"的过程，就属于《孙子兵法》所谓"算"的过程，是展开股权争议的第一步。

律师初步清单不一定是以书面形式出现的，但是，它是关于股权争议法律判断的基础，是寻求律师等法律专业人士处理股权争议的开端。用中医诊病作比喻，这相当于"望"和"闻"，等于获得初步的、基本的信息并作出初步的判断。至于从大量材料中获取进一步的证据，并以此对这些判断进行修正并获得新的判断，属于进一步的工作——同样用中医诊病作比喻，则相当于"问"和"切"。再进一步，和对方谈判、对簿公堂直至最终解决争议，则相当于中医诊病中对症下药的治疗过程。

[135] 律师正式法律清单 【☆☆☆】

律师正式法律清单，是在接受委托之后，根据初步法律清单的成果给委托人出具的正式法律文件。无论委托的目的是综合解决争议、诉讼还是专项法律服务，都只是在正式委托之后出具的法律清单才能叫做正式法律清单。正式法律清单有证明律师工作步骤、工作成果以及区分委托人和律师之间法律责任的法律效力。

正式法律清单的名称不一定是"正式法律清单"，有时可能用"资料目录"或者"备忘录"等其他名称来表示，正式法律清单也可能不止一份。正式法律清单的项目和内容，可以和初步法律清单重复，也可以是初步法律清单的补充，需要结合委托事项本身的目的、繁简和案件特征进行制作。随着案件的不断推进，针对委托人、对手、第三方的信息变化，可能需要对已有的清单进行补充和变动。

因为法律事务的复杂性，初步法律清单和正式法律清单并不是每位律师在处理股权争议中必然要出具的文件。和处理其他复杂法律事务一样，律师会一步步展开工作，并理清自己与委托人之间的动态关系，工作中的法律清单是律师与委托人沟通、协调的有效工具之一。

三、诉讼时效

和股权纠纷有关的时效，通常有三大类：出资纠纷的诉讼时效、决议无效的诉讼时效、其他诉讼时效。

有些股东之间的争议貌似出资纠纷，实际上可能属于债权纠纷、劳动纠纷、普通侵权纠纷，有些还涉及职务侵占等犯罪，因此判断时效必须首先准确判断纠纷的性质。

[136] 诉讼时效期间【☆】

诉讼时效期间，是通过诉讼解决争议的时间段，也是权利得到法律有效保护的时间段。从《民法通则》到《民法总则》，普通诉讼时效期间从2年延长到3年，最长诉讼时效仍然为20年。

《民法总则》第188条规定，"向人民法院请求保护民事权利的诉讼时效期间为三年。法律另有规定的，依照其规定。诉讼时效期间自权利人知道或者应当知道权利受到损害以及义务人之日起计算。法律另有规定的，依照其规定。但是自权利受到损害之日起超过二十年的，人民法院不予保护；有特殊情况的，人民法院可以根据权利人的申请决定延长。"

超过诉讼时效期间，争议将难以通过诉讼解决，权利也难以通过诉讼得到有效保障。在民事诉讼中，我国现行法律规定，超过诉讼时效仍然可以起诉、立案、开庭，但是被告提出诉讼时效作为理由抗辩而且主张被法院支持的话，原告的攻击立刻土崩瓦解。也就是说，在超过诉讼时效的前提下，防守一方稍有诉讼时效常识的话，进攻方就必然遭到"完败"；进攻一方的诉讼成功，必然建立在防守一方完全忽视或者不理解诉讼时效制度的基础上。更通俗一点，诉讼时效可以理解为权利的保质期，基本上相当于食品的保质期——过期则废。所谓延长诉讼时效期间的法律规定，只是一种极低概率的可能性，没有极其特殊的理由不能对此抱有幻想。

从2008年9月1日起，法官在诉讼中不应主动提示诉讼时效问题。最高人民法院《关于审理民事案件适用诉讼时效制度若干问题的规定》第 3 条规定："当事人未提出诉讼时效抗辩，人民法院不应对诉讼时效问题进行释明及主动适用诉讼时效的规定进行裁判。"因为我国的民事诉讼是对抗式的，法官是裁判的角色，是居中才能公平裁判的。诉讼时效抗辩权本质上是义务人的一项民事权利，是民法意思自治原则的根本要求；当事人根据实体法上的诉讼时效抗辩权，在诉讼中提起的诉讼时效抗辩是实体权利的抗辩，当事人是否主张，属于其自由处分的范畴，也是民事诉讼处分原则的应有之意。法官居中裁判，就要遵循上述意思自治原则和处分原则，在义务人不提出诉讼时效抗辩的情形下，不能提示其中一方主张什么权利或者放弃什么权利，更不应主动援引诉讼时效的规定进行裁判，否则法官会有偏袒之嫌，也与法院居中裁判的地位不相适应。

[137] 出资不足的诉讼时效期间【☆☆☆】

我国关于公司股东出资不足的诉讼时效期间，不受《民法通则》两年诉讼时效期间的限制。

《民法总则》第 188 条规定，"向人民法院请求保护民事权利的诉讼时效期间为三年。法律另有规定的，依照其规定。诉讼时效期间自权利人知道或者应当知道权利受到损害以及义务人之日起计算。法律另有规定的，依照其规定。但是自权利受到损害之日起超过二十年的，人民法院不予保护；有特殊情况的，人民法院可以根据权利人的申请决定延长。"

我国民事诉讼时效制度不是在《民事诉讼法》中规定的，而是在《民法通则》第 135 条到第 137 条规定的。《民法通则》第 135 条规定："向人民法院请求保护民事权利的诉讼时效期间为二年，法律另有规定的除外。"第 136 条规定了较短的诉讼时效："下列的诉讼时效期间为一年：（一）身体受到伤害要求赔偿的；（二）出售质量不合格的商品未声明的；（三）延付或者拒付租金的；（四）寄存财物被丢失或者损毁的。"

但是，《公司法》《企业破产法》关于有限责任公司和股份有限公司的规定，都表明不能因为认缴出资时间超过两年而免除股东的足额出资义务。《公司法》关于有限责任公司出资不足的规定，集中在《公司法》第 28 条和第 31 条。《公司法》第 28 条规定："股东应当按期足额缴纳公司章程中规定的各自所认缴的出资额。股东以货币出资的，应当将货币出资足额存入有限责任公司在银行开设的账户；以非货币财产出资的，应当依法办理其财产权的转移手续。股东不按照前款规定缴纳出资的，除应当向公司足额缴纳外，还应当向已按期足额缴纳出资的股东承担违约责任。"《公司法》第 30 条规定："有限责任公司成立后，发现作为设立公司出资的非货币财产的实际价额显著低于公司章程所定价额的,应当由交付该出资的股东补足其差额;公司设立时的其他股东承担连带责任。"《公司法》关于股份有限公司出资不足的规定,集中在《公司法》第93条。《公司法》第93条规定:"股份有限公司成立后,发起人未按照公司章程的规定缴足出资的,应当补缴;其他发起人承担连带责任。股份有限公司成立后,发现作为设立公司出资的非货币财产的实际价额显著低于公司章程所定价额的,应当由交付该出资的发起人补足其差额;其他发起人承担连带责任。"

最高人民法院《关于适用〈中华人民共和国公司法〉若干问题的规定(三)》(以下简称《公司法司法解释(三)》)第19条第1款明确规定:"公司股东未履行或者未全面履行出资义务或者抽逃出资,公司或者其他股东请求其向公司全面履行出资义务或者返还出资,被告股东以诉讼时效为由进行抗辩的,人民法院不予支持。"

我国《企业破产法》也对出资不足有明确的规定,出资不足的补足责任不受出资期限的限制,自然也不受出资期限届满后时间的限制。《企业破产法》第35条规定:"人民法院受理破产申请后,债务人的出资人尚未完全履行出资义务的,管理人应当要求该出资人缴纳所认缴的出资,而不受出资期限的限制。"

[138] 撤销公司决议的诉讼时效期间【☆☆】

60日,是股权争议中最短的诉讼时效期间。

我国《公司法》第22条规定:"公司股东会或者股东大会、董事会的决议内容违反法律、行政法规的无效。股东会或者股东大会、董事会的会议召集程序、表决方式违反法律、行政法规或者公司章程,或者决议内容违反公司章程的,股东可以自决议作出之日起六十日内,请求人民法院撤销。"法律规定的诉讼时效期间短,有利于保持公司经营的稳定,不利于股东行使撤销权。有些股东不一定能够在这么短时间内下决心行使撤销权,有些股东甚至不知道公司决议的瑕疵所在。

之所以说上述6个月是特殊期间或者特殊期限,是因为这个期间不是诉讼时效,也不是除斥期间;对于超过该期限的起诉,"人民法院应当不予受理"①。

[139] 异议股东回购请求权的特殊期限【☆☆☆】

与《公司法》第22条第2款规定的撤销公司决议的特殊期限一样,《公司法》

---

① 参见最高人民法院民二庭负责人对《关于适用〈中华人民共和国公司法〉若干问题的规定(一)》答记者问。

第 74 条第 2 款规定的期限也是特殊期限："自股东会会议决议通过之日起六十日内，股东与公司不能达成股权收购协议的，股东可以自股东会会议决议通过之日起九十日内向人民法院提起诉讼。"该期限不是诉讼时效也不是除斥期间，超过该规定期限的，"人民法院应当不予受理。"①

《公司法》第 74 条的特殊期限，指的是其第 1 款规定的情形："有下列情形之一的，对股东会该项决议投反对票的股东可以请求公司按照合理的价格收购其股权：（一）公司连续五年不向股东分配利润，而公司该五年连续盈利，并且符合本法规定的分配利润条件的；（二）公司合并、分立、转让主要财产的；（三）公司章程规定的营业期限届满或者章程规定的其他解散事由出现，股东会会议通过决议修改章程使公司存续的。"最高人民法院在《关于适用〈中华人民共和国公司法〉若干问题的规定（一）》（以下简称《公司法司法解释（一）》）中之所以把期限规定为特殊期限，人民法院超期不予受理，其原因和把《公司法》第 22 条的期限规定为特殊期限一样，是"有利于维护交易安全，保护当事人的合法权益，节约司法成本。"这里的"保护当事人的合法权益"，实际上是保护异议股东合法权益与保护其他当事人合法权益的平衡。

四、股东争议的焦点确认

股东争议的关键是公司控制，核心是利益分配，二者都是股权争议的焦点。因为焦点有两个，二者都非常重要，所以可以称为股东争议的双焦点。其中，公司控制的合法根据是表决权，利益分配的合法根据是股权比例和章程规定。在通常情况下，"表决权"和"公司控制"对股东会、董事会、监事会这三大公司机关来说，也可以作为同义语来理解，因为这三大公司机关行使职能的途径就是开会表决。

[140] 公司控制和利益分配【☆☆】

在利益分配和公司控制这两大焦点领域中，公司控制的起点和终点乃至重点，都在利益分配方面。在商业社会，很难找到单纯因为控制欲而控制公司的人，控制公司必然有利益目的。

控制公司本身，是中性行为，对公司的利弊难以笼统判断：如果控制公司是为了自己直接获取私有利益，属于对公司有害的行为；如果控制公司是通过把公司做强做大进而间接使自己获得收益，则属于对公司有利的行为。

---

① 参见最高人民法院民二庭负责人对《关于适用〈中华人民共和国公司法〉若干问题的规定（一）》答记者问。

（一）利益不平衡的现实

在公司相关各方的博弈中，利益不平衡是绝对的，利益平衡时相对的。利益的平衡，是动态的平衡，而不是永久的静态的平衡。利益、人情、道德、法律变化，甚至误解、性格缺陷等林林总总的复杂因素，都可能导致不同程度的利益不平衡。不平衡的加剧过程，就是股权争议能量的累积过程。

［141］重新分配利益的可能性【☆☆】

从利益平衡的角度看，股权争议的根本原因，是产生了重新分配利益的可能性，而不是当事各方对特定事件的理解差异或者记忆差异。只要股东利益存在重新分配的可能，如果经济利益足够大、争议成本足够低、获胜把握足够高、当事人的道德底线足够脆弱或者利益不平衡超过当事人在新条件下容忍的最大限度，则提出股权争议的可能就变成了现实。

为了重新划分经济利益，所有证据、所有记忆、所有情感都可能被重新定位，道德、人情最终屈从于法律关于证据的规定，所有不曾被怀疑的"客观事实"，都需要重新找到证据予以支撑。

［142］不可忽视的熟人社会【☆☆】

我们知道，在证据面前，发誓、赌咒都毫无价值。但是，我们也应当明白，道德、人情在整个争议的解决过程中，仍然有着不可替代的作用。因为争议的解决不限于诉讼，法庭之外我们都生活在同一片蓝天下，一个环境中。"地球村"这个概念即使距离我们还有一段距离，但是，无论你身在何处，你都可能遇到"熟人"。

即使我们刻意要脱离"熟人社会"的影响，在通讯和交通如此发达的今天和今后的中国，熟人社会仍然存在。因为，中国的熟人圈就是中国人的生活圈，被熟人圈抛弃的人，各种压力将随之而来，其社会地位和价值将明显减低。换个角度来看，熟人圈是有价值的，抛弃熟人圈是要付出代价的。熟人圈，包括同学圈、亲戚圈、老乡圈、朋友圈、进修圈、同僚圈、同事圈，等等，不一而足。所有的圈子，其实就是类型化的相对固定的社会关系网络。套用马克思的一句话，我们就能马上明白这些圈子对每个人的价值了——"人是一切社会关系的总和"；没有社会关系，就没有了人的"社会价值"，也就没有了社会意义上的"人"。

如此说来，不但是中国，不但是现在，只要存在"圈子"，就离不开熟人社会。如果仍然想不通的话，可以看一下国际交往的新闻，用国家与国家之间的关系类比人与人之间的关系，就可以一目了然：没有国家可以脱离国际社会而获得很好发展的。因此，处理股权争议应该理解熟人社会这个不可回避的背景和舞台。

[143] 免受熟人干扰【☆☆☆】

维护良好的熟人关系，并不等于甘受熟人的干扰。有些熟人，不懂得尊重别人的职业操守和道德底线，不懂得熟人之间也应当有原则、有距离，误以为熟人就可以突破道德底线乃至法律底线，这些人实际上是对熟人关系进行伤害而不是维护。

比如最受争议的律师和法官的关系，应当是职务行为与熟人关系严格分离的状态，而不是职务行为与熟人关系混为一谈、熟人干涉对方职务行为的状态。在实践中，存在律师侵入熟人法官职务领域的现象，也存在法官侵入熟人律师职务领域的现象。律师与法官，如果属于同学、朋友、老乡等熟人关系，正常的状态应当是维护熟人关系，但不干涉对方的案件处理行为。这种以不侵入对方职务领域为准则、以不降低道德底线、不触及法律底线为原则，就是正常、健康的熟人关系。不同的人之间，建立和谐的关系，但是不迫使对方违背原则和准则，站在自己立场上照顾自己的利益，其实就是古人所推崇的"君子和而不同"。相反，处理不好熟人关系，表面称兄道弟，私下各怀异志，这种人被古人称为"小人"，这种现象则被称为"小人同而不和"。

以君子的风范展现给熟人圈中的所有人，将会得到"君子"的应和；不为了熟人出卖委托人利益的律师、不为了熟人和不当利益出卖职业操守的法官，和其他坚守原则和职业操守的人们一样，都能赢得人们长期的尊重和信赖，还可能因为拒绝熟人的不合理要求提高自己在熟人社会中的地位。

[144] 法律之外的力量【☆☆☆】

通常来说，在发达地区，合同、公司章程等书面约束是股东利益结构平衡的根本要素。在不健康的熟人社会，人情约束是股东利益结构平衡的重要因素。家族势力、行政力量和类行政力量（比如司法、人大、政协等机构），在一些地方，是股东利益结构平衡的极其重要的砝码。

人们倾向于最终通过什么途径解决股权纠纷，在不同的具体社会环境中是不同的。发达地区倾向于通过法律解决，不发达地区倾向于其他途径解决，越不发达地区越不看中法律途径。法律习惯的养成，是与当地的社会氛围密不可分的。不发达地区的人们之所以不重视通过法律途径解决争议，主要是因为法律途径相对于法律之外的途径而言效果较差，而不发达地区之所以不发达，法律不彰是其原因之一，也是其结果之一。

[145] 法律约束的地区差异 【☆☆】

发达地区，法律约束的影响高于其他因素的影响。法律约束稳定则股东利益分配平衡稳定。于是，我们不难发现，越是发达地区，法律约束稳定后股东利益分配平衡越稳定；越是不发达地区，法律约束稳定后股东利益分配平衡越不稳定。

进而言之，投资在发达地区，注重合同与公司章程的明文约定，就可以在很大程度上保证投资者的利益。在发达地区投资的过程中，法律设计的作用较大，因此公司设计在法律服务中的地位也较高。

但是，关于地区差异的认识，使用不当反倒会让人产生误判。不能因为地区差异而否认个体存在的素质差异，认真审视不同交易对手的个体特征，可以明显减少误判从而减少股东争议带来的损害。

（二）争议焦点的确定

咨询者不等于受损害者。有些咨询者是未雨绸缪，希望将来不被损害；有些咨询者可能希望取得更大份额的利益或者更多的控制权。任何复杂的争议都有其内在的规律和破解之道。确定股权争议的焦点，需要综合各种因素进行判断。

[146] 从问题簇到焦点问题 【☆☆☆】

在众多问题中发现焦点问题的方法，是追问"你的最终目的是什么？"要求答案必须只有一个。

股东，可以根据经验分为控制型股东和投资型股东，股权争议也可以归为公司控制和利益分配。争议中出现的全部问题归在一起叫做问题簇，在问题簇中焦点问题被湮没在其他问题之中而没有得到凸显。从获得问题簇到确定焦点问题，是解决问题的重要步骤。在现实中，争议者总是将感情、道德、客观事实等一系列因素混合、交织在一起，争议者给法律专家的问题簇中，有些可能只是一些借口和错觉。如果决定通过法律途径解决问题，就必须将这些杂乱无章的问题纳入正确的轨道。

发现焦点问题后，要进一步对焦点问题进行确认。确认焦点问题，对陷入股权争议困扰的股东而言，可以帮助其理清思路；对提供法律咨询的律师而言，可以限制委托人的不确定状态带来的工作低效率现象。因此，有经验的律师确认焦点问题，不停留在"说"的地步，而是用文字写下委托目的，并做成备忘录或者将相关内容写入合同。不管动机是什么、动力是什么，当到了把焦点问题付诸书面的时候，真正的焦点问题必然水落石出。

确定了争议焦点，就确定了双方抗衡的力量对比。这就像战争双方选择战场、确定对方的战争目标一样，在复杂的战争中，是非常重要的事情——如同第二次世界大战中，盟军选择在加莱还是在诺曼底登陆一样。因此，股权争议的焦点，不管是控制公司还是利益分配，都应当谨慎确认。

[147] 控制型股东【☆☆☆】

控制型股东指的是热衷于控制公司的股东。控制型股东不一定总能够实现自己的控制愿望。为了清除异己，在占据了控制地位或者很可能占据控制地位的情况下，控制型股东通常会主动发起股权争议。控制型股东不一定总能够站到博弈的上风。控制型股东控制公司，是一种结局；控制型股东与其他股东妥协，形成较为稳定的公司治理结构，是一种结局；内斗不止，一部分股东出局或者公司解散，也是一种结局。

大股东因为资本的优势而常常有控制公司的欲望和能力，存在势均力敌对手的股东也可能成为控制型股东。现实中，也有些股东虽然足够大，但是并没有控制公司的意图。

[148] 投资型股东【☆☆☆】

投资型股东，是和控制型股东并列的概念。投资型股东，关注的是自己股权投资的收益和股票的保值、增值，一般不关心公司的控制权等问题——小股东常常都是这种类型。投资型股东，因此也容易成为控制型股东的争取对象。所以，这些股东常常会附和别的股东的意见而没有独立的立场。投资型股东的重要性在于发生股权争议时，他们的投票决定了一些关键投票比例是否能够实现。

但是，有些标榜为投资型股东的投资者也会积极对公司实施控制。现实中的资金供方，有些以小股东身份进行"风险投资""私募股权投资"，一方面要保证投入资金的安全，另一方面又要获取让常人难以想象的畸高回报，就会对公司进行控制。同样，真正的风险投资者为了实现投资目的，也会通过各种方式对公司实施控制。这样，投资型股东也会变成控制型股东。

五、股权争议的实用分类

股东关于股权的争议，可以根据经验分为以下四种类型：合法性争议、股东权利争议、高层股权争议、国际股权争议。

（一）合法性争议

出资的合法性，包括出资人身份的合法性和作为出资的财产的合法性两个方面。股权的合法性，除了出资合法性之外，还应考察股权转让的合法性。

形式上是合法的股权争议，如果实际上是非法利益争夺产生的争议，则可称为非法争议。例如侵占、挪用、贿赂、高利贷、赌博、非法贴现、洗钱等产生的股权争议，它们的共同特征是合法股权争议掩盖着非法利益争夺。非法争议可能引出关于出资合法性的争议。

[149] 公司决议效力瑕疵诉讼的三种类型【☆☆☆】

关于公司决议效力瑕疵诉讼的法律适用规则，在2017年9月1日《最高人民法院关于适用〈中华人民共和国公司法〉若干问题的规定（四）》（以下简称《公司法司法解释（四）》）生效之前有两种方式——无效之诉和撤销之诉，2017年9月1日之后则出现了第三种方式——不成立之诉。由此，我国关于公司决议效力瑕疵的分类由"二分法"改为"三分法"。

我国《公司法》第22条规定了确认决议无效和撤销决议之诉，都是针对已经成立的决议，并未包括决议不成立的情形。最高人民法院认为，"从体系解释出发，不成立的决议当然不具有法律约束力，应是公司法的默示性规定"①。最高人民法院提出不成立之诉，法律层面的支持是2017年3月15日第十二届全国人民代表大会第五次会议通过的《民法总则》明确将公司在内的法人的决议行为规定在民事法律行为制度之中。②《民法总则》第134条第2款规定，"法人、非法人组织依照法律或者章程规定的议事方式和表决程序作出决议的，该决议行为成立。"《民法总则》第136条规定，"民事法律行为自成立时生效，但是法律另有规定或者当事人另有约定的除外。行为人非依法律规定或者未经对方同意，不得擅自变更或者解除民事法律行为。"

需要着重说明的是，关于公司决议效力瑕疵诉讼的三分法或者三种类型，作为原告的诉讼主体有所不同，法律依据也不相同。无效之诉和不成立之诉，原告可以是股东、董事和监事，而撤销之诉的原告只能是股东——而且是起诉时具备公司股东资格的"现任"股东。无效之诉的法律依据，是《公司法》第22条第1款——"公司股东会或者股东大会、董事会的决议内容违反法律、行政法规的无效。"撤销之诉的法律依据，是《公司法》第22条第2款——"股东会或者股东大会、董事会的会议召集程序、表决方式违反法律、行政法规或者公司章程，或者决议内容违反公司章程的，股东可以自决议作出之日起六十日内，请求人民法院撤销。"而不成立之诉的法律依据，如上所述，是公司法的默示性规定。

---

① 杜万华：《〈最高人民法院关于适用中华人民共和国公司法若干问题的规定（四）〉新闻发布稿》，载《最高人民法院公司法司法解释（四）理解与适用》，人民法院出版社2017年版，第11页。
② 同上注。

[150] 公司决议的无效之诉和不成立之诉【☆☆】

关于公司决议的无效之诉和不成立之诉，都是针对公司股东会、股东大会、董事会决议合法性根本否定的诉讼，因此，与公司决议有直接利害关系的任何主体都有权利提起上述诉讼，但是，为了最大限度地倡导理性诉讼、防止滥诉，维护公司的稳定经营，《公司法司法解释（四）》第1条把诉讼主体分为两大类：第一类包括股东、董事、监事；第二类指的是其他人——在文本上表现为"公司股东、董事、监事"之后的"等"。"等"所指代的第二类人，包括与股东会或者股东大会、董事会决议有直接利害关系的其他人，主要是公司高级管理人员、公司员工和公司的债权人。例如，如果股东会或者股东大会、董事会决议做出员工持股的决定，则员工就与公司决议有直接利害关系。① 在原告资格审查上，第一类只要确认身份和相应的股东、董事、监事资格就行，第二类人则必须与公司股东会或者股东大会、董事会决议有直接利害关系。

《公司法司法解释（四）》第1条规定，"公司股东、董事、监事等请求确认股东会或者股东大会、董事会决议无效或者不成立的，人民法院应当依法予以受理"。但是，第二类人如果提起公司决议的无效之诉或者不成立之诉，因为要有与公司决议直接利害关系的证明，实践中难度要大于第一类人。

[151] 公司决议撤销之诉的原告资格【☆☆☆】

公司决议撤销之诉的法律依据是《公司法》第22条第2款规定："股东会或者股东大会、董事会的会议召集程序、表决方式违反法律、行政法规或者公司章程，或者决议内容违反公司章程的，股东可以自决议作出之日起六十日内，请求人民法院撤销。"根据《公司法司法解释（四）》第2条规定，作为原告的股东，应当在起诉时具有公司股东资格。

最高人民法院对原告股东资格的规定，实际上包括以下几个方面内容：第一，起诉时应当具备股东资格；第二，不以决议时是否具备股东资格为必要条件；第三，不受表决权之有无、会议出席情况、表决情况、持股数量差异之影响；第四，不包括董事、监事及其他主体；第五，诉讼中原告转让股权后，根据《民事诉讼法司法解释》第249条第1款的规定，采取当事人恒定原则，即争议的民事权利义务的转移不影响当事人的诉讼资格和诉讼地位，法院的生效裁判对受让人具有拘束力，以此

---

① 参见杜万华主编，最高人民法院民事审判第二庭编著：《最高人民法院公司法司法解释（四）理解与适用》，人民法院出版社2017年版，第27页。

保护原诉讼的对方当事人的利益。①

[152] 公司决议不成立的情形【☆】

根据《公司法司法解释（四）》第 5 条的规定，"如果股东会或者股东大会、董事会决议存在下列情形之一，当事人主张决议不成立的，人民法院应当予以支持：（一）公司未召开会议的，但依据公司法第三十七条第二款或者公司章程规定可以不召开股东会或者股东大会而直接作出决定，并由全体股东在决定文件上签名、盖章的除外；（二）会议未对决议事项进行表决的；（三）出席会议的人数或者股东所持表决权不符合公司法或者公式章程规定的；（四）会议的表决结果未达到公司法或者公司章程规定的通过比例的；（五）导致决议不成立的其他情形。"

[153] 债权与股权的混淆【☆☆☆】

股权与债权的区别是非常明显的，前者源于投资，后者源于借贷。但是，现实中，存在两种相反的设计路线，一个是债权的股权化设计，另一个是股权的债权化设计。这两种设计不得当，就模糊了债权和股权界限，从而可能导致争议的发生。

因为中小企业融资渠道不畅，民间高利贷在部分地区比较盛行，实质的高利贷被包装成正常投资的方式大行其道。另外，投资不能实现目的后转为借贷，企业借贷转化为投资和个人借贷以规避金融法规和逃避企业所得税，非法资金通过股权投资"漂白"等情形也很常见，而且上述活动或多或少都会涉及股权与债权的转化问题。债权与股权的转化设计，在实务中常常有局外人事先难以想象的空间。

之所以出现债权、股权混淆的问题，可能与当事人极力规避现行法律规定的目标有关，可能与设计者的水平低下有关，也可能与当事人"摸着石头过河""车到山前必有路""不到黄河心不死"的思维定式有关，还可能与很多涉险过关的身边张三李四的成功案例有关。

[154] 股权和债权的转化【☆☆☆】

例 1：甲与乙口头约定，甲出钱 30 万元给乙所控制的公司作为甲的出资，并约定固定比例的回报。但是，甲至今未获得乙公司给予的回报。

例 2：甲与乙口头约定，甲出钱 30 万元给乙所控制的公司作为甲的出资，并约定甲的分红比例。但是，甲至今未获得乙公司的分红。

---

① 参见杜万华主编，最高人民法院民事审判第二庭编著：《最高人民法院公司法司法解释（四）理解与适用》，人民法院出版社 2017 年版，第 66 页。

例 1 中，甲的出资使甲获得相应的债权；例 2 中，甲获得相应的股权。因为例 1 中，甲的行为名为出资，但是由于约定了固定比例的回报，其实质为借贷，甲是乙所控制公司的债权人。例 2 中，关于甲分红比例的约定，约定的是甲作为股东的分配权。

实践中遇到的问题是，双方对口头约定的内容真实性、法律效力的看法不同。

如果乙所控制的公司飞速发展，则该公司主张甲的出资是借贷的可能性比较大；反之，如果公司经营状况每况愈下，或者公司被乙掏空，则该公司主张甲的出资是投资的可能性比较大。判断是股权还是债权，争议的关键是双方约定的内容和效力。

最不幸的例子，是一个多年前"投资"到某公司的人，要该公司的大股东连本带利"还钱"，而不是主张自己是股东而行使股东权利。结果，因为"还钱"的主张表明自己的身份是"债权人"而不是"股东"，而该债权早已超过两年的诉讼时效期间而成为自然债务。对方最终赢得了诉讼，而且对方在法庭上发言的核心只有两个字——"不还"。

[155] 出资合法性争议【☆】

不合法的出资，将导致出资人不能合法取得股东身份，或者股东身份被依法确认其股东身份或者资金来源的不合法性质后损害出资人本身。出资合法性争议，源自人的合法性问题和物的合法性问题。

关于人的合法性问题，这里指的是出资人的身份冲突。比如公务员投资煤矿已经被禁止，公务员身份和煤矿股东身份的冲突，产生了"人"的合法性问题。关于物的合法性问题，这里指的是将非法财产作为出资的情形。比如以贩毒、走私获得的财产作为出资，其他如用赌博等所得进行出资，也属于"物"的合法性问题。

关于出资合法性争议，可能最终演变成为诉讼或者仲裁证据的竞争和刑事举报证据、信访证据的竞争。确定了对方出资为非法，则容易在股权争议中获得博弈优势。

[156] 出资真伪的争议【☆☆】

出资真伪的争议，包括不合格出资者出资（名义股东和实际投资人）产生的争议；虚假安排（虚假出资的安排，虚假转让的安排，虚假评估的安排；改制、上市过程中员工持股问题的虚假安排）产生的争议；股东之间以借款作为出资的争议；欺诈和胁迫等恶意转让争议；股权多次转让的后手之间的争议。

关于出资真伪的争议，和出资合法性争议一样，最终可能演变成诉讼或者仲裁证据的竞争。手续瑕疵和意思表示瑕疵，都可能变成对手的可能切入点或者最终的突破口。

[157] 人力资本出资【☆☆】

实践中，我国的公司存在以人力资本出资而取得企业股权的例子。在高新技术企业中，以人力资本取得企业股权的现象较为常见。人力资本出资在相当程度上也推动了高新技术企业的设立和发展。我国一些地方亦以规范性文件的形式对人力资本出资作了规定，其中以上海市浦东新区工商行政管理局于2005年3月1日颁布实施的《人力资本出资试行办法》以及2006年3月温州市制定的《温州市人力资本出资入股认定办法（试行）》较为典型。

但是，我国目前公司立法采出资形式法定原则，现有的出资形式中并未包括人力资本，也未在立法技术上对人力资本采用包容态度，因此人力资本难以成为公司合法的出资形式。《公司登记管理条例》严格禁止以劳务、信用出资，而人力资本出资在绝大多数情况下具有以将来的劳务出资的性质，因此，人力资本出资形式在当前的司法实践中不能被确认，基于人力资本出资产生的"股权"转让也属无效。

不过，人力资本仍然可以穿上"马甲"成为获取股权的理由。

[158] 劳务出资【☆☆】

劳务出资，与人力资本出资具有类似性质，只不过前者是普通劳务，而后者更侧重于人的高智能、高技能。我国《公司法》列举的出资形式中没有劳务这一形式，《公司登记管理条例》严格禁止以劳务出资，所以，提供劳务不是我国公司出资的合法形式。

但是，劳务可以穿上"马甲"成为获取股权的理由。

[159] 人力资本和劳务出资的"马甲"【☆☆☆】

人力资本和劳务出资不被法律所承认，实践中因为提供各种劳务而获得公司股权的做法却不为法律所禁止。

股权激励机制中用期权对管理层进行激励，或者公司股东约定将来向符合条件的高管或者高端技术人员赠送一定量的股权，与人力资本出资和劳务出资不同，因为前两者不违反法律的强制性规定，而后者违反了法律的强制性规定。如此说来，前两者可以算是后两者简单穿上"马甲"的结果而没有发生法律上的质变？

答案是否定的。因为股权激励中的期权措施，是公司符合法律规定的激励措施，是对符合激励条件人员已有业绩的肯定，公司股东向符合条件的高管或者高端技术人员赠送股权是股东对自己股权的自由处分，不违反法律的规定。直接的人力资本、劳务出资则是不合法的出资形式。根据《公司法》的规定，如果容许人力资本出资和劳务出资则会产生虚假出资的后果。举例来说，如果A公司注册资本1 000万元，不管是通过期权形式对高端员工进行激励还是股东向符合条件的高管赠送股权，都不影响这1 000万元的注册资本；但是，如果A公司1 000万元注册资本中有200万元的人力资本或者劳务出资，则其符合法律规定的资本是800万元，200万元的人力资本或者劳务出资属于虚假出资。

[160] 干股【☆☆☆】

"干股"是实践中的现象，通常指未实际出资而因为向公司提供劳务或者其他资源的人享有的受限制的股权。干股源于公司股东的赠与，一般只享有分红权，不享有表决权、转让权和继承权等权利。

干股将股权进行人为的分割，违反了股权概括性转让的原则，不符合我国的法律规定，因此干股的赠与，不可能通过正式的法律手续实现股权转让，受赠人也不会因为获得干股而成为公司的股东，所以通常只能将干股作为一种当事人之间的民事约定，而不能作为股权转让来对待。但是，这也不排除特殊情况下当事人约定股权赠与符合法律规定股权转让的情形。

[161] 公务员的"干股"【☆☆☆】

如果地方公务员甲索取了某企业的"干股"，结果是甲的关系人乙获得该企业一定比例的"干股"或者完整的"股权"。则乙所拥有的"干股"或者所谓"股权"，实际是甲的受贿财产。

这样，甲或者乙所涉及的股权争议，实际上是甲的受贿财产争议，属于出资合法性争议范畴。

[162] 投资洗钱【☆】

投资，可以起到掩饰、隐瞒犯罪所得及其收益的来源和性质的作用，是洗钱的一种形式。

与洗钱罪相关的黑钱，包括毒品犯罪、黑社会性质的组织犯罪、恐怖活动犯罪、走私犯罪、贪污贿赂犯罪、破坏金融管理秩序犯罪、金融诈骗犯罪的所得及其产生的收益。

[163] 黑钱投资者的股东地位【☆】

通过贪污、黑社会犯罪等违法、犯罪手段获得的黑钱，如果投资于合法的公司，则该投资行为基本上被认定为投资行为,投资人仍然具有股东地位。

至于这种投资者因为贪污、黑社会等犯罪应当受到的惩罚,与其股东身份和股东权利应当分开看待。比如,某贪官因为贪污罪而被处以没收全部财产的处罚,则其用贪污所得投资而获得的股权自然应当在被没收之列;被没收之后的股权,国家可以通过转让的方式进行处置。相反,国家不可能因为出资是贪污所得,便否认出资的行为而径直要求公司退还出资。

[164] 股权转让的财产瑕疵【☆☆☆】

股权转让中的财务瑕疵,重点是公司所提供的财务资料的真实性、完整性和准确性等方面存在的问题。财产瑕疵包括财务瑕疵和财产归属、或有负债等方面的瑕疵。

有财产瑕疵的股权转让,如果股权转让合同没有列明相关违约责任的梯度以及解除合同的条件,则争议的结果不太可能是解除合同,而只是赔偿损失而已。违约和赔偿损失的计算方法如果没有约定,则归入人民法院自由裁量的"裁量池"之中,受让方的话语权将受到限制,利益的保护力度也难以和有明确违约责任、明确违约责任和赔偿责任计算方法的合同保护的股权转让相匹敌。现实中的股权转让法律文本,要尽量罗列包括财务瑕疵在内的受让方关心的转让方所在公司以及转让方财产的全部情形,并应当列明哪些瑕疵属于根本违约、各种瑕疵应当承担的具体违约责任。

[165] 程序合法性争议【☆】

股权投资出资程序,应当根据法律的规定进行,并需要履行一定的法律程序。如果某些程序欠缺,将可能出现程序合法性争议。

有些符合法律规定而仅仅是手续不妥的瑕疵对投资者的股东地位没有实质性影响,而那些需要行政审批或者因为缺乏手续导致合法性处于不确定状态的程序瑕疵,则会直接威胁到投资者是否能够获得合法的股东地位。比如外国人到内地投资的审批手续瑕疵,国有资产转让的评估、审批手续瑕疵就属于此类。

[166] 投资程序瑕疵的困扰【☆☆☆】

投资程序瑕疵,可能给投资者带来非常大的困扰。

首先,这些瑕疵可能会招来对手攻击。如果股权争议的对手出于认识错误,误将可以弥补的无关紧要的瑕疵当成出资合同无效的充分条件,或者别有目的,以此为借口进行恶意诉讼,就有可能将投资者卷入漫长的诉讼之中。

其次，在司法实践中，有些程序性瑕疵对出资人股东地位的判决是不确定的。只要最高人民法院没有明确的司法解释或者最高人民法院没有相应的案例公布，各地人民法院的同类判决就不容易做到一致。这种不一致，将导致股权争议的产生和股东关系的不稳定。

还应当注意的是，股权争议各方所咨询的法律专家有时候对同一个问题发表的法律意见会大相径庭。排除疑难争议的不确定性，即使对已经有定论的法律问题，有些不同看法也属于正常现象——水平较低的"法律专家"要在咨询者面前表现出较高水平时作出错误判断，或者咨询过程夹杂私心的情形都可能存在。双方法律专家的立场和见解的不同，也会导致争议的产生和持续。

当然，如果自己的整体法律水平太低，对手利用法律技巧甚至法律之外的优势，从投资程序瑕疵的角度进行攻击，也可能成为困扰的重要原因。

[167] 股权数量争议【☆☆】

数量争议是股权争议中最常见的争议。这些关于股东投资额、应得股权的比例或者数量的争议，可能产生于原始投资，也可能产生于股权转让、收购兼并过程中，还会产生于文件记载、签字等最琐碎的细节性事件之中。

在大型上市公司中，1%可能会对应一个以千万为单位计算的货币数值。比如笔者代理的一个上市公司的小比例大额股权争议，1%所对应的财产超过人民币1 600万元。股权数量争议的背后是利益争议。

[168] 显名股东与隐名股东【☆☆☆】

一般认为，显名股东和隐名股东是股东的名义和实质分离状态的两种称谓。隐名股东是公司的实际投资人，是公司的实际股东；显名股东则是公司的名义投资人，是公司的名义股东。

但是，这样的称谓和理解不符合我国的法律规定。因为是否成为股东，要看是否符合《公司法》的规定和公司章程的规定。确定名义股东没有实际出资，也不能确定实际出资人就取得了股东身份。名义股东是有名义却无实际投资的不合法股东，但是实际投资人只是投资而已，是否能够取得股东身份还不能确定。比如外国人通过内地公民在国内投资设立禁止外资设立的企业，即使确定了该投资者是外国人而不是内地公民，也不能确认外国人是该企业的合法股东。外国人通过中国公民在中国内地投资限制类产业，需要经过审批程序才能确定是否能获得行政许可，不被许可则该外国人也不能成为该企业的合法股东。另外，如果实际出资人不具备公司章程规定的股东条件而不能取得合法股东地位，名义股东因为没有实际出资而丧失股东资格，争议的股权就必须转让，即名义股东和实际出资人都无法成为公司的股东。

最高人民法院《公司法司法解释（三）》第25条对名义股东和实际投资人问题进行了详细的规定。该条第1款规定："有限责任公司的实际出资人与名义出资人订立合同，约定由实际出资人出资并享有投资权益，以名义出资人为名义股东，实际出资人与名义股东对该合同效力发生争议的，如无合同法第五十二条规定的情形，人民法院应当认定该合同有效。"信托和民事委托代理的重要区别，是以谁的名义运用财产。因为名义股东是以自己的名义运用财产而不是以实际投资人的名义运用财产，表明名义股东和实际投资人之间订立的是信托合同而不是民事委托合同，该条司法解释所认定有效的信托合同是由名义股东作为受托人，实际投资人作为委托人和受益人的信托合同。但是，这里仅仅认定实际投资人是受益人的信托合同才有效，而实际投资人指定他人作为受益人的信托合同与其没有本质的区别，所以实际投资人指定他人作为受益人的股权投资信托合同，只要不违反法律的规定也应当是有效的。

该《司法解释》第25条第2款和第3款规定："前款规定的实际出资人与名义股东因投资权益的归属发生争议，实际出资人以其实际履行了出资义务为由向名义股东主张权利的，人民法院应予支持。名义股东以公司股东名册记载、公司登记机关登记为由否认实际出资人权利的，人民法院不予支持。实际出资人未经公司其他股东半数以上同意，请求公司变更股东、签发出资证明书、记载于股东名册、记载于公司章程并办理公司登记机关登记的，人民法院不予支持。"该解释表明，实际出资人可以用实际出资的事实否定名义股东的股东身份，但是实际出资人的股东身份不因为否定了名义股东的股东身份就可以代替名义股东成为公司的股东。实际出资人要成为股东，单凭实际出资是不够的，还要"经公司其他股东半数以上同意"。事实上，如果有限责任公司的公司章程、股东协议对此类事项有特殊规定，仅仅凭借实际投资和"经公司其他股东半数以上同意"，仍然是不够的，还要符合公司章程、股东协议的规定。

应当注意的是，最高人民法院《关于适用〈中华人民共和国公司法〉若干问题的规定（三）》第25条的规定，仅仅限于"有限责任公司"，导致该条司法解释的适用范围过于狭窄和处理问题上的捉襟见肘。其实，运用2001年就已经生效的《中华人民共和国信托法》（以下简称《信托法》），完全可以解决有限责任公司和股份有限公司中的名义股东和实际投资人关系问题，就像运用《合同法》可以解决某些《公司法》难以单独解决的问题一样。因此，从这个角度看，最高人民法院没有必要在《信托法》生效多年之后的2010年再颁布这类司法解释。

[169] 名义股东和实际股东【☆☆☆】

名义股东和实际股东，是对显名股东、隐名股东的另一种说法。具体分析请参考"显名股东与隐名股东"部分。

[170] 代持股与职工股【☆☆】

代持股，是代别人持股的简称。通常的操作方式是，用本公司的一个自然人作为名义股东，持有本公司其他实际投资人的部分股权。从表面上看，名义股东是合法的股东，但是，根据内部协议，名义股东所持有的其他人的股权实际上不归名义股东所有，名义股东只是暂时代别人持有这些股权。

代持股，常常与公司员工奖励计划有关，是职工股的一种。公司用股权奖励员工，约定工作达到一定条件的员工可以获得公司一定比例的股权，违反约定的员工则应当按照一定对价将股权转让给公司，该部分奖励给员工的股权，是职工股的一种。

除了把职工股直接在公司登记机关登记在持股职工的名下这种代持股情形之外，有些公司还设立专门的职工持股的特殊目的公司作为公司的法人股东。到2007年6月1日，新《合伙企业法》生效之后，出现了吸纳职工作为合伙人设立有限合伙性质的合伙企业对公司持股的形式。不同的持股形式，法律效果和税收负担不同。

[171] 股权信托【☆☆☆】

在实践中运用较多的、为学者们赞同的代持股运用财产方式是信托方式，即职工代表或者股东代表作为受托人，职工作为委托人和受益人，将自己的投资交给受托人行使股东权利。出资职工与受托人之间形成信托法律关系，出资职工将其信托财产（主要是购买股权的资金）交由共同受托人管理和运用，受托人作为公司的名义股东以自己名义代表出资职工行使股东权利。出资职工则依信托合同按其出资享有受益权。

如果一定要把信托持股的委托人作为公司的股东来看待，则信托持股将有可能使公司的股东数量超过公司法对公司股东数量的限制。① 而信托持股的委托人虽然享有股东的权益，但是他们并不是公司法意义上的股东，所以信托持股通过信托合同没有突破《公司法》关于公司股东人数的限制，但是赋予了更多人实际享有股东权

---

① 根据我国《公司法》的规定，有限责任公司的股东上限是50人，股份有限公司在公开发行股票前的股东数量上限是200人。

益的权利，恰当解决了公司法律对有限责任公司和股份有限公司股东人数的限制与现实需求相矛盾的问题。

首先，《信托法》运用在股权信托领域并没有违反法律的强制性规定。根据《信托法》第33条规定的"受托人对委托人、受益人以及处理信托事务的情况和资料负有依法保密的义务"，信托持股行为是保密的法律行为。信托持股中员工作为受益人，并没有出现在股东名册之中，没有出现在公司章程或者工商登记法律文书中。保密的做法，满足了《公司法》关于股东人数的刚性规定，信托持股的结果是公司登记的股东数量符合《公司法》的要求，既维护了《公司法》的稳定，也架起了《公司法》规定和现实需求之间的桥梁。

其次，信托持股行为中的委托人的总数量不受任何法律约束——比如大量与本公司签订长期劳动合同的员工持股，则即使股权信托合同中委托人数突破《公司法》规定的股东人数的上限，也与《公司法》关于人数规定的立法本意不悖——有限责任公司人数限制在50人，是体现这类公司的"人合"性质，对公司高效治理有益；股份有限公司在公开发行股票前限制在200人，目的在于避免私自公开发行股票，区分公开发行股票和私募以更好地对公众公司进行专门监管。本公司签订长期劳动合同的员工集体委托一个自然人或者机构信托持股，多数委托人的权利归一人行使，并不会导致公司法的上述立法意图落空。

最后，股权信托的法律架构，可以使委托人与受益人分离，帮助公司设计员工激励方案。

[172] 代持股的信托文件【☆☆☆】

《信托法》于2001年10月1日生效。但是，由于对《公司法》人数限制的敬畏和对运用《信托法》吸纳更多自然人享受股东权利和承担股东义务的疑虑，现实中较为普遍的做法是确定一个自然人作为名义股东，代持多个实际投资人的股权，也不制作合法文件证明上述代持的性质，到出现矛盾或者名义股东有非分之想的时候，通过证人证言、录音等证明上述代持关系的真实性。这种类似通过口头协议或者君子协定的方式确定代持关系，容易激发名义持股人的妄想，后期风险比较高。

正确的做法，是采用书面形式确定信托持股的法律关系，按照《信托法》第8条、第9条的规定设计书面法律文件。《信托法》第8条规定："设立信托，应当采取书面形式。书面形式包括信托合同、遗嘱或者法律、行政法规规定的其他书面文件等。采取信托合同形式设立信托的，信托合同签订时，信托成立。采取其他书面形式设立信托的，受托人承诺信托时，信托成立。"《信托法》第9条规定："设立信托，其书面文件应当载明下列事项：（一）信托目的；（二）委托人、受托人的姓名或者名称、住所；（三）受益人或者受益人范围；（四）信托财产的范围、种类及状况；（五）受益人取得信托利益的形式、方法。除前款所列事项外，可以载明信托期限、信托财产的管理方法、受托人的报酬、新受托人的选任方式、信托终止事由等事项。"

[173] 代持股的信托登记【☆☆】

《信托法》第10条第1款规定："设立信托，对于信托财产，有关法律、行政法规规定应当办理登记手续的，应当依法办理信托登记。"该条第2款规定："未依照前款规定办理信托登记的，应当补办登记手续；不补办的，该信托不产生效力。"

目前我国法律、法规并未规定公司股权信托要办理信托登记才生效，所以，公司的股权信托只需要签署并保管好有关信托文件即可。

[174] 代持股人的否认【☆☆☆】

代持股人是在公司股东和员工信任下代持股的，代持股的事实多是在公司内部——至少是公司高层和股东内部不争的事实。

当代持股人代持的股权被迅速放大、代持股的事实没有书面文件证实的情况下，面对巨大的利益，有些代持股人选择了否认。代持股人否认自己是"代持股"，主张自己就是股东。否认引起的股权争议，在公司准备上市、重组并购过程中，可能会给公司、其他股东带来灾难性的影响。

[175] 代持股案例【☆☆☆☆】

A公司高管甲，在为激励员工而设立的专门员工持股公司×（仅仅持有本公司部分股权）中代持尚未分配或者退出员工的股权。每次有员工退出，甲都用极低的价格接受退出员工的股权转让，形成大家公认的公共"股权池"。几年下来，甲成了×公司名义上和法律上的大股东。

当A公司正式为上市做准备时，甲不同意将自己名下的股权拿出来分给其他员工。甲声称这些股权是其本人的，与其他人无关，与公司的所谓股权激励也无关，因为每次接受股权转让都是甲自己拿出了"真金白银"的，每次股权转让都是甲出的现金。当初所有的由甲代持股权的决议等证据，都一直由甲保管。然而，现在，甲声称根本就没有听说过"代持"这回事。

本案争议的焦点，在于甲的行为是否属于代公司持股。争议的深层次原因，在于甲用自己的钱支付的是否为股权转让中股权的对价，以及甲是否剥夺了其他股东的平等受让权。

本案的难点，是以前证据的形成、保存，以及新证据的取得、固定和证明力。

[176] 风险投资中"懒惰投资"争议【☆☆☆】

在风险投资领域，有些投资人不用自己的名义对风险投资企业出资，而是加入其他股东投资中，分享该股东的财产权利并承担风险投资企业经营的风险。这些投资者不主张作为投资人的非财产权利，也不要求股东或者合伙人的身份，并且不与企业或者企业其他投资者发生任何联系。

这种投资行为，是出于对特定股东极度信任的"懒惰投资"，可以认为是法律上的信托关系。我国《信托法》第 2 条规定："本法所称信托，是指委托人基于对受托人的信任，将其财产权委托给受托人，由受托人按委托人的意愿以自己的名义，为受益人的利益或者特定目的，进行管理或者处分的行为。"第 3 条规定："委托人、受托人、受益人（以下统称信托当事人）在中华人民共和国境内进行民事、营业、公益信托活动，适用本法。"

上述"搭便车"的行为，客观上增强了被绑定股东的实力，对该投资者取得特定投资资格、分散投资风险，都有积极作用；被绑定股东除了税收问题外，不需要支付多余的成本，却可以提高谈判的条件和实际的利益。

这类懒惰投资者，不是公司的股东。他们通常只和绑定的股东发生合同争议，而不和公司发生股权争议。

[177] 外资实际投资人的悲剧【☆☆☆☆】

外资实际投资人是实际投资人的特例，也是实际投资人的悲剧。因为我国对外商投资和收购有专门的法律规定和审批制度，外商通过内地人做名义股东的情形在广东比较常见。香港人通过内地人做名义股东在深圳、广州、珠海等地设立公司，一旦发生争议，"马仔"将主人从马背上掀下来的可能性确实存在。

但是问题还不在于证明外商是真正的出资人，而在于证明了外商是真实出资人之后的法律处理。如果是允许外商投资的行业，按道理说，审批也只相当于一个例行公事的程序而已，但是，法院无法取代审批机关而径行裁判并强制将内资企业变更为外商投资企业。人民法院确定外商是实际出资人后，应当裁判名义出资人协助办理审批手续，中止审理，等审批结果确定后恢复审理，因为行政审批不在法院裁判的职责之内。如果是限制外商投资的行业，则审批结果是更加不确定的。如果是禁止外商投资的行业，则外商不可能成为公司的股东。不管是哪种情形，结果只有两种：审批通过或者审批不通过。当外商在名义股东的协助下报批，结果是审批通过时，则恢复审理，应当裁判外商作为实际出资人成为股东，名义股东被除名。当结果是审批不通过，且通过行政复议、行政诉讼仍然无法通过审批时，人民法院恢复审理，似乎将面临三种选择——让名义股东继续做股东，至于实际出资人与名义股东的财产争议，因为不属于本案的诉讼请求范围而不予处理；强制名义股东向经外商同意的合格投资者转让股权，转让所得归外商所有；允许外商将其出资转让给合格的投资者。实际上，第三种选择是不合法的，因为外商的出资早已经成为公司的财产，出资人不可能拥有已经归公司所有的财产了。而且，不管如何选择，公司不能因为投资者不合格而解散，因为投资者不合格不是公司解散的法定条件。因此，人民法院在公司转为外商投资公司审批通不过的情况下，只有两种选择：让名义股东继续做股东、强制名义股东转让股权。前者，与投资的实际情形不符，有违公平的基本理念；后者，似乎放纵了外商的规避法律的行为。相比较而言，后者比较可取，因为后者的结果是外商最终仍要经过审批程序才能得到股权，并不算"放纵"。

但是，目前外商实际投资人的悲剧在于，有的人民法院认为外商实际投资人与名义股东之间的由名义股东作为名义股东的协议因为规避《外资企业法》第6条关于审批程序的规定、违反《合同法》第52条关于违反法律、行政法规的强制性规定而无效，因此，外商要变更公司股权登记就应向有关政府部门补办外商投资审批手续，变更其公司的企业性质。法院不能代替政府的行政审批手续而确认隐名外商的投资人地位，亦不能直接判决要求名义股东合作办理审批。① 结果是，法院不能判决实际投资的外商成为公司的股东，如果外商提出此类诉讼请求则予以驳回；如果名义股东不配合办理审批手续，则实际投资的外商将不能获得股东身份和相关权利。

但是，上述做法没有充分的法律依据。因为，即使否定了外商的股东身份，名义股东由于没有真实投资也就不能够理所当然地获得合法的股东身份。进一步，假设这是一个外商单独投资的公司，真实投资者因为身份原因不能成为合法股东，名义股东因为没有真实投资也不能成为合法股东，于是该公司就成为没有合法股东的公司。这种情况可以真实存在，但是不能被法律确认为合法。

(二) 股东权利争议

股东的财产权、公平权、知情权，属于股东权利的重要组成部分。其中，知情权即使成为一个单独诉讼案件的标的，实质上也通常只属于其他争议的一个环节，类似于战争开始阶段的一个战役。

[178] 股东财产权争议【☆】

这里的股东财产权争议，是指股东关于自己股权中的财产权利争议，股东可以

---

① 参见潘福仁主编：《股权转让纠纷》，法律出版社2010年版，第14、85页。

直接因此提起民事诉讼。股东财产权争议，可以是合同法范畴的争议，也可以是侵权法范畴的争议。

[179] 公平权争议【☆】

公平权争议，是指股东的权利受到不公平对待、不合理限制而产生的争议。

公平权争议，主要包括不公平出资（某些股东为控制公司或者削弱其他股东的股权比例而限制其他股东的出资机会、出资额度、出资比例）产生的争议。

这种争议产生的根源，在于违反股东平等的原则，损害了一部分股东的利益。

（三）高层股权争议

股东和高层的结合，可以称得上股权争议中的"黄金组合"。董监高的股权争议，是股权争议中最有杀伤力的类型。

[180] 高层股东的复杂争议【☆】

股东兼任公司高层（高管和董事、监事），这里称为高层股东。高层股东可以发动的争议，包括两个重要层面：股东层面和高管层面。高层股东既可以提出股权争议，也可以凭借董事、监事、高管等身份提出公司治理方面的争议。

公司高层争议的着眼点可能是职务利益，可能是股东利益，也可能兼而有之。

[181] 高层股东的股权争议【☆☆】

高层股东的股权争议，包括身为股东的董事、监事、高管引发的争议。

高层股东的股权争议，虽然也不外乎股东身份争议、股权数量争议、股东权利争议等基本类型，但是因为高层容易掌握更多证据，也容易对公司的正常运营产生较大影响，尤其是在公司上市或者并购过程中，此类争议因为发动争议者的身份和掌握的信息优势，对公司和其他股东的杀伤力尤其显著。

[182] 高层与股东联合的股权争议【☆☆】

公司高层股权争议的常见变体，是公司股东主动联合高层或者公司高层主动联合股东发动的股权争议。

股东联合高层，是发动争议股东的天然倾向；高层联合股东，是发动争议的高层所具有的天然倾向。因为股东有股东的优势，高层有高层的优势，二者联手的威力在于二者内部信息和身份的结合，使得联合攻击的方向多、力度大。

这种联合的结果，可能表现为股权争议，可能表现为公司治理争议，也可能二者兼而有之。

[183] 高层的年金和保险【☆☆☆】

公司高层的年金和保险，可以为高层提供实际的利益保障，也有可能成为高层侵犯公司利益的手段和证据。对公司侵权与否，分水岭在于是否合法合规，是否规范操作。

在公司正常运营的平静表面之下，不合法、不合规的高管年金和保险，可能成为公司高层的法律硬伤、致命伤；不过，可悲的是，那些不谨慎的公司高层常常把这些当成"小尾巴"、小毛病。当公司的股东或者股权发生重大变化时，公司可能会全面审视公司高层的所有法律瑕疵；相应的，任何"小尾巴"、小毛病也都应当被公司高层重视起来。

[184] 公司内部的合同【☆】

公司内部，会有各种各样的合同。除了常见的劳动合同外，还有各种各样的合同：股东和股东间与公司有关的合同、股东与公司的合同、高层与公司的合同、股东与高层的合同等。

公司内部的合同，是违约的依据；公司法律的规定，是侵权的依据。公司内部的合同，最重要的是其合法性、合理性问题。

[185] 股东与员工身份的耦合【☆☆】

股东身份与员工身份这两重身份在我国公司，尤其是中小型公司中有耦合的趋势。股东进入公司高层从而实现对公司经营更多的参与和控制，公司高层希望得到一定比例的股权以"和公司一起成长"，公司也希望高层适当入股而增强公司的凝聚力。"股东与高层的耦合"在高科技企业中更进一步泛化成为"股东与员工的耦合"。

股东与公司之间的劳动合同，和普通员工的劳动合同有所不同。员工身份和股东身份的重合，给劳动合同的设计带来了空间；自然，也给股权设计带来了空间。股东与公司之间的劳动合同，可以非常个性化，甚至可以做到一人一个方案；员工的股权合同，经过特别设计，也可以突破"同股同权"的法律限制。

[186] 股东与员工身份的虚假重合【☆☆】

股东身份是真实的，员工身份也是真实的，因此产生的重合，是实际重合，即前文所说的"耦合"。股东身份或员工身份的一种，不是真实的，因此产生的所谓重合，叫做虚假重合。

虚假重合，是应当在律师的初步判断中能够甄别出来的情形——律师至少应当对此风险进行适当的提示。比如,甲与 A 公司约定,甲以劳务向 A 公司出资,占 A 公司 30% 的股权比例,甲同时出任 A 公司的项目经理,任期 2 年。① 因为根据我国《公司法》的规定,本例中劳务是不能作为出资的,甲的所谓股权是根本不存在的,其股东身份是不真实的。

(四)国际股权争议

国际股权争议之所以作为特殊股权争议,是因为国际股权争议在法律、语言和成本等方面与国内股权争议不同造成的。国际股权转让、回购、收购、兼并等行为,因为法律的不同,容易造成误解;语言的不同与不同语言合同文本的效力不同,无疑将增加成本或者造成误解;沟通成本和诉讼、仲裁成本,都将高于国内股权争议。因为对国际股权争议的风险认识不足,国内股东在国际股权争议领域如果没有专业人士的帮助将会面临更大的风险。

[187] 内地股东的风险意识【☆☆】

国际股权业务,和国内股权业务的重大不同,在于办理国际股权业务需要熟悉相应国家或者地区的法律。

国际股权转让或者争议,一般要聘请两地律师:一方是国内律师,一方是对方所在地的律师。除非其中一方律师对另一方律师所在地法律非常熟悉、经验非常丰富(涉及诉讼业务,则须具备当地的律师从业资格和执业证书),同时,该业务不是非常重要或者实际风险极低,否则,应当分别聘请分属两地的具有相当水平的律师。

在合作或者争议中具有优势地位的一方,很难放弃自己在法律和地域上的优势。根据经验,在国际股权业务中,中国内地一方对法律的重视程度和投入普遍不及外方,表现为国内股东配备的律师数量较少、支付的律师费偏低。中国内地企业常常在所谓的"国际合作"中吃亏上当,在国际股权领域也是如此。比如笔者亲历案例中,一个美国公司和内地公司谈香港公司的股权转让问题,美国公司有三地律师组成律师团队:美国律师、中国香港律师和内地律师;而内地公司的股东最早连一个律师都不带,就凭借自己在商海摸爬滚打的经验和勇气大胆签字了——结果签合同签成个"卖身契"。内地股东"不差钱",差在风险意识。

[188] 钓鱼式圈套【☆☆☆☆】

大家常说的所谓钓鱼式执法,要点在于执法者通过怂恿、诱导方式促成违法犯

---

① 因此,在实务中,只能采取一定的法律设计绕开"劳务出资"的限制,不能和法律规定"硬碰硬"。

罪的行为发生，然后再去执法和惩罚这些违法犯罪行为。钓鱼式圈套，在国际股权领域，要点是先给对方特定的几乎没有约束的权利，等对方在几乎无约束的状态中完成构成当地法律规定的违法甚至犯罪条件后，再通过公司或者特定股东以极低的价格和非常苛刻的条件收购对方的股权。

之所以称为"钓鱼"，原因在于对方在得到眼前微小利益的同时，也被嵌入使其必然丧失巨大利益的鱼钩。钓鱼式圈套，利用的是人们在自认为内部监督失效的情况下，无视法律规定，利用各种方式和借口侵占公司财产的不良倾向。成功钓鱼，要求"鱼"必须具备三个条件：（1）贪婪；（2）不精通法律；（3）心存侥幸。国内股东误以为外方股东不精通国内法律或者第三地的法律，或者不会给自己设置圈套，此种想法，在国际股权领域会面临极大的法律风险。

[189] 谨慎国际合作【☆☆☆】

国际股权纠纷发生之前，中国内地的股东往往对外国股东疏于防范，盲目以为外国人都是仁人君子，都是心口如一，没想到外国人也会给自己下圈套。有些中国老板，开始根本没有意识到外国人和自己的合作目标是夺取自己的企业，在陷入"股权纠纷"之后才明白外国人也熟知"如欲取之，必先予之"的招式。

外国人不熟悉中国的法律，但是他们聘请的中国律师精通中国法律；外国人不了解中国有些股东的弱点，但是他们的中国顾问熟悉这些。

在国际股权领域中认真研究合作者，充分防范可能发生的风险，是不可缺少的功课。只关心合作，不关心防范的股东似乎是不存在的；但是，不了解合作者、不认真研究并积极采取防范措施的股东却是存在的，盲目相信自己的经验而不聘请法律专家做支持的老板也是存在的。

第九章 股权争议的筹划

股权争议需要筹划。动不动就扬言诉诸法律,动不动就提起诉讼、对簿公堂的态度,是不可取的。

首先,未经经验丰富的专业律师或者其他法律人士判读并设计的股权争议,常常以草率起诉为开端、以败诉或者过度让步为结局。

其次,应当谋定而后动,而不是虚张声势、打草惊蛇,否则可能会给对方更多的准备时间,甚至"先发制人"。

一、股权争议的策略

出现争议后,如果最初的念头就是诉讼,就说明这个人还没有获得正确的股权争议博弈策略。对诉讼的依赖和其他路径依赖一样,来源于思维的惯性,也来源于思维的惰性。

[190] 股权争议的收益与成本【☆】

股权争议是否出现,应当取决于当事人的策略。如果不提出争议观点,则股权争议未表面化,可以获得表面的和谐并以此为支点获取其他利益。如果决定提出争议观点,则应当选择正确的时机、运用正确的方式提出争议并获得充分的博弈优势和胜算。

股权争议的提出,首先应当考虑的是获胜后的收益和可能支付的成本这一组因素,即首先应当考量的是经济因素。不经济的争议是不理智的争议。对于不经济的争议,正确的态度是把自己的不满意控制在不争议状态,不主动打破不争议状态,尽力维护不争议状态。"搁置争议"策略的确立,表明了对争议的不经济性的判断,具体说来就是支付的成本与收益不匹配或者难以支付展开争议的成本。

提出争议的决定,来源于可以支付得起成本的让自己处于优势的策略。

[191] 股权争议的分类【☆】

股权争议的路径,从当事人的感受角度可以大体分为两类:合作方式和对抗方式。

合作方式，包括友好协商、调解、和解。

对抗方式，包括诉讼和仲裁。

这两类路径是否可以交叉呢？从我国立法的现状看，民事诉讼和仲裁的全过程都可以包括协商的因素，也都可以和解。在民事诉讼中，从立案到开庭再到执行，都可以调解——调解现在已经走到了诉前阶段。深圳市各区人民法院，已经在一些民事诉讼领域进行专门的诉前调解。仲裁中的调解也日益受到人们的重视，有些仲裁委员会专门设置了与仲裁规则不同的调解规则。从总体上看，非对抗方式消耗的社会资源少，对争议各方日后的社会活动负面影响较小，所以全方位渗透在对抗方式争议解决方式中。不过，友好协商、调解、和解的结果，如果不及时用法定形式进行固定，也可能转瞬即进入诉讼、仲裁程序。

除了上述常见的途径之外，现实中的股权争议的合法解决途径还有信访途径。

[192] 股权争议的最优策略【☆】

就策略而言，股权争议和其他民商事争议一样，通过合作方式解决股权争议是最好的选择，因为合作方式可以减少矛盾、提高效率、降低成本。即使如此，也必须进行充分的诉讼准备并保证获得很高的胜诉把握，因为确保高胜诉几率，是主动提起股权争议并通过合作方式解决股权争议的前提，是谈判、和解、调解的底气所在。

简而言之，股权争议处理的最优策略，是做好诉讼到底的最坏准备，争取不战而屈人之兵这种和平解决的结果。

[193] 不战而胜【☆☆】

不战而胜，不战而屈人之兵，是最高的战争策略。《孙子兵法》说："是故百战百胜，非善之善者也；不战而屈人之兵，善之善者也。"最高明的战争指挥者，"必以全策争于天下，故兵不顿而利可全，此谋攻之法也"。简单说来，不战而胜，是利益最大化和成本最小化的结果，也是充分谋划和准备的结果。

这是古代军事思想在当代股权争议领域的应用。在股权争议领域中，通过各种有效的法律文件将各种利益格局进行固定，控制、压缩对方股东以争议获得利益的空间，使不战而胜成为高概率事件。因为，股权争议的实质，是现行法律框架下法律设计被突破或者被尝试突破的结果，有预见性的成功的法律设计，将会让那些生性热爱争议的人也因为无利可图而放弃争议的念头。

[194] 诉讼则必胜【☆☆☆】

表现出不怕诉讼的勇气,具有让对手真切感受得到的优势和把握,让对手明白诉讼只会让对手吃亏。这样,才会获得不战而胜的最好结果。

这就需要做充分的准备,具备并表现出以下几个方面的更多优势:法律高手、充分证据、充足财力、对抗的勇气、长期对抗的毅力。

如果对手诉则必败,通常态度最强硬的拥有广泛资源的大公司也会在你真正提起诉讼之前和你"再谈谈",并积极谋求通过和解处理争议。股权争议诉讼也不例外。

当然,全部做到上述几个方面,实际上是比较困难的,尤其是"充分证据"这个方面。在诉讼甚至交换证据乃至开庭之前,有经验的人不可能把自己的证据的各个方面全部展现给对手,因此,虚虚实实、真真假假的证据就构成了对抗双方最难判断的领域。

二、股权争议路径的选择

股权争议的法律途径,包括诉讼、仲裁、协商、和解、调解。

仲裁,是与诉讼不同的商事纠纷解决途径。仲裁,因为一裁终局,效率高,程序灵活,保密性强,所以理论上可以成为对抗式商事纠纷的首选解决途径。[①] 但是,如果事先不存在有效的仲裁约定,争议各方很难达成仲裁协议。

和解、调解可以单独作为股权争议解决的途径,也会贯彻诉讼和仲裁的始终。和解,是指双方自行提出解决纠纷方案并达成一致意见的过程或者结果。调解,是指第三方主持的双方达成一致意见的过程或者结果。

协商,则是双方在矛盾尚不尖锐、互相留有余地的情况下,达成妥协的过程或者结果。协商几乎是所有股权争议的必备程序,即使是有备而来的一方,也会先采取协商的方式争取以较小的成本解决争议。

[195] 路径依赖【☆☆】

"路径依赖"的来源之一是所谓的马屁股的宽度决定了火箭助推器的宽度这个传说。美国航天飞机燃料箱的两旁有两个火箭助推器,因为这些助推器造好之后要用火车运送,路上又要通过一些山洞,而这些山洞的宽度只比火车轨道宽一点点,因此火箭助推器的宽度由铁轨的宽度——4英尺8.5英寸——所决定。这个尺寸又源于

---

① 这里的仲裁是指民商事仲裁,和劳动仲裁完全不同。

美国有轨电车的尺寸,进一步追溯英国道路的宽度,如此等等,最终追溯到古罗马两匹马的屁股的宽度。虽然不能因此断定今天世界上最先进的运输系统的设计是由2000年前两匹马屁股的宽度决定的,这个故事还是可以给人以启示:路径依赖的严重程度有时候超乎人们的想象。

路径依赖有个人特征,也有群体特征和地域特征。比如,我国的不少企业家、投资者和我国的老百姓一样,不遇到纠纷不去找律师。有些老板看到外国的商业机会,就想当然地去投资或者交易,做事和在国内一样经验先行,盲目假定全球法律规定和法律运行都和自己的想象一模一样,似乎到哪里都是不懂法律反而更容易做事,结果很少不以失败告终。"在一个人们粗心地行事而不必承担责任的世界中,人们一般会更加粗心。"路径依赖形成于长期的生活经验,有着高速解决类型化问题的优点,也有非理性的缺陷。

[196] 仲裁保密,诉讼公开【☆】

股权争议的解决,和其他民商事争议一样,包括协商、和解、调解、诉讼、仲裁等多种途径。如果争议双方考虑到道德、人情、社会影响和未来合作等任何一个因素,协商、和解、调解都会成为股权争议解决的可能途径。

规范的公司会通过法律文件对股东争议的解决途径进行预先安排,其股权争议通常通过协商、和解、调解或者仲裁方式解决而不是一律通过诉讼方式解决。原因在于,裁判文书公开和诉讼本身容易对公司的经营和商誉等造成不利影响。

作为最终的解决方案中,仲裁的保密性是诉讼无可比拟的。我国于2013年强力推进的审判流程公开、裁判文书公开、执行信息公开三大平台建设和网络、微博、微信等现代信息技术的充分利用,有力维护了司法公正和司法权威,取得了良好的法律效果和社会效果。其中,裁判文书的公开是原则,不公开是例外。不容否认的是,仲裁这种争议解决方式的保密价值,也因为诉讼的公开程度增加而更加凸显出来。

[197] 仲裁的优势和劣势【☆☆☆】

仲裁因为是非官方的、专家裁决的一裁终局机制,其仲裁机构、仲裁程序、适用法律、开庭地点、仲裁语言等都可以由当事人约定,从理论角度而言,仲裁具有保密、灵活、方便、快速、专业等优势。但是,一裁终局保证仲裁的高效率,是相对诉讼的两审终审和再审等审判监督程序而言的,与高效率相应的是仲裁纠错的空间非常狭窄。仲裁案件的高效率和仲裁结果的公平、正义构成了一对矛盾。

《中华人民共和国仲裁法》(以下简称《仲裁法》)第58条规定了通过诉讼对仲

裁的纠错机制，罗列了"6+1"种可以申请撤销裁决的情形。① 这些情形，除了第1款第（六）项规定中的"枉法裁决"之外，都是非常明显的法律"硬伤"。而其中的"仲裁员在仲裁该案时有索贿受贿，徇私舞弊，枉法裁决行为"，从2018年1月1日起，被《最高人民法院关于审理仲裁司法审查案件若干问题的规定》第18条定义为"指已经由生效刑事法律文书或者纪律处分决定所确认的行为。"这样通过限缩的方法进行定义的结果，是通过证明仲裁庭对事实认定错误、法律适用错误等"枉法裁决"行为撤销仲裁裁决以寻求个案公平、正义的通道变得更加曲折、艰难。

仲裁司法审查案件实行一审终审，根据现行法律规定，当事人不享有上诉、复议以及申请再审的权利，检察机关对此也不予抗诉。一旦出现错案，当事人缺乏有效的救济手段。② 因此，在选择仲裁作为争议解决方式，一定要慎之又慎，不能盲目听信仲裁机构的宣传。我国的一些仲裁机构和法院一样，脱不了社会力量干预的大环境，加上仲裁员的素质参差不齐，仲裁结果的公正性和专业性都不尽如人意。随着人民法院裁判文书的公开，法院的审判质量将会有较大程度的提升，国内仲裁机构如果不突出专业性和灵活性、保密性、便捷性等优势，生存空间将会受到挤压。

三、公司各阶段的股东争议

股权争议在股东稳定、股东利益结构平衡且股东认识无重大偏差的状态下是不可能发生的。只有出现股东利益结构严重失衡或者股东认识的重大偏差时才会产生股权争议。

[198] 争议的时机【☆☆】

古代有一则关于大雁吃法争论的寓言故事，说的是以打猎为生的兄弟俩看到一

---

① 《仲裁法》第58条规定，"当事人提出证据证明裁决有下列情形之一的，可以向仲裁委员会所在地的中级人民法院申请撤销裁决：
"（一）没有仲裁协议的；
"（二）裁决的事项不属于仲裁协议的范围或者仲裁委员会无权仲裁的；
"（三）仲裁庭的组成或者仲裁的程序违反法定程序的；
"（四）裁决所根据的证据是伪造的；
"（五）对方当事人隐瞒了足以影响公正裁决的证据的；
"（六）仲裁员在仲裁该案时有索贿受贿，徇私舞弊，枉法裁决行为的。
"人民法院经组成合议庭审查核实裁决有前款规定情形之一的，应当裁定撤销。
"人民法院认定该裁决违背社会公共利益的，应当裁定撤销。"
② 参见《正确审理仲裁司法审查案件 促进仲裁健康发展——最高人民法院民四庭负责人就〈最高人民法院关于仲裁司法审查案件报核问题的有关规定〉〈最高人民法院关于审理仲裁司法审查案件若干问题的规定〉答记者问》，载中华人民共和国最高人民法院网站（http://www.court.gov.cn/zixun-xiangqing-75882.html），访问日期：2017年12月30日。

群大雁飞过，很想打下一只大雁来充饥。怎么吃大雁呢？哥哥喜欢煮了吃，弟弟觉得烤了吃味道才好。于是，他俩争论不休，直到请了一老人评判，决定把大雁剖开，煮一半，烤一半，才罢休，可是大雁早已飞得无影无踪了。通说认为，争论者的可笑之处在于大雁还没有打下来就争论如何食用的问题，还为时过早，应该当机立断，以免错失时机——简单说就是要先把大雁打下来再说。其实，兄弟二人争论的积极意义在于确定了二人今后的合作模式——二人共同行动，每人分配红利的50%。合作初期处理争议不见得是坏事。生活中不乏先挣钱、再争议、最后反目为仇的例子，也不乏刚开始合作就出现争议的情形。长期合作之后交恶的争议者难免感慨：早知今日，何必当初！那些在合作开始就产生争议的股东，也有其理性的一面：早一点形成合适的利益平衡模式，可以减少以后的纠纷；即使早一点分手，也因为各方投入的精力少，争夺的利益总量小，对争议各方的伤害也小。

事实上，股权争议会发生在各个阶段，因为股东矛盾的产生和激化，会在各个阶段产生、积累和爆发。设立、重组并购、收购兼并、股权融资、改制上市、破产清算，公司的"一生"都会出现股权争议。公司从设立到清算的各个阶段都可能出现股权争议，而提出或者应对股权争议的时机，则应当根据个案的特征进行判定。

（一）设立阶段

公司设立阶段的股东争议，多集中在出资争议领域，是因为出资对公司设立和运营的重要性和现实性要求。对有远见的出资者来说，公司控制权、管理权的分配以及公司章程的设计，因为其显而易见的重要性也会成为争议产生的根源。

[199] 股东出资的垫付【☆☆☆】

股东如果没有按照法律规定出资，而是由其他股东为其垫付出资，未出资股东的股权份额是否能够被垫付出资的股东所享有？

这要根据股东协议来确定。如果股东协议规定了上述情形，则未出资股东的股权份额可以被垫付出资的股东所享有；否则，垫付出资就形成了垫付股东和未出资股东之间的债权关系，该债权关系不具有影响股权的效力——未出资股东对垫付股东负有债务，但不负有转让公司股权的法律义务，垫付出资的股东不会因为债权关系而自动拥有向未出资股东主张股权的权利。

在这种情形下，所谓的"未出资股东"的说法有所欠缺，这种股东应当称为"未直接出资的股东"。因为其他股东的垫资在法律意义上等于是该股东的出资，该股东因为别的股东垫资而履行了出资义务，同时也对垫资的股东负有相应的债务和对其他已经按期足额缴纳出资的股东负有违约责任。

[200] 股东除名的途径【☆☆☆】

通常，人们习惯于从公司章程或者股东会决议寻找解决公司问题的依据。这个思路是正确的，也是节省时间的，因为公司章程和股东会决议与公司法的法律规定和司法解释结合起来确实能够解决公司的许多问题。股东会决议是法定比例以上股东的意思表示的结果，股东会决议可以决定的事项仅限于《公司法》赋予股东会的权限之内的各类事项，而公司章程是股东会决议的重要成果性文件之一。正因为股东会决议是根据法律规定的多数决而形成的法律文件，所以根据股东会决议、公司章程不能够将股东除名。而股东身份的否认权一旦赋予公司章程，则小股东的身份将难以保证，小股东的利益必将成为无源之水、无本之木。

股东会决议将股东除名的例外情形，是最高人民法院《公司法司法解释（三）》第18条的规定："有限责任公司的股东未履行出资义务或者抽逃全部出资，经公司催告缴纳或者返还，其在合理期间内仍未缴纳或者返还出资，公司以股东会决议解除该股东的股东资格，该股东请求确认该解除行为无效的，人民法院不予支持。"

股东除名的事前法律文件，最方便的是股东协议。股东协议是全体股东的共同意思表示，对每个股东都有法律约束力。如果公司章程是创立公司时的全部股东一致同意的公司章程，则具有股东协议的性质。有些公司刚一设立就有大股东要求进行法律设计将小股东除名，但那已经晚了，因为旨在让股东除名的股东协议必须在股东纠纷产生之前订立。订立股东协议最好的时机，是在公司章程制定之前各位股东为了设立公司而精诚团结的"蜜月期"——公司的设立阶段。

（二）重组并购

重组并购，是股权争议活跃的板块。我们通常所说的重组并购，可以用重组来概括，因为收购、兼并这两种行为，可以纳入重组的范畴。[①]

重组阶段的核心内容是股权问题，最重要的法律问题是股权转让和股权回购，最难以解决的是利益平衡问题。

股东的变化、股权比例的变化、出资额与股权配比、作为出资财产的瑕疵、股权融资的附加条件合理性、股权转让的违约和担保等，操作不当都容易埋下股权争议的隐患。

股权转让、股权回购直接涉及股权问题。侧重资产的重组行为，也会造成不同股东的股权增加不同步的问题，所以也一样可能引发股权争议。

[①] 参见中国证券业协会编：《证券投资分析》，中国财政经济出版社2009年版，第219页。

[201] 企业重组 【☆☆☆】

我国公司实务中常用的"重组"一词，至今不是一个明确的法律概念。无论公司法、证券法还是破产法，都没有这个概念。证监会和税务总局的规范性文件中有相关规定，但是二者并不一致。

中国证监会在2011年《上市公司重大资产重组管理办法》第2条中，对我国上市公司的"重大重组"进行了定义。上市公司的重大重组，是指"上市公司及其控股或者控制的公司在日常经营活动之外购买、出售资产或者通过其他方式进行资产交易达到规定的比例，导致上市公司的主营业务、资产、收入发生重大变化的资产交易行为"。证监会对重大重组的规范，重点在于干预上市公司的重大变异。

中国国家税务总局《企业重组业务企业所得税管理办法》中"企业法律形式改变、债务重组、股权收购、资产收购、合并、分立等各类重组"的表述，说明国家税务总局认为企业重组至少包括以下六种形式：（1）企业法律形式改变；（2）债务重组；（3）股权收购；（4）资产收购；（5）合并；（6）分立。可见，税务总局认定的"重组"是企业的重新组合，包括公司内部股权、资产、控制权的重新组织，也包括企业之间的股权、资产、控制权的重新组织，还包括企业法律形式的变化。税务总局对重组的规范，重点在于在一个文件中对类似问题统一明确税收标准。

由此可见，我国从法律意义上讨论企业重组问题，目前不能在法律、行政法规层面展开，只能在证监会文件、税务总局文件这样较低的法律层面展开，而且应当更进一步限定讨论的领域是上市公司重大重组还是企业所得税。除此之外来自不同背景的人士展开关于企业重组问题的对话，应当首先界定自己对"重组"概念的认识方可进行。特别是在合同中出现"重组"概念，应当进行准确定义，以免造成误解和争议。

[202] 上市公司的重大资产重组 【☆☆】

上市公司的重大资产重组，是指公司或者其控股、控制的公司在日常经营活动之外购买、出售资产或者通过其他方式进行资产交易达到一定比例，导致该公司的业务、资产、收入发生较大变化的资产交易行为。①

上市公司的重大资产重组，受到证监会规范性文件的严格限制。2011年《上市

---

① 《上市公司重大资产重组管理办法》界定了上市公司重大资产重组的范围："上市公司及其控股或者控制的公司在日常经营活动之外购买、出售资产或者通过其他方式进行资产交易达到规定的比例，导致上市公司的主营业务、资产、收入发生重大变化的资产交易行为（以下简称重大资产重组）。"

公司重大资产重组管理办法》第11条规定:"上市公司及其控股或者控制的公司购买、出售资产,达到下列标准之一的,构成重大资产重组:(一)购买、出售的资产总额占上市公司最近一个会计年度经审计的合并财务会计报告期末资产总额的比例达到50%以上;(二)购买、出售的资产在最近一个会计年度所产生的营业收入占上市公司同期经审计的合并财务会计报告营业收入的比例达到50%以上;(三)购买、出售的资产净额占上市公司最近一个会计年度经审计的合并财务会计报告期末净资产额的比例达到50%以上,且超过5 000万元人民币。"

为了防止上市公司规避该标准,证监会同时对达不到"重大资产重组"标准却发现存在可能损害上市公司或者投资者合法权益的重大问题的,可以根据审慎监管原则责令上市公司补充披露相关信息、暂停交易并报送申请文件。这表明上述具体监管标准只是判断上市公司是否构成重大资产重组的一般性标准,证监会的行政权力被证监会本身无限扩大了,上市公司的资产重组是否重大,由证监会的规范性文件规定,该文件又反过来规定证监会可以有很强的主观性。

[203] 资产重组【☆】

根据资产负债表的项目可知,企业的资产包括流动资产、固定资产和长期股权投资等内容。应当牢记,长期股权投资所形成的资产是公司资产的一种。

如果根据2011年《上市公司重大资产重组管理办法》关于重大资产重组的定义推演公司"资产重组"的定义,大致是指公司或者其控股、控制的公司为了调整该公司的业务、资产、收入而在日常经营活动之外购买、出售资产或者通过其他方式进行资产交易的行为。因为股权投资是股权的一种,因此资产重组中的购买资产的行为包括合并、收购、参股;资产重组中的出售股权资产的行为,包括被吸收合并、新设合并、被控制和引入投资者优化股权结构。

[204] 债务重组【☆】

根据我国《企业会计准则第12号——债务重组》第2条的规定:"债务重组,是指在债务人发生财务困难的情况下,债权人按照其与债务人达成的协议或者法院的裁定作出让步的事项。"第3条规定:"债务重组的方式主要包括:(一)以资产清偿债务;(二)将债务转为资本;(三)修改其他债务条件,如减少债务本金、减少债务利息等,不包括上述(一)和(二)两种方式;(四)以上三种方式的组合等。"

其中,将债务转为资本,也就是2006年之前一直饱受争议的"债转股"。2006年《公司法》生效后,人们不再讨论债转股的合法性了,债转股的做法从地下转到了阳光下,容易引起争议的问题变成了债权人应当将多少债权以多少比例转化为债务人公司的股权,债转股问题因此能够引发股权争议。

[205] 收购【☆】

收购人可以通过取得股份的方式成为一个上市公司的控股股东,可以通过投资关系、协议、其他安排途径成为一个上市公司的实际控制人,也可以同时采取上述方式和途径取得上市公司的控制权。收购人包括投资者及与其一致行动的他人。

[206] 回购【☆☆】

回购,是公司作为受让方接收股东的股权。回购是公司对股东股权的收购而不是股东对股东股权的收购。回购中,由于公司是股权的买方,所以可以节省大股东或者实际控制人的成本,大股东或者实际控制人躲在幕后操作即可。

除减少注册资本、股权激励外,回购的功能主要是降低异己股东的份额或者排除异己股东。不过,所有这些操作都必须有相应的前期工作和法律文件作为基础方可顺利进行。这里需要注意的是,回购不能作为 VC、PE 等股权投资机构退出的有效方式。股权投资机构可以让高管或者其他股东收购自己的股权,但是不能将被投资的公司收购自己的股权作为对赌协议的内容。

[207] 资产收购【☆☆】

资产收购不等于收购,这是与"白马非马"不一样的命题。因为,资产收购本身就是一个容易让人误解的概念,如果换成"公司资产买卖",则更能体现其交易的本质。

收购,是把公司股权作为交易的对象而不是把公司财产作为交易的对象。有些人把公司资产的出售叫做资产收购,也算作收购的一种,实际上是对"收购"这个概念的误认。因为,公司资产的买卖,无论是多么重大的公司资产,都不是公司的股权,也不是公司本身。假设公司的全部非货币资产被出售,公司因此可能成了空壳,但即使如此,也不等于公司被出售了,因为这时公司获得了现金或者其他对价,只是公司的非货币资产转化成了其他形式的资产而已。

[208] 收购、合并与兼并、并购【☆☆】

我国法律、法规层面有"收购""合并"法律术语,但是没有"兼并"这个法律术语。在财政部等个别部门的规章中出现过"兼并"一词,却语焉不详,难以为其提供作为一个法律术语应有的法律支持。现实中,对"兼并"的理解基本上是仁者见仁智者见智，莫衷一是。因此，"兼并"，仅仅是一个被人们广泛使用又颇存争议的概念。"并购"一词，如果认为它是"收购"和"兼并"的简称，则我国目前没有法律、法规对其提供支持；但是，如果认为它是"收购"和"合并"的简称，则在我国具有法律、法规层面的支撑。因此，本书所说的"并购"，包括"收购"与"合并"两种形式。

我国公司法意义上是收购，对象可以是一个公司的部分股权，也可以是一个公司的全部股权。如果用现金作为对价，收购了目标公司的全部股权，则目标公司仍然存在，收购方和被收购方是母子公司的关系；如果用本公司的股权作为对价收购了目标公司的全部股权，即通过协议让目标公司的股东用目标公司的全部股权换取本公司的股权，则目标公司仍然存在，收购方和被收购方也是母子公司的关系。第一种方式叫做现金收购，第二种方式叫做股权收购。

收购完成后，如果收购方注销掉被收购的公司，则形成一种公司法意义上的合并——吸收合并。合并的另外一种形式，是新设合并，即合并各方公司共同设立新的公司后，将原来各自的公司注销。新设合并中，新设立的公司原先并不存在，所以新设合并与收购没有直接联系。与收购相关的合并，是吸收合并。

让我们用两个虚拟的公司作为主角，通过简单的案例来具体介绍一下收购与合并的理论。假设 A 太阳公司要收购 B 光辉公司。假设 A 公司资金充裕，又不希望自己的股权被稀释，则 A 太阳公司通过向 B 光辉公司股东支付货币的方式获得 B 光辉公司的全部股权。交易完成后，B 光辉公司成为 A 太阳公司的全资子公司，A 太阳公司成为 B 光辉公司的母公司，B 光辉公司的全部股东退出。这是第一种情形——现金收购。假设 A 太阳公司的现金不充足，或者 B 光辉公司的股东不想拿钱走人而是希望继续做股东，则 B 光辉公司的全体股东以自己持有的 B 光辉公司的股权向 A 太阳公司增资，以此获得 A 太阳公司的约定比例的股权。交易完成后，B 光辉公司的股东变成了 A 太阳公司的股东，A 太阳公司的原有股东的持股比例因为 B 光辉公司股东的增资而缩减，A 太阳公司因此成为 B 光辉公司的母公司，B 光辉公司成为 A 太阳公司的全资子公司。这是第二种情形——股权收购。在这两种情形中，交易的结果，对公司而言都是 A 太阳公司成为 B 光辉公司的母公司，B 光辉公司成为 A 太阳公司的全资子公司，似乎没有什么区别。但是，对两个公司的原有股东而言，两种情形则大不相同：现金收购的结果，是 B 光辉公司的股东退出；股权收购的结果，是 B 光辉公司的股东成为壮大后的 A 太阳公司的股东，壮大后的 A 太阳公司的原有股东的持股比例缩减。

收购与合并的根本区别，是被收购的公司是否解散，而不是某公司的股东是否拿钱走人。在上面的例子中，如果收购完成后，收购方希望被收购的公司继续存在而形成集团公司的架构,则合并不会发生;如果被收购公司的少数股东坚持不和其他股东一样出卖股权或者用股权投资,也可能会阻止合并。

[209] 收购兼并的中国特质【☆☆】

外国的收购兼并与中国不同。收购和兼并常常被放在一起,简称为"并购"。收购(acquisition)和兼并(merger)在西方法律环境下与在中国法律环境下是不同的。无论各国的法律规定如何接近,法理如何相同,我国包括法官在内的法律人对法律的理解毕竟与国外的法律人不同。收购兼并领域的舶来品很多,介绍者如果忽视了我国的法律规定,他们就落后于实践者了,因为在我国的收购兼并领域卓有成效的实践者,不可能忽视我国法律的运作环境。外国有经验的从事收购兼并业务的机构,到中国来之前就会熟悉中国法律,并且会聘请中国法律专家深入研究中国关于投资并购的各种法律制度及其应用。

单纯从税法的差异就可以看出这一点。税法是各国最有自己特色的法律,如果不明白各国税法的详细规定,至少应当理解一个基本知识——各国税法必须详细研究才能准确把握。我国收购兼并的税法,本身就是一个非常复杂的课题,不同性质的企业,不同领域、不同形式和不同地区乃至不同区域的并购,都有自己的税法问题,因为篇幅和本书话题的限制,这里不展开论述。

(三)私募股权融资

与银行贷款不同,私募股权融资属于直接融资。

[210] 创业投资、风险投资和私募股权投资

我国的立法、理论和实务界对创业投资、风险投资和私募股权投资的概念和关系都没有明确一致的观点。"创业投资"概念侧重于被投资企业的成长性特征,符合英文VC(Venture Capital)的字面意思;"私募股权投资"的概念侧重于募集和投资的法律形式特征,即由私募方式获得资本并通过股权形式进行投资,符合英文PE(Private Equity)的字面意思;"风险投资"的概念侧重于投资的风险性,一般认为是VC的另一种翻译方法。

以中国实务界的现状来看,以上三个概念可以认为是同一个概念,企业名称中的关键词是"风险投资""私募股权投资"还是"创业投资"与企业所标榜的投资偏好和实际投资没有必然联系。市场的资源配置功能和资本的逐利性结合起来,使得投资企业不可能被自己标榜的投资偏好所严格约束。比如标榜投资初创企业的风险投资企业不会放弃投资上市前企业的好机会,宣扬投资发展期和上市前企业的私募股权投资企业也会把握好处于创业期的企业投资机会。

私募股权投资的股权争议，多数集中在对企业估值的调整领域。相对于投资企业，融资方如果没有足够的准备则必将处于弱势法律地位，投融资合同的瑕疵发展为股权争议常常需要较长的时间，股权争议具有较大程度的滞后性。

（四）改制上市

改制上市，可以简单说成是"上市"。因为，不一定每个公司都需要从有限责任公司"改制"成股份有限公司。有些一开始就有上市目标的公司设立时的公司形式就是股份有限公司。

改制上市容易出现股权争议的原因，在于变动过程中的利益分配和控制权分配变化，以及股东期望利益与现实利益、可能利益的落差。

不可否认的是，上市所带来的高市盈率希望，很容易激发人们内心更大的欲望。但就这一点而言，上市过程就足以滋生股权争议的细菌了。

[211] 上市辅导：包装与重组【☆☆】

上市辅导，是公司上市前的"必修课"。上市辅导，被有些业内人士戏称为"包装"。不过，严格说来，"包装"侧重于表面指标符合上市标准，包装不可能是辅导的全部内容。有些东西需要"分拆"和"组合"，而分拆和组合，事实上就是重组。有些公司上市前不需要改制，但是一般的公司在上市准备过程中都需要重组。

重组，是和券商、律师的"辅导"过程基本同步的。① 重组的结果，是规范股权结构、优化资产和负债配置、规范公司治理结构（最困难的是公司控制权的调整）。

在包装、重组过程中，利益划分会日益明晰，利益的估值也日益准确，拟上市公司的股东之间关于股份的争议，会小心翼翼地选择恰当的时间点生长出来。关于股份的争议，会和包装、重组中的问题混合起来，或者干脆不以股权争议的形式提出，而是以股份的重新调整为结果。

[212] 新三板【☆】

国际上的三板市场，又叫场外交易市场（OTC）或者柜台交易市场，是指非上市证券市场，也指在主板、创业板（二板）市场之外，专为有发展潜力、处于初创期和扩张期（成长期）的创新企业提供融资服务，同时又为创业风险资本提供股权转让和企业并购方式的退出途径，这是一个以证券公司为中介、以场外电子柜台交易为典型交易形态的新型资本市场。我国的三板市场分为老三板市场和新三板市场。老三板市场成立于2001年7月，是指由原STAQ（全国证券交易自动报价系统）和

---

① 在聘请券商入场之前，也可以聘请专业律师提前入场进行重组指导。

NET（中国证券交易系统）挂牌公司平移到代办股份转让系统的部分公司及深沪退市公司组成的交易系统。新三板市场成立于2006年1月，是指中关村科技园区的非上市股份有限公司进入代办系统进行股份报价转让试点，其设立的初衷在于为高成长的科技型中小企业提供投融资服务。目前业内所说的"新三板"，则是指全国中小企业股份转让系统。

新三板和股权分置改革一样，都是对历史产物的修正或者发展。股权分置改革，改变了我国上市公司"同股不同权"的怪现象，新三板则从专门为中关村科技园区非上市股份公司提供的代办股份转让平台，发展成为全国性的中小企业股份转让平台，是与老三板完全不同性质的三板市场。

[213] 全国中小企业股份转让系统【☆】

全国中小企业股份转让系统是经国务院批准设立的全国性证券交易场所，全国中小企业股份转让系统有限责任公司为其运营管理机构。2012年9月20日，公司在国家工商总局注册成立，注册资本30亿元。公司的股东是上海证券交易所、深圳证券交易所、中国证券登记结算有限责任公司、上海期货交易所、中国金融期货交易所、郑州商品交易所、大连商品交易所。注册地：北京市西城区金融大街丁26号。

公司的经营宗旨是：坚持公开、公平、公正的原则，完善市场功能，加强市场服务，维护市场秩序，推动市场创新，保护投资者及其他市场参与主体的合法权益，推动场外交易市场健康发展，促进民间投资和中小企业发展，有效服务实体经济。公司的经营范围是：组织安排非上市股份公司股份的公开转让；为非上市股份公司融资、并购等相关业务提供服务；为市场参与人提供信息、技术和培训服务。

设立全国中小企业股份转让系统是加快我国多层次资本市场建设发展的重要举措。公司将在中国证监会的领导下，不断改善中小企业金融环境，大力推动创新、创业，积极推动我国场外市场健康、稳定、持续发展。

[214] 新三板"上市"【☆☆】

被称为"新三板"的全国中小企业股份交易系统与场内市场之间存在转板机制。在"新三板"挂牌的企业已经由证监会核准成为公众公司，在全面具备沪、深交易所上市条件的情况下，可以直接向交易所进行上市申请，这实质上就是成熟市场的"介绍上市"模式的原则性规定，新三板因此成为中小企业到主板和创业板上市的极有价值的跳板。法律、法规与主板和创业板对接，但是门槛低而且没有实质审查环节，挂牌速度快，企业借此平台发展壮大后可以顺利转板，这对希望在主板或者创业板上市的中小企业而言无疑是个福音。新三板"上市"，对规范企业治理和融资大有裨益，新三板"上市"后转板成为中小企业的新上市路线图。

新三板与主板、创业板的转板机制也意味着除了直接公开发行并上市之外，风投（PE）、私募（VC）投资也可以获得新的退出方式——进入全国中小企业股份交易系统挂牌，即在新三板"上市"。

[215] 新三板的股份争议 【☆】

新三板挂牌，要求公司治理合法合规、股份清晰，公司可以实行股份激励计划，这些因素将导致股份争议从主板和创业板上市的节点提前到新三板挂牌这个节点。如果股东关于股份的争议不在此时解决，则现有利益格局将通过新三板挂牌的一系列法律文件固定下来。

在新三板挂牌的节点集中解决股份争议，比到主板、创业板上市的节点解决股份争议，对公司的不利影响要小得多。因为新三板市场挂牌前后，公司可以有足够回旋的时间，公司的价值尚且不是很高，股份争议对公司的影响相对较小。不过，这是对公司的原有股东而言的。新三板是一个股份转让平台，也是一个融资平台。通过融资也可能产生新的股份纠纷并发酵。新三板挂牌公司的股份激励计划本身，如果法律设计和实施不当，也可能会导致新的纠纷出现。

（五）清算阶段

公司的清算包括破产清算和普通清算。破产清算适用《企业破产法》，普通清算适用《公司法》。

破产清算阶段，公司的大股东、实际控制人、高管、关联方在"前破产阶段"从公司中获得的额外利益所引发的矛盾，将因为公司的破产清算而激化。

普通清算阶段，如果各个股东不再有新的合作，以前所聚集的矛盾也有可能在此时爆发，因为错过清算这个机会，之后就很难再通过法律途径解决争议了。

[216] 破产≠清算 【☆】

破产不等于清算。破产，不一定必须清算：在破产程序中，如果重整成功，则公司就会起死回生，免予清算。

清算，不但包括破产清算，也包括因为其他原因解散公司前的清算。比如公司存续期满股东决议解散公司、公司存续期内股东会决议解散公司、公司因为被吊销营业执照后依法应当进行的清算，只要不符合破产的条件，都不属于破产清算。

[217] 前破产清算阶段 【☆☆】

前破产清算阶段，可以分为1年、6个月两个时段。

在前破产阶段，公司无偿转让财产、以明显不合理价格进行交易（过高价格买入或者过高价格卖出）、对没有财产担保的债务提供财产担保、清偿未到期债务、放弃债权的行为，多与大股东、实际控制人、高管、关联方有关。在人民法院受理破产申请前1年内发生的上述问题，破产管理人将有权申请人民法院撤销。

在人民法院受理破产申请前6个月内，如果公司符合破产条件仍然对个别债务人清偿的，破产管理人将有权申请人民法院撤销。对个别债务人清偿的行为，也多与大股东、实际控制人、高管、关联方有关。

这个阶段股权争议的产生，多与大股东、实际控制人、高管、关联方未能与其他股东协商一致导致利益分配不均衡有关。

《企业破产法》第31条规定："人民法院受理破产申请前一年内，涉及债务人财产的下列行为，管理人有权请求人民法院予以撤销：（一）无偿转让财产的；（二）以明显不合理的价格进行交易的；（三）对没有财产担保的债务提供财产担保的；（四）对未到期的债务提前清偿的；（五）放弃债权的。"

《企业破产法》第32条规定："人民法院受理破产申请前六个月内，债务人有本法第二条第一款规定的情形，仍对个别债权人进行清偿的，管理人有权请求人民法院予以撤销。但是，个别清偿使债务人财产受益的除外。"[①]

《企业破产法》第33条规定："涉及债务人财产的下列行为无效：（一）为逃避债务而隐匿、转移财产的；（二）虚构债务或者承认不真实的债务的。"

四、股权争议方案的筹划

争议方案的筹划，和其他法律筹划一样，起码要尽量避免关于法律文本表述的歧义。

避免了法律文本的歧义，不难发现，股权争议中仍然会存在各执一词的争议点。在股权争议领域中，从股权合同最基本的概念到改制上市或者破产清算，争议点可能无处不在。因为股权争议的复杂性，主导股权设计的股东往往具有难以撼动的制衡优势。如果主导者自私，则会获得较多的优势；如果主导者公平，也会保证自己拥有足够的制约权利。

在高水平的法律方案中，每个环节都让对手无法发起攻击；在低水平的方案中，任何环节都可能变成将来致命的争议点。因此，从"股权"这个字眼出现开始，相关人士就应当明白，充分保护自己，绝不低估对方，才会做到合作愉快。应当先想

---

① 《企业破产法》第2条第1款规定："企业法人不能清偿到期债务，并且资产不足以清偿全部债务或者明显缺乏清偿能力的，依照本法规定清理债务。"

到最坏的情况，然后再开始做事。最坏的情形是对方已经聘请了高水平的专家律师组成了强大的团队，已经对我方的情况了如指掌，而自己还准备不足，并要律师赤膊上阵。[1]

(一) 股权争议方案筹划的原则

股权争议方案的筹划，是在对双方已有证据和取得新证据可能性的判断基础上，结合双方实力，进行博弈手段、路径的多角度、多梯度安排。例如，如果掌握对手控制下企业的部分逃税信息和对手将自己家用的票据拿到公司报销的证据，可从行政和刑事两条通道获得进一步的有利证据。(1) 行政通道——税务举报；(2) 刑事通道——职务侵占举报。前者，容易获得对手个人逃税和企业逃税的更多证据，并可以获得对手有关人员职务侵占、挪用财产等证据。后者，理论上可以达到相同目的，但是实际操作难度要大得多。

最佳的筹划方案，是切合当时、当地实际和对手实际情况的设计，我方才能够最终达到目的而且受益最大、成本最低。股东争议方案的筹划，意味着主动、积极地进行布局，主动、积极地实施方案。进攻方与防守方都可以进行股权争议方案的筹划。

不论是进攻方还是防守方，股权争议方案都应当坚持三项原则：(1) 对抗到底的准备；(2) 给对方谈判的机会；(3) 内部保持一致性。

[218] 对抗到底的准备【☆☆☆】

通常说来，不论股权争议双方是否力量均衡，不论双方是否错误判断博弈局面，都不影响股权争议不断深化的可能性。这种博弈和战争不同，因为只要有诉讼或者仲裁的信心和决心，对抗就会发生而且容易升级到非诉讼或者仲裁就难以解决的地步。有些时候，即使没有财力支撑，弱势一方仍然会坚持对抗，并且可能会取得意想不到的收获。这种博弈与战争有相同点。有充分对抗准备的一方会占有更多的博弈优势；相反，幻想不会出现对抗或者对抗难度不大的一方，因为轻敌或者忽视长期的消耗可能带来的困扰，非常容易陷入被动。

通过闪电战法解除对方高层的职务，似乎是一劳永逸的最佳选择，然而，解除对方在公司的职务，不等于化解对方在公司的影响，以及完全消除可能的对方反败为胜的风险。

---

[1] 在国际合作中，"最坏的情形"实际上可以认为是常态。当一个没有经验的企业还在合作对方编织的美梦中陶醉的时候，正在面对的是有强大律师团队支撑的对手。因为律师没有国界，不管是哪个国家的律师，都不可能有事先设定的立场，本国的顶尖律师也会加入对方的律师团队，所以，任何合作中，都不要幻想自己在法律上更有优势。正视现实，才会保护自己，才会从合作中获益而不是受损。

[219] 闪电战法【☆☆☆】

类似于军事上的闪电战法适用的条件,通过联合其他股东,集中股东表决权获得股东会表决优势,出其不意地经由股东会决议修改公司章程、解除对手在公司内的高层职务,并解决其他关键问题。

操作中的难点,有些案件在于联合其他股东集中表决权,有些案件在于如何按照公司章程的正常会议通知程序进行通知和告知表决事项,而不被对方察觉并采取反制措施,如何让对方在对自己不利的决议上签字或者不经其签字也让决议合法有效。

如果需要联合其他股东才可能实现闪电战的目的,现实中需要极大智慧的领域,是稳住中间派。判明中间派的"骑墙"态度,通过文件固定、合法授权、灵活签章等安排,固定中间派的一刹那对我方有利的意见、表态或者说辞,切断中间派的退路,并且最终形成在股东会上的真正优势,这些需要智慧,也需要技巧和经验。实务操作的重点,在于在对手不得不同意的文件中,用文字固定自己的胜利成果,防止各种漏洞,否则便会功亏一篑。

然而,毕其功于一役,只是闪电战发动者的良好愿望。解除对手职务后,即使可以永久性地占据绝对控股地位,也需要防止可能爆发或者隐藏的各种风险。这个工作,和让对手尽可能签字的文件一样,需要深入研究,根据实际情况进行实际分析,并且有充分的预见性。

[220] 消耗战法【☆☆☆】

在诉讼中,采取消耗的方法有可能会将对方的财力、精力和意志消耗完,逼迫对手最终放弃对抗而选择妥协或者放弃。

拖长诉讼时间,用自己相对较低的成本与对方进行长期对抗,是一些企业或者强势人群惯常使用的方法。如果有自己比较固定的诉讼律师,诉讼成本较低,财力雄厚,类似的争议已经或者可能比较多,加上道德底线比正常的标准低,这种公司或者强势人群就倾向于采取这种拖延诉讼的方式。

拖延,即使不让弱势对手放弃或者妥协,也会让他们付出比正常水平高得多的代价。让类似争议者望而却步,"打不赢官司也要拖死你",就是这种人典型的心理。

在现实中,这种消耗战法屡屡奏效,原因之一是我国诉讼的败诉方除了承担诉讼费用外,不承担对方的聘请律师的成本和其他诉讼成本——少数知识产权案件除外。

[221] 反消耗战法 【☆☆☆】

消耗战法也有不灵的时候。案件引起广泛关注，或者对手的律师技高一筹，或者对方是更高的消耗战高手等，都可能使消耗战法失灵。消耗战安排，不一定确实让对方发生想象中的消耗，而完全可能变成一厢情愿的空想。

诉讼领域如此，仲裁领域更是如此。如果对手开始就预见到可能出现的问题，在双方关系融洽的时候，会使双方一致选择仲裁作为解决争议的方法并签订有效的仲裁协议，则消耗战失灵的可能性更大。因为仲裁是一裁终局，而且负方可能承担胜方相当比例的律师费用。

[222] 可持续的谈判过程 【☆☆☆】

不论是初始阶段的协商，还是之后的和解、调解，谈判，都是其表现形式。因此可以说，谈判，似乎永远都有可能。谈判，贯穿各种非对抗途径的全过程，而且在对抗途径中也始终有进行的可能。

哪一方有更充分的对抗优势，哪一方就有更多的谈判优势。无充分对抗准备的谈判，将很可能是失败的谈判——除非对方更缺乏经验。

[223] 给对方谈判的机会 【☆☆☆】

实践中，应当注意不要把谈判的可能性扼杀掉。事情不要做绝，尤其不要从人格等方面否定对方；不要激起对方鱼死网破、玉石俱焚的念头，更不要使对方坚定"不蒸馒头争口气"的思想。

要让对方明白，股权争议，实质上是利益的纷争，最终不是感情的冲突。理智，应当是股权争议各方评判争议的中坚力量。换言之，如果强调股权争议的利益属性，而且不把利益大小绝对化，对方就有寻求妥协的机会。

股权争议，和其他民事争议一样，实际上是利益和成本、风险的全面博弈过程。即使夹杂着报复、仇恨等心理，也不至于到"赔偿精神损失"的地步。

[224] 内部的一致性 【☆☆☆】

我方内部的一致性，包括保密和不出现利益冲突。

保密的根本，在于我方选择前后一致的发言人，其他人不对外表态——实在要说话，就说一些诸如"无可奉告""目前暂不适合发表评论"之类的外交辞令。其他人，特别是委托人本人或者公司的法定代表人，在任何非高度保密的场合，不要轻易谈论和争议有关的内容，不要擅自作出肯定或者否定的表述，不要对争议表示强烈的关注。如果委托律师处理股权争议，在非高度保密的场合，应当说"此事已经委托律师处理""此事将要委托律师处理""我（们）的律师会处理的"等客观的说法，回避本人对争议的态度、观点和对争议相关事实的回忆。

不出现利益冲突，是指在股权争议期间，在我方内部不要出现负责人的更替或者有关人员的利益冲突。

[225] 负责人更替带来的内乱【☆☆☆】

在负责人更替过程中和更替之后，关于股权争议的处理方略，常常会出现微妙的变化。比如，继任者对前任的不满意或者不理解、希望超过前任、希望找到前任的不足等人性弱点，都会演变成为内部利益冲突。继任者突然实施的新策略、对前任所倚重律师的工作不配合，也会造成内部利益冲突。

内部利益冲突外化后，将产生干扰、拖延、泄密、与对方勾结等削弱自己的情形，这也是股权争议中不利一方采取拖延战术的重要原因。拖延，等到对方出现变化，就可以利用对方内部的裂痕赢得优势。

（二）股权争议方案筹划的目标

股权争议方案筹划的目标，可能不是股权争议者的原始目标，而是根据实际的法律分析和经济分析后重新确定的目标。如果根据股东是否愿意继续持有股权的标准，可以把股权争议筹划的目标分为分裂式目标与重构式目标。重构式目标可以继续细分为股权式重构和制度式重构。

[226] 股权争议目标之一：分裂【☆☆】

设定分裂式目标，是基于原先股东合作关系彻底破裂且无法修复的结果。实现分裂式目标有股权转让、股权回购、公司分立、公司解散四种基本途径。

股权转让，可以迫使对方转让股权，也可以是自己转让股权。股权回购可以是公司收购对方的股权，也可以是公司收购自己所持有的股权。股权转让和股权回购所针对的对象是股权，不是公司。

公司解散，是股权争议各方鱼死网破的方法，因为公司的价值在公司解散清算时和在公司正常存续时是完全不同的：前者相当于将活牛宰掉分割后的价值，后者相当于将活牛作为整体看待的价值。公司分立作为一种解决方案，需要股权争议各方有比解散公司更高的智慧和胸怀才能实施。公司解散和公司分立所针对的对象不是股权，而是公司。

顺利实现分裂式目标，等于顺利将股东从股权争议中解放出来。

[227] 股权争议目标之二：重构【☆☆】

在股东发生争议后，通过重构公司的股权结构和各项重要制度，使公司获得新的稳定的发展格局。

[228] 股权式重构【☆☆】

股权式重构，是通过改变原有股权比例和股东表决权比例对公司进行重新构造。通过股权式重构，各方股东在股东会中的话语权得到重新配置并为各方股东所接受。

在股权式重构的博弈过程中，强制股权稀释等股东不公平行为可能导致股东分裂，从而使股权重构的过程变成股东分裂的过程。

[229] 制度式重构【☆☆】

制度式重构，是指在公司章程和内部规章制度层面上，对公司进行重构。制度式重构的结果，是改变公司的重要制度并以此改变公司治理结构形成新的利益分配格局。

制度重构不等于更换个别董事、监事、高管等高层人员，而是改变原有的产生、更换董事、监事、高管的机制和其他重要制度。

(三) 股权争议时机的判断

争议时机，应当是我方掌握充分的有力证据之后，即使诉讼也能获胜的时候。或者，是我方获得了足够的优势，对方能够清晰认识到无法与我方抗衡或者对抗将失去巨大利益的时候。我方胜诉的把握越大，优势越明显，时机越成熟。

最佳的争议时机，还应当考虑我方的经济负担能力和其他经济利益。从经济负担能力的角度来说，没有足够的经济能力是不可能聘请到高水平律师的，也难以承担各种调查和聘请会计师事务所等其他中介机构的费用；从其他经济利益的角度来说，某些合同在争议出现后就无法很好履行，则应当考虑是否等到该合同履行后再提起股权争议。

不恰当的时机提起股权争议，容易在准备不足或者其他条件不具备的时候过早暴露我方意图，导致我方陷入被动局面。

五、灰色方案和黑色方案

在色阶中，黑白对比鲜明，灰色处于二者之间。类似的，本书所说的黑色方案是违法方案，灰色方案是具有合法形式的不合法方案或者是含有不合法因素的方案，白色方案是合法方案。

[230] 违约、侵权和经济犯罪【☆】

违约，相应的责任是违约责任，违约责任的大小以填补损失为限；侵权，相应的责任是侵权责任，侵权的民事责任不完全受损失大小的限制；经济犯罪，相应的责任则是刑事责任和附带民事责任。

违约和侵权、经济犯罪有可能会指向同一个事实。这时，重要的是进攻方的选择：选择民事诉讼的话，应当在违约和侵权之间谨慎选择突破口；如果确有把握的话，也可以选择以举报、控告的方式让对方承担刑事责任，一并解决民事纠纷。应当警惕的是，不要因为对方可能承担刑事责任而超过民事纠纷的合理范围向对方漫天要价，否则可能涉嫌敲诈勒索犯罪。

（一）灰色方案及其否定

如上所述，灰色方案是形式具有合法性，但是实质不合法或者含有不合法因素的方案，是不应当主动设计却应当充分估计并谨慎应对的方案。

实际生活中，灰色方案的出炉，主要原因有不择手段的积习、赌博心态，也有对法律的无知或者因为谙熟法律的弱点而争取占据主动地位的积极设计。

[231] 灰色区域【☆☆☆】

地方保护主义和以地方保护为借口的更为灰暗的负面社会力量，和正面社会力量一样，是不能忽视的现实因素。正像我们不是生活在真空中一样，我们解决争议的方法也不是在真空中形成的，认识不到这一点，可以算是一个标准的书呆子了。也正是在这个层面上，我们看出真正的法律专家必然是对当地、当时实际情形把握到位的法律人。

可以用旅行团来打比方。我们参加国内旅行团旅游，必然会有一个被称为"地接""地导""地陪"的当地导游在当地带队。法律人的情形与此有些相似，即如果对当地情形不熟悉，就像旅行团缺了"地导"一样会遇到各种困难。因此，法律人不应当回避这些问题，而应当能够解决这些问题。

借助负面社会力量进行股权争议，就进入了灰色区域。除此之外，以对方的与争议无关的财产权、名誉权等民事权利损失或者承担行政责任、刑事责任为筹码进行的股权争议，也会超出正常股权争议而进入灰色区域。法律人不应当主动进入灰色区域，但是当对方把股权争议引入灰色区域时，因其自身的风险也在增加，经验丰富的法律人应当有足够的智慧找到对方的破绽和解决问题的最优方案。

[232] 抽逃出资的查证【☆☆☆】

抽逃出资是一种变相违反出资义务的行为，是在公司成立之后，股东非经法定程序——有时是在秘密的状态下从公司抽回相当于已缴纳出资数额的财产，同时继续持有公司股东身份。①

对抽逃出资行为的认定，关键是对股东在获取公司的资金或者其他财产时是否向公司支付了合理的对价。"判断是否支付了公正合理的对价，其主要依据是公司的相关财务资料，比如公司的资产负债表、长期投资账册、资产损益表、财务状况变动表、利润分配表及其工作底稿等。"② 对复杂的抽逃出资行为，还需要进一步结合各种记账凭证等其他财务资料进行专业调查或者委托进行司法审计。

有些股东出资后，直接将款项转走，这类抽逃出资行为非常容易查证。有些股东与公司之间虚构业务往来以抽逃出资，在公司的账簿和记账凭证上往往以"应收账款"的方式长期挂账。以应收账款表现出来的没有业务实质的抽逃出资，查证的难度就比较大。查证难度更大的是通过第三方提供服务的方式，将公司的大量资金转入第三方公司的抽逃方式。

[233] 虚假出资【☆☆】

虚假出资，在 2005 年《公司法》修改之前比较严重；2005 年《公司法》修改之后，这种行为也没有绝迹，因为注册资本的多寡，在较大程度上显示了公司的实力，而且有相当多的人认为，注册资本越多，公司越不容易逃债，公司倒闭的可能性就越小。③

2014 年 3 月 1 日生效的修改后的《公司法》在公司出资方面规定得更加宽松，取消了原先坚持的"验资"程序，虚假出资更容易操作了；但是，因为取消了出资期限的限制，除非属于法律对出资有特别要求的行业，虚假出资多数情况下显得不太必要了。

[234] 相互持股的迷局【☆☆】

两个公司相互投资、相互持股的现象，不违反《公司法》的强制性规定。相互

---

① 参见赵旭东、傅穹、孙有强等著：《公司资本制度改革研究》，法律出版社 2004 年版，第 301 页。
② 上海市高级人民法院：《公司法疑难问题解析》，法律出版社 2004 年版，第 47 页。
③ 显然，在我国，以注册资本数额的大小判断公司实力，对初创的公司而言，有一定的合理性，但是对经营时间较长的公司，则不尽科学；而对那些经营不善的公司而言，则明显是错误的。至于判断公司是否可能倒闭，注册资本本身几乎没有太多参考价值。

投资除了会导致企业虚增资本外，还会引起虚假出资或抽逃资本等问题——如公司可以通过安排子公司向自己投资而抽逃其对子公司的出资，损害子公司的债权人及其他股东的权益。① 公司相互持股似乎可以形成抽逃出资又不违反法律规定的局面，如果子公司数量不止一个，甚至还因此形成企业集团式的复杂架构。

我国《公司法》明确规定，一个自然人设立的一人公司不得再设立一人公司，从法律规定层面杜绝了一个自然人作为唯一股东完全控制一个企业集团的情形。但是，一个自然人作为大股东，控制一个公司，这个公司再设立子公司并形成互相持股的局面并非不可能。这种公司相互持股的游戏，创造了法律上的企业集团，但是，充其量也就是等于把一个公司变成了一群公司而已，抽逃资本的现象并未实际发生。因为，抽逃出资是作为股东的抽逃出资，是股东把投入公司的资金抽回到自己手里，但是，这一群公司中股东的出资并未回到股东的口袋里，所以相互持股严格说来没有哪个股东实施抽逃出资的行为，也没有哪个股东获得了抽逃出资的结果。

规制公司的法律，并不是只有一部《公司法》及相关的行政法规和司法解释以及《刑法》的规定。在考察公司的行为时，应当熟悉税法和会计法，这样才能更加全面地观察复杂的公司设计在我国法律体系内的最终结果。通过现行公司法律、税收法律和会计法律综合观察，结论是：一个大股东控制下相互持股的一群公司，和这个股东直接控制的一个公司的法律结果基本相同。

[235] 背信弃义【☆☆☆】

对法律的不理解和对事实的认识不同导致的股权争议，会产生和集聚矛盾，但是不一定会产生和集聚仇恨。因为背信弃义而导致的"睁着眼睛说瞎话"，会直接产生仇恨。矛盾容易化解，仇恨难以消融。矛盾和仇恨，都是社会不稳定因素的根源，后者的破坏力要远远大于前者。

股权争议中的背信弃义，常见的是名义股东根据表面证据主张自己是实际出资人、利用无书面信托合同的漏洞将信托股权据为己有、利用虚假财务文件等法律文件踢出股东、利用股东空白签名剥夺股东权利等，其恶劣程度相当于债权争议中凭着未销毁的借条让已经归还欠款的朋友再次还款的行为。背信弃义的股权争议，是不能提倡也不能纵容的，因为会引发不安定因素而对社会具有强烈的破坏力——不但不可避免地侵蚀信用、道德等抽象层面的社会价值，也实实在在地能产生破坏参与争议者的身体或者财产的巨大风险。

---

① 参见史济春：《企业和公司法》，中国人民大学出版社2008年版，第169页。

(二) 黑色方案及其否定

股权争议和其他财产争议一样，可以引发刑事犯罪问题。股东之间因为股权纠纷而敲诈勒索、绑架、抢劫、杀人等明显触犯刑法规定的方案，称为黑色方案。黑色方案，对于正常人来说是绝对不可能选择的方案，因为即使刑事案件的破案率不可能是百分之百，即使争议对方毫无道德可言，因为经济纠纷而犯罪也明显颠倒了问题的主次。

[236] 愿赌服输【☆☆☆】

股权争议和其他财产争议一样，参与者应当有"愿赌服输"的心态。如果自己在股权投资中经验不足而吃亏上当，应当和用正品价格买了一件次品衣服一样，穷尽正常渠道且无法维护自己权益或者维护权益的成本过高时，果断放弃即可，放弃的回报可以是保全自己的身心。愿赌服输，是一种态度，也是一种智慧。生活中到处都可能有博弈，从某种意义上说，生命本身是连续的博弈过程。让每一次博弈不至于毁灭生命或者过分干扰生命的过程，需要愿赌服输的心态。

无休止的纠缠，实际上是在把自己的失败与自己的现在和未来进行不利的绑定。企业家在企业所有权或者控制权被别人无耻地剥夺并确实无力回天后，有些人选择的是倾家荡产、全力以赴地讨说法和再补救，有些人选择的则是忍辱负重、东山再起！战场上惨败，项羽在乌江选择了自刎以避免遭受继续博弈中的窘迫，而曹操则在华容道选择了逃跑以获得继续博弈的机会。我们每个人的能力都是有限的，精力也是有限的。生活的大智慧，在于安排自己的时间，安排好了时间就等于安排了生命的样式和走向。无论何时，我们都应当把时间用在对自己最有帮助的事情上。在陷入困境的时候，需要做的是避免更大的损失，避免陷入更大的困境，迅速找到今后生命的支点，早日起飞进入快速发展的航道，全力飞向属于自己的精彩明天。

[237] 股权争议引发的惨案【☆☆☆】

2009年7月19日零时许，台风夜暴雨倾盆，陈某携刀到畔山花园向某某的住处，将向家夫妇杀害，向家保姆黄某某重伤，向某某的岳母轻微伤，向某某的儿子幸免于难。[①]

深圳市检察院公诉人指控称，案发前，陈某与被害人向某某合伙开公司，因公司没有会计人员，该公司账目不清致使陈某损失12万余元，陈某多次找向某某索要投资未果，还遭到向某某及其妻子戴某某殴打，陈某遂产生对向某某夫妇报复的心理。[②]

---

① 参见丰雷、高贵彬：《投资失败持刀血洗合伙人家》，载《南方都市报》2010年3月11日。
② 参见梁锦弟、汪小汉：《深圳灭门案幸存6岁幼儿 被受伤保姆索赔22万》，载腾讯大粤网（http://gd.qq.com/a/20130801/003362.htm），访问日期：2013年8月1日。

从股权争议到暴力犯罪,从财产争议到同归于尽,这种路线图是我国创业者需要特别警惕的。

(三) 单位犯罪

灰色方案和黑色方案带来的法律风险,严重的可能涉及刑事责任,甚至是单位的刑事责任。单位犯罪是法律方案设计和应对都应当注意的领域。在诉讼和非诉讼领域,熟悉单位犯罪,对公司及其高层的股权纠纷、债权纠纷都有重要的作用。

[238] 单位犯罪的双罚制【☆】

双罚:既追究单位责任,也追究个人责任。

刑法中的双罚制,通俗理解,就是指单位犯罪案件,既处罚单位,也处罚个人。①

在双罚制下,对单位,是罚金;对有关个人,则会有罚金、管制、拘役、有期徒刑、无期徒刑、死刑等多种处罚。

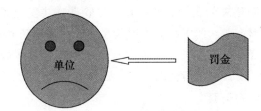

图 9-1 双罚制下单位的刑事责任

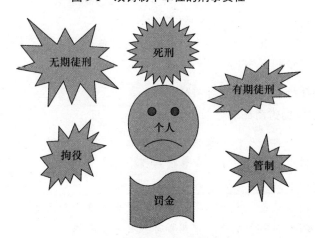

图 9-2 双罚制下个人的刑事责任

---

① 《刑法》第 31 条规定:"单位犯罪的,对单位判处罚金,并对其直接负责的主管人员和其他直接责任人员判处刑罚。"

[239] 双罚制犯罪的种类【☆】

本书罗列《刑法》双罚制的有关规定、罪名，目的在于给读者以深刻的印象：

刑法关于单位犯罪的双罚制规定，种类繁多，法网繁复。每一个规定，每一个罪名，都是一张网。

法律这么复杂的规定，有些似乎是毫无用处的。假设把法网比作渔网，现实，就会如一个黄河岸边的老渔夫所说："黄河千层网，网网都有鱼。"如果翻看我国法院的刑事案卷，会明白此言不虚。

所以，每一个法律规定，不光是一个法网，也都是一个警钟。

在以下列举的犯罪中，仅列举具体罪名和极其重要的法条。未列举有关法条的罪名，其罪状（假定条件）和法定刑，请读者查阅刑法的相关规定。如果需要进一步研究，请参考最高人民法院的司法解释、《最高人民法院公报》，以及国家有关刑事政策、近期重要案例。

与单位犯罪双罚制相关的犯罪，共有6类：危害公共安全罪、破坏社会主义市场经济秩序罪、侵犯财产罪、妨害社会管理秩序罪、危害国防利益罪、贪污贿赂罪。为了查阅方便，下面详细列举相关犯罪种类及重要条款的具体规定。其中包括《刑法修正案》（一）至（八）修正后的内容。

第一类：危害公共安全罪

第一百二十五条　非法制造、买卖、运输、邮寄、储存枪支、弹药、爆炸物罪，非法制造、买卖、运输、储存危险物质罪

第一百二十八条　非法持有、私藏枪支、弹药罪，非法出租、出借枪支罪，非法出租、出借枪支罪

第二类：破坏社会主义市场经济秩序罪

1. 生产、销售伪劣商品罪

第一百四十条　生产、销售伪劣产品罪

第一百四十一条　生产、销售假药罪

第一百四十二条　生产、销售劣药罪

第一百四十三条　生产、销售不符合卫生标准的食品罪

第一百四十四条　生产、销售有毒、有害食品罪

第一百四十五条　生产、销售不符合标准的医用器材罪

第一百四十六条　生产、销售不符合安全标准的产品罪

第一百四十七条　生产、销售伪劣农药、兽药、化肥、种子罪

第一百四十八条　生产、销售不符合卫生标准的化妆品罪

第一百四十九条　生产、销售本节第一百四十一条至第一百四十八条所列产品，不构成各该条规定的犯罪，但是销售金额在五万元以上的，依照本节第一百四十条的规定定罪处罚。

生产、销售本节第一百四十一条至第一百四十八条所列产品，构成各该条规定的犯罪，同时又构成本节第一百四十条规定之罪的，依照处罚较重的规定定罪处罚。

第一百五十条　单位犯本节第一百四十条至第一百四十八条规定之罪的，对单位判处罚金，并对其直接负责的主管人员和其他直接责任人员，依照各该条的规定处罚。

2. 走私罪

第一百五十一条　走私武器、弹药罪，走私核材料罪、走私假币罪

走私文物罪、走私贵重金属罪、走私珍贵动物罪、走私珍贵动物制品罪、走私珍稀植物、走私珍稀植物制品罪

第一百五十二条　走私淫秽物品罪、走私废物罪

第一百五十三条　走私本法第一百五十一条、第一百五十二条、第三百四十七条规定以外的货物、物品的，根据情节轻重，分别依照下列规定处罚：

（一）走私货物、物品偷逃应缴税额较大或者一年内曾因走私被给予二次行政处罚后又走私的，处三年以下有期徒刑或者拘役，并处偷逃应缴税额一倍以上五倍以下罚金。

（二）走私货物、物品偷逃应缴税额巨大或者有其他严重情节的，处三年以上十年以下有期徒刑，并处偷逃应缴税额一倍以上五倍以下罚金。

（三）走私货物、物品偷逃应缴税额特别巨大或者有其他特别严重情节的，处十年以上有期徒刑或者无期徒刑，并处偷逃应缴税额一倍以上五倍以下罚金或者没收财产。（走私普通货物、物品罪）

3. 妨害对公司、企业的管理秩序罪

第一百五十八条　虚报注册资本罪

第一百五十九条　虚假出资、抽逃出资罪

第一百六十条　欺诈发行股票、债券罪

第一百六十二条　妨害清算罪

第一百六十二条之一　隐匿、故意销毁会计凭证、会计账簿、财务会计报告罪

第一百六十二条之二　公司、企业通过隐匿财产、承担虚构的债务或者以其他方法转移、处分财产，实施虚假破产，严重损害债权人或者其他人利益的，对其直接负责的主管人员和其他直接责任人员，处五年以下有期徒刑或者拘役，并处或者单处二万元以上二十万元以下罚金。(虚假破产罪)

第一百六十四条　对非国家工作人员行贿罪

第一百六十九条之一　上市公司的董事、监事、高级管理人员违背对公司的忠实义务，利用职务便利，操纵上市公司从事下列行为之一，致使上市公司利益遭受重大损失的，处三年以下有期徒刑或者拘役，并处或者单处罚金；致使上市公司利益遭受特别重大损失的，处三年以上七年以下有期徒刑，并处罚金：

（一）无偿向其他单位或者个人提供资金、商品、服务或者其他资产的；

（二）以明显不公平的条件，提供或者接受资金、商品、服务或者其他资产的；

（三）向明显不具有清偿能力的单位或个人提供资金、商品、服务或者其他资产的；

（四）为明显不具有清偿能力的单位或者个人提供担保，或者无正当理由为其他单位或者个人提供担保的；

（五）无正当理由放弃债权、承担债务的；

（六）采用其他方式损害上市公司利益的。

上市公司的控股股东或者实际控制人，指使上市公司董事、监事、高级管理人员实施前款行为的，依照前款的规定处罚。

犯前款罪的上市公司的控股股东或者实际控制人是单位的，对单位判处罚金，并对其直接负责的主管人员和其他直接责任人员，依照第一款的规定处罚。(背信损害上市公司利益罪)

4. 破坏金融管理秩序罪

第一百七十四条　擅自设立金融机构罪

　　　　　　　　伪造、变造、转让金融机构经营许可证、批准文件罪

第一百七十五条　高利转贷罪

第一百七十五条之一　骗取贷款、票据承兑、金融票证罪

第一百七十六条　非法吸收公众存款罪

第一百七十七条　伪造、变造金融票证罪

第一百七十七条之一　妨害信用卡管理罪

第一百七十八条　伪造、变造国家有价证券罪
　　　　　　　　伪造、变造股票、公司、企业债券罪
第一百七十九条　擅自发行股票、公司、企业债券罪
第一百八十条　内幕交易、泄露内幕信息罪
第一百八十一条　编造并传播证券、期货交易虚假信息罪
　　　　　　　　诱骗投资者买卖证券、期货合约罪
第一百八十二条　操纵证券、期货市场罪
第一百八十五条之一　背信运用受托财产罪
　　　　　　　　违法运用资金罪
第一百八十六条　违法发放贷款罪
第一百八十七条　吸收客户资金不入账罪
第一百八十八条　违法出具金融票证罪
第一百八十九条　对违法票据承兑、付款、保证罪

　　第一百九十条　公司、企业或者其他单位，违反国家规定，擅自将外汇存放境外，或者将境内的外汇非法转移到境外，数额较大的，对单位判处逃汇数额百分之五以上百分之三十以下罚金，并对其直接负责的主管人员和其他直接责任人员处五年以下有期徒刑或者拘役；数额巨大或者有其他严重情节的，对单位判处逃汇数额百分之五以上百分之三十以下罚金，并对其直接负责的主管人员和其他直接责任人员处五年以上有期徒刑。

　　第一百九十一条　明知是毒品犯罪、黑社会性质的组织犯罪、恐怖活动犯罪、走私犯罪、贪污贿赂犯罪、破坏金融管理秩序犯罪、金融诈骗犯罪的所得及其产生的收益，为掩饰、隐瞒其来源和性质，有下列行为之一的，没收实施以上犯罪的所得及其产生的收益，处五年以下有期徒刑或者拘役，并处或者单处洗钱数额百分之五以上百分之二十以下罚金；情节严重的，处五年以上十年以下有期徒刑，并处洗钱数额百分之五以上百分之二十以下罚金：

　　（一）提供资金账户的；
　　（二）协助将财产转换为现金、金融票据、有价证券的；
　　（三）通过转账或者其他结算方式协助资金转移的；
　　（四）协助将资金汇往境外的；
　　（五）以其他方法掩饰、隐瞒犯罪所得及其收益的来源和性质的。

　　单位犯前款罪的，对单位判处罚金，并对其直接负责的主管人员和其他直接责任人员，处五年以下有期徒刑或者拘役；情节严重的，处五年以上十年以下有期徒刑。（洗钱罪）

5. 金融诈骗罪

第一百九十二条　集资诈骗罪

第一百九十四条　有下列情形之一，进行金融票据诈骗活动，数额较大的，处五年以下有期徒刑或者拘役，并处二万元以上二十万元以下罚金；数额巨大或者有其他严重情节的，处五年以上十年以下有期徒刑，并处五万元以上五十万元以下罚金；数额特别巨大或者有其他特别严重情节的，处十年以上有期徒刑或者无期徒刑，并处五万元以上五十万元以下罚金或者没收财产：

（一）明知是伪造、变造的汇票、本票、支票而使用的；

（二）明知是作废的汇票、本票、支票而使用的；

（三）冒用他人的汇票、本票、支票的；

（四）签发空头支票或者与其预留印鉴不符的支票，骗取财物的；

（五）汇票、本票的出票人签发无资金保证的汇票、本票或者在出票时作虚假记载，骗取财物的。（票据诈骗罪）

使用伪造、变造的委托收款凭证、汇款凭证、银行存单等其他银行结算凭证的，依照前款的规定处罚。（金融凭证诈骗罪）

第一百九十五条　信用证诈骗罪

第一百九十八条　保险诈骗罪

第二百条　单位犯本节第一百九十二条、第一百九十四条、第一百九十五条规定之罪的，对单位判处罚金，并对其直接负责的主管人员和其他直接责任人员，处五年以下有期徒刑或者拘役，可以并处罚金；数额巨大或者有其他严重情节的，处五年以上十年以下有期徒刑，并处罚金；数额特别巨大或者有其他特别严重情节的，处十年以上有期徒刑或者无期徒刑，并处罚金。（单位犯金融诈骗罪）

6. 危害税收征管罪

第二百零一条　纳税人采取欺骗、隐瞒手段进行虚假纳税申报或者不申报，逃避缴纳税款数额较大并且占应纳税额百分之十以上的，处三年以下有期徒刑或者拘役，并处罚金；数额巨大并且占应纳税额百分之三十以上的，处三年以上七年以下有期徒刑，并处罚金。

扣缴义务人采取前款所列手段，不缴或者少缴已扣、已收税款，数额较大的，依照前款的规定处罚。

对多次实施前两款行为，未经处理的，按照累计数额计算。

有第一款行为，经税务机关依法下达追缴通知后，补缴应纳税款，缴纳滞纳金，已受行政处罚的，不予追究刑事责任；但是，五年内因逃避缴纳税款受

过刑事处罚或者被税务机关给予二次以上行政处罚的除外。(逃税罪)

第二百零三条　纳税人欠缴应纳税款，采取转移或者隐匿财产的手段，致使税务机关无法追缴欠缴的税款，数额在一万元以上不满十万元的，处三年以下有期徒刑或者拘役，并处或者单处欠缴税款一倍以上五倍以下罚金；数额在十万元以上的，处三年以上七年以下有期徒刑，并处欠缴税款一倍以上五倍以下罚金。(逃避追缴欠税罪)

第二百零四条　以假报出口或者其他欺骗手段，骗取国家出口退税款，数额较大的，处五年以下有期徒刑或者拘役，并处骗取税款一倍以上五倍以下罚金；数额巨大或者有其他严重情节的，处五年以上十年以下有期徒刑，并处骗取税款一倍以上五倍以下罚金；数额特别巨大或者有其他特别严重情节的，处十年以上有期徒刑或者无期徒刑，并处骗取税款一倍以上五倍以下罚金或者没收财产。(骗取出口退税罪)

纳税人缴纳税款后，采取前款规定的欺骗方法，骗取所缴纳的税款的，依照本法第二百零一条的规定定罪处罚；骗取税款超过所缴纳的税款部分，依照前款的规定处罚。(偷税罪、骗取出口退税罪)

第二百零五条　虚开增值税专用发票或者虚开用于骗取出口退税、抵扣税款的其他发票的，处三年以下有期徒刑或者拘役，并处二万元以上二十万元以下罚金；虚开的税款数额较大或者有其他严重情节的，处三年以上十年以下有期徒刑，并处五万元以上五十万元以下罚金；虚开的税款数额巨大或者有其他特别严重情节的，处十年以上有期徒刑或者无期徒刑，并处五万元以上五十万元以下罚金或者没收财产。

单位犯本条规定之罪的，对单位判处罚金，并对其直接负责的主管人员和其他直接责任人员，处三年以下有期徒刑或者拘役；虚开的税款数额较大或者有其他严重情节的，处三年以上十年以下有期徒刑；虚开的税款数额巨大或者有其他特别严重情节的，处十年以上有期徒刑或者无期徒刑。

虚开增值税专用发票或者虚开用于骗取出口退税、抵扣税款的其他发票，是指有为他人虚开、为自己虚开、让他人为自己虚开、介绍他人虚开行为之一的。(虚开增值税专业发票、用于骗取出口退税、抵扣税款发票罪)

第二百零五条之一　虚开本法第二百零五条规定以外的其他发票，情节严重的，处二年以下有期徒刑、拘役或者管制，并处罚金；情节特别严重的，处二年以上七年以下有期徒刑，并处罚金。

单位犯前款罪的，对单位判处罚金，并对其直接负责的主管人员和其他直接责任人员，依照前款的规定处罚。(虚开发票罪)

第二百零六条 伪造或者出售伪造的增值税专用发票的，处三年以下有期徒刑、拘役或者管制，并处二万元以上二十万元以下罚金；数量较大或者有其他严重情节的，处三年以上十年以下有期徒刑，并处五万元以上五十万元以下罚金；数量巨大或者有其他特别严重情节的，处十年以上有期徒刑或者无期徒刑，并处五万元以上五十万元以下罚金或者没收财产。

单位犯本条规定之罪的，对单位判处罚金，并对其直接负责的主管人员和其他直接责任人员，处三年以下有期徒刑、拘役或者管制；数量较大或者有其他严重情节的，处三年以上十年以下有期徒刑；数量巨大或者有其他特别严重情节的，处十年以上有期徒刑或者无期徒刑。（伪造、出售伪造的增值税专用发票罪）

第二百零七条 非法出售增值税专用发票的，处三年以下有期徒刑、拘役或者管制，并处二万元以上二十万元以下罚金；数量较大的，处三年以上十年以下有期徒刑，并处五万元以上五十万元以下罚金；数量巨大的，处十年以上有期徒刑或者无期徒刑，并处五万元以上五十万元以下罚金或者没收财产。（非法出售增值税专用发票罪）

第二百零八条 非法购买增值税专用发票或者购买伪造的增值税专用发票的，处五年以下有期徒刑或者拘役，并处或者单处二万元以上二十万元以下罚金。

非法购买增值税专用发票或者购买伪造的增值税专用发票又虚开或者出售的，分别依照本法第二百零五条、第二百零六条、第二百零七条的规定定罪处罚。（非法购买增值税专用发票、购买伪造的增值税专用发票罪、虚开增值税专用发票罪、出售伪造的增值税专用发票罪、非法出售增值税专用发票罪）

第二百零九条 伪造、擅自制造或者出售伪造、擅自制造的可以用于骗取出口退税、抵扣税款的其他发票的，处三年以下有期徒刑、拘役或者管制，并处二万元以上二十万元以下罚金；数量巨大的，处三年以上七年以下有期徒刑，并处五万元以上五十万元以下罚金；数量特别巨大的，处七年以上有期徒刑，并处五万元以上五十万元以下罚金或者没收财产。（非法制造、出售非法制造的用于骗取出口退税、抵押税款发票罪）

伪造、擅自制造或者出售伪造、擅自制造的前款规定以外的其他发票的，处二年以下有期徒刑、拘役或者管制，并处或者单处一万元以上五万元以下罚金；情节严重的，处二年以上七年以下有期徒刑，并处五万元以上五十万元以下罚金。（非法制造、出售非法制造的发票罪）

非法出售可以用于骗取出口退税、抵扣税款的其他发票的，依照第一款的

规定处罚。(非法出售用于骗取出口退税、抵扣税款发票罪)

非法出售第三款规定以外的其他发票的，依照第二款的规定处罚。(非法出售发票罪)

第二百一十一条　单位犯本节第二百零一条、第二百零三条、第二百零四条、第二百零七条、第二百零八条、第二百零九条规定之罪的，对单位判处罚金，并对其直接负责的主管人员和其他直接责任人员，依照各该条的规定处罚。

7. 侵犯知识产权罪

第二百一十三条　假冒注册商标罪

第二百一十九条　侵犯商业秘密罪

第二百二十条　单位犯本节第二百一十三条至第二百一十九条规定之罪的，对单位判处罚金，并对其直接负责的主管人员和其他直接责任人员，依照本节各该条的规定处罚。(单位犯侵犯知识产权罪)

8. 扰乱市场秩序罪

第二百二十一条　损害商业信誉、商品声誉罪

第二百二十二条　广告主、广告经营者、广告发布者违反国家规定，利用广告对商品或者服务作虚假宣传，情节严重的，处二年以下有期徒刑或者拘役，并处或者单处罚金。(虚假广告罪)

第二百二十三条　投标人相互串通投标报价，损害招标人或者其他投标人利益，情节严重的，处三年以下有期徒刑或者拘役，并处或者单处罚金。

投标人与招标人串通投标，损害国家、集体、公民的合法利益的，依照前款的规定处罚。(串通投标罪)

第二百二十四条　有下列情形之一，以非法占有为目的，在签订、履行合同过程中，骗取对方当事人财物，数额较大的，处三年以下有期徒刑或者拘役，并处或者单处罚金；数额巨大或者有其他严重情节的，处三年以上十年以下有期徒刑，并处罚金；数额特别巨大或者有其他特别严重情节的，处十年以上有期徒刑或者无期徒刑，并处罚金或者没收财产：

(一) 以虚构的单位或者冒用他人名义签订合同的；

(二) 以伪造、变造、作废的票据或者其他虚假的产权证明作担保的；

(三) 没有实际履行能力，以先履行小额合同或者部分履行合同的方法，诱骗对方当事人继续签订和履行合同的；

(四) 收受对方当事人给付的货物、货款、预付款或者担保财产后逃匿的；

(五) 以其他方法骗取对方当事人财物的。(合同诈骗罪)

第二百二十五条　违反国家规定，有下列非法经营行为之一，扰乱市场秩序，情节严重的，处五年以下有期徒刑或者拘役，并处或者单处违法所得一倍以上五倍以下罚金；情节特别严重的，处五年以上有期徒刑，并处违法所得一倍以上五倍以下罚金或者没收财产：

（一）未经许可经营法律、行政法规规定的专营、专卖物品或者其他限制买卖的物品的；

（二）买卖进出口许可证、进出口原产地证明以及其他法律、行政法规规定的经营许可证或者批准文件的；

（三）未经国家有关主管部门批准，非法经营证券、期货或者保险业务的，或者非法从事资金支付结算业务的；

（四）其他严重扰乱市场秩序的非法经营行为。（非法经营罪）

第二百二十六条　强迫交易罪

第二百二十七条　伪造、倒卖伪造的有价票证罪

第二百二十八条　非法转让、倒卖土地使用权罪

第二百二十九条　承担资产评估、验资、验证、会计、审计、法律服务等职责的中介组织的人员故意提供虚假证明文件，情节严重的，处五年以下有期徒刑或者拘役，并处罚金。

前款规定的人员，索取他人财物或者非法收受他人财物，犯前款罪的，处五年以上十年以下有期徒刑，并处罚金。（中介组织人员提供虚假证明文件罪）

第一款规定的人员，严重不负责任，出具的证明文件有重大失实，造成严重后果的，处三年以下有期徒刑或者拘役，并处或者单处罚金。（中介组织人员出具证明文件重大失实罪）

第二百三十条　逃避商检罪

第三类：侵犯财产罪

第二百七十六条之一　以转移财产、逃匿等方法逃避支付劳动者的劳动报酬或者有能力支付而不支付劳动者的劳动报酬，数额较大，经政府有关部门责令支付仍不支付的，处三年以下有期徒刑或者拘役，并处或者单处罚金；造成严重后果的，处三年以上七年以下有期徒刑，并处罚金。

单位犯前款罪的，对单位判处罚金，并对其直接负责的主管人员和其他直接责任人员，依照前款的规定处罚。

有前两款行为，尚未造成严重后果，在提起公诉前支付劳动者的劳动报酬，并依法承担相应赔偿责任的，可以减轻或者免除处罚。（拒不支付劳动报酬罪）

第四类：妨害社会管理秩序罪

1. 扰乱公共秩序罪

  第二百八十一条 非法生产、买卖警用装备罪

  第二百八十八条 扰乱无线电通讯管理秩序罪

2. 妨害国（边）境管理罪

  第三百一十九条 骗取出境证件罪

3. 妨害文物管理罪

  第三百二十五条 非法向外国人出售、赠送珍贵文物罪

  第三百二十六条 倒卖文物罪

4. 危害公共卫生罪

  第三百三十条 妨害传染病防治罪

  第三百三十二条 妨害国境卫生检疫罪

  第三百三十四条 非法采集、供应血液、制作、供应血液制品罪

        采集、供应血液、制作、供应血液制品事故罪

  第三百三十七条 妨害动植物防疫、检疫罪

5. 破坏环境资源保护罪

  第三百三十八条 重大环境污染事故罪

  第三百三十九条 非法处置进口的固体废物罪

        擅自进口固体废物罪

        走私固体废物罪

  第三百四十条 非法捕捞水产品罪

  第三百四十一条 非法猎捕、杀害珍贵、濒危野生动物罪

        非法收购、运输、出售珍贵、濒危野生动物、珍贵、濒危野生动物制品罪

        非法狩猎罪

  第三百四十二条 非法占用农用地罪

  第三百四十三条 非法采矿罪

        破坏性采矿罪

  第三百四十四条 非法采伐、毁坏国家重点保护植物罪

        非法收购、运输、加工、出售国家重点保护植物、国家

重点保护植物制品罪

第三百四十五条　非法收购、运输盗伐、滥伐的林木罪

6. 走私、贩卖、运输、制造毒品罪

第三百四十七条　走私、贩卖、运输、制造毒品罪

第三百五十条　走私制毒物品罪、非法买卖制毒物品罪

第三百五十五条　非法提供麻醉药品、精神药品罪

7. 组织、强迫、引诱、介绍卖淫罪

第三百五十八条　组织卖淫罪、强迫卖淫罪
　　　　　　　　协助组织卖淫罪

第三百五十九条　引诱、容留、介绍卖淫罪
　　　　　　　　引诱幼女卖淫罪

8. 制造、贩卖、传播淫秽物品罪

第三百六十三条　制作、复制、出版、贩卖、传播淫秽物品牟利罪
　　　　　　　　为他人提供书号出版淫秽书刊罪

第三百六十四条　传播淫秽物品罪
　　　　　　　　组织播放淫秽音像制品罪

第三百六十五条　组织淫秽表演罪

第五类：危害国防利益罪

第三百七十条　故意提供不合格武器装备、军事设施罪
　　　　　　　过失提供不合格武器装备、军事设施罪

第三百七十五条　伪造、变造、买卖武装部队公文、证件、印章罪
　　　　　　　　盗窃、抢夺武装部队公文、证件、印章罪
　　　　　　　　伪造、盗窃、买卖、非法提供、非法使用武装部队专用标志罪

第三百八十条　战时拒绝、故意延误军事订货罪

第六类：贪污贿赂罪

第三百八十七条　国家机关、国有公司、企业、事业单位、人民团体，索取、非法收受他人财物，为他人谋取利益，情节严重的，对单位判处罚金，并对其直接负责的主管人员和其他直接责任人员，处五年以下有期徒刑或者拘役。

前款所列单位，在经济往来中，在账外暗中收受各种名义的回扣、手续费

的，以受贿论，依照前款的规定处罚。（单位受贿罪）

第三百九十一条　为谋取不正当利益，给予国家机关、国有公司、企业、事业单位、人民团体以财物的，或者在经济往来中，违反国家规定，给予各种名义的回扣、手续费的，处三年以下有期徒刑或者拘役。

单位犯前款罪的，对单位判处罚金，并对其直接负责的主管人员和其他直接责任人员，依照前款的规定处罚。（对单位行贿罪）

第三百九十三条　单位为谋取不正当利益而行贿，或者违反国家规定，给予国家工作人员以回扣、手续费，情节严重的，对单位判处罚金，并对其直接负责的主管人员和其他直接责任人员，处五年以下有期徒刑或者拘役。因行贿取得的违法所得归个人所有的，依照本法第三百八十九条、第三百九十条的规定定罪处罚。（单位行贿罪）

[240] 单位犯罪的单罚制 【☆】

单位犯罪，按照法律规定，有时单位并不承担刑事责任，却单单处罚相关个人。单罚的情形，主要有四种：（1）以单位名义私分国家资产、私分罚没财物的；（2）单位的过失犯罪，比如工程重大安全事故罪（第137条）；（3）处罚单位会损害无辜者的利益，比如违规披露、不披露重要信息罪（第161条）；（4）涉嫌犯罪的单位被撤销、注销、吊销营业执照或者宣告破产。

《中华人民共和国刑法修正案（六）》把《刑法》第161条修改为："依法负有信息披露义务的公司、企业向股东和社会公众提供虚假的或者隐瞒重要事实的财务会计报告，或者对依法应当披露的其他重要信息不按照规定披露，严重损害股东或者其他人利益，或者有其他严重情节的，对其直接负责的主管人员和其他直接责任人员，处三年以下有期徒刑或者拘役，并处或者单处二万元以上二十万元以下罚金。"其罪名，在2007年由"提供虚假财会报告罪"改为"违规披露、不披露重要信息罪"。

第十章 民事诉讼和民商事仲裁的程序

股权争议和股东诉讼，在诉讼中主要属于民事诉讼范畴，在仲裁中属于民商事仲裁范畴。诉讼和仲裁，都是在特定的空间中进行的。

民事诉讼的技巧，本身就包括应用诉讼程序规定的技巧。比如如何选择对自己有利的法院，如何科学控制时间，如何根据程序法的规定否定对方的证据，等等。民商事仲裁的技巧，本身也包括应用仲裁规则的技巧。上述民事诉讼和民商事仲裁的技巧运用，最好交给专业人士去完成。因此本章的重点仅仅是对当事人关注度较高的民事诉讼和民商事仲裁程序问题的介绍。

一、法律舞台剧

民事诉讼和仲裁，是法律的舞台剧。法官或者仲裁员居中裁判，争议双方各自在法律规定的范围内用证据和法律证明自己的主张或者反驳对方的主张。

其中，仲裁除了一裁终局的特点不可约定之外，仲裁地、仲裁机构、仲裁员、仲裁规则等除了特殊情形外都可以由当事人约定，给了当事人充分的选择权。相比而言，诉讼则有级别管辖和地域管辖、专属管辖的规定，当事人不能选择法官，选择法院和程序的空间也相当小。

[241] 法律舞台剧中的角色【☆】

民事诉讼，是在法官的主持下，争议双方通过证据证明自己的观点，反驳对方观点的过程，是典型的法律舞台剧。争议双方是诉讼的主角，法官是居中裁判者。诉讼的最终目的，不是说服对手，而是说服法官。

旁听席上的人，是诉讼舞台剧的观众。即使是与争议利益密切相关的旁听者，只要没有坐在原告、被告、上诉人、被上诉人、第三人，或者上述当事人代理人的位置上，也只能是诉讼舞台剧的观众。观众不能发表意见，不能介入审判活动。

在民事诉讼过程中，最尴尬的是证人。证人不能作为观众，也不能始终坐在法庭中。证人，不能旁听案件。这样，证人不知道实际开庭过程中争议双方的具体言论和争议的具体变化，有利于证人不受法庭审判活动的影响，保持证言的真实性。

民商事仲裁中争议双方的称谓不同，分别叫做申请人和被申请人，居中进行仲裁审理活动的是仲裁员——其中双方各自选定的仲裁员叫做"边裁"，第三个仲裁员叫"首席仲裁员"（简称"首裁"）。仲裁庭审理与法庭审理有很大的相似性，也是对抗式，仲裁员也是居中裁判。现实中的民商事仲裁与民事诉讼的区别，在于仲裁常常会更努力营造缓和矛盾的和谐氛围。

二、股权纠纷案件的案由

表面的股权纠纷，实际上是否属于其他纠纷？这是必须进行的先决性判断。

股权纠纷，经常与债权债务关系、劳动关系纠结在一起。但是，三者的法律规定不同，处理技巧也不同。处理的过程，和医生诊断的过程类似，要抓住主要问题，找准切入点。

[242] 公司纠纷案件的案由 【☆】

因为我国的商法未从民法体系中分离出来，与公司有关的纠纷在我国人民法院的诉讼体系中属于民事诉讼的一个种类，在"大民事"的框架之内，但是因其与其他民事纠纷明显不同，于是被划分在"与公司有关的纠纷"这个筐中。

《民事案件案由规定》由最高人民法院于2008年2月4日发布并于2011年修订。现将与公司有关的纠纷案由规定转录如下：

与公司有关的纠纷：

242. 股东资格确认纠纷
243. 股东名册记载纠纷
244. 请求变更公司登记纠纷
245. 股东出资纠纷
246. 新增资本认购纠纷
247. 股东知情权纠纷
248. 请求公司收购股份纠纷
249. 股权转让纠纷
250. 公司决议纠纷
（1）公司决议效力确认纠纷
（2）公司决议撤销纠纷
251. 公司设立纠纷
252. 公司证照返还纠纷

253. 发起人责任纠纷

254. 公司盈余分配纠纷

255. 损害股东利益责任纠纷

256. 损害公司利益责任纠纷

257. 股东损害公司债权人利益责任纠纷

258. 公司关联交易损害责任纠纷

259. 公司合并纠纷

260. 公司分立纠纷

261. 公司减资纠纷

262. 公司增资纠纷

263. 公司解散纠纷

264. 申请公司清算

265. 清算责任纠纷

266. 上市公司收购纠纷

事实上,与公司有关的纠纷包括合同、侵权、劳动争议等多种类型,远远超过人民法院《民事案件案由规定》中"与公司有关的纠纷"的范围。如果进一步梳理,可以发现《民事案件案由规定》中除了"与公司有关的纠纷",还有"与企业有关的纠纷"。也就是说,《民事案件案由规定》在案由问题上把"公司"从"企业"中单独分离出来专门对待。实践中处理的股权争议有些可以归入"与公司有关的纠纷"中,有些可以归入"与企业有关的纠纷"中,而有些复杂的股权争议因为时间跨度大、涉及的企业形式多,案由的判断本身就成为一个难题。不过法官、律师在实践中也不会因为案由的确定问题而大做文章,因为案由的确定只是一个大致分类罢了。

以下是《民事案件案由规定》中"与企业有关的纠纷"的案由种类:

228. 企业出资人权益确认纠纷

229. 侵害企业出资人权益纠纷

230. 企业公司制改造合同纠纷

231. 企业股份合作制改造合同纠纷

232. 企业债权转股权合同纠纷

233. 企业分立合同纠纷

234. 企业租赁经营合同纠纷

235. 企业出售合同纠纷

236. 挂靠经营合同纠纷

237. 企业兼并合同纠纷

238. 联营合同纠纷

239. 企业承包经营合同纠纷

（1）中外合资经营企业承包经营合同纠纷

（2）中外合作经营企业承包经营合同纠纷

（3）外商独资企业承包经营合同纠纷

（4）乡镇企业承包经营合同纠纷

240. 中外合资经营企业合同纠纷

241. 中外合作经营企业合同纠纷

［243］股东诉讼案由的分类【☆☆】

《民事案件案由规定》中"与公司有关的纠纷"案由，可以进一步细分为以下几类：

1. 股东身份争议

（1）股权确认纠纷

（2）股东名册变更纠纷

（3）股东出资纠纷

2. 股东权利争议

（4）公司章程或章程条款撤销纠纷

（5）公司盈余分配纠纷

（6）股东知情权纠纷

（7）股份收购请求权纠纷

（8）股权转让纠纷

3. 公司决议争议

（9）股东会或者股东大会、董事会决议效力纠纷

（10）股东会或者股东大会、董事会决议效力确认纠纷

（11）股东会或者股东大会、董事会决议撤销纠纷

4. 滥用权力及损害赔偿争议

（12）股东滥用股东权利赔偿纠纷

（13）股东滥用公司法人独立地位和股东有限责任赔偿纠纷

（14）董事、高级管理人员损害股东利益赔偿纠纷

（15）公司的控股股东、实际控制人、董事、监事、高级管理人员损害公司利益赔偿纠纷

5. 发起和清算责任争议
（16）发起人责任纠纷
（17）清算组成员责任纠纷
6. 公司形式和资本变动争议
（18）公司合并纠纷
（19）公司分立纠纷
（20）公司减资纠纷
（21）公司增资纠纷
（22）公司解散纠纷
（23）公司清算纠纷
（24）上市公司收购纠纷

三、民事诉讼程序

民事诉讼程序，我国采取两审终审制。一审的判决和部分裁定，如果一方在法定期限内上诉，则进入二审程序，一审判决和裁定不生效；双方均不在法定时间内上诉，案件没有进入二审程序，则一审判决和裁定就会生效。

二审的判决和裁定，是送达即生效的。二审法院的"维持率"很高，改判率很低，所以有"维持法院"的戏称。

再审程序，不是民事诉讼的必经程序。再审案件的改判率更低，改判的难度更大。

[244] 一审法院（☆）

一审法院通常是基层人民法院。中级人民法院管辖的第一审民事案件包括：（1）重大涉外案件；（2）在本辖区有重大影响的案件；（3）最高人民法院确定由中级人民法院管辖的案件。高级人民法院管辖在本辖区有重大影响的第一审民事案件。

最高人民法院管辖的第一审民事案件包括：（1）在全国有重大影响的案件；（2）认为应当由本院审理的案件。

基层人民法院，是县（区）法院。基层人民法院受理的案件，不少是在基层人民法院的某一个派出法庭审理。

[245] 二审法院（☆）

二审法院，是一审法院的上一级人民法院。如果一审在基层人民法院，二审就在中级人民法院；一审在中级人民法院，二审则是在高级人民法院；一审在高级人民法院，二审则是在最高人民法院。

（一）一审程序

关于一审程序，这里重点介绍立案和缺席审判的知识。

[246] 立案 【☆】

起诉，俗称告状。原告要准备起诉书（或者叫做起诉状），原告、被告、第三人（一般案件没有第三人）的身份信息证明材料和已有证据材料。向法院提交起诉书的原件，并按照被告和第三人的个数提供复印件；身份信息向法院提交一套即可——当事人是企业的，应当提交工商登记信息打印件和企业代码打印件各一份；证据材料按照一定顺序整理好，原件自己留下，按照受案人民法院的具体要求提交与原件顺序一致的成套的复印件。

立案，是起诉的结果之一。原告准备起诉材料后交给法院立案庭。立案庭受理后，决定立案则通知原告缴费；原告缴费后，将缴费凭证送交立案庭，凭此领取立案通知书。如果起诉被法院驳回，则需要重新准备材料起诉或者直接上诉。

[247] 被告提交的材料 【☆☆】

如果是被告身份，只需要等待法院通知即可。立案后，法院都会尽快通知被告去法院"领取"传票等诉讼文书。[①] 需要交什么材料、什么时候交材料、材料交到哪里等问题，按照法院给的传票和开庭通知书的要求去做就行了。

被告提交证据的作用，是通过推翻原告的证据从而否定原告的诉讼请求。因此，被告提交的证据，可以证明原告所述的事实不成立，也可以证明被告所述的事实成立，还可以证明原告所述的事实真伪不明——其中第三种证明目的容易被人忽视和误解。

必须注意的是，我国民事诉讼中不把掌握的证据如实向法庭提交，并不会承担刑事责任，对没有原件而只有复印件的证据不按照客观事实去承认或者否认也不涉及刑事责任。因此，在与股权争议相关的诉讼中，是否提交本方掌握的证据，是否承认对方提交的证据，其判断标准对自己是否有利？对此，缺少法庭经验的人会很不适应。

[248] 缺席审判 【☆☆☆】

缺席审判，通常是指在被告不到庭的情况下，法院仍然按时开庭审判，并作出

---

① 按照法律规定，应当是"送达"。实践中，法院通常的做法是首先电话通知当事人去领取，当事人不去，法院才会通过邮寄的方式"送达"。

裁判。原告不到庭，通常按照原告撤诉处理。缺席审判，对缺席者的不利是显而易见的。

需要特别注意的是，被告"蒙在鼓里"就被缺席审判的情形——被告确实不知道开庭信息而法律上法院已经将传票、开庭通知送达。法院通过刊登公告的方式送达，即使被告没有看到报纸，对案件开庭信息毫不知情，公告确定的期限届满，法院可以在被告缺席的情况下审理和判决。

无法通知被告，源于被告的法定地址无法正确"接受"法律文书。被告的常用电话号码等通讯方式和登记地址有所变更，则应当通过可以证明的方式通知所有与自己有重大法律关系的主体，尤其是与自己可能有纠纷的人，否则可能导致受理案件的法院无法通知和送达。

（二）二审程序和再审程序

二审程序，按照一审裁判文书的指引就可轻松启动。不过，要注意上诉期限所对应的具体时间——万一错过了上诉期，就丧失了上诉权，不服一审裁决就只能申请再审了。

［249］上诉状和答辩状的要点【☆】

需要注意的是，启动二审程序的上诉书，要证明一审法院的裁判错了，反驳的对象是一审的裁判内容——对手变成了一审法院。

二审上诉的重点，是一审裁判的错误。相应的，二审被上诉人答辩的重点，是一审裁判的正确性和反驳上诉状的内容。

［250］再审程序【☆】

再审程序是两审终审制的补充，是审判监督程序的一个部分。

再审程序的启动，和二审程序有本质的不同：二审程序，是不服一审裁决，在法定上诉期内按照要求提起上诉即可启动；再审程序则不同，当事人申请再审、法院依职权再审、检察院抗诉再审这三条路径，启动再审程序的难度都很大。再审启动难，改判也不容易。根据广东省高级人民法院的不完全统计，再审改判率为50%左右。①

四、仲裁程序

仲裁是当事人共同选择的结果。采用仲裁方式解决纠纷，应当双方自愿，达成

---

① 资料来源于2013年7月作者对广东省高级人民法院立案庭法官的深度访谈。

仲裁协议。没有仲裁协议，一方申请仲裁的，仲裁委员会不予受理。当事人达成仲裁协议，一方向人民法院起诉的，人民法院不予受理，但仲裁协议无效的除外。

[251] 仲裁的效力和规则【☆】

仲裁，是和诉讼一样重要的法律舞台剧，尤其是在商事领域。我国的仲裁，除了民商事仲裁之外，还有劳动行政部门的劳动仲裁——后者不是本书所说的仲裁，也不是民事争议的解决方式，因为劳动仲裁，顾名思义，是专注于劳动纠纷的，不包括普通的民事纠纷，更不包括股权纠纷。

仲裁属于民间裁决，但是因为其专业性和法律的规定，法律赋予仲裁裁决文书和人民法院生效裁判文书一样的法律效力。

仲裁的程序和诉讼不同，仲裁规则可以由当事人灵活选择。

[252] 国内仲裁和国际仲裁【☆】

仲裁具有高度的灵活性，当事人可以选择国内仲裁机构仲裁，具有涉外因素的股权争议案件也可以根据实际需要选择国际仲裁。理论上，符合规定的国际仲裁和国内仲裁的裁决都具有执行力，二者并无分别；现实中，国际仲裁在我国的执行力度实际上要比国内仲裁的执行力度大。

我国的仲裁机构和法院不同，不实行级别管辖和地域管辖，仲裁机构没有区域和级别之分。

[253] 一裁终局【☆】

仲裁实行一裁终局制度，这是仲裁的最典型特征，适应了商业社会争议各方减少争议负担和提高效率的要求。裁决作出后，当事人就同一纠纷再申请仲裁或者向人民法院起诉的，仲裁委员会或者人民法院不予受理。裁决被人民法院依法裁定撤销或者不予执行的，当事人就该纠纷可以根据双方重新达成的仲裁协议申请仲裁，也可以向人民法院起诉。

仲裁设置一裁终局制度的另一个原因，是仲裁员具有社会可以信任的高素质。《仲裁法》第13条规定："仲裁委员会应当从公道正派的人员中聘任仲裁员。仲裁员应当符合下列条件之一：（一）从事仲裁工作满八年的；（二）从事律师工作满八年的；（三）曾任审判员满八年的；（四）从事法律研究、教学工作并具有高级职称的；（五）具有法律知识、从事经济贸易等专业工作并具有高级职称或者具有同等专业水平的。"

[254] 仲裁的撤销【☆☆☆☆】

因为仲裁具有一裁终局的特点，通常人们认为仲裁程序相对于民事诉讼程序的两审终审制加上再审程序而言具有高效的特点，能够迅速定分止争。但是，仲裁的一裁终局制度并不能绝对起到"一锤定音"的效果，因为根据我国《仲裁法》的规定，有些仲裁可以被人民法院依法撤销。当事人自收到仲裁裁决之日起申请撤销仲裁裁决的期限长达6个月，人民法院应当在受理撤销裁决申请之日起2个月内作出撤销裁决或者驳回申请的裁定，这样，仲裁一裁终局制度所拥有的快速高效优势，因为这"6月+2月"的不确定性而被削弱。

关于撤销仲裁裁决情形的规定，集中在《仲裁法》第58条："当事人提出证据证明裁决有下列情形之一的，可以向仲裁委员会所在地的中级人民法院申请撤销裁决：（一）没有仲裁协议的；（二）裁决的事项不属于仲裁协议的范围或者仲裁委员会无权仲裁的；（三）仲裁庭的组成或者仲裁的程序违反法定程序的；（四）裁决所根据的证据是伪造的；（五）对方当事人隐瞒了足以影响公正裁决的证据的；（六）仲裁员在仲裁该案时有索贿受贿，徇私舞弊，枉法裁决行为的。人民法院经组成合议庭审查核实裁决有前款规定情形之一的，应当裁定撤销。人民法院认定该裁决违背社会公共利益的，应当裁定撤销。"其中第（六）项规定中的"索贿受贿""徇私舞弊""枉法裁决"分别对应着三种行为。"枉法裁决"的外延很广，表面看来似乎可以囊括一切错误裁决的情形，其实不然，因为"枉法裁决"必须要有主观故意，而且在很大程度上排除了自由裁量空间内的不合理判断。自2008年1月1日起，"仲裁员在仲裁该案时有索贿受贿，徇私舞弊，枉法裁决行为，是指已经由生效刑事法律文书或者纪律处分决定所确认的行为。"①

尽管关于仲裁撤销裁决的规定给仲裁的结果带来了不确定性，但是其条件和民事案件再审的某些条件类似，撤销仲裁裁决并不是一件轻而易举的事情。我国《民事诉讼法》第200条规定，"当事人的申请符合下列情形之一的，人民法院应当再审：（一）有新的证据，足以推翻原判决、裁定的；（二）原判决、裁定认定的基本事实缺乏证据证明的；（三）原判决、裁定认定事实的主要证据是伪造的；（四）原判决、裁定认定事实的主要证据未经质证的；（五）对审理案件需要的主要证据，当事人因客观原因不能自行收集，书面申请人民法院调查收集，人民法院未调查收集的；（六）原判决、裁定适用法律确有错误的；（七）审判组织的组成不合法或者依法应

---

① 见最高人民法院于2017年12月26日发布的《最高人民法院关于审理仲裁司法审查案件若干问题的规定》第十八条。

当回避的审判人员没有回避的;(八)无诉讼行为能力人未经法定代理人代为诉讼或者应当参加诉讼的当事人,因不能归责于本人或者其诉讼代理人的事由,未参加诉讼的;(九)违反法律规定,剥夺当事人辩论权利的;(十)未经传票传唤,缺席判决的;(十一)原判决、裁定遗漏或者超出诉讼请求的;(十二)据以作出原判决、裁定的法律文书被撤销或者变更的;(十三)审判人员审理该案件时有贪污受贿,徇私舞弊,枉法裁判行为的。"

仲裁的撤销程序作为司法对仲裁必要的纠错机制,虽然在上述"6月+2月"期间增加了仲裁结果的不确定性,但是,无论仲裁员的门槛多高,仲裁员毕竟也是会犯错误的人,因此,我国《仲裁法》规定了撤销程序,以此构成对仲裁员行为强有力的法律约束,在尊重仲裁结果以保证仲裁效率和防止仲裁过分偏离法制轨道的平衡中起到积极的作用。

五、ADR 和调解

我国《民事诉讼法》规定,人民法院审理民事案件,应当根据自愿和合法的原则进行调解;调解不成的,应当及时判决。调解达成协议,必须双方自愿,不得强迫。调解协议的内容不得违反法律规定。ADR 的核心也在于调解。

[255] ADR 与中国的调解制度 【☆】

ADR(Alternative Dispute Resolution)是起源于中国的调解制度,而被美国等西方国家发扬光大的制度,一般翻译为"替代性纠纷解决机制"或者"非诉讼纠纷解决程序"。ADR 因为目的在于既能解决争议又能缓解争议双方的矛盾,所以方法和程序上比较灵活。遇到 ADR 有关的法律事务时,注意入乡随俗、具体问题具体分析即可。

不过,至今仍然有不少人以为 ADR 是纯粹的"舶来品",不知道这是中国司法制度对世界司法制度发展的一个贡献。

[256] 人民调解组织 【☆】

我国社会的基层有很多人民调解组织,城镇的居委会和农村村委会多设有人民调解组织。标的额不大的股权纠纷,可以和继承、相邻权纠纷等家长里短的事情一样,进入基层组织调解的范畴。

人民调解组织的调解协议,根据我国《民事诉讼法》第 194 条、第 195 条的规定,经过调解组织所在地基层人民法院审查后,法院认为符合法律规定的,裁定调解协议有效,有效的调解协议具有司法上的强制执行力,一方当事人拒绝履行或者未全部履行的，对方当事人可以向人民法院申请执行；不符合法律规定的，裁定驳回申请，当事人可以通过调解方式变更原调解协议或者达成新的调解协议，也可以向人民法院提起诉讼。

如果不是特别小或者地方色彩特别强烈的股权争议，一般不可能通过人民调解组织进行调解处理。

[257] 调解书的签收【☆☆☆】

调解书是与判决书、裁定书一样的正式法律文书。调解达成协议，人民法院应当制作调解书。调解书应当写明诉讼请求、案件的事实和调解结果。由审判人员、书记员署名，加盖人民法院的印章，送达双方当事人。调解书与判决书和裁定书不同的是，调解书经双方当事人签收后，即具有法律效力——如果是在庭审后立即签收调解书，也同样是签收后立即生效，而且不能上诉。

因此，调解书是一定要确实有把握才可以签收的，最好由自己聘请的法律专家在场进行现场答疑后再签收。不能咨询对方的法律专家，也不要在关键问题上咨询法院工作人员，因为调解书的签收本身就证明你已经完全理解并同意调解书的内容。

一般的情况是，调解书制作成功后，法院要争议双方签字确认调解书的内容。之后，据此制作正式的盖有法院公章的调解书就要进行送达签收。在送达签收之前，争议双方都还有反悔的权利。任何一方反悔，都可以拒绝签收调解书。任何一方拒签调解书，调解书都不发生法律效力，调解于是就宣告失败，双方只能接着继续进行诉讼程序。

但是，要注意《民事诉讼法》第98条规定的可以不制作调解书的案件："（一）调解和好的离婚案件；（二）调解维持收养关系的案件；（三）能够即时履行的案件；（四）其他不需要制作调解书的案件。"该条第2款规定："对不需要制作调解书的协议，应当记入笔录，由双方当事人、审判人员、书记员签名或者盖章后，即具有法律效力。"不能总想着调解书签收才生效，因为这些案件本身不需要制作调解书。

第十一章　法律舞台剧中的证据争议

与股权争议相关的民事诉讼和民商事仲裁中，聚焦证据争议才能够在法律舞台剧中抓住重点。

一、证据和证明

法律舞台剧中的证据，不同于日常生活中的各种信息和资料的汇集。打官司，就是打证据。这一点，是诉讼的基本常识。没有合适的证据，就不会有理想的结果。

[258] 法律舞台剧中的证据【☆】

证据和证据的运用，是法律舞台剧的核心内容，是法律舞台剧的重中之重，因此才有了"打官司就是打证据"的说法。目前，除了法盲，很少人会将"记忆"作为根据去认可对方的证据。通常的观点是：不拿到舞台上的证据，就不是有效证据；除非对自己有利，否则不能认可对手没有原件的证据。

法律舞台是摆事实、讲道理的舞台。法律舞台剧分为摆事实（举证和质证）和讲道理（辩论）两个基本部分。实践中，确实存在明摆着事实、明摆着道理而代理人却说不清、道不明的情形；也确实存在律师水平虽高，也"巧妇难为无米之炊"的情形。如果双方律师水平相当，决定胜负的关键是证据。

[259] 法律舞台剧中的证明【☆☆☆】

与刑事诉讼证明的"排除合理怀疑"规则不同，与股权争议相关的民事诉讼和民商事仲裁证明采用的是"优势证据"规则。

优势证据规则又称为"高度盖然性占优势的证明规则"，即当证据显示待证事实存在的可能性明显大于不存在的可能性，法官可据此进行合理判断以排除疑问。在已达到能确信其存在的程度时，即使还不能完全排除存在相反事实的可能性，也可以根据已有证据认定这一待证事实存在的结论。①

[260] 证据的三性 【☆】

案件的事实，可以通过证据、常识和对方的承认来证明。主流观点认为，证据必须具有真实性、关联性与合法性方为有效证据。证据的真实性，是证据的客观性。证据的关联性，是指证据必须与需要证明的案件争议事实具有一定的联系，有助于证明案件事实。证据的合法性，是指提供证据的主体、证据的形式和证据的收集程序、提取方法必须符合法律的规定。

最高人民法院《关于民事诉讼证据的若干规定》第50条规定："质证时，当事人应当围绕证据的真实性、关联性、合法性，针对证据证明力有无以及证明力大小进行质疑、说明与辩驳。"

[261] 证据真实的程度 【☆☆】

证据的真实性容易被人误解为证据要绝对真实，实则不然。

证据的真实性，一方面，受制于人们认识水平和科技水平的发展，比如声纹鉴定、笔迹鉴定、指纹鉴定、DNA鉴定结果的真实性都是如此，不同鉴定机构对同样的录音有不同的鉴定结论是很常见的现象；另一方面，也受制于证据提供者的选择和影响。因此，诉讼中的一切证据，都必须经过法庭上的质证程序，才可能作为定案的依据，证据的真实性因此呈现出明显的相对性特征——从本质上看，诉讼对方的反驳和承认技巧决定了证据的真实性达到什么程度才能达到法律上的真实性要求，换言之，如果不是恶意串通而被审判人员识破的情形，说服对方差不多就算是达到"真实"要求了。

[262] 证据不中立定律 【☆☆☆】

证据是由诉讼双方分别向法庭提交的，各方提交的证据目的都是要证明本方所述事实为真。毋庸置疑的是，本方提交的证据都是要"替自己说话"的。虽然如此，证据有时候会出现"替对方说话"的情形。本方有些证据可能更有利于对方，这类证据因此对本方不利，叫做不利证据；本方提供的对本方有利的证据，叫做有利证据。对方提供的证据中对本方有利的证据，也叫做有利证据；对本方不利的证据也叫做不利证据。因此，对争讼双方的任何一方而言，证据不是有利的就是不利的。

---

① 参见张文胜、李惊涛：《浅议优势证据规则》，载中国法院网（http：//www.chinacourt.org/article/detail/2004/05/id/115540.shtml，访问日期：2018年3月9日。

证明案件基本事实的证据也不是中立的，因为假设这些证据不存在或者不被采纳对哪方更有帮助，就属于这方的不利证据。对自己利害关系无法判断的属性不明的证据等于藏在了自己思维的死角。属性不明的证据是最危险的证据，对待属性不明的证据必须高度警惕，认真研究并迅速归类，否则不能就其发表任何确定性意见。①

对我国包括股权争议在内的民事诉讼案件的代理人而言，充分研究证据以确定是有利证据还是不利证据在诉讼中至关重要。将手边证据不深入钻研、不充分论证全部情形就草率抛出的做法，是对委托人极不负责任的做法。根据我国的民事诉讼证据规则，一方提出的证据一旦被对方认可，就无法反言，除非另有证据证明其确为错误。

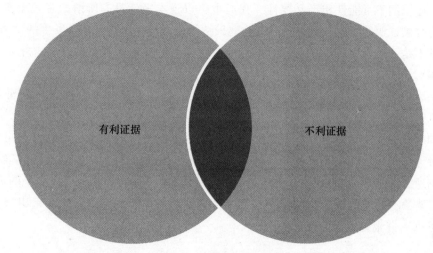

图 11-1　证据的非中立性

[263] 用证据说话≠凭良心说话【☆】

诉讼和仲裁胜败的关键，是证据哪方占优。"凭良心说话"的人，是最容易说错话、最容易失败的。因为在法律层面，证据是裁判的依据，而争议任何一方的良心，都不是裁判的依据。

但是，在审理中表现出"凭良心说话"的人，会更容易得到裁判者的同情，在双方证据和证明势均力敌的情况下，裁判者心中的天平会向"凭良心说话"的一方

---

① 笔者在 2005 年北京市某法院代理一家全球知名的软件企业对其小股东的诉讼中，在质证阶段，看似不经意地叙述了一个有利的时间证据，对方在没有准确判断是否对自己有利的情况下进行了确认。笔者立即提醒书记员如实记入笔录，并依此为突破口赢得了诉讼。

倾斜；在裁判者自由裁量范围之内，"凭良心说话"的一方也会分得更大的利益。这也就是股权争议双方在审理中都要占领道德制高点的原因。如果巧妙地把对方有证据证明的犯罪前科、道德瑕疵等与案件事实结合起来，则会有更好的效果。

[264] 客观事实≠法律事实【☆☆☆】

咨询者总是希望法律专家亲口说自己有道理而且能够胜诉，就像占卜者希望抽到好签、看到好卦一样。但是，法律专家应当抛开立场性偏见，客观地判断争议双方的履约和违约真实情形和证据可能证明的事实。

真实情形，叫做客观事实；证据可以证明的事实，叫做法律事实。因为客观事实绝对还原的不可能性和不必要性，我们也可以说本来就没有所谓的客观事实，而只有能够被证明的事实。没有可以被法庭采纳的证据，一切曾经客观发生的"真实"情况都不是"法律事实"的；只有最终被法庭采信的证据所证明的事实，才是"法律事实"。

法庭或者仲裁庭所采信的只能是法律事实，也就是能够被合法证据所证明的事实。

律师既需要法律事实也需要客观事实。客观事实具有的强大生命力，它可以通过各种方式展示事物的本来面貌。即使刻意隐瞒或者歪曲客观事实，有些时候确实如谚语所说的那样，"纸包不住火"。但是，因为法律舞台剧的规则和对效率的追求，有些客观事实是不可能成为法律事实的。在现实的法律舞台剧中，确实会出现"纸能包住火"并把火熄灭的现象。

[265]"加工"案件事实【☆☆☆☆】

案件事实，分为未经加工的案件事实和经过加工的案件事实。不能把"未经加工的案件事实"作为工作的起点，因为未加工的案件事实包含许多对最终的法律判断不产生影响的事情，以未加工的案件事实为根据，也会遗漏对最终的法律判断有重要影响的细节。比如，一位妇人在把骨头递给邻居的狗，而被狗咬伤手臂时，她可能会讲述事实如下：这条狗让她觉得有点同情，因为它看起来很瘦，它的反应让她很惊讶，因为这条狗认识她，而且之前她也经常给它东西吃等。她或许不会提到：邻居曾经警告她，不要给这条狗东西，因为它还小，没有完全驯服。

律师会主动追问一些有法律意义的问题，以期得到法律意义的案件事实。

律师的听取、追问案件事实的过程，是一个去伪存真的过程，是得到最终具有法律意义的案件事实的过程。这是第一个阶段的案件事实加工。律师在这一阶段，需要完全客观、真实的信息。

但是，根据律师维护委托人合法利益的职责和诉讼证明规则，律师需要进一步对证据进行整理、判断，并将依法需要对方举证的证据从自己的"证据库"中剔除，以增加本方胜诉的概率。这是第二阶段的加工。律师在第二个阶段加工后，得到证据证明的事实和无证据证明的盲区。

上述两个阶段的加工，都需要律师对法律体系的深刻理解和对法律具体规定的深入研究，以及丰富的法律实践经验、纯熟老道的法律技巧。

律师的加工，和庄子《养生主》中的"庖丁解牛"类似。技术炉火纯青之后，庖丁"未尝见全牛"；普通人看到的是一头活蹦乱跳的牛，"丁师傅"看到的是牛身上应当下刀的地方和下刀的路线，以及最后被完美分解的牛肉。

诉讼领域如此，非诉讼领域也是如此，因为诉讼必胜是非诉讼获得优势地位的保障，非诉讼领域考虑到的最坏可能就是发生诉讼。只要涉及对事实的判断，都需要法律加工——就像生肉都需要加工才可以食用一样。

未经加工的案件事实，不能直接展示给对手。①

[266] 力量对比定输赢【☆☆☆】

无论是诉讼还是仲裁，或者是以其他方式处理股权争议，力量对比是争议结局的最终决定因素。股权争议的解决，关键在于争议双方证据的对比和力量的对比。证据占优一方，容易通过诉讼或者仲裁获取最终的胜利；力量占优的一方，容易抓住对方的弱点作为切入点——这些弱点包括法律弱点和经济弱点以及其他弱点。

换言之，股权争议解决的主动权，掌握在那些在实际诉讼或者仲裁获胜把握更大的一方，和更能抓住对方弱点的一方。因此，把握证据，掌控对方，这就是股权争议解决的关键。证据和控制力二者相比，控制力又高于证据。因此，可以说，股权争议的至关重要的诀窍，是控制力。②

[267] 善待对方的错误【☆☆☆】

作为博弈的双方，都可能犯错误甚至是低级错误。

学会善待对方的错误，及时作出正确的反应，才能正确把握局势。应当注意的是，首先，不要期待对方犯低级错误来扭转局势，而要采取积极措施主动掌控局势。其次，对方犯低级错误时，不要嘲笑，否则会让对方迅速意识到自己的错误和你的

---

① 参见吕俊山：《给经理人的6堂法律课——职业经理人法律风险防范全攻略》，法律出版社2006年版，第175—176页。

② 我们知道，任何争议处理都是如此。不发达地区尤甚，因为证据毕竟是法律范畴，而法律的实践总是受到各种因素的干扰。

过敏反应从而迅速弥补错误。再次，一定要谨慎判断对方的低级错误本身是不是一个圈套，是不是一个误导你的诱饵。复次，及时固定对方对我方有利的错误。最后，防止鱼死网破，随时注意和解的可能。

无论如何，都要把握对方的错误，争取使对方的错误也成为对自己有用的一颗棋子。

二、常见的证据争议类型

股权争议中的证据争议中，以文本争议为最常见。

[268] 文本争议【☆☆☆】

股东意思和股东签字的文本意思，并不总是相同的。有时，股东的意思是非常明确的 A，但是，相应的文本意思却是非常肯定的 B，并且 A 不等于 B。

究其原因，多数在于股东们对提供签字文本者的高度信任和自己的漫不经心：他们对提供文本的人过于相信乃至不再从法律层面审查文本，再重要的文件也是看都不认真看，认真看也看不懂，看不懂也不问专家，问专家也不想出钱，最终是心中"一团糨糊"、手下"一签了事"。

但是，也不排除股东重金聘请法律专家却因为法律专家水平不够而没有防范法律风险的可能。从媒体披露的国内标的额巨大的股权争议（包括风险投资、收购兼并引起的股权争议）来看，有些企业聘请的法律专家对法律文本的把握和对交易本质的研究能力及对纠纷的预见能力确实有待提高。

[269] 概念争议【☆☆☆】

与股权相关的概念也会发生争议。常见的概念，不一定能准确、清晰地表达具体股权约定中的特定意思。对待各种概念，要从空间、时间、过程、方式、程度等多个维度进行考量和定位。

比如"上市"这个常见的概念，包括国内上市，也包括海外上市；包括主板上市，也包括中小板、创业板上市甚至是新三板挂牌。运用"上市"这一概念时，还应当考虑到上市的各个阶段，考虑直接上市，也考虑间接上市（借壳上市、被上市公司并购）；考虑整体上市，也考虑分拆上市。

股权融资合同不对"上市"概念进行界定，可能成为后来股权纠纷的"祸根"：对"上市"来说，在国内主板上市并不是不言而喻的事情。

概念的争议多发生在复杂的股权争议中，尤其是在股权转让、赠与、回购、增资、减资等方案设计中，主导方对方案的不平衡性通常会有清晰的认识，对方案路线乃至文字背后的陷阱都有准确的把握,相对方如果经验不足或者不愿聘请专业人士做相应的防范,则很可能陷入巨大的被动之中。

在正式的法律方案设计中,概念应当被清晰定义,概念范围应当明确约定,授权行为和同意行为往往受到严格的限制,各种文件的形成,应当按照既定的程序进行,不同文件的效力预先确定。即使如此,博弈各方仍有相当大的讨价还价的空间——在上述每个环节都是如此。

[270] 股权文件的记载瑕疵【☆☆☆】

股权文件记载与实际出资不符导致的争议,重点不在于获得进一步的客观证据,而在于将举证责任转移给对方。争议的结果,可能是推翻股权文件的记载,也可能是维持股权文件的记载。

股权文件的记载,不管是对是错,都依其记载完成了出示该证据一方的举证责任,导致举证责任的转移。如果对方不能进一步举证反驳,则应当承担举证不能的不利后果。

[271] 审计瑕疵【☆☆☆】

审计瑕疵,包括审计委托程序瑕疵、审计报告内容瑕疵两种基本类型。审计委托程序瑕疵会导致审计报告不能被依法采纳。

审计报告虽然都是专业人士所为,审计本身出现问题的可能性似乎不大,但是不能因此而对审计报告的内容的真实性、合法性等不加认真审查就进行确认。"仅凭相关的报告无法完整、全面反映公司的实际业绩,尤其是隐含其中的风险(如应收账款、对外担保等)。"[①] 在股权争议相关事务中,对待看似无瑕疵的审计报告,也应该深入审计报告背后去发现问题,不能仅仅停留在审计报告的表面。因此,可以说,如果不请专业人士介入,审计报告即使存在问题,被发现的可能性也不大。

---

① 钟可慰:《瑕疵股权出让民事责任的认定》,载奚晓明主编:《中国民商审判》(总第6集),法律出版社2004年版,第155页。

第十二章　人民法院的司法倾向

人民法院在司法实践中的倾向，是我国司法审判发展变化的重要信息。股权争议，如果缺乏合法有效的仲裁协议，则诉讼将是其终极的解决方案。因此，诉讼是股权争议各方必须认真考虑的解决方案。

人民法院的司法倾向，是客观存在的，也是有规律可循的。"就人民法院的民商事裁判工作而言，我们所能做的，不是去寻求法律规定的瑕疵，寻找国外立法更为妥当的规定；也不是去创设一种新的法学理论，在法学理论发展史上留名。我们所要追求的主要是在现行法律框架内，秉持公正之心，探询法律真义，循法律推理和法律适用的一般原则，妥当处理民商事案件。"[①] 如此看来，人民法院审判股权争议案件，也应当和其他民商事案件一样是在现行法律框架内进行的裁判，并无特别的倾向性。然而，"秉持公正之心，探询法律真义，循法律推理和法律适用的一般原则"，表明人民法院的司法裁判并不是拘泥于法律条文，而这正是人民法院裁判倾向的正当性法理根据。

人民法院裁判在审判股权转让纠纷案件的倾向性，是人民法院在审判这类案件过程中适用现有法律规范的基本逻辑和思路，是法律被人民法院选择、排序、解释的基本模式，可以通过人民法院案例、指导意见和专业著述反映出来。其中，最能代表全国法院裁判倾向的是最高人民法院发布的司法解释和案例，其次是最高人民法院组织出版的专业书籍。各地人民法院的裁判倾向，则按照各个高级人民法院、中级人民法院的指导意见和基层人民法院由上到下确定其倾向性。如果出现冲突，除了最高人民法院的司法解释和案例很难被否定之外，一般说来，各个法院首先会根据自己法院的裁判倾向进行裁判，其次才是参考其他各级、各地人民法院的裁判倾向。

一、股权转让的基本原则

股权转让应当秉持股权转让自由原则、股权概括性转让原则、股权转让兼顾各

[①] 奚晓明：《民商事裁判的挑战与回应》（代序），载潘福仁主编：《股权转让纠纷》，法律出版社2010年版，第2页。

方利益原则三大基本原则。

[272] 股权转让三原则之一：股权转让自由原则【☆☆】

股权转让自由原则是公司制度的灵魂，它是指股东有权自主决定是否转让所持股权以及转让的对象、时间、数量、价格等，除非法律另有规定，任何人均不得强制股东出让股权。①

股权转让以自由为原则是现代民法的要求，也是现代各国公司法所普遍遵循的基本原则之一。股权的自由转让是股东向公司出资的潜在前提条件，因为除了公司减资、回购等法定情形外股东不能退股，股权转让是股东退出的唯一正常渠道。假设封闭了股权转让这一渠道，股东又不能通过减资、回购的方式退股，股东收回投资的唯一途径就是解散公司了。股东不能退股是股东享有有限责任所付出的合理代价。对股权转让的过度限制，将使投资者对公司的投资被"套牢"，以至于不敢轻易向公司进行股权投资。

[273] 股权转让三原则之二：股权概括性转让原则【☆☆☆☆】

股权概括性转让原则，是指股东将自己持有的公司的股权转让时，因持有股权而享有的权利和承担的义务也一并转移给受让人。换言之，股权一旦转让，则将转让方的股东权利和义务全部转移给受让人，转让方不得将股东权利的内容"拆解"后分别转让，或者自己保留一部分权利来个"垂帘听政"。

股权转让概括原则，表明股权转让的法律效果不同于物权、债权等一般财产权利的转让效果。物权或债权转让时，转让双方可以约定仅转让物权或债权中的部分权利而保留其他部分权利，如企业之间的货物买卖中约定保留一定期限的货物所有权。股权转让的概括性转让原则，表明公司法作为商法的独特品性，股权的概括性转让作为"一揽子"转让，体现了商法规定的追求效率的特性。

法学界和司法实务界都对股权权能的抽象形态不具有转让的可能性较为认同，在股权权能具体化后的可转让性方面存在严重分歧。② 不过，人民法院的倾向是认为股东权利不能部分转让。其理由是：

1. 抽象形态的股东共益权与自益权，源于股东资格，而且必须依附于股东身份，故在股东资格未发生变动的情况下，不具有可转让性。抽象形态的共益权不能单独转让自不待言，而若允许抽象的盈余分配请求权等权能单独转让，由于受让人不享

---

① 参见刘俊海：《股份有限公司股东权的保护》，法律出版社2003年版，第139页。
② 参见潘福仁主编：《股权转让纠纷》，法律出版社2010年版，第15页。

有表决权，其盈余分配请求权等权能的实现仍受制于转让人（股东），给受让人增加了不适当的风险，也难以避免转让人（股东）对特定表决权的滥用。故抽象形态的股权权能显然不具有可转让性。

2. 股利分配请求权、公司剩余财产分配请求权等财产性权能，当其通过股东行使表决权后被具体化或者现实化时，已具有普通债权的性质，但此种已债权化的具体权利与作为股权权能的股利分配请求权、公司剩余财产分配请求权处于两个不同的层面，既不能因此而代替股东地位所固有的权能，亦非表明股东拥有的股份本身已经变质。因此，具体化的股利分配请求权、公司剩余财产分配请求权作为一种债权，理应具有可转让性，但并不意味着相应股权权能的转让。例如，公司召开股东会表决股利分配，形成股东会决议，每个股东的股利分配金额在决议中已被确认，在性质上已属于股东对公司所拥有的债权，股东将该债权转让给他人，并不表明其作为股东的股利分配请求权已丧失，而由受让上述债权的他人享有。

3. 表决权是股东最基本的权利之一，其与股东的所有权永不分离。从国外立法看，许多国家的公司法均禁止股东表决权的单独转让。①

[274] 股权转让三原则之三：股权转让兼顾各方利益原则【☆☆】

股权转让是股东的法定权利。但是，股权的自由转让有法律的限制和公司章程的限制作为制约因素，因此不至于成为绝对自由的权利。

股东在转让股权的时候，和别的"理性经济人"一样追求自身利益最大化，在追求自身经济利益最大化的过程中，可能会置其他相关主体的利益于不顾，从而对其他股东或者公司、公司债权人等造成损失。因此，公司法在规制股东自由转让股权的同时，亦兼顾了公司以及其他股东的利益，避免股东转让股权给公司及其他股东所带来的破坏性影响。②

[275] 股权转让三原则的应用【☆☆☆☆】

在股权转让的三个原则中，股权转让自由原则和股权转让兼顾各方利益原则是对股权转让行为有效性把握的反方向用力的两只手，前者强调转让的自由，即无法律依据的限制是无效的限制，否定了那些对股权转让的不合条款的效力；后者则强调了转让自由是有限度的，股权转让的约束因素不仅仅包括股权转让合同、股权转让行为，还包括与股权转让相关各方的利益——而相关各方的利益是需要结合个案实

---

① 参见潘福仁主编：《股权转让纠纷》，法律出版社2010年版，第14、15页。
② 同上注。

际进行判断的。这就表明，在股权转让对各方利益影响方面，人民法院具有自由裁量权；也表明恶意股权转让或者考虑不周的股权转让即使在形式上没有瑕疵，也会因为对某些相关主体的严重不良影响而被人民法院否定。

如此说来，人民法院强调股权转让兼顾各方利益原则是否为了扩大自己的自由裁量权呢？这个问题本身是错误的，因为扩大人民法院的自由裁量权，是坚持股权转让兼顾各方利益原则的结果而不是目的。扩大人民法院的自由裁量权，可以更好地适用公司法等法律，更好地维护公司、股东和其他相关主体的利益；运用不当，则可能干涉股权转让的自由。运用是否得当，可以通过诉讼程序解决，其中细节不是这里应当讨论的问题。应当注意的问题仅仅在于，股权转让的设计要谨慎。

股权概括性转让原则，表明股权转让设计中，不能对股东权利进行"零售"而只能"批发"，转让就要一揽子转让。但是，这不是说股东的权利就不能拆解开来委托给他人行使，因为委托给他人行使自己股东权利的一部分，是民事委托行为。通过合同约定，将其他股东权利的一部分委托给自己行使，同样可以收到拆解股东权利的效果。简而言之，股东权利的拆解，不能通过股权转让的方式进行，但可以通过民事委托的方式进行。

二、股权争议案件审理的四大原则

与股权转让有关的裁判，属于商事裁判的范畴。商事裁判因为我国民商合一的立法体制而在司法制度上被纳入大民事框架之中，但是，包括股权转让合同纠纷在内的商事裁判，如果简单地以传统民法的思维考虑商事领域中的一些问题，有时会有违商事立法精神，或者无法找到适当的解决方案。商人特有的追求和商行为的特有个性，以及我国商法的特有原则和制度，决定了商事纠纷具有不同于一般民事纠纷的特点。

股权争议案件审理的四大原则，和商事案件审理的原则相同，包括遵循商事外观主义原则，保障商事合同自由原则，维持企业稳定原则，重视商事习惯原则。

[276] 商法的特点【☆☆】

与普通民法相比，商法具有自己鲜明的特点。民法最基本的价值取向是公平，即公平优先，兼顾效益与其他，商法最基本的价值取向是效益，即效益优先，兼顾公平与其他。因此，商法主要反映和体现商主体对商事交易顺利、可靠、安全的要求，以及与此相关的各种特殊权利的制度安排。

商法具有营利性、较强的技术性、兼具公法性、发展性等特征，奉行商主体严格法定、商主体维持、维护交易公平、维护交易简便和快捷、维护交易安全等基本原则。例如，为实现交易的简便、迅捷，实行要式主义、文义主义，对商事请求权普遍采用不同于民法时效期间的短期时效；为维护交易安全，实行公示主义、外观主义和严格责任主义，在特定领域无须探求实质和真意。①

［277］商事纠纷的特征【☆☆】

商事纠纷具有以下三个特征：

1. 商事主体与民事主体并不是同一的概念，并非所有的民事主体都能成为商事主体，只有具备法定条件且办理了相关核准登记手续的民事主体，才能成为商主体。

2. 商事纠纷主要是商事主体在从事商行为过程中发生的纠纷，以及商事主体因设立、变更、终止而发生的纠纷。商行为的营利性和营业性特点，使其在很大程度上有别于一般民事行为。

3. 商事案件的法律适用原则与一般民事案件不同，在处理商事纠纷时，商法的适用先于民法，在商法没有规定的情况下，适用民法的有关规定。

［278］股权争议案件审理的四大原则之一：商事外观主义【☆☆】

商事外观主义原则，又称权利外观主义原则，是指在商事活动中，以商主体的行为外观认定其行为所生之效果的一项商法基本原则。

依照商事外观主义，相对人如果对商主体对外公示的外观事实产生合理信赖，并依此从事相应的行为，即使外观事实与真实事实不一致，会仍然依照外观事实认定行为的法律效果。由于商事主体的性质、规模、资信等与交易有关的重要事项或信息是作出正确交易判断的必要前提，而要求交易主体在每次交易前均对交易相对人进行详尽的调查，显然不符合商事交易快捷、便利的效率要求。因此，为在减少交易时间、节省交易成本的同时，保护商事交易的安全，商法赋予商事主体的权利、意思表示、法律关系以及其他法律上视为要素的外部表现形式——外观，以优越的法律地位，通过外观认定交易主体行为的法律效果，从而维护交易相对人与第三人对外观的合理信赖利益。②

［279］股权争议案件审理的四大原则之二：内外有别【☆☆☆☆】

内外有别的原则，指的是审判实践中对待公司内部和外部关系应当按照不同的标准处理。就公司内部关系而言，如果民事法律行为违反法律、行政法规和公司章

---

① 参见潘福仁主编：《股权转让纠纷》，法律出版社2010年版，第14、19页。
② 同上注。

程的规定,就应当依法认定该民事法律行为无效或者撤销该民事法律行为,甚至依法追究相关人员的法律责任。但是,对公司外部关系而言,依据该民事法律行为和其他市场主体形成的民事法律关系,则通常不认定为无效或者可撤销,除非与之订立协议的当事人与公司内部人员恶意串通,以损害公司利益为目的而缔约。① 这一观点,在《民法总则》第 85 条规定有着鲜明的体现:"营利法人的权力机构、执行机构作出决议的会议召集程序、表决方式违反法律、行政法规、法人章程,或者决议内容违反法人章程的,营利法人的出资人可以请求人民法院撤销该决议,但是营利法人依据该决议与善意相对人形成的民事法律关系不受影响。"《公司法司法解释(四)》第 6 条规定,"股东会或者股东大会、董事会决议被人民法院判决确认无效或撤销,公司依据该决议与善意相对人形成的民事法律关系不受影响。"

坚持内外有别的原则,主要目的在于与维护我国的社会主义市场经济中的交易秩序,保证各种类型的市场主体能够在良好的营商环境中有序的开展活动。在市场经济条件下,商品的价值只有通过交易才能最终实现。因此,商事审判应当尽量做到保证交易安全、提高交易效率、降低交易成本。如果赋予交易想对方过重的审查公司内部行为合法性的义务,势必造成交易成本的提高和交易效率的降低。②

[280] 股权争议案件审理的四大原则之三:维持企业稳定【☆☆】

维持企业稳定原则,也称为商主体维持原则,主要体现在商事主体法中。

具体来说,在公司法、合伙企业法、个人独资企业法与破产法中,都最大限度地体现了避免作为商主体的企业破产与解散的精神,如破产法中的和解和整顿制度。其目的是让能够良好发展的企业持续发展,并尽量维护社团法律关系的稳定。这就要求我们在审判实践特别是处理企业内部利益冲突引起的纠纷时,切实做到"化解矛盾、理顺关系、安定人心、维护秩序",不轻易否定企业的成立,不轻易否定公司已发生的行为,尽量保持企业及其内外部法律关系的相对稳定。③

公司法是一部组织法,明确了公司的权力机构、执行机构和监督机构,规定了三大机构的职责、基本工作规则和相互关系。根据法律和公司章程的规定,公司内部机构如何行使权力、履行职责是公司治理的范畴,包括司法机关在内的公权力机关原则上不得介入。人民法院商事审判只有在公司治理机制被打破,股东或公司利益受到损害时,才能根据当事人的请求依法介入。商事司法介入之目的,在于通过

---

① 参见杜万华主编,最高人民法院民事审判第二庭编著:《最高人民法院公司法司法解释(四)理解与适用》,人民法院出版社 2017 年版,序言第 5 页。
② 同上注。
③ 参见潘福仁主编:《股权转让纠纷》,法律出版社 2010 年版,第 14、20 页。

审判查清案件事实,依法维护当事人合法权利,治理破损的公司治理结构。① 客观上,司法介入应当起到化解矛盾,定纷止争的作用,并定位于优先恢复公司活力的目的。

[281] 股权争议案件审理的四大原则之四:重视商事习惯【☆☆】

在证券、期货、保险等领域内,大量交易习惯并不以法律规范的形式出现,事实上没有必要也没有可能将这些交易习惯上升为法律规范。而此类交易惯例和商业习惯却在实质意义上起着规范商主体及其商行为的重要作用。

因此,在股权争议案件的处理中,如果有国际因素或者涉及国际股权争议,则必须根据实际情况重视对国际通行的交易惯例和商业习惯的参照和遵循。

---

① 参见杜万华主编,最高人民法院民事审判第二庭编著:《最高人民法院公司法司法解释(四)理解与适用》,人民法院出版社2017年版,序言第3—4页。

第十三章　股权争议仲裁的实务问题

股权争议通过商事仲裁解决，其中不具有涉外因素的股权争议只能由国内仲裁机构裁决，主体、合同中有任何因素涉外的都可以申请国际仲裁。以下主要结合中国国际经济贸易仲裁委员会网站公布的仲裁案例介绍股权争议仲裁中的实务问题。

一、概念与定义

处于不同法域的当事人，对文字相同或者相似的概念，理解有可能不同，在合同中对重要概念和可能有不同理解的概念进行定义，显得非常重要。即使处在同一法域中，对可能产生歧义的概念进行定义，也是非常必要的。

合同中对概念的定义，和概念通常的定义，不一定相同。二者出现矛盾时，解决方法就是认可合同中的定义，否认通常的定义。

在股权转让合同中，随意使用港澳地区的"清盘""停牌""大授权"等词语，常常会导致不必要的争议。

[282] 示范文本【☆☆】

中国国际经济贸易仲裁委员会网《关于×××公司股份转让协议书》提供了一个复杂的范本。在该范本中，定义之外，还有释义，并且单独列为一章：

第一章　定义和释义

第一条　除非另有特别解释和说明，下列用语在本协议书中均依如下定义进行解释：

1.1　本协议书：指本协议书及所有附件，包括经各方不时修改并生效的补充协议，本协议书的附件以及补充协议与本协议书具有同等的法律效力。

1.2　×××公司：指（证券代码：××××××）。

1.3　本次股份转让：指按照本协议书的约定，转让方向受让方转让其持有的本协议项下的×××公司标的股份。

1.4　标的股份：指转让方拟转让的、受让方拟受让的×××公司股份××

股（占×××公司股份总数的××%）。

1.5 基准日：指本次股份转让的基准日是，即××年××月××日。

1.6 股份转让价款：指根据本协议书第六条之规定，受让方向转让方支付的受让标的股份的总价款。

1.7 本协议书生效日：指根据本协议书第二十六条规定之本协议书生效日成立。

1.8 本次股份转让生效日：指根据本协议书第二十七条规定之本次股份转让生效之日。

1.9 股份过户：指根据本协议书第八条所规定，标的股份在登记结算公司过户登记至受让方名下。

1.10 股份过户日：指标的股份过户完成之日。

1.11 过渡期间：指自本协议书签订之日起至股份过户日止的期间。

1.12 中国证监会：指中国证券监督管理委员会。

1.13 登记结算公司：指中国证券登记结算有限责任公司××分公司。

1.14 元：指中华人民共和国境内流通的法定货币单位人民币元。

1.15 工作日：指除中国法定周末双休日、公共休假日之外的工作日，如行使某项权利、履行某项义务须通过其他机构场所（如证券交易所、证券登记结算机构、银行）进行，则为该机构的工作日。

第二条　除非本协议书另有规定或上下文另有明确要求，否则：

2.1 本协议书中所引用的"条款"及"附件"均指本协议书的条款及附件，本协议书的附件为本协议书不可分割的组成部分。

2.2 本协议书的条款，附件序号和标题以为方便参阅而设，不影响本协议书的释义或解释。

2.3 在本协议书项下，如可行使某项权利的首日日期为非工作日，则可在该日期后的首个工作日行使该项权利；如应当履行某项义务的首日日期为非工作日，则应该在该日期后的首个工作日履行该项义务。

2.4 在提到任何法律或任何法律的任何规定时，应包括应适用的相关法律、法规、部门规章和规范性文件，以及包括该等法律的修订和重新制定，替代其的任何法律或依其颁布的所有条件和法律文件。

2.5 各方已联合参与了本协议书的谈判和起草，如果在意图或解释方面出现不明确或疑问，本协议书的解释应如同各方联合起草一般，不得在认定和举证方面存在明显偏袒或损害任何一方的不公平、不合理之情形。

2.6 本协议书所称的"已披露的情况"，是指各方根据相关监管部门要求在指定的公开信息领域披露的情况,及各方在本次股份转让过程中互相向对方提供的材料中所披露的情况,及以各方在本协议书及本协议书相关附件材料,互相签署的备忘录及其他文件中所披露的相关情况。

[283] 关于"大授权"①【☆☆☆☆】

在某股权转让合同中,多次提到"大授权"。在《协议》第2条第2款约定:"该项目的合作前提为甲方同乙方在其公司注册地首先办理部分股权转让手续(大授权),乙方即成为澳门公司中享有整个项目的股东,从而进行项目开发。"这里的"大授权"在括号中,而且在逗号之前,按现代汉语的规范,括号中的"大授权"应当是解释"办理部分股权转让手续""部分股权转让手续"或者"股权转让手续",但是,令人遗憾的是,根据上下文,仲裁员无法判定"大授权"的含义。

这种故弄玄虚地滥用外来词,成为双方争议的一个根源。

仲裁庭认为:"本案协议中,虽多次述及大授权和股权转让,但事实上,本案协议并未就大授权和股权转让的概念作出明确界定,也未阐明二者之间的关系和办理顺序。尤其是本案《协议》第2条第2款、第5款,第3条第1款第4项及《特别约定》第5条中对大授权和股权转让的约定均存在不明和矛盾,而申请人和被申请人在仲裁过程中也未能提供足够的证据对此予以进一步说明和证明。因此,仲裁庭无法对大授权的办理和效力,以及股权转让的办理和程序是否符合本案协议的约定作出认定。"

二、主体的同一性

股权转让合同任何一方主体,都应当是同一的。但是,并非所有股权转让合同的双方都能清楚地认识到这一点。在某个人能够完全控制多个公司的情况下,即使多个公司都是"一个老板",但是各个公司如果是独立的法人,彼此就不是同一主体。

确认主体的同一性,避免主体误认,是签订股权转让合同的基本条件,也是签订任何其他合同的基本条件。

---

① 参见《股权转让及房产项目合作协议争议仲裁案裁决书》,载中国国际贸易促进委员会网站(http://www.ccpit.org/Contents/Channel_3495/2014/0616/400826/content_400826.htm),访问日期:2018年3月9日。

[284] **主体误认**① 【☆☆☆☆】

在某股权转让合同中,申请人的目的是要将其全部出资额转让给被诉人在泰国注册的一家公司,这种转让涉及合营企业合营主体的变更,转让后应有新股东参加合营企业,但股权转让协议却是由合资公司的两原股东,即申请人与被诉人签订的。

现已更名为华南国际经济贸易仲裁委员会(深圳国际仲裁院)的原中国国际经济贸易仲裁委员会华南分会网站在该裁决书后的评论中认为,申请人在股权转让过程中产生了误解,认为被诉人在泰国注册公司与被诉人是一回事,是同一主体。事实上,被诉人在泰国注册的公司和被诉人是各自独立的法人。被诉人是一家中国法人,而被诉人在泰国注册的公司属于泰国法人,他们各自独立地对外承担有关的义务和责任。

三、虚假出资和抽逃出资

虚假出资和抽逃出资,是违反《公司法》的行为,严重的则构成相应的犯罪。

但是,出资瑕疵,并不导致股东身份的否定。鉴于现代公司法强调公司的形式正义,以达到对交易之善意第三人的有效保护,因此只要出资人已被登记于公司的股东名册、公司章程及工商登记材料之中,即便该出资人存在出资瑕疵行为,亦不能否定其股东资格。②

出资瑕疵,也不必然导致对瑕疵股权的转让合同效力之否定。

[285] **虚假出资不否定股东身份**③ 【☆☆☆☆】

在某股权转让纠纷仲裁的反申请中,被申请人申请裁定申请人必须将其所代表的甲方作为取得××公司 70% 的股权和 17 年投资经营权益的虚假注资额人民币 368.9125 万元及相应的银行利息(自申请人投入日计至 2002 年 7 月 1 日××公司股权变更登记之日)偿还给××公司,并限期汇入××公司账户,超期计罚息;同时

---

① 参见《股权转让案例分析》,载深圳国际仲裁院网站(http://www.sccietac.org/main/zlk/zczl/zcalpx/tzal/T114059.shtml),访问日期:2011 年 11 月 28 日。

② 参见史建三:《股东地位已默许,不可嗣后再否认》,载上海国际经济贸易仲裁委员会网站(http://www.cietac-sh.org/detail.aspx?id=2&&table=1),访问日期:2011 年 11 月 2 日。

③ 参见《股权转让合同争议仲裁案裁决书》,载上海国际经济贸易仲裁委员会网站(http://cn.cietac.org/TheoryResearch/read.asp?hangye=1&ptype=15&ptitle=股权转让&stitle=%B9%C9%C8%A8%D7%AA%C8%C3%BA%CF%CD%AC%D5%F9%D2%E9%D6%D9%B2%C3%B0%B8%B2%C3%BE%F6%CA%E9),访问日期:2011 年 11 月 2 日。

裁定申请人建立在人民币 368.9125 万元虚假注资基础上而转股时，××公司已经是负资产的××公司，甲方股价为零。

但是，仲裁庭认为，本案的出资瑕疵并不影响股权转让的合法性、有效性。被申请人对原《合作合同》的履行情况与合作公司的财务及经营管理状况是知道或应当知道的，不存在对甲方出资的重大误解。

关于股权转让合同的效力，本案经审理查明，被申请人对股权转让合同的性质、合同的相对人、合作公司的经营状况以及合作公司股东的投资权益是知道或理应知道的，不存在"重大误解"的可能性，被申请人以对股权转让价格存在"重大误解"为由主张合同书为可变更之合约之观点，仲裁庭不予支持。

简单说来，受让方明知转让方有严重的虚假出资问题情况，仍同意进行股权转让，该股权转让合同就是有效的。从经济的角度看，原因在于，公司是动态发展的经济实体，公司股权的价值，和股东的原始投资之间并没有必然的关联：实际出资多的公司，都有可能走到破产的地步；实际出资少的公司，也可能发展壮大成为价值极高的商业巨无霸。从法律的角度看，原因在于股权转让和出资瑕疵是两个范畴的法律问题：出资瑕疵的责任承担，可以根据法律规定和当事人约定来处理，但是，出资瑕疵并不必然导致出资者股东身份的丧失。

[286] 抽逃出资不否定股东身份[①]【☆☆☆☆】

在某股权转让仲裁案件中，第一申请人和第二申请人曾经于合资公司成立后不久以预付款以及往来款的方式收回相当于各自的出资额（分别为500万元与400万元）的款项，该等抽回资金的行为不符合法律规定。仲裁庭认为，两申请人在出资义务上存在一定的瑕疵，两申请人对上述行为理应承担相应的法律后果，但是这并不必然导致其丧失股东地位。

仲裁庭认为，直至 2006 年，两申请人和被申请人仍然以合资公司股东身份与案外人签订了《股权转让合同》，被申请人的法定代表人于此后又分别向两申请人支付了部分股权转让款，上述行为表明被申请人直至涉案争议发生之前亦对两申请人的股东地位并未有任何异议；并且，仲裁庭进一步注意到，2007 年第一申请人和第二申请人分别将相当于取回资金金额的 500 万元和 400 万元的款项汇入了合资公司，对自己的行为作了纠正。

综上，仲裁庭认为，两申请人的股东地位理应得到确认，被申请人认为第一申

[①] 参见史建三：《股东地位已默许，不可嗣后再否认》，载上海国际经济贸易仲裁委员会网站（http://www.cietac-sh.org/detail.aspx?id=2&&table=1），访问日期：2011 年 11 月 2 日。

请人和第二申请人不具有股东资格的观点不能成立,第一申请人持有合资公司原50%的股权,第二申请人持有合资公司原40%的股权。

在仲裁庭的意见中,其他股东默许抽逃出资股东的股东身份就不得嗣后否认,似乎可以表明抽逃出资的股东是否仍然具有股东身份并非法律规定,而是与其他股东是否认可其股东身份有关。这种观点缺少法律依据。因为,抽逃出资并不是消灭股东身份的合法途径,而是应受法律处罚的非法行为;抽逃出资的股东,应当补足出资并接受行政处罚或者刑事处罚。假设抽逃出资就失去了股东身份,则抽逃出资的股东补足出资的义务就无从谈起,接受处罚也失去了法理上的深层依据。抽逃出资者仍然不失其股东身份,则其仍然要补足出资,赔偿公司因为自己抽逃出资造成的公司损失,并以自己的出资额为限为公司承担有限责任,这样处理对其他股东才会比较公平。

另外,抽逃出资的股东将抽逃的出资按照抽逃的数额再投入到公司,也不是仲裁庭所认为的对其抽逃出资行为的完全"纠正"。因为姑且无论其是否应当主动接受行政处罚或者刑事处罚,至少,抽逃出资的股东还应当赔偿公司因其抽逃出资造成的公司损失,才可以对其出资行为进行完全的"纠正"。

四、内容违法和程序违法

股权转让合同的内容违法和程序性违法,不必然导致合同无效。有些瑕疵可以弥补,有些瑕疵则从根本上否认了股权转让合同的合法性。其中,股权转让的行政违法性,是股东争议中常见的话题。在股权争议的裁决中,行政违法性证据的作用被大大削弱,行政违法行为被仲裁协议限制,仲裁只对仲裁范围内的事务裁决而不涉及行政处罚,所以,在仲裁中过分强调股权转让的行政违法性的效果,常常并不明显。

值得注意的是,在股权转让案件中,股权转让所针对的项目之违法性,不能否定股权转让合同的效力。原因在于,公司的项目是公司的事务,公司的股权是股东的权利;二者对应的主体,一个是公司,一个是股东,根本不是一个法律范畴。

如果股权转让本身具有违法性呢?根据《合同法》第52条的规定,股权转让合同违反了法律、行政法规的强制性规定,合同无效;没有严重到这一步,也不符合第52条规定的"(一)一方以欺诈、胁迫的手段订立合同,损害国家利益;(二)恶意串通,损害国家、集体或者第三人利益;(三)以合法形式掩盖非法目的;(四)损害社会公共利益"这几种情形,就不能判定为合同无效。

应当注意进一步区分合同的成立和生效的关系,有些合同成立且生效,有些合同成立但未生效。根据《合同法》第44条的规定:"依法成立的合同,自成立时生效。法律、行政法规规定应当办理批准、登记等手续生效的，依照其规定。"

［287］合同内容的行政违法性①【☆☆☆☆】

在某个以土地使用权为针对项目的股权转让合同中，合同内容规避了土地使用权转让行为发生的法定税费、规避了土地使用权转让的政府行政审批程序、规避了利用外资政策、违反了法律规定的土地使用权转让条件的限制等主张，仲裁庭对此认为，这些指称均不构成合同无效的法定理由。即使本案合同确实规避了法定税费和有关政府行政审批程序，也只能引发相应的行政审查，由相关责任人承担行政责任。

显然，这里仲裁庭的意见，没有区分一般违法行为和违反法律、法规强制性规定之间的区别。

［288］股权转让的设计②【☆☆☆☆】

某股权转让仲裁案件，源于一个法律设计：申请人和两被申请人以及案外人签订了本案合同，约定申请人向两被申请人支付转让款，以获得两被申请人控股的香港公司（两被申请人为该香港公司仅有的两个股东）在内地设立的外商独资企业所拥有的开发地块及获得收益的权利，在申请人支付全部转让款后，被申请人同意将其所有的香港公司的全部股权以港币 2 元转让给申请人指定的境外法人或自然人并豁免全部债务。

关于上述法律设计，仲裁庭认为，从严格的意义上来讲，本案合同并不是股权转让合同，更不是土地使用权转让合同，而是一项与股权转让密切相关的复杂的权利义务安排。

仲裁庭认为，本案中，厦门公司是地块的土地使用权人，同时又是香港公司为开发该地块在厦门设立的项目公司。两被申请人是香港公司的全部股东。仲裁庭认为，本案合同是双方当事人基于让与和取得地块开发收益权的合同目的而达成的股权转让安排。为此目的，申请人同意逐步向两被申请人支付人民币 2 亿元，同时逐步取得地块的开发收益权；在款项完全支付完毕之后，则进一步享有和承担（通过

---

① 参见《股权转让案例分析》，载中国国际经济贸易仲裁委员会网站（http：//www.cietac.org/TheoryResearch/read.asp?hangye=1&ptype=15&ptitle=股权转让&stitle=%B9%C9%C8%A8%D7%AA%C8%C3%BA%CF%CD%AC%D5%F9%D2%E9%B0%B8%B2%C3%BE%F6%CA%E9），访问日期：2011 年 11 月 2 日。

② 参见《合资企业股份转让协议争议仲裁案裁决书》，载深圳国际仲裁院网站（http：//www.sccietac.org/main/zlk/zczl/zcalpx/yjjjnal/hzhzl/T113974.shtml），访问日期：2011 年 11 月 2 日。

指定第三方）以 2 元港币购买香港公司全部股权的权利和义务；两被申请人同意逐步让与地块的开发收益权，同时逐步向两被申请人收取 2 亿元人民币；在款项完全收取完毕之后，则进一步享有和承担以 2 元港币出售香港公司全部股权的权利和义务。根据本案合同约定进行分析，本案合同的标的，既不是香港公司的股权，也不是厦门公司享有的地块土地使用权，而是购买和出售间接实际控制地块的香港公司股权的缔约权。2 亿元人民币是申请人据以取得以 2 元港币购买香港公司全部股权的缔约权的对价，也是两被申请人据以取得以 2 元港币出售香港公司全部股权的缔约权的对价。

在这里，仲裁庭忽视了设计方案内 2 元港币股权转让的受让人，是"申请人指定的境外法人或自然人"而不是申请人本身。虽然申请人"指定的"境外法人或者自然人通过极不合理的低价获得了境外公司的股权，但是，申请人自己向境外公司控制的境内公司支付 2 亿元人民币，实际上并没有合法的理由。

[289] 内容违法的股权转让合同【☆☆☆☆】

两名申请人与被申请人合资成立了一个化工有限公司，由于合资公司经营亏损，合资三方决定将合资公司的股本价值折价，两名申请人将其在合资公司的股份转让给被申请人，三方为此签订了股份转让合同。被申请人未支付该股份转让款。申请人提请仲裁要求被申请人支付股份转让款。

仲裁庭认为，中外合资经营企业合同和章程的重大变更，如一方转让其在合营企业的全部或部分权利义务等，除经合营企业董事会一致通过和合营他方同意外，还不得违背法律的规定。就本案而言，尽管合营企业第四次董事会就合营企业的股权转让达成了一致意见，但申请人与被申请人之间签订的"股份转让合同"却约定外方（即申请人）保留的人民币 10 万元股权不承担经营风险，并享受年 24% 的分红。《中华人民共和国中外合资经营企业法》（以下简称《中外合资经营企业法》）第 4 条第 3 款规定："合营各方按注册资本比例分享利润和分担风险及亏损。"本案项下的股权转让合同的约定，违背了上述法律的规定，且该合同并未获得原审批机关的批准。仲裁庭认为，即使该股权转让合同获得原审批机关批准，由于该合同的内容违反中国有关法律的强制性规定，也应确认为无效合同。对申请人基于该合同有效而提出的仲裁请求，仲裁庭不予支持。

五、履行义务的顺序和条件

确定股权转让双方约定履行义务的条件和顺序，有助于判定何方承担违约责任。科学约定条件和顺序，将使双方履行股权转让合同更加顺畅。但是，如果对某些条件的理解错误,也会将问题复杂化。

[290] 以承担公司债为支付条件①【☆☆☆☆】

在已生效的某股权转让合同中,双方约定,被诉人将保存在合资公司账户上的股权转让剩余款支付给申请人的条件是:股权转让款在偿还合资公司股权转让前发生的债务后还有剩余,且在股权转让正式生效日起3个月内,未发现其他属于合资公司股权转让前发生的债务。

裁决书后附的有关评论认为,本案中,申请人对"债"的认识有所偏颇。

该评论认为,在股权转让前某机械模具公司受某县螺钉厂的委托进口了一批设备,该设备是以合资公司名义报关的,是否属于股权转让前的合资公司的债务呢?申请人认为,机械模具公司与螺钉厂之间的购销事宜已结清,办理该设备复出口手续的费用也通过出具保函,不用合资公司承担,因此合资公司在这方面已不存在债务。申请人的上述观点表明其把债务理解为仅指金钱上的债务,把债权债务关系理解为仅限于货币关系,因此有失偏颇。

诚然,根据《民法总则》第118条规定,"债权是因合同、侵权行为、无因管理、不当得利以及法律的其他规定,权利人请求特定义务人为或者不为一定行为的权利。"债的范围很广,不仅包括金钱之债,还包括以提供劳务、移转权利等为标的的债;也不仅仅包括合同之债,而且还包括侵权行为之债、无因管理之债和不当得利之债等。

正因为如此,评论认为,本案所涉设备并非为合资公司所有却以合资公司名义进到特区,已有违有关法律规定。该设备如要运出特区,必须办理复出口手续,并缴纳有关费用,这是法律规定的必须由申请人实施的特定行为,并由此产生了申请人对某县螺钉厂负有的一种债务。申请人只有清偿了这笔债务,才有权取得尚未取得的股权转让款。

但是,本案中股权转让合同所说的债务,应当认为是金钱债务,而不是评论所认为的行为。股权转让合同书规定,由于合资公司的债权债务未作清理,所以股权转让款29万美元由受让方(即被诉人)汇入合资公司的账户保存,由合资公司用来清偿其在股权转让前发生的债务(债权债务相抵后的净债务)。如上述股权转让款,在偿还合资公司股权转让前发生的债务后还有剩余,且在股权转让正式生效日起3

---

① 参见《股权转让款的支付》,载深圳国际仲裁院网站(http://www.sccietac.org/main/zlk/zczl/zcalpx/tzal/T114061.shtml),访问日期:2011年11月3日。

个月内,未发现其他属合资公司股权转让前发生的债务,则受让方将剩余款项(含存款利息)在 7 天内一次付清给转让方(即申请人),并汇到转让方指定的账户。由此可见,本案中作为股权转让款支付前提条件的所谓"债务",是可以用股权转让款"偿还"的债务,并非是"行为"等不可用金钱计量的债务。

六、代扣代缴税款

在股权转让的收入所产生的纳税问题中,代扣代缴义务人能否在应付的股权转让款中直接扣除应纳税款,是一个容易让人困惑的法律问题。

代扣代缴义务来自法律的直接规定。《中华人民共和国税收征收管理法》(以下简称《税收征管法》)第30条第2款规定:"扣缴义务人依法履行代扣、代收税款义务时,纳税人不得拒绝。纳税人拒绝的,扣缴义务人应当及时报告税务机关处理。" 2002年10月15日起施行的《税收征收管理法实施细则》第94条规定:"纳税人拒绝代扣、代收税款的,扣缴义务人应当向税务机关报告,由税务机关直接向纳税人追缴税款、滞纳金;纳税人拒不缴纳的,依照税收征管法第六十八条的规定执行。"

由此可知,在纳税人拒绝代扣、代收税款的情况下,扣缴义务人的法定义务是及时向税务机关报告——扣缴义务人履行了报告义务后就不再承担其他法定义务;扣缴义务人也没有法定权利强行扣留纳税人的任何财产。进一步的纳税问题,就只有税务机关有权处理了:依照《税收征管法》第68条的规定:"纳税人、扣缴义务人在规定期限内不缴或者少缴应纳或者应解缴的税款,经税务机关责令限期缴纳,逾期仍未缴纳的,税务机关除依照本法第四十条的规定采取强制执行措施追缴其不缴或者少缴的税款外,可以处不缴或者少缴的税款百分之五十以上五倍以下的罚款。"其中所指第40条规定的强制执行措施,包括"(一)书面通知其开户银行或者其他金融机构从其存款中扣缴税款;(二)扣押、查封、依法拍卖或者变卖其价值相当于应纳税款的商品、货物或者其他财产,以拍卖或者变卖所得抵缴税款。"

实践中,股权转让过程中,代扣代缴义务人应当首先书面通知纳税人自己具有代扣代缴的义务并限期答复,根据实际情形的不同,保存特快专递回执、已发电邮等书面证据,证明自己已经通知纳税人。纳税人逾期不答复,则代扣代缴义务人可以径直向税务机关报告。

在比较极端的案例中,代扣代缴义务人以代扣代缴税款为由,直接扣下相应数额股权转让款后,并未代缴此笔税款。

[291] 代扣代缴义务人无权强行扣款① 【☆☆☆☆】

申请人与被申请人签订《权益转让协议》，约定申请人将其在××宾馆中的全部权益转让给被申请人，转让费为2000万元，其中的1500万元为"应付款"，余下的500万元为申请人认购被申请人股份的资金及"责任保证金"。此后，被申请人支付了应付款中的1400万元，余下的100万元以税务局通知其负有扣缴申请人所得税义务为由拒绝支付，申请人遂要求被申请人偿还应付款100万元及利息。被申请人则认为款项是被申请人按税务局通知依法扣缴的、应由申请人缴纳的所得税，所以不能退还给申请人。仲裁庭认为，被申请人以代扣所得税为由拒付应付款的行为，并无税法及合同上的依据，故仲裁庭支持申请人要求被申请人偿还应付款和利息的请求。

本案中，申请人是纳税人，经过仲裁后，申请人获得相应股权转让款的请求获得了支持。

但是，应当注意的问题是，申请人申请仲裁的用意，似乎仅仅在于获得全部股权转让款，即有可能获得此笔款项后不再履行纳税义务。因为假设仲裁的请求最终都能够实现，减去本案税务局所发通知中确定的应纳税额和律师费，申请人就所剩无几了；如果申请人此次仲裁旨在获得此笔款项后补缴税款做一个合法纳税人，则大可不提起仲裁而直接向税务机关举报代扣代缴义务人9年来从未代缴税款的问题。至于本案税收征纳是否有实体法依据，不在仲裁庭的考虑范围之内；申请人是否应当纳税、纳税数额和计算方法的争议，应当是申请人和税务机关之间的行政争议，也不属于仲裁的范围。

七、期待权问题

期待权，是股权转让中受让方作为签订股权转让合同的合法期待利益。在有期待权的股权转让合同中，如果期待权在合同签订期间并不存在，则转让方应当承担违约责任。

至于期待权是否实现及不能实现的责任，属于更进一步的问题，如果无法断定，则按照举证规则分配责任。

---

① 参见《权益转让合同争议仲裁案裁决书》，载中国国际经济贸易仲裁委员会网站（http：//www.cietac.org/TheoryResearch/read.asp?hangye=1&ptype=15&ptitle=股权转让&stitle=%C8%A8%D2%E6%D7%AA%C8%C3%BA%CF%CD%AC%D5%F9%D2%E9%D6%D9%B2%C3%B0%B8%B2%C3%BE%F6%CA%E9），访问日期：2011年11月2日。

[292] 政府批准证明期待权存在[①]【☆☆☆☆】

关于本案协议签署时被申请人拥有的澳门公司是否享有本案项目可期待的开发权问题。仲裁庭经审理查明，1999年6月9日，本案项目的项目建议书得到批准。1999年11月4日，本案项目的可行性研究报告得到批准。此外，1999年6月11日，被申请人所拥有的澳门公司与合作内地××自来水公司及××房地产经营开发公司签署了《合作经营××房地产开发有限公司合同》及《××房地产开发有限公司章程》。由上，仲裁庭认为，根据《中外合作经营企业法》及其实施细则的有关规定，本案协议签署时，本案项目之合作公司正处于依法报批合作合同及章程的阶段，而其前期的立项及可行性研究，业已依法定程序获取了政府主管审批部门的批准。据此，本案协议签署时，被申请人所拥有的澳门公司拥有本案项目可期待的开发权。

该案件中，期待权不能实现，责任也无法认定，所以仲裁庭认为，案件不仅丧失本案项目开发权的责任无法认定，而且申请人及被申请人是否构成违反本案协议的约定亦无法认定。申请人根据《合同法》第94条第4款之规定，以被申请人违约为由要求解除本案协议的请求，不能得到仲裁庭的支持。

---

① 参见《股权转让及房产项目合作协议争议仲裁案裁决书》，载中国国际经济仲裁委员会网站（http://www.cietac.org/TheoryResearch/read.asp? hangye =1&ptype =15&ptitle = 股权转让 &stitle =% B9% C9% C8% A8% D7% AA% C8% C3% BC% B0% B7% BF% B2% FA% CF% EE% C4% BF% BA% CF% D7% F7% D0% AD% D2% E9% D5% F9% D2% E9% D6% D9% B2% C3% B0% B8% B2% C3% BE% F6% CA% E9），访问日期：2011年10月28日。

第三部分 股权争议的防范

股权争议的防范和股权争议的处置关系密切,但是往往不像股权争议的处置那样受到人们重视。不少企业家可以在股权争议出现后投入巨大成本去处置,却不愿意为股权争议的防范未雨绸缪;有些企业家甚至喜欢从网上下载各种免费法律文本后通过DIY方式简单应付,似乎真的是"车到山前必有路"。

股权争议法律风险的积累,对中国企业家来说是不容忽视的问题。

第十四章　股权设计及文件签署

股权设计要考虑到我国的法律规定和现实环境，考虑到合作产生效益的多赢思想，也要有应付最坏局面的准备。没有严密的合同约束，人们可能会发展自身的自私自利性和随意性等弱点。

一、合同文本的制作

合同的文本需要根据本次交易而进行专门的设计，才能维护"这次"交易中自己的利益。或许最终用的还是普通合同文本，但也必须经过专门设计这一环节。不管合同文本由哪方提供，都不能懒惰，不能不经设计而照单全收。

[293] 从方案到合同【☆☆】

先小人，后君子。在这个商业社会大家普遍理解并遵循的规则基础上，事先制定大家都可以接受的股权方案，再从法律层面上固定下来形成关于股权的书面合同，以此约束各个股东，从而有效防范股权争议的产生。这是有战略眼光的股权涉足者应当做的功课。预先设计好股权约束方案并形成书面股权合同，以此防范股权争议的产生，比股权争议产生后亡羊补牢的成本要高出很多——至少朋友是没办法再做了。

从方案到书面合同再到有效的合同，是三个阶段。其中，方案设计是核心内容，书面合同是固定方案的最有效形式，有效的合同则是有独立生命力的金刚不坏之躯。

合同是否有效，是难以抛开时间因素来判定的。因为，法律在不断发展，法律规定在不断变化；合同内容的有效性，只能依据当时的法律规定来判断。股权合同尤其如此。从方案到有效的合同，是"当时"的法律专家完成的工作。合同考虑到了法律的变化趋势而充分用足"当时"法律的规定，并且能够从法律改进的趋势中获益，当然是最好不过的事情了。

[294] 模板和模仿【☆☆☆】

从零开始起草合同，需要耗费很多时间。专业人士通常的做法，是以自己以往熟悉的合同为蓝本，根据本次交易的实际情况，再调整一部分条款使之成为本合同的特殊约定内容。结果是合同格式、一般性约定直接沿用蓝本内容，提高工作效率；特殊约定内容专门设计并进行条款的整体性检验，最后再经过对抗式检验，体现本合同的针对性和特殊性。

根据合同模板制定合同，或者模仿现成合同制定合同，似乎是比较省事的工作，其实也是高风险的工作。修改合同和制定合同的工作量完全相同。有时候对现有合同只改动一两个字或者一个字不改，律师都一样花费了时间，签字律师也一样要承担合同审查的风险，律师费就可以动辄以万元或者10万元计。律师费收取的依据，包括律师的工作时间，也包括律师和律师事务所依法应当承担的风险——万一合同审查出错造成委托人损失，律师和律师事务所应当依法并依照委托合同承担相应的法律责任。正因为如此，有些委托人心甘情愿出"天价"让专业律师审查重要的合同。这和老中医开药方类似，不管是用成方还是加减几味药，诊金都是要照付的，诊疗出了问题，医生和医院都是要负责任的。有些公司套用别人的合同文本，不知道增删哪些文字，只是一味地照抄。修改合同时，增加内容固然重要，删减内容也同样重要。有时候看似多余的几个字，也可能会惹来官司，原因在于这些文字与其他约定产生了矛盾或者引发了歧义。合同文本的矛盾或者文字的歧义，都会给利益相关者提示合同的水平低下和他人的可乘之机。

[295] 整体性检验【☆☆☆】

合同条款设计初步完成后，要进行整体性检验，即合同文本应当作为整体来表达签约的目的，合同约定不能有矛盾和脱节的地方。

首先，要进行的是兼容性检测。任何条款，都应当与本合同其他条款兼容而不矛盾。合同文本涉及的时间、地点、数量、质量、价款、流程等交易要素要与本合同其他条款兼容，不矛盾。合同文本中涉及的权利、义务、责任和争议解决方式等法律要素也应当兼容而不矛盾。

其次，要进行逻辑性检测。逻辑性检测，先要进行形式逻辑检测，确认概念、术语、定义的同一性和明晰性。确认合同文本中所有的概念、术语、定义符合以下要求：A 就是 A，A 不是非 A。同时，要对各种概念、术语的外延进行详细分析，以避免遗漏。接下来，要进行辩证逻辑检测，确定各种矛盾和发展变化的情形符合辩证逻辑的要求，并且不能与合同目的与合同利益相冲突。

再次，合同文本要与其他合同文本作为整体进行兼容性检测和逻辑性检测。

实践中，各个环节和细节处理不当都会出现争议。因此，上述整体性检验的内容，不仅是理论上的分析，多数也是经验的总结。

[296] 对抗式检验【☆☆☆】

重要的合同文本制定或者修改、审查的最后一环，是对抗式检验。对抗式检验是尽可能真实模拟合同各个环节、细节出现争议而进行诉讼时诉讼双方博弈的情形，以模拟诉讼以发现合同文本的疏漏和弱点、强项。

进行对抗式检验，首先要确定常见的争议类型和国内外已有的案例。用其中有代表性的典型案例进行逐一检验，逐一研究特殊案例的特殊性所在以及是否有可能在本合同文本中出现同样的问题。

如果合同约定的争议解决方式是诉讼，或者合同没有约定争议解决方式，这种检验可以从国内案例开始，由最高人民法院的案例往下展开，同级别案例则由合同相关地区向其他地区展开。如果国内案件非常完备，除非合同特别重要，否则不需搜索国外案件；如果国内案件不完备，则要继续搜索国外案件作为参考。对于约定仲裁作为解决争议途径的合同，则应当搜集仲裁案例。先搜索与约定仲裁机构、仲裁地相关的仲裁案例，之后搜索与约定仲裁使用法律相关的仲裁案例，然后再搜索与合同相关的其他仲裁案例。

对抗式检验在案例检验阶段，需要发现的是已有争议中出现过的问题，针对这些问题完善合同文本。接下来，需要假设出现了各种争议，分别从争议双方不同的立场出发进行立论、反驳和求证，借此进一步发现问题和完善合同文本。

二、股权设计的根据

我国的法律体系已经基本建立，包括公司法在内的不少部门法也比较先进。但是，我国目前的司法环境发育并不均衡，"人治"的影响还或多或少地存在着。依靠法律，重视非法制因素，是目前进行股权设计必须认真思考的两大主线。

创业之初，讲究"哥们义气"走到一起的合作者，不需要歃血盟誓，也不需要磕头拜把子，但是"拍胸脯"和"凭良心"之类的保证和信任，却总是少不了的。这就是现实，这也是文化的一个方面。事实上，这样彼此信任的环境，反倒不利于白纸黑字对各自利益进行预先设定。

[297] 蛋生鸡法则【☆☆】

股东之间的争议，与其他财产争议最大的不同，在于公司的所有权和"其他人"对公司贡献的本质区别容易被人误认。公司是谁的？公司是投资人的公司还是贡献最大的雇员的？或者贡献大的雇员也应当在公司中有属于自己的一份？

这个问题可以用鸡生蛋的过程做类比。如果甲把鸡蛋交给朋友乙进行孵化，生出来的小鸡是甲的小鸡；如果甲把鸡蛋交给乙进行孵化时商量好小鸡的所有权中双方各占一定比例，则小鸡是甲和乙按照约定比例所共同拥有的财产。以后，小鸡长大，这种权属也不改变。乙无论在鸡蛋孵化过程中进行了多少投入，都与产权无关。这可以叫做蛋生鸡法则。

因为在鸡蛋孵化过程中的贡献，甲同意将一部分鸡蛋的股权转让给乙，这是股权激励的内容，属于甲自行处分其产权的范畴，前提仍然是甲拥有所有权。如果甲不同意向乙让渡任何比例的股权，只要没有违反双方之前的约定，或者乙不能在法律上证明甲应当向乙让渡部分股权，乙也没有权利向甲主张股权。这就是作为企业制度核心的产权制度。当企业发展壮大后，得到甲口头许诺将会得到一定比例股权的投资者或者员工，最容易与甲产生矛盾。为甲白手起家提供资金支持的人，因为口头承诺等原因，也容易与甲产生股权争议。甚至，看到甲的企业飞速发展的无关的人都想来分一杯羹，更不用说曾经为之作出过贡献的人了。

不过，鸡蛋是谁的，孵化出的小鸡就是谁的；小鸡是谁的，小鸡变成的大鸡就是谁的，这是产权清晰的应有之义。投资人、债权人、雇员，在产权明晰的市场中扮演了不同的角色，所以，蛋生鸡法则实际上就是企业的产权明晰法则。明白了这一点，大家都去掉非分之想，在争议产生之前厘清上述关系，就可以避免争议。如此操作，则看到企业做大就妄想分一块"唐僧肉"的人也可以让妄想自生自灭了。

[298] 创业团队的内耗期【☆☆☆】

股东们都是朋友，而且能形成合力，形成团队，这是创业者的理想和创业初期的现实。随着时间的推移，股东之间往往会产生各种各样的矛盾。俗话说的"生意好做，伙计难辞"，意思是做生意本身不难，但是合作者的关系不好处理，表现的就是这种尴尬阶段中股东们的常见感受。① 如果没有事先的股权设计，如果不及时采取科学的补救措施化解矛盾并预防新的矛盾出现，股东的矛盾发展方向，就只能是不断累积甚至激化。

从股东之间出现可能影响公司正常决策和运营的矛盾开始，到建立新的股东制衡制度并形成新的股东力量制衡格局，有可能成为创业团队的内耗期。有些公司的股东无法通过建立股东新的制衡制度结束内耗，要么头痛医头、脚痛医脚，要么就此结束合作甚至出卖或者解散公司。一般而言，在内耗期设计公司新的股东制衡制

---

① "辞"，读作 gé，是结交的意思。参见《新华大字典》，商务印书馆国际有限公司2004年版，第274页。

度,难度要大于在公司设立之初建立股东利益平衡制度,结果也会是股东制衡代替股东利益平衡。

[299] 零和博弈与牡鹿狩猎【☆☆】

零和博弈,指的是"任何一个参与人的收获总是来自对方的支出"。① 赌博,是典型的零和博弈。股东之间的斗争,如果不能产生新的对公司发展有利的制度,充其量是个零和博弈——因为必然有时间、精力等成本支出。

牡鹿狩猎,讲的是假设两个猎人,每个人只有两个战略,每个猎人必须决定是打野兔还是打牡鹿。每个猎人能单独地打到一只野兔,但只有在对方也打牡鹿时才能打到那只牡鹿,得到半只牡鹿比打到一只野兔好得多。②

[300] 股东制衡与股东利益平衡【☆☆☆】

股东之间的稳定关系,来源于股东的有效制衡,或者股东利益平衡。

股东利益平衡,大都是股东们在创业初期的理想局面,也就是常说的合作者通过设立公司,达到"多赢"的局面。新组建的创业者团队,民主空气浓厚,达成股东利益平衡的局面,是完全可行的。

股东制衡,则包括了股东利益平衡状态,也包括了股东利益不平衡状态。

股东之间形成股东利益不平衡的状态,只要稳定并且有利于公司发展,也并非不可取。上市公司就是最典型的股东利益不平衡状态。在公众公司里,散户通常并不关心表决权等权利而更倾向于股票价格和分红,散户和较大股东的利益显然并不平衡。但是,很多上市公司却在健康发展,各种投资者相安无事,可见,股东利益不平衡也未尝不是可取的状态。这种情形也存在于有限责任公司这种封闭型公司之中:有些股东作为"能人"多拥有一些权利,大家少一些"民主",公司也能够高效发展,股东也能团结合作而不产生内耗。

因此,可以概括地说,只要股东之间是有效的制衡关系,只要有利于公司的发展,股东利益的平衡并不是股东关系的唯一理想目标。

三、股权设计的假设

公司股权设计,实际上是一系列的制度设计。假定制度中的每个人都是好人,

---

① 〔美〕道格拉斯·拜尔、罗伯特·H. 格特纳、兰德尔·C. 皮克:《法律的博弈分析》,严旭阳译,法律出版社1999年版,第40页。
② 同上书,第33页。

必然产生松懈的和缺乏制约的制度。假定制度中的每个人都是坏人，则能设计出防止坏人做坏事的制度。

[301] 坏人假设【☆☆☆】

将制度中的人假设为坏人或者经不起诱惑的人，更容易设计出防范好人变坏的制度。原因在于股东无论是自然人还是法人，最终都是由自然人来表示意思的。在缺乏制度约束的情况下，好人也可能会受到人类弱点的局限而做出自私、随意的事情来。"在一个人们粗心地行事而不必承担责任的世界中，人们一般会更加粗心"①，同样，在人们自私、随意做事却不必承担责任的公司中，人们一般也会变得更加自私和随意。

法人股东也会发生让其他股东意想不到的变化。当法人股东的大股东或者实际控制人发生变化时，这个法人股东对其他股东而言，很可能就等于已经不是原先的法人股东了。法人股东内部变化前后有着天壤之别。

所以，通过"坏人假设"建立的股东制衡制度，能防止可以预见的恶劣事件发生或防止其恶劣影响。

[302] 理性沉默假设【☆☆☆】

"在不少场合，设计成沉默，乃必要且卓越之设计。"② 因为在民事法律领域和诉讼领域，沉默不是意思表示的一种，沉默不是默认。中国有句俗话，说"摇头不算，点头算"，可见在日常生活中，"摇头""点头"之外的沉默，也不一定是意思表示的一种。

在公司法领域，从公司设立到运营到解散，有很多地方要求股东积极表示自己的意思。沉默，对股东来说，在制定公司章程和制订其他方案时，因为不能主动表达意见，就可能丧失维护自己权利的机会；在股东会表决时，沉默的效果与反对相似，因为沉默是弃权，等于不支持提交表决的方案。在自己该发声的时候沉默，等到木已成舟，就悔之晚矣！

理性的沉默，是目前的公司章程草案或者其他方案正好符合自己的利益，或者表决时自己确实不支持提交表决的方案又不愿意塑造锋芒毕露、咄咄逼人的形象才运用的方式。理性的沉默，是对自己有利的沉默，是经过理性分析判断之后主动选

---

① 〔美〕道格拉斯·拜尔、〔美〕罗伯特·H. 格特纳、〔美〕兰德尔·C. 皮克：《法律的博弈分析》，严旭阳译，法律出版社1999年版，第9页。

② 曾世雄：《企业设计法》，中国政法大学出版社2001年版，第259页。

择的行为方式。理性沉默在股东身上也会有所表现。

股权设计，应当考虑并利用我国股东理性沉默的习惯。

[303] 公司不规范假设【☆☆☆】

如果公司都能够按照法律规定设立公司和制定、修改公司章程，都能够按照法律规定和公司章程的规定召开股东会、董事会、监事会并作出决议，都能够遵守法律规定合法经营并依法纳税，都能够在兼并收购、股权融资、公司上市和清算注销过程中兼顾各方利益并积极履行社会责任，股权设计就可以完全变成"象牙塔"内的工作，设计者不需要走出书斋就可以完成了。

但是，现实中的公司不是这里出现问题就是那里出现问题，公司出现的问题也不会完全按照教科书所描述那样出现。现实中的公司，不少是"摸着石头过河"创办的，"先做起来再说""都是自己人，好说好商量"等习惯，决定了公司不规范成为较为普遍的现象。有些公司的设立，完全交给专门公司注册中介机构"一揽子"做好的，公司章程千篇一律，公司制度千人一面，甚至连股东签字都是中介机构"代劳"的。有些外表看来很强大的公司，公司治理和员工管理也漏洞百出。从经验的角度看，我国公司的不规范现象比普通人想象得更加严重；即使是大公司，也会出现意想不到的不符合法律规范的问题。对此，越是有经验的法律专家体会越深。我国的公司，很可能就像高速公路上行驶的某些汽车，规范行驶是在装摄像头的地方才会有的。公司的股权设计，离不开这种基本假设。

四、股权文件的签署

与股权有关的各种合同，也终归是合同。签订合同需要足够的谨慎。合同分为书面合同与口头合同两种，"君子一言，驷马难追"在有些场合仍然适用，但是，在重大的商务场合，谨慎签约似乎可以更具体化为谨慎签字，因为书面合同与口头合同相比证明作用更强。

[304] 股权文件签署的要点【☆☆☆】

股权文件的签署需要谨慎。谨慎签约的典型，是国外经验老到的投资者到我国内地签约的情形：本国一个律师团队，我国一个律师团队，一个其他专家团队，共同组成投资的基本人才阵容；前期调查、方案设计、合同磋商等环节一丝不苟，确保合同风险的可控性。不论合作发展到哪一步，确保发生争议时有法律上的绝对控制地位。

因此，股权文件签署的关键在于，如果与股权相关的合同比较重要，则一定要获得专业律师的帮助。如果最坏的情形和律师费不能匹配,等于说小事一桩不值得请好律师,也可以找业界有经验的朋友帮助签约。

[305] 律师的忠告【☆☆☆】

以下各项,是应当在股权法律文件签署前完成的工作,是律师的忠告,是给股权法律文件签约代表的建议,也可以作为签署其他法律文件的参考:

(1) 尽可能更清晰地了解交易本身,包括但不限于交易目的、交易内容、交易结构、交易形式和实质、交易对手的经济背景和政治背景及过往行为。
(2) 完整理解交易文件的整体和任意部分的法律含义。
(3) 全面罗列可能的争议点。
(4) 全面梳理现行相关法律的全部内容及可能的变化。
(5) 全面把握类似交易常见争议的裁判倾向、典型案例和最新案例。
(6) 合理制定各种防范措施并与法律文件精确匹配。
(7) 合理设定担保条款,并审查担保实现的法律障碍和现实障碍。
(8) 确定最坏的情形和可能付出的最大成本以及本方的承受能力。
(9) 固定最现实的对自己最有利的争议解决方案、途径。
(10) 科学设定必须放弃的情形并征得本方权利人的书面确认。

[306] 股权合同的签署模式【☆☆☆】

签约是难以用模式来概括的,因为对模式的列举不论多么详尽,总会有例外。但是通过风险标准用模式对签约的样态作出基本分类,可以帮助大家更容易地解读签约的整体风险,并根据自身情况确定最适合自己的签约模式。以下是常见的三种签约模式:标准签约模式、简单签约模式、画押签约模式。

- 之一:标准签约模式

标准签约模式,是以法律为核心,通过书面文件精确界定交易要素、精确约定合同双方的各项权利义务以及违约救济和争议处理等合同共性与特性所要求的各项约定。每一项交易都有完整的法律文件,且法律文件整体和任何文件本身及其任何内容都不会让专业人士和普通人士自认为可以找到漏洞,即通过法律文件让自己立于不败之地,并且断绝别人寻找法律文件瑕疵以寻求非法优势的念头。通俗一些来说,就是让自己成为一个法律上"没有缝的鸡蛋"。

在标准签约模式下,主办律师必须亲自审查全部法律文件,主办律师必须到场参与谈判。以标准签约模式为标准,支出的律师费成本最高,与自身情形契合度最高。

在实践中，法律上处于绝对优势，是否仍然会在面对经济等方面具有绝对优势的对手时处于被动地位呢？答案可能是肯定的，也可能是否定的。因为如果把法律上的优势仅仅理解为法律条文上的优势而不是真正能够在现实中应用的法律优势的话，答案就是肯定的；反之答案就是否定的。简而言之，类似于马谡之流纸上谈兵而获得的法律优势，是不可靠的。因此，除了认真考察自己聘请的律师之外，还要在聘请律师的合同上专门列明合同的详细目的和律师事务所、律师的违约责任，防止水平不高的律师用网上下载的法律文本滥竽充数。

- 之二：简单签约模式

简单签约模式，是以律师审查法律文件但是律师不直接参与谈判为标志。因为是律师审查法律文件，一般可以做到通过律师的审查适度把控书面法律文件的质量，并向律师事务所、律师分散法律风险，优点是节约律师费；缺点是再有经验的律师也难以通过现场情形判断书面文字之外的信息，也难以及时捕捉到机会和做到随机应变，并造成过分依赖书面文字反而增加成本的后果。

简单签约模式，在实务中应用广泛，除了上述理由之外，还有要对律师保密的考虑。股权文件的磋商过程，可能涉及商业秘密、个人情感乃至其他需要绝对私密环境才可以适度交流的内容，在此类股权安排磋商过程中排除律师和其他顾问的参与，有时是明智的选择。

- 之三：画押签约模式

画押签约模式，是不要律师等专业人士审查把关的急于求成的签约模式。画押式签约，容易落入对方的陷阱或者给对方留下通过争议获得不正当利益的非分之想。签约人或者文化低，或者不懂法，或者过于自信，或者甘冒风险，或者迫不得已，但是，不认真研究合同、不认真准备就签订合同，属于《孙子兵法》所说的"败兵先战而后求胜"的情形。

媒体报道的陈发树云南白药股份争议版本中，陈发树在云南白药股份转让合同上签字的过程可以作为这类模式的代表。当年得知云南红塔有意出售云南白药股权消息后，立即建议陈发树出手的是曾经的"打工皇帝"唐骏。唐骏透露称，只跟红塔方面见了一面，花了10分钟读了一下协议，就让陈发树在协议上签字了。唐骏解释道，之所以10分钟就签约，并非草率，而是因为云南红塔作为国有企业很强势。[①]不管如何解说，一个让陈发树支付了22亿元人民币的股份转让协议，是无论如何不应使用画押签约模式的。

---

① 参见钟之和：《一场官司使福建首富成了"秋菊"》，载《上海企业》2013年第3期，第88—89页。

即使自己处于不利的地位，也不能采用画押签约模式。在一个因为资金链断裂被迫低价转让股权的案件中，甲因为急用现金而和乙签订显失公平的股权转让合同。如果甲在签约过程中明确说明自己急需现金不能不以不合理的底价转让股权且进行科学的录音，则将来甲可以根据"乘人之危""显失公平"的法定理由主张撤销该股权转让合同，以维护自己的合法权益。但是，甲在没有法律专业人士指导的情况下仓促行动，没有录音或者录音要素不全或者未能表达上述法律事实，则容易丧失撤销该显失公平的股权转让合同的机会。

[307] 留白文件与空白文件【☆☆☆】

在公司内部，出于某种特殊的安排，可能会让小股东在一些留白的股权转让类、出资类、权利限制类文件上签字，甚至有的公司会直接打印出无文件正文的纯"签字页"让小股东或者高管签字。笔者在处理一个上市公司高管股东的股权争议过程中，发现该公司有多份空白文件、留白文件签字的问题，在大股东控制下，小股东权利被肆意践踏的现象非常严重。笔者在处理西部一个煤矿的股权争议案件中，发现有通过空白处伪造股东协议的现象——原股东协议中，正文与签字之间的空白距离太远，伪造者裁掉原正文并在原正文与签字之间的空白处伪造正文。在笔者处理的另一个案件中，一个股东喜爱练习签名，其中一张空白纸下部的几个本人签名之间的距离比较远。这张纸被另一个股东裁掉多余签名并加上正文和日期，制作成一张"欠条"。虽然经过努力，笔者的上述委托人都获得了满意的结果，但是中间颇费周折。而事实上，在留白文件、空白文件上签字或者在空白纸上随意练习书写自己的名字而被人恶意利用作为证据的话，自己要想反驳有自己亲笔签名的书面证据，难度非常之大。笔者在《给经理人的6堂法律课——职业管理人员风险防范全攻略》一书中提倡的"一枚硬币法"，是指签字和正文之间的空白一般不要超过一枚硬币的大小，防止空白过大被人裁掉正文而伪造正文；即使如此，也最好在正文末尾通过小括号加注"以下无正文"。

[308] 真人假公章【☆☆☆☆】

确认签约主体的真实性后，对方当面在合同上盖假公章的案例，不到10年时间，笔者就遇到了两个。第一个是在2004年的北京，签约地点是对方办公室，合同上对方的公章是假的。第二个是在2014年的深圳，原合同公章是真实的，但是在原合同上修改条款上对方盖的公章是假的。

针对用假公章签订合同或者修改合同的行为，基本的策略是从民事和刑事分别展开或者采取先刑后民、先民后刑，因为对方用假章不能免除其民事责任，用假章可能涉嫌诈骗犯罪。在有些情况下，也可以在民事、刑事之外从行政的角度追究对方的行政责任。

对假公章的防范，是在对方盖章的同时要求让对方签约代表签字或者打指模。相对而言，打指模后对方不可能否认自己的指模，而签字在出现了争议之后却可能需要进行鉴定，打指模比签字更难造假，但是，在稍微高端一些的商务场合，打指模显得对人尊重不足，签字已经足以防范相应的风险了。

第十五章 股权配置方案的设计

股东在投资之初,或者在与其他股东合作过程中,意识到投资目的实现可能存在风险,或者意识到应当把握公司控制、利益分配、股权比例稀释等问题时,就会面临全面股权方案的设计问题。

一、公司控制设计

公司控制的基本类型,有股权控制和协议控制两种。股权控制是最常见的类型,是基于持股而形成的控制关系;协议控制是基于合同而形成的控制关系。

(一)股权控制

股权控制是基于持股而形成的以公司法为主要法律依据的控制类型。

[309] 股权控制 【☆☆】

一般的,如果不同企业间的控制关系源于较大的持股比例,则称为股权控制或者大股东控制。如果控制人也是公司而非自然人,这种股权控制就是常见的母公司对子公司的控制。

股东控制是以《公司法》所规定的公司治理制度和分配制度为法律基础的公司控制。持股较多的股东,如果没有相反的规定和约定,自然有较大的话语权和分配权,所以,大股东控制是公司制度构建的顺理成章的结果,这也是公司法制度所具有的鼓励投资作用的一种体现。我国《公司法》第217条规定的"控股股东"对公司的控制,就属于典型的股东控制情形。

(二)协议控制

协议控制是基于合同关系而形成的以合同法为主要依据的控制关系。协议控制是与股权控制相对应的概念。

[310] 协议控制 【☆☆】

通过合同形式来确立对企业的控制关系的方式叫做协议控制。通过合同的法律纽带,将其中一个企业安排为另一个法律主体控制下的企业的做法早已有之。我国法律实践中的承包合同、联营合同以及托管合同等，都可以通过合同方式将一个具有独立法人地位的企业变成受控企业。

协议控制不需要持股，仅仅通过合同来安排对企业的复杂的控制关系，是合同法对企业商事活动能力的拓展，也是对公司法律制度等企业法律制度的有效抵抗和回避，控制协议因此在某种程度上成为企业法律制度的替代机制。我国《公司法》第217条规定的"实际控制人，是指虽不是公司的股东，但通过投资关系、协议或者其他安排，能够实际支配公司行为的人"，主要就是指协议控制的控制人。

[311] 控制协议【☆☆☆】

控制协议需要明确约定与双方意思相关的所有重大事项，例如决策权、管理权、执行权的分配和行使、利润分配和亏损承担、对外债务的承担等。在这种协议安排中，一项不可忽视的内容就是被控制企业的股东放弃或让渡自己作为股东的法定权利中约定的部分。因此，控制协议的主体不仅包括控制主体、被控制企业，而且还包括被控制企业的股东。

控制协议的核心内容，是被控制企业向控制主体转移决策权及经营活动的盈利和保障协议得以执行的违约条款。

[312] 灰色协议控制【☆☆☆】

协议控制因为能够回避公司法的规定，控制者能够成功"隐形"，所以很容易进入灰色领域——通过不合法的协议对企业进行控制并获取约定利益。

灰色协议控制和人们常说的"隐名股东"不同。前者仅仅是基于协议安排，后者则有实际的投资。控制协议如果是口头的形式，则协议控制的控制人可以更安全地成为"隐形人"。

但是，灰色协议控制也给控制人带来了很大的风险。一旦被控制企业违反控制协议，控制人将很难获得法律上的优势证据。为了避免这种风险，灰色协议控制者就需要安排"自己人"代位持股的方式对受控企业进行股权控制。时常见诸报端的某贪官的妻儿老小持有某些公司股权的案例，不是表明他们不懂得灰色协议控制的作用，更不表明他们没有通过灰色协议对其他企业进行控制。

[313] VIE【☆☆☆☆】

VIE是美国会计准则上的概念，是美国为治理上市公司借助特殊目的实体（Special Purpose Vehicle，简称SPV）转移债务或损失而创设的一种新的合并报表标准。其目的是将公司隐藏在财务报表之外的各种风险重新纳入报表当中，向公众投资人披露企业真实的财务状况。

传统上,《美国会计准则》规定编制合并财务报表时,通常会遵循法律规定的持股50%以上或者控制50%以上表决权的标准。一些企业借此将高风险的业务、债务或损失转移到受自己控制的SPV中,但并不持有后者的多数股权或表决权,从而免予合并财务报表。

受安然、世通等众多美国大公司财务丑闻的刺激,美国财务会计准则委员会于2003年1月颁布了第46号解释函——《可变利益实体的合并》,对原有合并报表标准加以补充,提出了"可变利益实体"概念(Variable Interest Entity,简称VIE),规定只要某一实体对另一个实体事实上拥有"控制性财务利益",即要求合并财务报表,而不论其控制是否建立在多数表决权的基础之上。可变利益泛指特定实体中随着实体净资产的价值变化而变化的所有权、合同收益或其他经济利益。它既可以表现为权益性投资如股权,也可以体现为以贷款、债券、租赁、衍生工具、担保、转让资产中的剩余利益、信用增级、服务和管理合约等方式而向某一实体提供的财务支持及其享有的利益。这些利益只要随着特定实体净资产价值的变化而波动,从而令提供财务支持的一方实际上承受了特定实体的财务风险,就属于可变利益。要求可变利益的首要受益人合并相关报表,对防范企业利用各种表外实体转移亏损、隐藏债务、逃避监管起到了积极作用。因此,VIE尽管是会计术语,但其传递的理念却是监管理念。①

可见,VIE是对当事人意思自治结果的否定,体现了监管工具的强制性。VIE与协议控制有关系,但不能混为一谈,如果说协议控制是企业逃避监管的长矛,则VIE就是政府监管的盾牌。

我国市场人士津津乐道的VIE结构,借用的是美国会计准则中"可变利益实体"的概念,而不是美国会计准则关于VIE的合并报表制度。但是,用可变利益实体表示协议控制下的受控企业(SPV),却不管美国对VIE的监管,会给人"外行"的不良印象。②

[314] 控制协议的违法和违约 【☆☆☆☆】

协议控制如果是为了规避国家法律的强制性规定或者侵犯包括税收利益在内的国家利益,则该控制协议的相关规定是无效的。法律上规定的这种无效,属于自始

---

① 参见刘燕:《企业境外间接上市的监管困境及其突破路径——以协议控制模式为分析对象》,载《法商研究》2012年第12期,第13—21页。
② 同上注,第21页。

无效，后果会相当严重——双方取得的利益或者双方约定的利益要被收归国库。

2011年被媒体披露并被广泛关注的支付宝事件，涉及的核心内容就是控制协议的合法性问题。但是，媒体和舆论首先关注的是马云违约的问题和马云违约的原因问题。《支付宝VIE生死局：马云究竟是恪守法律还是借力打力？》一文，从标题就可以窥见文章的重点局限在商业范畴和法律上的违约范畴。① 文章写道："这一次，一直声誉良好的马云，遭遇了创业以来最为严峻的道德质疑。围绕着支付宝重组的纷争，马云几乎被雅虎塑造成了'窃贼'形象。6月14日，马云直面众媒体，澄清了支付宝事件的来龙去脉，雅虎单方面说法被各个击破。同时，事件的核心也得以浮出水面：雅虎与软银希望以'假内资、真外资'的……'协议控制'……方式绕过法律监管，获取央行颁发的支付牌照；而马云认为VIE模式获取牌照是违规的，因而单方面终止了VIE协议。……美国舆论几乎是一边倒地抨击马云'窃取'支付宝。众所周知，支付宝在中国第三方支付市场占据着50%的市场份额，据业内的保守估值也值数十亿美元，而却被马云以3.3亿元人民币的价格纳入私人囊中，几乎无异于是'偷'了。"6月12日，知名传媒人胡舒立的《马云，你为什么错了》一文，直指马云违背契约精神，将外界对马云的质疑推向了高潮。②

关于支付宝的政策变化，是2010年6月14日，中国人民银行出台了〔2010〕第2号中国人民银行令——《非金融企业支付服务管理办法》。该办法第8条规定，"支付业务许可证"的申请人应当是"在中华人民共和国境内依法设立的有限责任公司或股份有限公司，且为非金融机构法人"；第9条规定："外商投资支付机构的业务范围、境外出资人的资格条件和出资比例等，由中国人民银行另行规定，报国务院批准。"其中的"另行规定"与该办法没有同时出台，央行的意图是推迟外资申请相关牌照，暂时不允许外资进入该领域。当时，阿里巴巴集团由外资主导，其中美国雅虎占股39%，日本软银占股29.3%，而马云团队占股31.7%。

2011年6月14日，马云召开媒体沟通会，明确表示，支付宝股权转移至纯内资的"浙江阿里巴巴电子商务公司"的同时，后者仍由阿里巴巴集团进行VIE控制，这样支付宝就形成了"表面内资持有、实际外资控股"的结构，因此转移股权所发生3.3亿元交易，仅仅是协议控制架构安排下的一个环节，而不是雅虎误导外界所理解的"马云私下购买支付宝的对价"。2011年第一季度，央行在发放第三方支付牌照的前夕，向所有申请者发函询问是否有外资控股参股（包括协议控股），若有，必须

---

① 参见苏龙飞：《支付宝VIE生死局：马云究竟是恪守法律还是借力打力？》，载和讯科技网（http://tech.hexun.com/2011-08-15/132462361.html），访问日期：2018年3月9日。

② 参见胡舒立：《马云为什么错了》，载中国经济网（http://tech.hexun.com/2011-06-13/130468961.html），访问日期：2014年4月20日。

申报；若没有，请书面声明并加盖公章。马云认为央行不允许协议控制模式，而软银和雅虎不同意，认为"中国所有的法规都是可以绕开的，没有什么绕不开的"。①

事实上，以支付宝为代表的国际性协议控制架构，在避税和规避外汇管制以及规避行业准入方面，可能都存在合法性问题，而这些正是国际性协议控制架构形成的根本问题。反过来说，如果不是为了避税、规避外汇管制或者规避行业准入，国际性的协议控制架构根本没有必要存在。因此，合法性判断是国际性协议控制架构法律判断的核心内容，是否违约则是在排除合同无效的前提下才能够考虑的问题。国际性协议控制架构如此，国内的协议控制架构也是如此。

因此，如果要防止协议控制出现的股权争议，要对协议的合法性进行充分的论证，并充分考虑违约的风险和违约的救济。

[315] 公司控制的双层结构与股东合伙制度【☆☆☆☆】

公司股东的同股同权规则，一直以来比较容易被人接受。优先股制度作为同股同权规则的例外，也能够被人理解，因为表决权受限是优先股受益权优先的代价。但是，上市公司的高管股东团队无条件享有高比例表决权的双层股权结构，却不能被广泛认同，因为高管股东团队享有高比例表决权，虽然是对现有高管股东业务水平和道德水准的肯定，但同时也是对其他股东判断力的否定。

我国的阿里巴巴公司从2010年开始实行"合伙人"制度，把该制度作为该公司在公司治理和企业文化传承方面的核心举措之一："这个机制将让我们的使命、愿景和价值观得以传承，确保阿里的创新不断涌现，组织更加完善，在未来的市场中更加灵活有竞争力，更有能力创建我们理想中的未来。"按照马云的观点，"合伙人，作为公司的运营者，业务的建设者，文化的传承者，同时又是股东"，最有可能坚持公司的使命和长期利益，为客户、员工和股东创造长期价值。②

阿里巴巴公司管理层组成的合伙人团队虽然只持股10%左右，却可以在上市之后，"提名超过半数的上市公司董事会董事"。③

阿里巴巴坚持采用股东合伙制度这种双层股权结构，与香港联交所坚持同股同权的原则之间不能够相融，中国内地证券市场也不接纳这种双层股权的结构安排。

---

① 苏龙飞：《付宝VIE生死局：马云究竟是恪守法律还是借力打力？》，载和讯科技网（http：//tech.hexun.com/2011-08-15/132462361.html），访问日期：2018年3月9日。
② 参见《马云披露阿里巴巴合伙人计划：已执行三年，共28人》，载凤凰科技网（http：//tech.ifeng.com/internet/detail_2013_09/10/29480317_0.shtml），访问日期：2014年4月21日。
③ 《阿里合伙人的私心》，载东方财富网（http：//money.eastmoney.com/news/1583,20140213359875811.html），访问日期：2014年4月18日。

美国的证券市场则可以接受双层股权结构的公司上市。Google 上市前将股票分为 A、B 两类，向所有外部投资人发行的均为 A 类股，即每股只有 1 个投票权；而 Google 的创始人和高管则持有每股对应 10 个投票权的 B 类股。Google 的两位共同创始人佩奇和布林，加上 CEO 施密特一共持有 Google 大约 1/3 的 B 类股票，稳控 Google 的决策权。而 Facebook 则采取"双股制+表决权代理"的结构，以确保扎克伯格的绝对控制权。

从公司控制方案的设计看，上述公司控制的双层结构都是在公司上市的背景下展开的，对我国有限责任公司乃至非上市股份有限公司而言，双层结构可以作为公司控制的方案之一。而如果作为我国的上市公司，要得到双层结构的效果而避免法律的羁绊，目前必须通过协议等方式进行操作。

双层结构毕竟是对其他股东权利的限制，不论是股东会表决权还是董事会表决权，都是如此。这种结构的难点是建立规则以保证管理层股东实现高表决权的目的，否则，高表决权会被滥用而给公司的治理带来深重的危害，因为毫无疑问的是，任何权力都可能被滥用。

二、公司制度设计

股东利益和公司控制，是公司制度设计最关键的问题。股东获取最大利益的手段，是有效控制公司。

[316] 大股东利益【☆】

股东利益最大化，是股东投资的目标之所在，也是各种股权设计与股东纠纷的最深层本质。

一般说来，公司作为股东所投资的营利性机构，对股东的最大价值就是股东从公司获取的利益最大化。如果股东的地位悬殊，大股东的利益最大化将会和小股东利益最大化产生冲突。大股东利益和公司利益也会产生冲突。

[317] 公司的内部制度【☆】

公司的内部制度，包括股东会制度、董事会制度、监事会制度等与公司治理相关的制度，也包括复杂的公司管理制度。

公司的内部制度设计，可以与公司的章程设计有一定程度的交叉。

[318] 公司内部制度的设计【☆☆】

公司的内部制度分为两个基本层面。第一个层面，是股东会设计并生效的制度。

第二个层面，是管理层设计并生效的制度。其中，股东会设计并生效的制度，可以叫做公司章程之下的公司章程细则；管理层设计并生效的制度，是在公司章程和公司章程细则之下的更具体的公司制度。

公司章程，在英美法系，根据其条款的法律效力分为公司章程大纲和公司章程细则两个部分。公司章程大纲包括公司的名称、住所、股东的有限责任、拟发行的股份、经营范围和股东签名等内容，被称为公司的"外部宪法"（external constitution）。这些内容是公司对社会和政府的承诺，事关社会交易安全，法律对其有强制性规定，应当向政府主管机关提交。公司章程细则，包括股份的持有及其权益、股份的转让、股东会和董事会的召开及其程序、董事会的权限、公司财务和审计、公司清算等条款，被称为公司的"内部宪法"（internal constitution），不必向政府主管机关提交。

我国《公司法》，为了提高公司适用公司法的效率和公司法的统一性，对诸多公司制度都进行了规定，而如果公司采取其他与《公司法》明确规定不同的做法，则需要在公司章程中另行规定。这也就在很大程度上"封杀"了我国的"公司章程细则"制度，股东层面的制度因此没有必要以"公司章程细则"的形式出现。因此，我国股东会层面的内部制度设计，主要表现在对公司章程的设计，不适用公司章程确认并公开的股东之间的约定则用股东协议表现出来，其他制度及其修改则通过股东会决议的方式予以确定。

股东会层面的内部制度，与股权争议的关联性较高；而管理层制定的内部制度，除了人事制度、激励制度可能与高管股东密切相关之外，较少与股权争议相关。内部制度设计，应当为包括高管股东在内的股东留下合适的博弈空间，以便产生股权争议时能够有足够的理据进行应对。

三、公司章程设计

公司章程的设计，随着2005年修订的《公司法》的生效开始日益受到重视，公司章程逐渐改变了必须使用或者照抄工商登记机关提供的模板的尴尬局面。由此，公司章程能够与股东协议一道，为将来的股权争议设定基本的格局。

[319] 公司章程的法源地位【☆☆☆】

现行的《公司法》赋予了公司更多的自治权，在《公司法》中，"公司章程另有规定"具有超过《公司法》一般性规定的效力，使公司章程大大超越了一般法律文本的意义，具有了丰富的法学内涵，并真正成为司法裁判的法源。

《公司法》中关于公司章程"另有规定"的以下6条法律规定（部分），是赋予公司章程法源地位的典型例子：

第四十一条　召开股东会会议，应当于会议召开十五日前通知全体股东；但是，公司章程另有规定或者全体股东另有约定的除外。

第四十三条　股东会会议由股东按照出资比例行使表决权；但是，公司章程另有规定的除外。

第四十九条　有限责任公司可以设经理，由董事会决定聘任或者解聘。经理对董事会负责，行使下列职权：

（一）主持公司的生产经营管理工作，组织实施董事会决议；

（二）组织实施公司年度经营计划和投资方案；

（三）拟订公司内部管理机构设置方案；

（四）拟订公司的基本管理制度；

（五）制定公司的具体规章；

（六）提请聘任或者解聘公司副经理、财务负责人；

（七）决定聘任或者解聘除应由董事会决定聘任或者解聘以外的负责管理人员；

（八）董事会授予的其他职权。

公司章程对经理职权另有规定的，从其规定。

第七十一条　有限责任公司的股东之间可以相互转让其全部或者部分股权。

股东向股东以外的人转让股权，应当经其他股东过半数同意。股东应就其股权转让事项书面通知其他股东征求同意，其他股东自接到书面通知之日起满三十日未答复的，视为同意转让。其他股东半数以上不同意转让的，不同意的股东应当购买该转让的股权；不购买的，视为同意转让。

经股东同意转让的股权，在同等条件下，其他股东有优先购买权。两个以上股东主张行使优先购买权的，协商确定各自的购买比例；协商不成的，按照转让时各自的出资比例行使优先购买权。

公司章程对股权转让另有规定的，从其规定。

第七十五条　自然人股东死亡后，其合法继承人可以继承股东资格；但是，公司章程另有规定的除外。

第一百六十六条　公司分配当年税后利润时，应当提取利润的百分之十列入公司法定公积金。公司法定公积金累计额为公司注册资本的百分之五十以上的，可以不再提取。

公司的法定公积金不足以弥补以前年度亏损的，在依照前款规定提取法定公积金之前，应当先用当年利润弥补亏损。

公司从税后利润中提取法定公积金后，经股东会或者股东大会决议，还可以从税后利润中提取任意公积金。

公司弥补亏损和提取公积金后所余税后利润，有限责任公司依照本法第三十五条的规定分配；股份有限公司按照股东持有的股份比例分配，但股份有限公司章程规定不按持股比例分配的除外。

[320] 强公司章程和弱公司章程【☆☆】

初始章程因为是全体股东一致同意而制定的，所以既有公司自治规范的性质，又具有全体股东协议的性质。公司章程的修订如果是经过全体股东一致同意的，则其法律性质与初始章程一样，都可以被称为强公司章程。相对于强公司章程，公司章程的修订如果只是符合公司法的表决规则，而不是经过全体股东一致同意的，则修订后的公司章程可以被称为弱公司章程。弱公司章程仅具有公司自治规范的性质，而不具有全体股东协议的性质。

我国《公司法》第72条第4款规定："公司章程对股权转让另有规定的，从其规定。"如果该条所指的是强公司章程，则大家不存争议；但是如果该条所指的是弱公司章程，法律人的争议会很大，司法实践中的裁判也会不统一。有学者认为，公司章程对股权转让的"另有规定"应分为股权转让的程序性规定和股权处分权的规定两类，弱公司章程不能对股权处分权进行规定，而应当尊重当事人的意思。①

[321] 补充性规范【☆☆☆☆】

《公司法》中的补充性规范允许当事人排除适用法律的规定，但是如果当事人之间没有自治性的安排，则适用法律规范作出的安排。补充性规范对当事人意思的约束上弱于强制性规范，而强于赋权性规范。② 当事人之间的自治性安排，包括公司章程、全体股东协议和股东会会议和股东大会会议作出的自治性安排。

我国《公司法》规定，公司章程可以选择排除部分公司机关、股东表决权行使方式、股东大会会议通知、股份转让、股份继承等补充性规范；全体股东协议可以选择排除有限责任公司股东按照实缴的出资分取红利、有限责任公司新增资本时股东按照实缴的出资比例认缴出资等补充性规范。

---

① 参见钱玉林：《公司章程对股权转让限制的效力》，载《法学》2012年第10期，第103—108页。
② 参见董慧凝：《论〈公司法〉补充性规范与公司章程自由》，载《中国社会科学院研究生院学报》2009年第1期，第61页。

公司章程和全体股东协议如果排除适用补充性规范，就取代了选择性规范而获得了法源地位。

[322] 公司章程的法律设计空间【☆☆☆】

《公司法》通过补充性规范和赋权性规范给予公司自治法律空间。赋权性规范是最能赋予当事人意思自治空间的，它允许公司及参与者依照特定的方式采纳这些规范，这些规范因被采纳而具有法律效力。

公司自治的法律空间，可以从《公司法》以下条款进行发掘：第12条、第13条、第16条、第25条、第34条、第41条、第42条、第43条、第44条、第45条、第48条、第50条、第51条、第52条、第53条、第55条、第71条、第75条、第81条、第100条、第104条、第105条、第117条、第119条、第141条、第166条、第169条、第180条、第181条，共计29条。公司自治的法律条文，都可以落实到公司章程之中。即使是第35条这种要求全体股东达成协议的内容，也可以安排到"强公司章程"之中。

第十二条 公司的经营范围由公司章程规定，并依法登记。公司可以修改公司章程，改变经营范围，但是应当办理变更登记。

公司的经营范围中属于法律、行政法规规定须经批准的项目，应当依法经过批准。

第十三条 公司法定代表人依照公司章程的规定，由董事长、执行董事或者经理担任，并依法登记。公司法定代表人变更，应当办理变更登记。

第十六条 公司向其他企业投资或者为他人提供担保，依照公司章程的规定，由董事会或者股东会、股东大会决议；公司章程对投资或者担保的总额及单项投资或者担保的数额有限额规定的，不得超过规定的限额。

公司为公司股东或者实际控制人提供担保的，必须经股东会或者股东大会决议。

前款规定的股东或者受前款规定的实际控制人支配的股东，不得参加前款规定事项的表决。该项表决由出席会议的其他股东所持表决权的过半数通过。

第二十五条 有限责任公司章程应当载明下列事项：

（一）公司名称和住所；

（二）公司经营范围；

（三）公司注册资本；

（四）股东的姓名或者名称；

（五）股东的出资方式、出资额和出资时间；

（六）公司的机构及其产生办法、职权、议事规则；

（七）公司法定代表人；

（八）股东会会议认为需要规定的其他事项。

股东应当在公司章程上签名、盖章。

第三十四条 股东按照实缴的出资比例分取红利；公司新增资本时，股东有权优先按照实缴的出资比例认缴出资。但是，全体股东约定不按照出资比例分取红利或者不按照出资比例优先认缴出资的除外。

第四十一条 召开股东会会议，应当于会议召开十五日前通知全体股东；但是，公司章程另有规定或者全体股东另有约定的除外。

股东会应当对所议事项的决定作成会议记录，出席会议的股东应当在会议记录上签名。

第四十二条 股东会会议由股东按照出资比例行使表决权；但是，公司章程另有规定的除外。

第四十三条 股东会的议事方式和表决程序，除本法有规定的外，由公司章程规定。

股东会会议作出修改公司章程、增加或者减少注册资本的决议，以及公司合并、分立、解散或者变更公司形式的决议，必须经代表三分之二以上表决权的股东通过。

第四十四条 有限责任公司设董事会，其成员为三人至十三人；但是，本法第五十一条另有规定的除外。

两个以上的国有企业或者两个以上的其他国有投资主体投资设立的有限责任公司，其董事会成员中应当有公司职工代表；其他有限责任公司董事会成员中可以有公司职工代表。董事会中的职工代表由公司职工通过职工代表大会、职工大会或者其他形式民主选举产生。

董事会设董事长一人，可以设副董事长。董事长、副董事长的产生办法由公司章程规定。

第四十五条 董事任期由公司章程规定，但每届任期不得超过三年。董事任期届满，连选可以连任。

董事任期届满未及时改选，或者董事在任期内辞职导致董事会成员低于法定人数的，在改选出的董事就任前，原董事仍应当依照法律、行政法规和公司章程的规定，履行董事职务。

第四十八条 董事会的议事方式和表决程序，除本法有规定的外，由公司章程规定。

董事会应当对所议事项的决定作成会议记录，出席会议的董事应当在会议记录上签名。

董事会决议的表决，实行一人一票。

第四十九条 有限责任公司可以设经理，由董事会决定聘任或者解聘。经理对董事会负责，行使下列职权：

（一）主持公司的生产经营管理工作，组织实施董事会决议；

（二）组织实施公司年度经营计划和投资方案；

（三）拟订公司内部管理机构设置方案；

（四）拟订公司的基本管理制度；

（五）制定公司的具体规章；

（六）提请聘任或者解聘公司副经理、财务负责人；

（七）决定聘任或者解聘除应由董事会决定聘任或者解聘以外的负责管理人员；

（八）董事会授予的其他职权。

公司章程对经理职权另有规定的，从其规定。

经理列席董事会会议。

第五十条 股东人数较少或者规模较小的有限责任公司，可以设一名执行董事，不设董事会。执行董事可以兼任公司经理。

执行董事的职权由公司章程规定。

第五十二条 监事的任期每届为三年。监事任期届满，连选可以连任。

监事任期届满未及时改选，或者监事在任期内辞职导致监事会成员低于法定人数的，在改选出的监事就任前，原监事仍应当依照法律、行政法规和公司章程的规定，履行监事职务。

第五十三条 监事会、不设监事会的公司的监事行使下列职权：

（一）检查公司财务；

（二）对董事、高级管理人员执行公司职务的行为进行监督，对违反法律、行政法规、公司章程或者股东会决议的董事、高级管理人员提出罢免的建议；

（三）当董事、高级管理人员的行为损害公司的利益时，要求董事、高级管理人员予以纠正；

（四）提议召开临时股东会会议，在董事会不履行本法规定的召集和主持股东会会议职责时召集和主持股东会会议；

（五）向股东会会议提出提案；

（六）依照本法第一百五十一条的规定，对董事、高级管理人员提起诉讼；

（七）公司章程规定的其他职权。

第五十四条　监事可以列席董事会会议，并对董事会决议事项提出质询或者建议。

监事会、不设监事会的公司的监事发现公司经营情况异常，可以进行调查；必要时，可以聘请会计师事务所等协助其工作，费用由公司承担。

第五十五条　监事会每年度至少召开一次会议，监事可以提议召开临时监事会会议。

监事会的议事方式和表决程序，除本法有规定的外，由公司章程规定。

监事会决议应当经半数以上监事通过。

监事会应当对所议事项的决定作成会议记录，出席会议的监事应当在会议记录上签名。

第七十一条　有限责任公司的股东之间可以相互转让其全部或者部分股权。

股东向股东以外的人转让股权，应当经其他股东过半数同意。股东应就其股权转让事项书面通知其他股东征求同意，其他股东自接到书面通知之日起满三十日未答复的，视为同意转让。其他股东半数以上不同意转让的，不同意的股东应当购买该转让的股权；不购买的，视为同意转让。

经股东同意转让的股权，在同等条件下，其他股东有优先购买权。两个以上股东主张行使优先购买权的，协商确定各自的购买比例；协商不成的，按照转让时各自的出资比例行使优先购买权。

公司章程对股权转让另有规定的，从其规定。

第七十五条　自然人股东死亡后，其合法继承人可以继承股东资格；但是，公司章程另有规定的除外。

第八十一条　股份有限公司章程应当载明下列事项：

（一）公司名称和住所；

（二）公司经营范围；

（三）公司设立方式；

（四）公司股份总数、每股金额和注册资本；

（五）发起人的姓名或者名称、认购的股份数、出资方式和出资时间；

（六）董事会的组成、职权和议事规则；

（七）公司法定代表人；

（八）监事会的组成、职权和议事规则；

（九）公司利润分配办法；

（十）公司的解散事由与清算办法；

（十一）公司的通知和公告办法；

（十二）股东大会会议认为需要规定的其他事项。

第一百条　股东大会应当每年召开一次年会。有下列情形之一的，应当在两个月内召开临时股东大会：

（一）董事人数不足本法规定人数或者公司章程所定人数的三分之二时；

（二）公司未弥补的亏损达实收股本总额三分之一时；

（三）单独或者合计持有公司百分之十以上股份的股东请求时；

（四）董事会认为必要时；

（五）监事会提议召开时；

（六）公司章程规定的其他情形。

第一百零四条　本法和公司章程规定公司转让、受让重大资产或者对外提供担保等事项必须经股东大会作出决议的，董事会应当及时召集股东大会会议，由股东大会就上述事项进行表决。

第一百零五条　股东大会选举董事、监事，可以依照公司章程的规定或者股东大会的决议，实行累积投票制。

本法所称累积投票制，是指股东大会选举董事或者监事时，每一股份拥有与应选董事或者监事人数相同的表决权，股东拥有的表决权可以集中使用。

第一百一十七条　股份有限公司设监事会，其成员不得少于三人。

监事会应当包括股东代表和适当比例的公司职工代表，其中职工代表的比例不得低于三分之一，具体比例由公司章程规定。监事会中的职工代表由公司职工通过职工代表大会、职工大会或者其他形式民主选举产生。

监事会设主席一人，可以设副主席。监事会主席和副主席由全体监事过半数选举产生。监事会主席召集和主持监事会会议；监事会主席不能履行职务或者不履行职务的，由监事会副主席召集和主持监事会会议；监事会副主席不能履行职务或者不履行职务的，由半数以上监事共同推举一名监事召集和主持监事会会议。

董事、高级管理人员不得兼任监事。

本法第五十二条关于有限责任公司监事任期的规定，适用于股份有限公司监事。

第一百一十九条　监事会每六个月至少召开一次会议。监事可以提议召开临时监事会会议。

监事会的议事方式和表决程序，除本法有规定的外，由公司章程规定。

监事会决议应当经半数以上监事通过。

监事会应当对所议事项的决定作成会议记录，出席会议的监事应当在会议记录上签名。

第一百四十一条 发起人持有的本公司股份，自公司成立之日起一年内不得转让。公司公开发行股份前已发行的股份，自公司股票在证券交易所上市交易之日起一年内不得转让。

公司董事、监事、高级管理人员应当向公司申报所持有的本公司的股份及其变动情况，在任职期间每年转让的股份不得超过其所持有本公司股份总数的百分之二十五；所持本公司股份自公司股票上市交易之日起一年内不得转让。上述人员离职后半年内，不得转让其所持有的本公司股份。公司章程可以对公司董事、监事、高级管理人员转让其所持有的本公司股份作出其他限制性规定。

第一百六十六条 公司分配当年税后利润时，应当提取利润的百分之十列入公司法定公积金。公司法定公积金累计额为公司注册资本的百分之五十以上的，可以不再提取。

公司的法定公积金不足以弥补以前年度亏损的，在依照前款规定提取法定公积金之前，应当先用当年利润弥补亏损。

公司从税后利润中提取法定公积金后，经股东会或者股东大会决议，还可以从税后利润中提取任意公积金。

公司弥补亏损和提取公积金后所余税后利润，有限责任公司依照本法第三十五条的规定分配；股份有限公司按照股东持有的股份比例分配，但股份有限公司章程规定不按持股比例分配的除外。

股东会、股东大会或者董事会违反前款规定，在公司弥补亏损和提取法定公积金之前向股东分配利润的，股东必须将违反规定分配的利润退还公司。

公司持有的本公司股份不得分配利润。

第一百六十九条 公司聘用、解聘承办公司审计业务的会计师事务所，依照公司章程的规定，由股东会、股东大会或者董事会决定。

公司股东会、股东大会或者董事会就解聘会计师事务所进行表决时，应当允许会计师事务所陈述意见。

第一百八十条 公司因下列原因解散：

（一）公司章程规定的营业期限届满或者公司章程规定的其他解散事由出现；

（二）股东会或者股东大会决议解散；

（三）因公司合并或者分立需要解散；

（四）依法被吊销营业执照、责令关闭或者被撤销；

（五）人民法院依照本法第一百八十二条的规定予以解散。

第一百八十一条　公司有本法第一百八十条第（一）项情形的，可以通过修改公司章程而存续。

依照前款规定修改公司章程，有限责任公司须经持有三分之二以上表决权的股东通过，股份有限公司须经出席股东大会会议的股东所持表决权的三分之二以上通过。

[323] 模板式公司章程：照搬《公司法》法条【☆】

公司通过股东会制度、董事会制度、经理制度、高管制度实现公司控制，通过监事会制度实行日常监督，通过代位诉讼制度实行诉讼监督。但是，如果流于对《公司法》的简单理解，照搬《公司法》法条而不特别设计一套被股东广泛接受的公司章程，从实战的角度而言，公司就可能在不断的争议中被大股东所控制。

也可以说，照搬法条的结果，从大股东的角度看，公司被大股东所控制却不能顺利地被控制；从小股东的角度看，公司被大股东控制，小股东的利益无法得到保障。因此，未经设计的公司章程，对大股东不利，对小股东也不利。

而经过专门设计的公司章程，常常会对主导设计的股东（大股东或者小股东）有利，或者使各个股东的利益结构趋于平衡。当然，也不排除拙劣的所谓"设计"，使得股东之间产生更多的矛盾却没有高效解决争议的途径，结果是，这样的设计，还不如照搬公司法的"不设计"。

我国的投资者不重视设计公司章程，有着历史性的根源。在 2013 年修订的《公司法》生效之前，特别设计的公司章程不少被公司登记机关——工商局给否定掉了，不按照普通中介机构所提供的千篇一律的文本提交"公司章程"，就不让注册。

[324] 违反弱公司章程的股权转让【☆☆☆】

《公司法》第 71 条第 4 款规定"公司章程对股权转让另有规定的，从其规定"中的"公司章程"，如果是指仅仅依照法律规定程序通过的而不是全体股东一致同意的弱公司章程，则大家对此存有争议。

审判实践中有相互对立的两种观点。有些法官对上述条款进行限缩性解释，认为弱公司章程仅能对股东向公司以外的第三人转让股权的相关要件及股东转让股权时其他股东优先权的行使方式作出不同于《公司法》的规定，而不能强制股东转让其股权。但更多的法官倾向于将上述条款的规定解释为公司章程可以自由规定股权转让的限制条件。①

全国人大常委会法制工作委员会所编的《公司法释义》，对该条款作出了符合立法本意的解释。该释义认为，"本条是关于有限责任公司股东股权转让程序的规定"，"法律一方面要确认并保障有限责任公司股东转让股份的权利；另一方面也要维护股东间的相互信赖及其他股东的正当利益。本条的宗旨就是为了维护这种利益的平衡……"据此可知，前述《公司法》第71条第4款所称的"另有规定"并不包括股权处分权这种实体性权利。

四、股东协议设计

股东协议设计，与公司章程设计一样重要。因为在股东内部有不便于公开的约束或者为了降低公司运行成本而保持公司章程的稳定、简约特征，股东协议将股东的意思进行比公司章程更具体的约定，从某种程度而言，可以说股东协议比公司章程更重要。

[325] 股东出局的设计【☆☆☆】

我国《公司法》通过股权转让的一系列规定，解决了股东主动退出公司的途径，但是没有明确给出退出股东的法律规定。一般公司容易出现的局面是：股东加入时，容易；股东出局时，困难。原因在于，有关股东出局的法律空间在股东出现分歧时再行设定，将增加设定的难度和产生争议的几率。股东出局的设计，法律依据是公司法律制度中的股东多数决的规定和民事法律制度中意思自治的规定。这种设计，一般只在有限责任公司进行，原因在于有限责任公司的人合属性比较明显。

关于股东出局的设计，要点有三个。第一个要点，是股东出局的原因设计。股东出局的原因，可以是股东的过错，比如出资瑕疵、身份瑕疵、对公司的侵权等；也可以是股东作为公司高管或者公司普通员工的过错，比如泄露公司秘密、高管违反竞业禁止的规定、普通员工违反竞业限制的规定等；也可以是股东之间的其他约定原因，比如自然人股东丧失民事行为能力等原因。② 原则上，只要法律没有禁止性规定，股东对股东出局的约定就具有法律效力，显示了更多的民法特征——法无禁止即自由。第二个要点，是股东出局的程序设计。股东出局程序的启动、决定和通知、争议处理等程序性，对提高效率和降低成本都有重要的意义。第三个要点，是

---

① 参见钱玉林：《公司章程对股权转让限制的效力》，载《法学》2012年第10期，第106页。
② 自然人股东的死亡，不属于约定股东出局的理由，因为《公司法》有关于股权继承的规定。如果要禁止继承股权的继承，必须通过公司章程进行规定，而不是通过股东协议进行约定。

股东出局的股权价值确定。股东出局，并不表明其股权可以被公司或者大股东无偿获得，即使作为违约或者侵权的结果，出局股东也最好能够获得可以计算的相对公平的补偿，否则因为不公平现象的存在，容易生出可以让法院自由裁量的争议。

[326] 违反公司章程被除名【☆☆☆☆】

2010年10月，甲、乙、丙、丁4个自然人，分别认缴出资额30万元、30万元、15万元、5万元设立有限责任公司A。各个股东首期出资分别是认缴出资的20%，全体股东共同制定的公司章程规定，各个股东认缴的其余部分出资额必须在2011年10月前缴足，否则将被从股东中除名。

丙在2011年10月之前没有缴足认缴出资的其余部分。A公司遂决定将其除名。丙不服，认为自己缴足其余部分的期限虽然违反了公司章程，但是并没有违反《公司法》的强制性规定，不应当被除名。

公司章程是公司的"宪法"，在不违反法律却违反了公司章程的情形中，要重点审查公司章程的规定是否符合法律规定，是否属于股东意思自治的范围。本案中，丙对认缴的出资没有按时履行出资义务，违反了公司章程，而如果仅仅按照公司章程的规定，尚不足以产生"除名"的法律效力。但是，本案中公司章程和全体股东协议一样是全体股东意思的表示，所以具有否认股东身份的合同法效力。

五、股权回购设计

回购，是公司作为买方，向股东购买股权的行为。或者说，是特殊的股权转让行为，是股东把股权转让给公司，公司购得自己的股权后的后续行动，根据我国《公司法》第142条第1款的规定，只能有以下四种：（1）把这些股份注销，减少公司注册资本——这就是所谓的缩股；（2）与持有本公司股份的其他公司合并；（3）将这些股份作为对符合约定条件员工的奖励，即实施股权激励计划；（4）公司收购对股东大会作出的公司合并、分立决议持异议的股东持有的股份。

回购缩股的操作，通常是所有股东按照同样比例缩小股权比例，但是，在特定场合，可以对特定股东进行大部分或者全部股权的回购，从而实现调整股东结构的目的。

回购的股权设计方案，应当注意避免以下三种容易引起争议的情形：欺诈性回购、不公平回购、强行回购。

[327] 欺诈性回购【☆☆】

公司大股东或者实际控制人，对出售股权的股东进行欺诈，导致出售股权的股东在违反自己真实意思的情况下签订股权回购协议，这就是欺诈回购。

无欺诈成分的信息，应当是真实、准确、完整的信息。真实，是指信息不包含虚假内容；准确，是信息的精确程度应当到对方完全能够据此作出决定而不需要获得更精确的信息；完整，是信息无遗漏，信息的供应者应当按照对方的需求和诚实信用原则提供所有的信息，不得进行隐瞒。这就是衡量信息质量的三个维度，可以概括为信息的三性：真实性、准确性、完整性。

由于"公司"是一个抽象的存在，公司的行为都是通过具体的"人"进行的。众所周知，那些代理或者代表公司的人，在信息上，往往处于优势地位，被缩减股权的股东，则相应处于劣势地位，所以，股权回购双方信息的不对称状态几乎是天然存在的。因此，关于欺诈回购的话题，似乎是回购过程中永恒的话题。

处于信息劣势的一方，很可能在诉讼时效内并不了解自己是受到欺诈而签订回购协议的；即使知道，也可能因为不能获得足够的证据或者没有相应的经济能力支撑而无法提出受欺诈的问题，从而最终没有或者不能主张因为欺诈而应当得到的权利——撤销回购合同、变更回购合同、获得赔偿等。这里的问题是，公司有必要实施欺诈性回购吗？因为欺诈回购造成的争议，可能会对公司的发展产生深远的不利影响，欺诈性回购本身也会恶化公司的文化基因，所以，信息持有方应当谨慎处理有关信息，主动消除"欺诈"的标签和特性。

[328] 不公平回购【☆☆】

虽然没有绝对的公平，但是，明显的不公平会引发新的争议。回购条件是否公平，应当按照回购发生时的情形判断。公平的判定标准是有时间性的，主要因为价格的变化是在时间轴上展开的，供需矛盾也是在时间轴上展开的。如果回购方在交易中提供了合格的信息，而股权出让方根据事后才出现的新情况提出不公平的问题，企图根据新的股价变更撤销原股权回购合同，通常不能够取得成功。

但是，在公司改制上市过程中，上述结论却会因为公司迟延办理回购事宜而出现变化。比如，公司在上市前签订回购合同，并支付了回购款，但是，为了快速上市而没有按照法律规定办理回购手续，没有履行公司股东变化相应的披露义务，在公司招股说明书和公司上市后，签订回购合同并得到公司支付对价的股东面对暴涨N倍的股票，提出解除或者变更原股份回购合同，则因为各种利益的交织和平衡，这些股东的请求无法简单回避。处理这种回购争议，有时需要公司方面、保荐人和保荐代表人方面、律师方面、大股东方面等进行复杂的协调甚至是利益让渡安排。

公司因为抓住时机上市导致原回购协议不能及时完全履行，原因在于我国公司上市一直是个过于复杂的过程。上市时机的选择，对公司上市的结果乃至公司最终的成败可能有巨大的影响。为了抓住难得一遇的上市良机，公司采取"抓大放小"的策略，将回购事宜搁置并忽视这个事实，将可能导致公司上市的行为产生两种法律风险：（1）上市信息披露存在瑕疵；（2）回购的公平性受到质疑。

应对回购价格不公平的质疑，需要公司具有足够的内部协调能力，更需要用严谨的、合理的、适度开放的合同进行应对。合同的开放，意味着合同双方的适度介入而非纯格式化条款，也意味着合同的公平程度为合适的内部"圈子"所知悉和接受。

[329] 强行回购【☆☆】

强行回购，是商业社会依据合同约定而发生的回购行为，只不过是弱势股东在公司的话语权和利益无法得到保护情况下的回购。自然，这里所说的强行回购，不包括黑社会势力介入的极端情形。因为黑社会介入的强行回购，已经超出了本书的讨论范围。

弱势股东，包括无控制力的小股东，也包括受到其他股东控制或者受到实际控制人控制的大股东。当股东意识到自己的弱势无法逆转、自己被剥夺股权或者排斥出局成为必然的时候，可以肯定的是，他在此之前就已经通过先前的合同或者行为成为弱势股东了，不管他自己是否对此有所察觉。

过分相信自己的商业能力的股东即使兼任公司的董事长、总经理，即使曾经绝对控股并百分之百控制一家公司，他也可能在股权融资合同、各类承诺书中签下让自己处于法律弱势的文字——合同就是他的"卖身契"，他也可能在不规范的经营中将把柄留在了公司和对手那里——或许是逃税，或许是关联交易暗藏的职务侵占行为，或许是白条等埋藏的种种法律风险，总之，他在自己意气风发为"自己的"公司奋力拼搏的时候，他或许并不知道他要被"out"掉了。

这种强行回购，几乎是无法避免的结局，也是弱势股东无力反击的"合法掠夺"。

不过，运用法律思维，我们不难发现，在弱势股东被强行回购的过程中，我们不能假设强势股东不犯任何错误。一旦强势股东犯了法律上的错误，也就等于给弱势股东一个反击的机会，他们有可能借此改变股权被强行收购的命运或者得到足够充分的补偿。

股东争议也将由此而生成。如果要避免这种争议，就应当尽量避免强行回购，否则就要避免自身法律上的瑕疵。

[330] 股权投资的回购条款【☆☆☆】

股权投资合同中的投资者退出渠道，不少人认为有上市、并购和回购三种常见方式。第一种退出方式,被投资企业上市,PE 资金以股票的形式在二级市场退出;第二种方式,被投资企业受到其他公司的并购,PE 投资者以转让股权等形式退出资金;第三种方式,是颇具争议的方式——回购。某大公司官方网站对"回购"的具体介绍是"被投资企业管理层提出股权回购方案,PE 资金在同意的前提下,顺利出让股权"。[①]

回购,是公司作为卖方从股东手里购买本公司的股权,是减资的一种途径。根据我国的司法实践,用回购作为股权投资的方式存在很高的风险。股权投资退出的第三种方式,较为稳妥的是管理层团队或者管理层投资设立的企业、特殊股东按照约定购买股权投资者转让的股权。

六、改制上市中的股权设计

拟上市公司为了上市,要进行各种各样的改变,变更股权、变更资产、变更产品、变更关联关系等,最终,将从一个本来不符合上市条件的公司变成符合上市条件的公司。

拟上市的公司,如果是有限责任公司,则首先要做的,就是从形式上改制成为股份有限公司。其次,要符合主营业务突出、生产经营完整、减少不必要的关联交易、舍弃不必要的社会功能等条件。在此过程中,关于股权的争议很容易产生。

上市作为所有股东的目标,应当是对所有股东都有利益的。上市之后,企业从私人公司变成公众公司。企业的行为,将会因为法律、法规对公众公司的要求而得到严格规制,股东的整体利益在这种规制中将会得到增加:规制将会使企业运营规范化、管理层行为规范化,因此,股东的随意性在被限制的同时,企业的整体运营能力和管理能力将会得到良好的公众预期,加上上市融入的资金本身就是企业净资本的 N 倍,上市给全体股东带来的利益是显而易见的。

但是,上市过程,实际上是强势股东控制下或者多数股东联合控制下的上市过程。因此,股东的整体利益急剧上升的过程,不一定是所有股东的利益上升过程。一旦产生利益增长不均衡,这种丧失均衡利益成长机会的股东,将成为改制上市行为中股权纠纷的主体。

以下重点介绍不平等增资和弱势股东被清除出局两种典型情形。

[331] 不平等增资【☆☆☆】

在股份有限公司增加注册资本的时候,不给弱势股东增资的机会,会导致弱势

[①] 《私募股权投资的常见退出方式介绍》,载中国平安网(http://one.pingan.com/yizhangtonglicai/touziguihua/touziguihuazhishi/113909.shtml),访问日期:2014 年 3 月 30 日。

股东在拟上市公司中的股权比例被压缩。

拟上市公司或者公司快速发展、前景光明的公司采取直接个别股东直接增资的方法压缩弱势股东的股权比例，很容易引发股东之间的矛盾。弱势股东在公司有上市可能的时候，很难放弃同比例增资的机会。不给弱势股东"紧跟"强势股东的机会，强势股东会面临难以预料的法律风险。

强势股东在各种融资顾问的帮助下，可以选择其他不给弱势股东机会的方法。比如，可以引入战略投资者、私募基金等方式，也可以引入项目、收购兼并其他企业，将所有股东的股权按照同样的比例转让给这些主体，使之成为本公司的股东。这是第一次股权转让。然后，再找准机会从上述股东手里接受股权。这是第二次股权转让。两次股权转让的结果，会使强势股东在公司的股权比例得到提升，弱势股东的股权比例被压缩。

经过专家精心设计的压缩弱势股东股权的方案，很少能让弱势股东抓住法律上的漏洞。因为，决定引入投资者或者收购兼并的决议存在程序瑕疵的情况很难出现；在相关决议内容中，究竟用多少比例的股权换取投资者或者被收购兼并者的资产是合适的，通常是弱势股东无法寻找到的破绽。

但是，并不是所有的方案都是经过顶尖专家精心设计并被严格执行的，因为有些成功者偏向于认为自己是所有领域的专家，可能因为过分自信犯错，有些则会因为疏忽而犯错，还有些是因为方案设计者的水平不高而给对手留下机会。所有这些，就会给弱势股东翻牌的机会。

[332] 弱势股东出局【☆☆】

公司在改制上市过程中，大股东为了控制公司和使公司股权结构清晰，可以通过协议安排或者强制的方式使一些股东"出局"。值得注意的方案，是通过协议安排让出局股东获得相当的利益，实现出局股东和大股东、公司各方利益共赢。其中，对出局股东的短期利益和长期利益进行安排，是难度很大的工作，常见的做法有：（1）直接的利益让渡；（2）通过签订与持股平台有关的股东协议进行利益分配；（3）通过签订紧盯股价的股东协议进行利益分配。

需要谨慎对待的是逼迫弱势股东出局的方式。公司可以依据已经生效的股东协议或者中高层员工持股协议，把中高层员工不再担任公司职务等预先设定的条件作为将所持公司股权转让给公司或者公司指定股东的充分条件，清除一部分股东。但是，如果是因为在公司的职务、待遇等发生了不利的、歧视性变化而被迫转让股权从而出局的，这些股东有可能成为公司发展和股东发展的不利因素。

出于同样的考虑，公司和大股东也不应当乘人之危。对那些经济上陷入困境而且急需现金以解燃眉之急的弱势股东，公司不应当依据先前的协议仅凭公司的净资产计算出弱势股东所持股权的价值，从而确定并支付弱势股东相应的"对价"。弱势股东也明白，如果不进行转让的话，公司上市后，自己的可得利益将是所谓对价的数倍乃至十几倍、几十倍。如果公司不方便对这类出局股东进行一般人都能够接受的股权转让价格，大股东最好考虑自掏腰包进行适当的补偿。

第十六章 高管股东的股权争议之防范

高管兼任股东是资本作为生产中"物"的要素与股东作为生产中"人"的要素在企业中冲撞和协调的结果。老板作为出资人,控制着"物"的要素,但是,高管作为企业中最具能动性的"人",如果能够和老板同心同德就是老板最大的成功。因此,在现代企业中,老板把"股权"转出一部分给高管,让高管和自己一起当老板,从雇佣关系上升到共同投资的合作关系,也通过高管与企业的投资关系强化高管对企业的责任心。

高管股东的股权风险,实际上来自两个方面。一个是高管所追求的股权是不可能实现的,或者是否实现过分被老板控制的;另一个是高管的职业风险导致老板对高管股权的剥夺。因此,这两个方面也是高管股东股权争议的地震带。

一、高管的激励

我国的上市公司对高管的激励一般有奖金、直接股权激励、股票期权和延期支付四种激励形式,前两种属于短期激励措施,后两种属于长期激励措施。理论上和实践中能将公司高管的个人利益与公司的长远利益紧密结合在一起的是长期激励措施:期权激励和延期支付。西方发达国家居于领先地位的公司不青睐直接的股权激励,而是将股权激励与时间和业绩结合起来变成股票期权和限制性股票这两种未来的股权激励措施。股票期权等长期激励措施不是现金的替代品,也不只起到延迟支付的作用,长期激励与受激励者长期的努力和行动以及市场密切相关,它有风险因素,因此回报也更高,因此长期激励可能是最大的礼包,也可能是最大的气泡。

在高管层报酬契约构成中,我国有些上市公司与非上市公司一样没有实行股票期权这种长期激励措施——这些公司中效益薪酬部分替代了股票期权部分,发挥着激励高管层最大化股东财富的作用。在有股票期权激励措施的公司中,高管层在利益博弈中最关心的是长期激励部分,而固定薪酬和福利部分虽然处于经常性的变动之中，但是不具有激励高管层努力工作的作用。①

[333] 朝三暮四的智慧【☆☆】

对"朝三暮四"这个成语，《新华成语词典》作了如下解释。

《庄子·齐物论》："狙公赋芧，曰：'朝三而暮四。'众狙皆怒。曰：'然则朝四而暮三。'众狙皆悦。"狙：猕猴。芧：橡子。原指用名义上改变而实际上不改变的手法欺骗人，后比喻反复无常。《旧唐书·皇甫镈传》："直以性惟狡诈，言不诚实，朝三暮四，天下共知。"《醒世恒言》（卷一六）："是从那日为始，朝三暮四，约了无数日子。"方志敏《死》（三）："朝三暮四，没有气节的人，我是不能做的。"欧阳山《三家巷》（三一）："为了什么来由？为了那么一个朝三暮四，喜怒无常的女子？"也作"朝四暮三"。梁启超《余之币制金融政策》："吾见其朝四暮三，无关宏旨。"②

可以看出，朝三暮四和朝四暮三，在《庄子·齐物论》中显示的是调教猕猴的赋芧在猕猴"薪酬制度"设计上的大智慧。初始方案和最终方案的区别仅仅是长期激励所占比例的大小不同，却因为适当增加了短期激励的比例而使得激励方案被接受。对赋芧来说，七个橡子作为猕猴一天的"总体薪酬"是不变的，长期激励措施得以保留，自己的总体支出并未因为方案的不同而有所增加。

朝三暮四和朝四暮三变化的智慧，是每个公司薪酬设计者必须具备的：（1）必须保留长期激励的足够比例；（2）总体薪酬控制在公司可接受的范围之内。

[334] 薪酬的构成【☆☆】

我国的"薪酬"一词，对应的英文词汇是 compensation。西方的薪酬（compensation）一般包括薪水（salary）、奖金（bonus）和股票期权（stock option）三个部分。薪水和工资（wages）不同，工资是指普通员工的劳动报酬，薪水则是指董事、监事、高管和其他管理层人员的劳动报酬。

薪酬的公式是：薪酬 = 薪水 + 奖金 + 股票期权

薪酬公式的实质是：薪酬 = 薪水 + 即期激励 + 远期激励

其中的远期激励（长期激励）常常采用期权的形式，与即期激励（短期激励）的参照标准不同。薪水，一般向同行业、同类企业、同类职务人员看齐；短期激励，

---

① 参见刘海英：《高管层报酬契约构成与标准——基于问卷调查的研究》，载《山东大学学报》（哲学社会科学版）2011 年第 3 期，第 126 页。

② 商务印书馆辞书研究中心编：《新华成语词典》，商务印书馆 2002 年版，第 942 页。

通常与当年的销售额、息税前净利润、现金流量、每股收益等指标挂钩；长期激励，往往与近 3～5 年扣除零售物价指数的每股收益挂钩。①

与股权相关的薪酬激励措施，除了股票期权，还有限制性股票。

[335] 奖金【☆】

奖金，又叫现金激励，是短期激励，即时效果最佳。但是激励措施中奖金比例过大，对于公司留住人帮助不大，而且会减少公司的现金流。

[336] 直接股权激励【☆☆】

直接股权激励，和奖金一样，具有即时性和确定性，是对既往业绩的肯定和奖励，属于短期激励措施。

直接股权激励措施实施后，股权转移手续完成，作为激励制度，就和奖金一样完成了自己的使命。获得短期奖励的时间点，就是短期激励制度失效的时间点——及时紧接着下一个短期激励措施，激励似乎是连续不断的，但是这一次激励已经失效，而且需要下一个激励这种现象也正好表明这一次激励已经失效。

[337] 股票期权【☆☆☆】

股票期权，是指一个公司授予其特定雇员在一定期限内，按照授予期权日股票的价格或者其他约定的价格购买一定份额的公司股票的权利。行使期权时，不管当日股票的交易价是多少，行权人只需支付约定的价格，就可得到期权项下的股票。约定价格低于当日交易价之间的差额，是行权人的收益额，也就是说，股价在期权到期日时超过行权价股票期权才有价值。不用说，市场上股票价格高过约定行权价格越多，行权人的收益也就越多。将公司股票价格与个人的收益正向关联，这就是股票期权激励机制的核心所在。

股票期权激励制度始于20世纪70年代的美国，并在发达国家得到了广泛的应用和推广，有效解决了所有权与经营权分离所带来的经营者"道德风险"和"激励不相融"等"委托—代理"问题。它的指导思想是，通过"风险分担"，将激励与约束捆绑在一起，把经营者的报酬与企业的长期市值增长有机地联系在一起，有效地激励经营者为企业长期价值而努力，抑制经营者对企业资产的滥用行为，克服短视行为，实现经理人与股东利益的一致。因此，股票期权激励是一种长期激励机制。

---

① 参见何家成：《公司治理结构、机制与效率——治理案例的国际比较》，经济科学出版社 2004 年版，第 27—28 页。

2006年，被认为是中国股权激励制度的元年，因为2006年1月1日，修订后的《公司法》《中华人民共和国证券法》（以下简称《证券法》）在公司资本制度、回购公司股票和高级管理人员任职期内转让股票等方面均有所突破，从根本上解决了股票来源和行权股流通两个根本问题，使上市公司实施股权激励有了统一明确的依据。2006年，国务院国资委公布了《国有控股上市公司（境外）股权激励试行办法》《国有控股上市公司（境内）实施股权激励试行办法》。中国证监会就股权激励有关事项分别于2008年3月16日、3月17日、9月16日发布《股权激励有关事项备忘录1号》《股权激励有关事项备忘录2号》和《股权激励有关事项备忘录3号》3份备忘录，进一步完善了股权激励的规定。

[338] 虚拟股票期权【☆☆】

虚拟股票期权是20世纪90年代从美国发展起来的一种新型的期权激励手段，是指公司为了对经营者实施远期激励而设计出的本公司虚拟股票，并按照本公司设计的计算公式计算其价格波动的内部激励制度。虚拟股票期权类似于股票期权。企业授予激励对象一定数量的虚拟股票，对这些虚拟股票，激励对象没有所有权，并不成为实际的股东，但是享有虚拟股票升值带来的收益。

在实施股票期权措施时，公司可以考虑的因素除了虚拟股票的价格、数量、有效期、行权价、行权时间外，还可以根据本公司实际加入其他因素。因此，设计得当，就可以剔除公司外部系统的不良影响，强化经理人等激励对象的收入与其业绩的正相关关系，有效地激发激励对象的潜能，确保企业的可持续发展。

虚拟股票只是公司设计远期激励制度所用的一个概念，并不是公司实际发行的真正意义的股票，而是一种推迟支付的报酬形式，只对企业的利润分配有影响，不会影响公司的股权结构，因此操作上可以克服很多制度上的障碍，对上市公司和非上市公司都适用。当约定的兑现条件出现时，通过预定的公式计算即可，虚拟股票期权的行权，不会影响公司的资本结构。也正因为如此，虚拟股票期权不会引起股权争议，即使出现争议也只会局限于金钱层面。所以，虚拟股票期权是规避股权争议的一种优选激励方案。

但是，虚拟终归是虚拟，这种激励方案必须将虚拟与现实通过确定的公式、算法联系起来，让受激励者能够合理预测自己的努力和回报之间的关系，否则不但不可能起到预期的激励作用，反而给人受愚弄的感觉，成为瓦解士气、涣散队伍的一针长效毒剂。

[339] 限制性股票【☆☆】

限制性股票，是限制受益人在公司服务期限的股票。如果受益人在规定的整个受益期都为公司服务，则限制性股票才能作为奖励兑换成公司股票归受益人所有。[①] 比如，公司授予某高管 1 万股限制性股票，限制期是 5 年，如果该高管在 5 年期满之前离开公司，则得不到该 1 万股股票。

限制性股票并没有直接授予受益人，而是以一定的服务期限为授予条件，因此限制性股票是一种受限制的股票权利，也是一种将来才能真正持有的股票——因此也可以把限制性股票作为股票期权的一种类型。

[340] 类限制性股票【☆☆☆】

非上市公司，可以根据限制性股票的原理设计类似于限制性股票的激励措施。因为类似，所以非上市公司类似于限制性股票的激励措施可以叫做类限制性股票或者模拟限制性股票措施。

相比类股票期权，类限制性股票作为激励措施，在我国各类企业中得到了更为广泛的运用。其操作模式主要有三种类型：一是由大股东将自己的一部分股权或者股份作为限制性股票类似物；二是将职工持股会或者类似机构持有的股权、股份作为限制性股票类似物；三是准许受益人对公司的出资以较高比例计入注册资本为优惠条件向公司出资——比如准许把受益人出资的 90% 计入注册资本、10% 计入资本公积，而不是和其他同时的投资者一样将出资的 30% 计入注册资本、70% 计入资本公积。

二、股权激励制度的固定

股权激励制度，和其他激励制度一样，只有形成文字并经过法定程序确认生效才可以防止争议的产生。

股权的激励，是各种与股权有关的激励措施的总称，属于公司股权变动内部规则的一部分。关于公司股权变动的规则，必然源自公司股东的集体意思表示，只有股东会才对此拥有话语权。股东会符合规定程序的约定、公司章程，都可以作为股权激励的法律依据，但是董事会决议、董事长或者经理的承诺不具有这种效力。

董事长、经理可以成为股权激励的推动者，可以拿出股权激励的方案，在有些

[①] 参见何家成：《公司治理结构、机制与效率——治理案例的国际比较》，经济科学出版社 2004 年版，第 169 页。

公司，甚至可以操控股权激励的规则和实施，但是，非经法定程序获得股东会的确认必然没有法律效力。董事长、经理的越位和员工对不具效力的承诺的轻信，都是产生关于公司股权激励中股权争议的原因。

因此，股权激励制度应当书面化，更应当根据法律和公司章程的规定对其程序化。

[341] "大嘴巴"陷阱【☆☆☆】

股权激励措施和虚拟股票期权等长期激励措施，因为时间跨度大，必须要激励对象相信才能发挥作用。因为时间长，所以口头许诺更容易作为激励措施的一部分或者注释而发挥作用，口头许诺因为没有书面记录，而被各方最终搞得模糊不清或者没有得到合法授权而不具有实质意义上的法律效力，所以常常只不过是"水中月，雾中花"。相信口头许诺，就落入了大嘴巴陷阱：即使将来承诺人兑现了口头承诺，也最多庆幸自己的运气好，因为更多的人不可能有这种结果。

长期激励措施出台的时候，有些老板并不知道激励员工的措施在兑现的时候会让他真心感到"肉痛"，所以，书面的激励措施如果设计不严密尚且会出现争议，何况口头承诺呢？

[342] 激励制度书面化【☆☆☆】

懂得识别大嘴巴陷阱，才容易实施破解之法。不论是一时兴起还是故意设局，对口头承诺必须做到"抓住—澄清—固定"，让口头承诺迅速书面化和合法化。首先，要把陷阱转化成机会，抓住口头承诺者急需人才的心理和时机。其次，争取早日澄清承诺的细节，把承诺变成可以操作、可以兑现的协议。最后，及时通过法律程序把协商好的协议用法律文件的形式固定下来。其中的关键环节，在于确认法律文件的表述与协商好的协议内容完全一致。

如果没有做到这一点，就要落入大嘴巴陷阱了。陷入之后，让承诺者兑现承诺的方法，常常是通过录音固定证据，然后根据表见代理的法律规定证明承诺应当兑现。但是，这终归是亡羊补牢的方法，单一手段通常都难以奏效，否则承诺者也不会轻易食言了。落入大嘴巴陷阱后的自救方略，必须根据对手的实际情形聘请高水平的专业人士进行专门设计，否则会越陷越深，轻易出击反倒更加被动。其中的要点，是不能轻举妄动。

三、高管股东风险的分散、转移及弱化

高管股东在公司运营中可能承担的法律责任，可能是因为对法律规定不熟悉，

可能是因为对风险的程度缺乏了解，也可能是因为不能及时向外部合理分散风险所致。关于高管股东风险的法律规定和风险程度等，可以参考《给经理人的6堂法律课——企业管理人员职业风险防范全攻略》一书，这里重点提示风险的合理分散问题。每个知识点的字数，都是实战经验的结晶，有些是商战高手秘而不宣的法宝，因此可以说是一字千金，要点在于不动声色，活学活用。

[343] 转移风险的"邮件法"【☆☆☆】

高管股东在风险比较高的决策中，通过电邮向上级请示而获得的回复邮件，可以起到转移风险的作用。

[344] 转移风险的"外脑法"【☆☆☆】

高管股东在风险比较高的决策中，通过向外部机构获取专业书面的咨询意见，可以起到转移风险的作用。

[345] 分散风险的"签字法"【☆☆☆】

如果风险发生了，相互推诿是常见的现象。在难以确定责任的时候，最有说服力的证据就是有关文件上的签字。所以，让更多的人加入签字行列，是分散风险的有效方法。签字权是一种权力，也是责任划分的一种强有力的证明。

[346] 分散风险的"会议法"【☆☆☆】

通过开会，让参与会议的人都与风险事项产生联系，是分散风险的一个有效方法，也是阻止风险事项实施的好主意。不过，我们虽然习惯了开会，但是多数人不太习惯在会议记录上签字。如果要分散风险，开会讨论风险事项后，应当要求对该事项签字确认，否则因为"口说无凭"而无法有效分散风险。

[347] 请假回避的"弱化法"【☆☆☆】

实在无法转移、分散的风险，只能通过请假等回避的方法弱化风险。如果连请假也做不到，就只能承担风险或者索性离开这个公司了。

四、股权投资的风险防范

风险投资与私募股权投资的股权争议类型，常见的是投资方和被投资企业之间的信息瑕疵导致的股权争议，投资方不适应被投资企业当地的法制环境引发的股权争议，投资方疏于对被投资企业的监督、管理等导致的股权争议，以及投资合同约定本身引发的股权争议。这里重点讨论投资合同中的对赌条款设计中对象选择的风险问题。

[348] 风险投资≈私募股权投资【☆☆】

风险投资（VC）和私募股权投资（PE），在一般场合仅仅是术语名称的区别而已，因为风险投资也是以股权投资的形式进行。投资机构的资金，是向特定投资者不公开募集得来的，所以，"私募"一词表示了这些投资机构资金的来源通道。

通常而言，因为企业在种子期、创业期、发展期的风险比较高，所以偏爱在这种高风险阶段介入的投资叫做风险投资；与之相区别的是，私募股权投资则是在企业发展的扩展期、成熟期和上市前期等稍后阶段进入企业的。企业所处的阶段不同，风险就不同，相应的投资回报也不同，投资机构是根据自身投资的偏好和判断进行投资选择的，投资机构名称的不同不是限制其对企业选择的因素。

[349] 对赌协议【☆☆☆☆】

对赌协议，是"估值调整机制"（Valuation Adjustment Mechanism，VAM）的形象说法，是指投资方和融资方订立的一种财务合同或者合同条款，是一种以被投资公司业绩是否达到预期为约定条件的非线性制度安排，是投资方与融资方在达成融资协议时，对未来不确定的情况进行一种约定。如果企业未来的获利能力达到某一标准，则融资方享有一定权利，用以补偿企业价值被低估的损失；否则，投资方享有一定的权利，用以补偿高估企业价值的损失。对赌协议有助于投资方锁定投资风险，确保投资收益，同时也是对被投资企业高管股东或者参与股东的激励。

对赌协议的经济根源之一在于 PE 与企业及其股东之间信息不对称。即使 PE 做再详细的尽职调查，在企业经营信息占有、经营环境、业绩预期等环节上，投资者都是处于信息弱势地位的；经济根源之二是管理团队的未来工作不确定性；其三是企业未来盈利能力的不确定性。PE 与被投资方签订对赌协议，目的是确保企业现有价值的可信度和对管理团队未来工作的良好状态，以及管理团队关于企业未来预期的可信度——对赌协议是对企业估值的调整机制。因此，对赌协议是 PE 锁定投资风险的一种手段，是 PE 利益的保护伞。签订对赌协议是为了尽可能实现投资交易的合理和公平，它既是投资方利益的保护伞，又对融资方起着一定的激励作用。所以，对赌协议本质上是一种财务工具，是带有附加条件的价值评估方式。

国内反复被人提及的对赌案例，以蒙牛、永乐、太子奶最为典型。2003 年蒙牛与摩根士丹利、鼎晖、英联投资签订对赌协议，协议约定如果在 2004 年至 2006 年 3 年内，蒙牛乳业的每股赢利复合年增长率超过 50%，3 家机构投资者就会将最多

7 830万股转让给蒙牛高管在海外注册的壳公司——金牛公司;反之,如果年复合增长率未达到50%,金牛公司就要将最多7 830万股股权转让给机构投资者,或者向其支付对应的现金。由于蒙牛业绩表现远远超出预期,2005年4月,3家金融机构投资者以向金牛支付本金为598.76万美元的可换股票据的方式提前终止双方协议。2005年10月永乐在香港上市,其与摩根士丹利、鼎晖的对赌协议约定,如果永乐2007年(可延至2008年或2009年)的净利润高于7.5亿元人民币,机构投资者将向永乐管理层转让4 697.38万股永乐股份;如果净利润相等或低于6.75亿元,永乐管理层将向机构投资者转让4 697.38万股股份;如果净利润不高于6亿元,永乐管理层向机构投资者转让的股份最多将达到9 394.76万股。然而对赌协议期满时,永乐业绩欠佳,遭到外资股东的经济干预,最终于2005年7月与竞争对手国美电器合并。①

颇具悲剧色彩的是太子奶的对赌结局。2007年,太子奶引进英联、摩根士丹利、高盛等风险投资7 300万美元注资,同时由花旗银行领衔,荷兰银行等6家外资银行又共同对太子奶集团提供了5亿元的授信。李途纯与三大投行签署对赌协议规定:在注资后3年内,如果太子奶集团业绩增长超过50%,就能降低三大投行的股权;否则,太子奶集团董事长李途纯将会失去控股权。2008年11月21日,在四处筹款、引进战略投资者无果的情况下,按照"对赌协议",李途纯不得不将太子奶集团61.6%股权转让给三大投行。湖南株洲市委宣传部2010年7月对外界通报,李途纯因涉嫌非法吸收公众存款罪被批准逮捕。②

与国外采用财务绩效、非财务绩效、赎回补偿、企业行为、股票发行和管理层去向等多种评判标准不同的是,目前国内的对赌协议主要是以财务绩效(如收入、利润、增长率)为单一指标,确定对赌双方的权利和责任。比如上述蒙牛、永乐的案例,都是以某一净利润、利润区间或者复合增长率为指标作为对赌协议的标准。③

[350] 对赌协议的输赢【☆☆☆☆】

对投资方来说,签订对赌协议的目的是降低投资风险,确保投资收益;而对融资方来说,是实现低成本融资和快速扩张。如果企业达到对赌标准,融资方自然是赢了,而投资方虽然输了一部分股权,它却可以通过企业股价的上涨获得数倍的补偿;反之,如果企业没有达到对赌标准,融资方的企业管理层将不得不通过割让大

---

① 参见程继爽、程锋:《"对赌协议"在我国企业中的应用》,载《中国管理信息化》2007年第5期,第49页。
② 参见《"对赌"企业败局案例:愿赌服输江山易主》,载《每日经济新闻》2012年6月1日。
③ 参见程继爽、程锋:《"对赌协议"在我国企业中的应用》,载《中国管理信息化》2007年第5期,第50页。

额股权等方式补偿投资者；而投资方虽然得到了补偿，却可能因为企业每股收益的下降导致损失。

据称，投资方并不会因获得一个"烂摊子"的控股权而成为获胜者，因为获得一个企业的股权甚至控制权并不是投资方的目的，投资方"希望看到的是现钱，不是股份"。① 因此，努力实现对赌标准是双方利益的共同之处，也是融资方实现对赌目的的唯一途径。

鼎晖投资的董事长吴尚志说："我把对赌协议看做是跟企业家沟通取得他真心想法的一个参考数据。对赌协议，我认为是价格谈判体系中的一部分，是作为一个沟通的手段，也是作为一种今后在出了问题时候的沟通方式。"②

[351] 对赌协议的对手【☆☆☆☆】

投资方对赌的对手，如果选定被投资公司的股东，对赌协议就成为股东之间以公司业绩为标尺的约定；如果选定被投资公司，对赌协议就成为投资方和被投资公司之间的约定。

对赌协议的对手，选择高管股东或者大股东是风险最小也最能体现对赌协议本质的选择。至于是选择高管股东还是大股东，只要看公司的业绩与谁关系更为密切就可以了，关系更密切的就是优先选择的对象。对赌协议的对手如果选择公司，则因为股权投资者在兑现对赌协议的时候已经成为公司的股东了，容易引起股东与公司关系不必要的争议和与之相关的法律风险。

五、细节设计

"在法律世界中，没有什么'本来是'事实的东西，没有什么'绝对的'事实，有的只是由主管机关在法律所规定的程序中所确定的事实……认为有什么绝对的、立即明白的事实，这是典型的外行人的看法。事实只有在首先通过一个法律程序加以确定后，才能被带到法律范围中来，或者就可以说，它们才在法律范围中出现。"③

在具体案件的诉讼证明过程中，当事人可能会为了自身利益的考虑而压制那些对自己不利的事实。在此意义上，当事人向裁判者所展示的事实往往是片面的、不完整的。④

---

① 刘永刚、李小晓：《对赌协议首次被判无效》载《中国经济周刊》2012年7月17日。
② 《中国首例PE对赌案判决：对赌协议合法有效》，载《南方周末》2012年1月9日。
③ 凯尔森：《法与国家的一般理论》，中国大百科全书出版社1996年版，第153—154页。
④ 参见吴宏耀、魏晓娜：《诉讼证明原理》，法律出版社2002年版，第12页。

[352] 大股东陷阱【☆☆】

大股东通常主导着公司章程、股东协议等重要法律文件的设计和确定，因为大股东具有资本优势等形成的早期权威，大股东有更大的能力影响律师等法律文件起草人。因此，公司中的早期法律文件常常会出现偏向大股东的局面。

那些侧重于维护大股东利益的公司法律文件，是公司大股东设置的陷阱。如果存在大股东陷阱，从小股东的角度看，小股东在签署公司法律文书的时候，应当认真对待——如果不能聘请法律专家帮助自己对各种需要签署的法律文件把关，至少要尽可能多地取得各种文件的副本，必要时还应当用录音固定证据。从大股东的角度看，应当听从法律顾问的建议，选择适当的时机让适当的人员通过适当的方式表达自己的意思而不给别人留下把柄，有些话是不能说的，有些话是不能直说的，这些分寸一定要把握好。但是，从公司整体利益的角度看，大股东陷阱不利于股东的团结，也不利于公司的发展，为了防范股权争议的风险和股权争议带来的难以预见的损失，大股东应当秉持公道，避免设置大股东陷阱。如果大股东对聘请法律顾问等公司法律文件的制作者起到重要作用，大股东有义务向法律文件制作者明确声明公司法律文件应当公平对待所有股东，而不能有所偏私。

[353] 协商出的陷阱【☆☆☆】

股东之间关于公司治理的协商，因为股东各自的经验、知识、预见力的不同以及股东借助"外脑"的结果不同，股东之间形成的各类早期甚至中期决议常常出现对其他股东不利的情形。外表忠厚、缺乏经验的出资人，由于吸取专业律师等业内专家的建议，有时会在某些重要的股东之间的协议上胜出；处于下风的股东，当意识到需要"力挽狂澜"时也会花费大成本进行"绝地反击"。因此，股东之间协商形成的文件中出现对弱势股东不利的让其难以察觉的陷阱——用夸张点的话说，就是"把自己卖了还替人数钱"——在实践中是再平常不过的事情了。

故意安排合同的一些特定无效内容也是方案设计的一部分。这些实务操作的高难度技巧，除了对"时间"因素的把握之外，还需要对股权合同各方的认识水平、行为模式、心理状态等进行更多的研究。不难看出，这种将合同无效作为手段的股权方案设计，可能已经超出一个"道德经济人"和"理性经济人"的底线了。①

---

① 这里所说的"道德经济人"，是在"理性经济人"之上坚守"己所不欲，勿施于人"道德标准的经济人，或者也可以认为是类似于"儒商"的一个概念。现实中，合作要多赢，要"对得起朋友"的经济人，就可以算作是道德经济人了。现代道德经济人，可以说是信息社会的"理性经济人"，因为在信息发达的环境中连续博弈，那种坑害合作者只做"一锤子买卖"的人是不会有很大发展的。

[354] 股权方案的重要细节【☆☆☆】

方案设计，因为股权设计目的或者企业所处阶段的不同而不同。"观千剑而后识器，操千曲而后晓声"，要真正掌握股权设计的精髓，常常需要研究甚至亲历成百上千个案例。以下罗列的是作者认为比较常见的股权设计中容易出问题的细节，希望读者能够从本书或者其他载体中看似与此无关的案例研究这类问题，以图举一反三，学以致用。

- 概念与定义：这是我国律师起草的法律文件中容易忽略的问题，比如法律文件中以"上市"为条件，则必须对"上市"进行精确的定义。
- 范围与排除：关于范围的确定和对特定情形的排除，需要缜密的逻辑推演和足够的社会经验，逻辑缺陷和经验不足都可能造成巨大的损失。
- 授权与同意："书面的授权"和"书面的同意"，实际上比"授权""同意"的范围要窄得多，如果更进一步对"书面"进行定义，则会对"授权""同意"进行更严格的限制。越是重要的内容，越要严格限制。
- 内部协议与公开文件：内部协议与公开文件中的冲突部分，谁的效力优先，是必须认真处理的法律问题。
- 书面记载与文本分歧：不同文本的书面记载中如果出现分歧将如何处理，同一个法律文本中的不同条款之间矛盾的各自效力如何，这也是必须考虑的问题，因为现实的复杂性、人们认识能力的有限性，决定了复杂法律文件可能出现上述分歧和矛盾。
- 非法行为与合法股权：准确识别非法行为与不合法股权，准确把握非法行为与合法股权之间的关系和其中的关键细节，是高难度股权设计所必须重视的能力。
- 篡改文件与空白文件：设计中的空白文件与篡改的文件不同，应当准确把握二者之间区别的细节。
- 境外证据与境内证据：涉及国际股权设计的合同，要准确把握不同国家和地区所形成证据的合法性要件和证据瑕疵的责任。
- 信息的传递：指定信息的传递，应当考虑到信息传递的及时性、保密性特征，也要考虑到信息传递延迟和失败的责任。
- 原件的毁损：应当考虑到各种证据原件毁损的可能性和责任，并考虑到可以约定的替代性证据及其效力。

[355] 流程设计的重要细节

公司内部的流程设计，从制度层面影响着公司运转的流畅性，也从制度层面影响着公司股东会、董事会、监事会这些公司机关之间及各个机关内部的权利制衡。俗话说，县官不如现管。公司内部的流程设计，无法决定哪些人是县官，却决定了哪些人是"现管"。

公司的流程设计，发源于股东对公司"控制—效率"平衡程度的构想，中间会有高层或多或少的参与，也自始至终都要受到法律和公司章程的规制。以放风筝为喻，公司的流程设计，相当于风筝的线和绕线用的轮盘——风筝通过长线在风中起舞，放风筝的人才有时间享受放飞风筝的乐趣；风筝的大小和结构、风力的大小和稳定性，都对风筝线的长度和重量、耐用性以及绕线用的轮盘进行"规制"。公司不可能没有流程设计，只有流程规定是否合适的问题；就像风筝不可能没有线，只有风筝线是否合适的问题。

第十七章　股权争议的税务风险防范

股权争议的各方,无论出于什么动机或者目的,必然都要注意一个对公司或者股东、高管都非常敏感的区域——税务风险。攻击者会比较容易想到对手的逃税等税务问题,防守者自然也应当想到自己是否会在税收上授人以柄。

一、公司和股东的税务法律责任

公司和股东作为纳税人或者扣缴义务人,可能负担的税务法律责任包括刑事责任、行政责任和民事责任三个方面。

（一）税务刑事责任

税务刑事责任是刑事责任、行政责任和民事责任中最严重的法律责任,刑事责任也是对手最容易选择的攻击目标。股权争议中的对手也不例外。

[356] 税务刑事责任【☆】

税务刑事责任是用税务刑事处罚来实现的。我国《刑法》和《税收征管法》都对税务刑事责任进行了规定。《刑法》规定了逃税罪,逃避追缴欠税罪,骗取出口退税罪,虚开增值税专用发票,用于骗取出口退税、抵押税款发票罪,伪造、出售伪造的增值税专用发票罪,非法出售增值税专用发票罪,非法购买增值税专用发票、购买伪造的增值税专用发票罪,非法制造、出售非法制造的用于骗取出口退税、抵押税款发票罪,非法制造、出售非法制造的发票罪,非法出售用于骗取出口退税、抵扣税款发票罪,非法持有伪造的发票罪,非法出售发票罪。《刑法》之外,《税收征管法》也规定了税务刑事责任。

税务刑事责任中最为严重的刑事处罚最高刑是无期徒刑。

[357] 逃税罪的"以罚代刑"【☆☆】

2009年《刑法修正案（七）》修正了"逃税罪"的规定,增加了不追究刑事责任的情形,让犯罪嫌疑人有了"以罚代刑"的机会。这是我国刑法面对大量企业和企业家存在逃税罪"原罪"的现实作出的符合我国国情的选择,但是,刑法并没有给逃税者过多的"以罚代刑"机会,而是严格限定了"五年"的期限和具体的条件。

《刑法》第201条规定:"纳税人采取欺骗、隐瞒手段进行虚假纳税申报或者不申报,逃避缴纳税款数额较大并且占应纳税额百分之十以上的,处三年以下有期徒刑或者拘役,并处罚金;数额巨大并且占应纳税额百分之三十以上的,处三年以上七年以下有期徒刑,并处罚金。扣缴义务人采取前款所列手段,不缴或者少缴已扣、已收税款,数额较大的,依照前款的规定处罚。对多次实施前两款行为,未经处理的,按照累计数额计算。有第一款行为,经税务机关依法下达追缴通知后,补缴应纳税款,缴纳滞纳金,已受行政处罚的,不予追究刑事责任;但是,五年内因逃避缴纳税款受过刑事处罚或者被税务机关给予二次以上行政处罚的除外。"

(二)税务行政责任

税务行政责任是通过行政处罚来实现的。行政处罚包括罚款、没收、取消增值税一般纳税人资格等。

(三)税务民事责任

税收权利具有债权性质,纳税人和扣缴义务人负有缴纳税款的义务。公司和股东的税务民事责任包括补缴税款、缴纳滞纳金等。

[358] 滞纳金【☆】

自2001年5月1日起,对欠税的纳税人、扣缴义务人按日征收欠缴税款万分之五的滞纳金。这个比例,在2001年5月1日等于人民银行6个月基准贷款利率5.58%的3.23倍和5年以上基准贷款利率6.6%的2.73倍;在本书定稿的2014年4月9日,等于人民银行6个月基准贷款利率5.6%的3.21倍或者5年以上基准贷款利率6.55%的2.75倍。按照每日万分之五计算,滞纳金等于欠缴税款的日期是计征滞纳金开始后的第2000日,即大约5年半的时间。超过这个期限,则滞纳金总额将超过欠缴税款额。

对因税务机关的责任造成的未缴或者少缴税款,税务机关可以在3年内要求纳税人、扣缴义务人补缴税款,但是不得加收滞纳金。对因纳税人、扣缴义务人计算错误等失误造成的未缴或者少缴税款,一般情况下,税务机关的追征期是3年,特殊情况下是5年,同时要追征滞纳金。而对偷税、抗税、骗税,税务机关可以无期限地追征税款和滞纳金。

从上述规定可以看出,滞纳金的作用已经远远超过了弥补国家税收债权的损失,而是具有明显的惩罚性质。

二、避税

企业或者企业负责人的软肋,常常在于税务问题。税务问题的产生,有些是出于故意,有些是因为无知,还有些可能是由于税务机关或者其工作人员的"培养"。

避税,通常是通过税务筹划、税收优化、税收设计等名义进行的。避税与逃税、骗税不同,避税是通过合法方式进行的。

[359] 避税与逃税【☆】

愚昧的人逃税,聪明的人避税。这句话差不多可以解释逃税和避税的基本区别了:逃税和避税都是为了少缴税,但是逃税是违法行为,避税是合法行为。

税收是国家机器运转的基本条件。纳税人明白这个道理,却又尽力少缴税。每个纳税人尽量少缴税的努力,只要符合法律规定,按理说对国家的税收就不会产生实质性的损害,因为税法的设计本身就应当考虑并尊重纳税人不愿多缴税这种不必解释的现实。事实上,不多缴税即不缴冤枉税,是科学纳税的应有之义。

不过,避税再往前走一步,就会从"合法"演变为"形式合法",而动机和目的是难以测度的,于是就产生了纳税人避税与税务行政机关反避税的博弈。

[360] 不缴冤枉税【☆☆】

不缴冤枉税,是纳税人和扣缴义务人的共同心愿,但是,真正做到这一点却不容易。因为我国税务机关的服务意识还没有达到理想的水准,税收的债权属性也没有被充分理解,多收税后税务机关主动退税的主动性并不高。

如果多缴税的话,常见的情形是税务机关不退税款和利息而是留抵下期应纳税款。在经济形势严峻的时候,税务机关为了完成税收任务而"提前收税"和收"过头税"的报道常常见诸报端。在百度搜索"提前收税",就可以见到不少这方面的新闻,有的甚至到了荒唐可笑的地步。地方征收滥征"过头税",背景是当年"6月和7月份,财政部和国家税务总局还曾多次强调,不允许收过头税。在全国税务系统深化税收征管改革工作会议上,国家税务总局副局长解学智称,坚决不收过头税,避免突击收税,切实保证依法征税"。[①] 因此,企业要做到不缴冤枉税也需要努力。

这正是税务筹划存在的一个理由。

---

① 《河北多地提前收税,称要支援钓鱼岛开战》,载西部网(http://news.cnwest.com/content/2012-11/28/content_7764877.htm),访问日期:2018年3月9日。

[361] 合理避税【☆☆☆】

合理避税，是指在现行税法体系内，通过合法手段与合理规划使税收负担减轻的行为。至于减轻到什么程度，税务筹划的能力和企业的实际情形不同，看似相同的企业结果也可能大不相同。

合法是税务筹划的必然要求。但是，合法的判断不仅仅限于形式上的合法，还要具有商业上的合理性才能做到内容上的合法。社会上不少机构宣扬的"税收筹划""税务筹划"，实际上可能仅仅是形式上符合法律规定，但不具备合理的商业理由，简直是要把税务机关的专业人士当成门外汉来对待了。

低估税务机关的反避税能力，是税务筹划风险的根源所在。对税法体系研究不深入，对避税方法研究不充分，对税收主体的情形了解不透彻，这些原因当然也会造成税务筹划失败，从而给企业积累税务风险。

三、反避税

税务行政机关的反避税措施，是税务行政机关与纳税人在税收博弈中不断积累的法律手段。

[362] 一般反避税管理【☆☆】

一般反避税管理，是税务机关以一般反避税调查为手段的反避税制度。根据《特别纳税调整实施办法（试行）》第8条的规定，一般反避税管理是对企业实施其他不具有合理商业目的的安排而减少其应纳税收入或所得额进行审核评估和调查调整等工作的总称。

根据《特别纳税调整实施办法（试行）》第92条的规定，税务机关可依据《企业所得税法》第47条及《企业所得税法实施条例》第120条的规定对存在以下避税安排的企业，启动一般反避税调查：（1）滥用税收优惠；（2）滥用税收协定；（3）滥用公司组织形式；（4）利用避税港避税；（5）其他不具有合理商业目的的安排。

根据《特别纳税调整实施办法（试行）》第93条的规定，税务机关应按照实质重于形式的原则审核企业是否存在避税安排，并综合考虑安排的以下内容：（1）安排的形式和实质；（2）安排订立的时间和执行期间；（3）安排实现的方式；（4）安排各个步骤或组成部分之间的联系；（5）安排涉及各方财务状况的变化；（6）安排的税收结果。

[363] 关联交易的反避税措施【☆☆】

关联交易是避税和反避税的重要阵地。没有关联交易的避税，就像在一个浴缸里养金鱼一样，很容易让人数清楚金鱼的数量；而关联交易就像几个贯通的池塘，很难让人确定某个池塘中究竟有多少条金鱼；专门设计的复杂关联交易，有时则更像是海底的迷宫。

关联交易的反避税措施，集中体现在《特别纳税调整实施办法（试行）》（国税发〔2009〕2号）。该办法是税务局在与有关联关系企业博弈过程中探索出来的一套对策，针对已存在及可能存在的问题制定的一个比较系统的部门规章，规定了一系列反避税措施和不正当避税应当承担的法律责任。其中规定的反避税措施包括关联申报、同期资料管理、转让定价方法、转让定价调整及调查、预约定价安排管理、成本分摊协议管理、受控外国企业管理、资本弱化管理、一般反避税管理、相应调整和国际磋商等。

因为这些反避税措施必然对企业的税收筹划产生影响，所以对企业来说，反避税措施在某种程度上等于明示了其税收风险的所在。

四、税务风险防范

税务风险防范得当，股权争议将不会拿税务来"说事儿"。严控税务风险的公司和股东，才能够不因为税务上的短板丧失股权利益。

（一）税务风险转移

公司和股东应当在税务问题上有长期的全面规划，聘请专业税务律师或者注册会计师、税务师或者其他专业机构为自己进行税务问题把关。在为专业人士服务付费的同时，把企业的税务风险转移出去。

[364] 企业税务风险【☆☆】

税务风险，属于企业法律风险的一种，是指企业的涉税行为因未能正确有效遵守法律规定而导致企业未来利益的可能损失。税务风险的关键是企业涉税行为的法律瑕疵，包括方案设计、方案实施、纳税程序乃至计算的错误，一旦在企业内部无法自我纠正，则都属于法律瑕疵，包括纳税额计算错误这种看似财务上的问题，如果反映到企业向税务机关报送的报告表和其他资料之中，就会产生相应的法律效力，也属于法律瑕疵而被法律所规制，因此，税务风险的实质不是技术风险而是税务法律风险。

企业税务风险，常见的表现也是企业财务人员的低级错误造成的企业不能准确计算应纳税额，导致多缴税或少缴税的风险。对经过税务筹划的企业来说，常见的风险是税务筹划不当而导致企业的整体利益受到损害的风险，其中最典型的是不顾本企业的实际情况而机械模仿甚至照搬类似企业的筹划方案导致的风险。税收筹划者的水平参差不齐，造成筹划方案的效果也会大相径庭，盲目筹划常常导致企业因小失大，最终落得个"偷鸡不成蚀把米"。

[365] 风险的价格【☆☆】

以税务律师为例，律师事务所和律师都有执业保险，律师事务所和律师凭专业服务收费的同时，也在承接委托人转嫁的法律风险。律师费，实际上包括了两个部分：一是律师的服务价格；二是律师承担风险的价格。

风险的价格，通常不会在律师服务合同中特别约定，但是，之所以确定某一个价格，合同双方都明白里面包含的风险价格。即使是花费同样的时间，标的额大的业务律师收费更高，就是因为标的额大的业务中律师承担的风险也更大；因此，同样标的额的业务，风险高的项目律师收费更高，也是因为风险高的项目中律师承担的风险也更大。类比一下寿险的保费与保额、被保人年龄的关系，这个道理就更容易理解了。

[366] 风险的转移【☆☆】

一般而言，提供税务服务的专业机构和专业人士应当具有足够的税务风险的识别和掌控能力，适合承担委托人转移的法律风险。要真正实现税务风险的转移，委托人应当在服务合同中通过文本的形式确保有关风险可以有效转移。合同必须用书面形式而不能用口头形式。合同文本应当明确约定服务提供方对包括税务筹划在内的相关税务事项的合法性承担法律责任，而不应当含糊其辞。

如果服务提供方不能对风险承担责任，必然会在服务费上大打折扣。而如果合同的目的必须包括转移风险，则委托人就不能在关于责任承担方面的书面约定上有任何退让。

（二）税务风险防范

税务风险防范是个非常复杂和非常专业的课题。这里重点就税务筹划的目标、税收政策问题和集中典型的与股权争议关系密切的问题进行介绍。

[367] 税务筹划的目标【☆☆☆】

税收筹划的目标，在某些人看来似乎仅仅是节税，实践中有些税务专业人士与纳税人签订的税务筹划合同约定以节税总额作为服务费的计算基数，给人的印象是节税越多则税收筹划越成功。其实，税务筹划的最终目标是实现纳税人整体利益最大化。

在税收筹划过程中，要按照纳税人自身的特点和类似纳税人的共性，全面考虑税收筹划引起不同税种、不同课税环节税收负担正反方向的变化情况以及纳税人税收负担的变化情况、纳税人活动的变化情况以及税务风险，通过成本效益分析（Cost-benefit analysis）来比较税收筹划下纳税人的全部成本和效益，以评估纳税人的整体利益，才有可能制定出最适合纳税人的税收筹划方案。由此看来，过分节税的税收筹划方案与最优的税收筹划方案不是同一个概念。

[368] 税收政策的变化风险【☆☆☆】

我国的税收法律中多数位阶较低，税制因此变动频繁。例如，关于营业税的规定，根据国家税务总局 2011 年 9 月 26 日发布的《关于纳税人资产重组有关营业税问题的公告》（国税函〔2011〕51 号）规定，自 2011 年 10 月 1 日起，投资涉及不动产、土地使用权转让，暂不征收营业税。但根据财政部、国家税务总局 2012 年 1 月 6 日发布的《关于转让自然资源使用权营业税政策的通知》（财税〔2012〕6 号）规定，自 2012 年 2 月 1 日起，权利人转让自然资源使用权，需缴纳营业税。前一个法律文件与后一个法律文件冲突的相关规定，"寿命"短暂到只有 4 个月的时间。

这是中国税务法律工作者必须正视的现实。不管税收的立法权归属的争议如何热烈，我们都要认真地面对现实、接受现实、理解现实、适应现实，从而有所作为。

[369] 税收政策的适用风险【☆☆☆】

税收政策风险是企业在各种商业交易行为中，因自身对税收政策的把握不及时、不准确等原因影响税款计算的准确性，从而导致的税收风险。

我国税收政策的变化较快，不及时掌握这些变化，就会导致用老政策处理老问题。各地的"土政策"与国家的税收法律与政策不能够保持同步是常有的事情，地方政府出于彼此税收竞争的目的也会推出时效性很短的政策——"快有慢无"，"先下手为强"在短期"土政策"领域仍然有一定的市场。

[370] 重组并购的税务风险防范【☆☆☆☆】

近几年来，中国税务机关在反避税领域的监管不断强化，在税法适用上更强调综合考量经济实质与法律形式的冲突，以寻求企业重组并购的真实目的。在企业的重组并购过程中，根据现有的法律规定对涉税法律事务进行准确定性，是企业并购重组中税务风险评估的重要内容。作为企业的税务律师，对并购重组中的风险进行评估时应当做足以下功课：

1. 确定企业重组并购过程中各种交易形式下企业的权利和义务，审视企业的行为是否符合法律的规定。并购重组因为涉及的主体较多，利益复杂，交易安排也就相应比较复杂，所以对复杂的安排，从法律层面一一定性从而确定各个交易中的法律关系，是确定企业在各个交易中的权利义务约定及企业行为是否符合法律规定的前提。企业的法律文件和行为，应当符合法律的规定——不违反法律禁止性规定，符合法律规定的形式要件和实质要件。

2. 基于税负的因素变换交易形式时，应对交易形式的变化进行重新审视，确保变化之后的交易符合法律规定而且不与整个重组并购中其他交易安排产生法律层面的抵牾。

3. 在比较各种方案的税收负担时，应当认真审视交易的经济实质，而不能过于固守法律形式本身。

4. 把握法律形式和经济实质的平衡倾向和在个案中的概率，根据法律规定和税收政策在具体交易中准确判断税务主管机关的态度。

一般说来，税务机关常从最终结果入手来推测交易目的，进而确认交易的经济实质。税务律师在比较不同交易形式对税务的影响中，除了把握税法对不同交易的规定外，还应当把握税务机关对不同交易形式下经济实质确认的规律。整体而言，税务机关以尊重交易的法律形式为原则，以考虑经济实质为例外。税务机关是否以交易的经济实质否定交易的法律形式，最重要的依据是对交易目的之判断。为了防止企业通过交易形式的安排而不合理地减轻税负，在并购重组交易过程中，判定交易目的或者商业实质对公司的税务律师和对税务机关来说都非常重要。税务风险评估，就应当评估交易形式被税务机关否定的风险。

重组并购作为企业交易安排的"皇冠上的明珠"，其税务风险非常集中和典型。了解重组并购中的税务风险防范，对其他交易的税务风险防范可以起到示范作用。具体而言，重组并购的税务风险防范，应当从以下几个方面着手开展工作：

1. 明确交易合理的商业目的。一般说来，并购交易安排的各种交易，其法律形式的不同安排一定会对交易或者税收产生影响，对交易形式的变更常常不可避免地要考虑税收因素，但是又不能只考虑与税收相关的法律形式。从交易的一开始就通过各种法律文件或者其他方式明确交易安排的合理商业目的，便于各个主体的协调和利益平衡，避免交易的法律形式被否定的税务风险。

2. 合理安排包括支付方式在内的交易形式，充分考虑交易可能运用的不同法律形式的影响、交易相关事实对商业目的之证明、类似交易通常交易形式、交易各方对交易的贡献和控制以及谈判过程、交易的最终目标和未来的经营计划等，来确定交易的商业实质并依此对交易商业实质进行明确的说明。企业并购的税收筹划，要综合考虑企业的现金流、股份构成，企业并购所涉及的税收政策，服从于企业的整体战略目标。在进行以开拓市场、增强产能等为目的的战略并购时，通过收购、支付方式安排来适用特殊税收处理规定可以暂不确认转让收入、损失，以此获得递延税款的利益。但是，具体情况具体分析，如果企业的实际情况不能实现其要求的股权支付比例等条件，或者实现该条件将有悖于企业战略目标或更高利益，一味追求税收利益，就会因小失大。

3. 严格进行税务尽职调查，主动发现和降低法律风险。在进行重组并购前，对目标企业要进行严格的税务尽职调查。在对目标企业进行公司治理风险、市场风险、管理风险、技术风险、资金风险等进行尽职调查的同时，根据目标公司的实际情形制定有针对性的方案进行税收风险的尽职调查。目标企业有逃税和应缴滞纳金、罚款等"税务红灯"时，要实行更深入的税务尽职调查以确定其税务风险的大小，并充分评估其对重组并购的负面影响。如果目标企业"税务红灯"过多，或者更正成本过高时应当将其排除出重组并购的范围。

4. 运用特殊的交易形式时，应当主动和税务机关沟通并取得一致意见。特殊交易形式，是引起税务机关注意的信号之一，企业应当对特殊交易形式的经济实质有所把握，才能够运用到重组并购之中。税务机关的行政执法具有"柔性"的一面，因此企业与税务机关有合法沟通的空间。在企业的兼并重组过程中，对经济实质的证明能够左右交易形式对税收的影响，特殊交易形式又容易让税务机关产生疑虑，因此，企业应当为使用特殊交易形式而与税务机关积极沟通，摆事实、讲道理，以合理的证据证明使用特殊交易形式的合理性。

5. 借助中介机构的力量，降低和分散税务风险。为了防范企业并购中的税收风险，企业除了采取上述防范对策外，还需要借助专业律师、注册会计师、注册税务师所在的中介机构的力量，进行更专业的税务风险防范工作。从法律规定上看，一旦出现税务法律风险，中介机构不可能代替委托方承担税务法律责任，但是通过与中介机构恰当的合同约定，中介机构可以起到分散法律风险的作用。

[371] 关联交易的税务风险防范【☆☆☆】

当关联交易双方所得税税率有差别且企业有自主定价权时，可通过转移定价来降低关联企业的整体税负。具体的做法有：低税率的企业以高价向高税率的企业销售产品，将利润留存在低税率的企业；管理费用向高税率的企业转移；低税率企业向高税率企业提供劳务时，提高劳务的定价。这种方法没有计税标准，所以难以进行纳税调整；低税率企业向高税率企业出租固定资产时，提高固定资产租金；低税率企业向高税率企业贷款时，提高贷款利率。通过关联交易转移定价，可能引起增值税或营业税及其附加税费的增加，这些因素也应考虑在内。

关联交易的风险在于税务机关针对关联交易的反避税措施已经比较成熟。关联交易是避税和反避税双方都非常熟悉的领域，关联交易税收风险的防范工作应当更加谨慎、更加充分。

[372] 0元股权转让的税务问题① 【☆☆☆☆】

某市税务局稽查局人员在对某电器股份有限公司上年度企业所得税进行检查时，发现该公司"投资收益"科目借方发生额中记录一笔130万元股权投资损失，其对应科目是"长期股权投资（成本）"130万元。经查对该公司上年度企业所得税纳税申报表，该笔股权投资损失，已在企业所得税汇算清缴时税前扣除。按照国家税务总局《关于企业股权投资损失所得税处理问题的公告》（国家税务总局公告2010年第6号）规定："企业对外进行权益性（以下简称股权）投资所发生的损失，在经确认的损失发生年度，作为企业损失在计算企业应纳税所得额时一次性扣除。"

股权投资损失一般可分为股权持有损失和股权处置损失。股权持有损失是指投资方在股权持有期间，由于被投资方企业状况恶化所形成的损失。股权处置损失是指投资方对所持有的被投资方的股权进行处置或转让所形成的损失。对企业股权投资形成的持有损失和处置损失如何确认和处理，在税法上都有明文规定。

公司会计人员介绍了业务发生的经过：丙方是由甲方与乙方共同出资组建的，甲方出资是货币资产，乙方出资是电子专利技术（无形资产）。在公司成立初期，双方商定股权比例时，将甲方出资的货币资产确定为80%，将乙方出资的电子专利技术确定为20%。经营两年后，由于丙方生产经营效益比较好，乙方认为丙方生产经营效益好的主要原因是其出资的"电子专利技术"在发挥重要作用，于是向丙方股东大会提出提高其股权比例请求。经过协商，甲方自愿将其持有的丙方股权无偿转让给乙方10%。

从《股权转让协议书》看，甲方自愿将其在丙方的股权10%无偿转让给乙方。该股权转让协议上注明10%股权转让价格为150万元，因此，应确认甲方股权转让收入应为150万元，扣除为取得该股权所发生的成本130万元后，为股权转让所得20万元。这说明，甲方没有发生股权处置或转让损失，反而是发生了股权处置或转让收益。甲方申报扣除的股权投资损失130万元，应调增应纳税所得额，补缴企业所

---

① 参见《分明是股权捐赠，却按投资损失扣除》，载浙江税务网（http://www.zjtax.net/newsDetail_8241.html），访问日期：2014年5月5日。

得税32.5万元（130×25%）；未计股权转让所得20万元，应调增应纳税所得额，补缴企业所得税5万元（20×25%），共计应补缴企业所得税37.5万元。同时，根据《税收征收管理法》第63条的规定，甲方少缴税款的行为属于偷税行为。① 但考虑该公司会计人员业务素质不够高，税收政策不够熟，或有用错科目的可能，且在问题发现后，能够积极主动配合税务稽查人员弄清情况，因此税务稽查部门决定从轻处罚：责令该公司除足额补缴税款37.5万元外，从滞纳税款之日起，每日按滞纳税款万分之五加收滞纳金，并处少缴税款50%的罚款18.75万元（37.5×50%）。

滞纳金和罚款，是逃税行为应当付出的代价。本案例用"税收政策不够熟练"，已经足以解释逃税行为的真正原因了。

[373]"1元转让股权"的税务风险防范【☆☆☆】

1元钱转让股权的税收问题，是股权转让必须考虑的法律问题。因为，1元转让本身就是一个值得税务部门关注的信号，负责任的税务机关都会对此进行关注。

打开"百度"搜索"1元转让股权"，就会看到网页上大量的因为1元转让股权被税务部门追缴税款的报道。有企业因为1元转让股权的做法，导致税务机关全面展开税务调查，"在查阅企业账册资料、会计凭证期间，税务人员……发现企业同时存在未按规定抵扣增值税专用发票的问题，包括将职工宿舍水电费、食堂水电费以及部分与生产无直接关联的货物进行进项抵扣"。② 因此，如果不是一个连续3年亏损公司的股权转让或者直系亲属之间的股权转让等特殊情形，就不能以1元钱转让股权。

1元转让股权是低价转让股权的极其特殊的情形。低价转让股权面临的税务风险，在1元转让股权中充分表现了出来：引起税务机关的关注，引发全面的税务调查，结果是税务问题被全面暴露从而被依法追究相应的各种法律责任——包括被追征税款和追征滞纳金。

目前，我国股权转让的价格如果不希望出现税务问题，一般不应低于公司净资产的相应份额，也不应当过分低于相同或类似条件下同类行业的企业股权转让价格。

---

① 《刑法》中的"偷税罪"已经改为"逃税罪"，但是《税收征收管理法》规定的"偷税"概念，没有随着《刑法》相应条款的修改而改称"逃税"。

② 参见《深圳市光明新区国税局非居民企业股权转让专项检查第一笔税款顺利补缴入库》，载中国商务顾问集团网站（http://www.cnbs.cc/news2013/131114.php），访问日期：2018年3月12日。

第十八章 股权争议的裁判文书研究

裁判文书不但是当事人博弈的结果,而且是法律人的智力成果。裁判文书凝聚了当事人双方和裁判者在个案的法律判断、法律适用和法律推理等各方面的智慧,有时也体现了当事人和裁判者的能力和操守。

正因为如此,裁判文书的研读被列为本书最高难度级别,表明裁判文书既不是茶余饭后消遣的文学作品,也不是普通的法律知识或者法律经验介绍,而是需要很高知识和经验的储备和足够的耐心,才可以斩开荆棘获得其中绚烂玫瑰的。

一、裁判文书的价值与研究方法

审判与仲裁的判决书、裁定书、裁决书等最终法律文书(以下简称裁判文书)是法律实践的结果之一。对专业律师而言,最好的实践是代理法律事务与研究裁判文书相结合,即做到代理案件或者进行项目设计之前全面研究类似案件的裁判文书,从已有裁判文书中找到常见的争议问题,研究各种争议的关键点,对各种类似案件的裁判倾向了然于胸。刚入行的律师没有很多代理法律事务的机会,就应当争取多参与到其他律师的案件中,多参加旁听等法律实践活动,同时也要与成熟律师一样研究裁判文书,争取在每一个自己参与的案件中都站在可以纵览司法实践全局的制高点上。

[374] 裁判文书的价值【☆☆】

裁判文书是诉讼仲裁结果的展示,也是争议各方争议过程的展示,是法官、仲裁员、争议各方及其代理人判断与推理能力的展示,同时也是我国法律从"纸面上的法律"到"裁判中的法律"转化倾向的最直观的表现,因此,裁判文书对法律人而言是真正的教科书。从理论到实践,从书本到现实,从思想认知到感同身受,法律人可以通过研究裁判文书迅速成长起来。公开裁判文书,实际上是开放了宝贵的司法资源,方便法律人的学习和研究,也方便社会公众学习法律知识和了解法律实践。

裁判文书的公开,至今仍然是人民法院慎之又慎的大事,多数法院的做法是部分公开、有选择的公开而不是全部公开。按理来说，审判过程与裁判文书的制作才是真正该"慎之又慎"的大事，裁判文书的公开仅仅是把审判的结果公布出来，仅仅是个"技术活"而已。但是，有些裁判文书的质量实在不适合给大家看，所以，对法院来说，确定公开哪些裁判文书，比制作裁判文书更重要。

不过，这也仅仅是问题的一个方面。裁判文书涉及的隐私问题和其他人权一样，长期以来一直是我国颇具争议的问题。我们都不希望把自己的名字和"败诉"联系起来，如果是把别人的名字与"败诉"联系起来呢？以己推人，裁判文书的全面公开成了一个需要慎重考虑的问题。保护隐私权因此似乎成了公开司法裁判文书的一个绕不开的障碍。

本书采取的方案，是把自然人的姓名尽量做只保留姓氏的处理、把住所地信息尽量直接删除，把部分公司的名称简化，把当事人数量比较少的案件当事人尽量用符号代替。

[375] 裁判文书的研究方法【☆☆☆】

裁判文书研究的基本方法，通常是假设自己站在诉讼一方的立场，根据"诉讼请求—证据证明—法律适用"三个部分展开的，中间又要转换角色进行诘难。详细记录自己的判断与裁判文书记载的不同，深入探讨差异存在的原因和自己努力的方向。

如果裁判文书后有他人的评析，可以作为自己思考的材料，提出自己的见解和根据，并记录自己难以解决的疑问或者新颖的观点——这些疑问和观点就成为自己今后学习、研究的源泉之一。

二、裁判文书精选与点评

以下裁判文书为了隐私权保护均有删节等技术处理，但是不影响裁判文书的研究价值。其中，有些裁判文书的案由属于"与公司有关的纠纷"，有些属于"与企业有关的纠纷"，但是都不影响其作为股权争议案件的基本属性。

[376] 增资纠纷再审民事判决书（我国首例对赌争议案）【☆☆☆☆】

甘肃世恒有色资源再利用有限公司等与苏州工业园区
海富投资有限公司增资纠纷再审民事判决书①

申请再审人（一审被告、二审被上诉人）：甘肃世恒有色资源再利用有限公司。

住所地：甘肃省定西市安定区（以下略）。

法定代表人：陆某，该公司总经理。

申请再审人（一审被告、二审被上诉人）：香港迪亚有限公司。

住所地：香港特别行政区（以下略）。

法定代表人：陆某，该公司总经理。

被申请人（一审原告、二审上诉人）：苏州工业园区海富投资有限公司。

住所地：江苏省苏州工业园区（以下略）。

一审被告、二审被上诉人：陆某（略）。

申请再审人甘肃世恒有色资源再利用有限公司（以下简称世恒公司）、香港迪亚有限公司（以下简称迪亚公司）为与被申请人苏州工业园区海富投资有限公司（以下简称海富公司）、陆某增资纠纷一案，不服甘肃省高级人民法院（2011）甘民二终字第96号民事判决，向本院申请再审。本院以（2011）民申字第1522号民事裁定书决定提审本案，并依法组成合议庭，于2012年4月10日公开开庭进行了审理。本案现已审理终结。

2009年12月30日，海富公司诉至兰州市中级人民法院，请求判令世恒公司、迪亚公司和陆某向其支付协议补偿款1998.2095万元，并承担本案诉讼费及其他费用。

甘肃省兰州市中级人民法院一审查明：2007年11月1日前，甘肃众星锌业有限公司（以下简称众星公司）、海富公司、迪亚公司、陆某共同签订了一份《甘肃众星锌业有限公司增资协议书》（以下简称《增资协议书》），约定：众星公司注册资本为384万美元，迪亚公司占投资的100%。各方同意海富公司以现金2000万元人民币对众星公司进行增资，占众星公司增资后注册资本的3.85%，迪亚公司占96.15%。依据协议内容，迪亚公司与海富公司签订合营企业合同及修订公司章程，并于合营企业合同及修订后的章程批准之日起10日内，一次性将认缴的增资款汇入众星公司指定的账户。合营企业合同及修订后的章程，在报政府主管部门批准后生

---

① 参见最高人民法院（2012）民提字第11号民事判决书。有删节，对人名、住所等信息已进行技术处理。

效。海富公司在履行出资义务时，陆某承诺于2007年12月31日之前将四川省峨边县五渡牛岗铅锌矿过户至众星公司名下。募集的资金主要用于以下项目：(1) 收购甘肃省境内的一个年产能大于1—5万吨的锌冶炼厂；(2) 开发四川省峨边县牛岗矿山；(3) 投入500万元用于循环冶炼技术研究。第7条特别约定第1项规定：本协议签订后，众星公司应尽快成立"公司改制上市工作小组"，着手筹备安排公司改制上市的前期准备工作，工作小组成员由股东代表和主要经营管理人员组成。协议各方应在条件具备时将公司改组成规范的股份有限公司，并争取在境内证券交易所发行上市。第2项业绩目标约定：众星公司2008年净利润不低于3 000万元人民币。如果众星公司2008年实际净利润完不成3 000万元，海富公司有权要求众星公司予以补偿，如果众星公司未能履行补偿义务，海富公司有权要求迪亚公司履行补偿义务。补偿金额＝(1－2008年实际净利润/3 000万元)×本次投资金额。第4项股权回购约定：如果至2010年10月20日，由于众星公司的原因造成无法完成上市，则海富公司有权在任一时刻要求迪亚公司回购届时海富公司持有之众星公司的全部股权，迪亚公司应自收到海富公司书面通知之日起180日内，按以下约定回购金额向海富公司一次性支付全部价款。若自2008年1月1日起，众星公司的净资产年化收益率超过10%，则迪亚公司回购金额为海富公司所持众星公司股份对应的所有者权益账面价值；若自2008年1月1日起，众星公司的净资产年化收益率低于10%，则迪亚公司回购金额为(海富公司的原始投资金额－补偿金额)(1＋10%×投资天数/360)。此外，还规定了信息披露约定、违约责任等，还约定该协议自各方授权代表签字并加盖公章，于协议文首注明之签署日期生效。协议未作规定或约定不详之事宜，应参照经修改后的众星公司章程及股东间的投资合同（若有）办理。

  2007年11月1日，海富公司、迪亚公司签订《中外合资经营甘肃众星锌业有限公司合同》（以下简称《合资经营合同》），有关约定为：众星公司增资扩股将注册资本增加至399.38万美元，海富公司决定受让部分股权，将众星公司由外资企业变更为中外合资经营企业。在合资公司的设立部分约定，合资各方以其各自认缴的合资公司注册资本出资额或者提供的合资条件为限对合资公司承担责任。海富公司出资15.38万美元，占注册资本的3.85%；迪亚公司出资384万美元，占注册资本的96.15%。海富公司应于本合同生效后10日内一次性向合资公司缴付人民币2 000万元，超过其认缴的合资公司注册资本的部分，计入合资公司资本公积金。在第68条、第69条关于合资公司利润分配部分约定：合资公司依法缴纳所得税和提取各项基金后的利润，按合资方各持股比例进行分配。合资公司上一个会计年度亏损未弥补前不得分配利润。上一个会计年度未分配的利润，可并入本会计年度利润分配。还规定了合资公司合资期限、解散和清算事宜。还特别约定：合资公司完成变更后，应尽快成立"公司改制上市工作小组",着手筹备安排公司改制上市的前期准备工作,工作小组成员由股东代表和主要经营管理人员组成。合资公司应在条件具备时改组成立为股份有限公司,并争取在境内证券交易所发行上市。如果至2010年10月20日,由于合资公司自身的原因造成无法完成上市,则海富公司有权在任一时刻要求迪亚公司回购届时海富公司持有的合资公司的全部股权。合同于审批机关批准之日起生效。《中外合资经营甘肃众星锌业有限公司章程》(以下简称《公司章程》)第62条、第63条与《合资经营合同》第68条、第69条内容相同。之后,海富公司依约于2007年11月2日缴存众星公司银行账户人民币2000万元,其中新增注册资本114.7717万元,资本公积金1885.2283万元。2008年2月29日,甘肃省商务厅甘商外资字〔2008〕79号文件《关于甘肃众星锌业有限公司增资及股权变更的批复》同意增资及股权变更,并批准"投资双方于2007年11月1日签订的增资协议、合资企业合营合同和章程从即日起生效"。随后,众星公司依据该批复办理了相应的工商变更登记。2009年6月,众星公司依据该批复办理了相应的工商变更登记。2009年6月,众星公司经甘肃省商务厅批准,到工商部门办理了名称及经营范围变更登记手续,名称变更为甘肃世恒有色资源再利用有限公司。另据工商年检报告登记记载,众星公司2008年度生产经营利润总额26858.13元,净利润26858.13元。

一审法院认为,根据双方的诉辩意见,案件的争议焦点为:

1. 《增资协议书》第7条第2项内容是否具有法律效力?
2. 如果有效,世恒公司、迪亚公司、陆某应否承担补偿责任?

经审查,《增资协议书》系双方真实意思表示,但第7条第2项内容即世恒公司2008年实际净利润完不成3000万元,海富公司有权要求世恒公司补偿的约定,不符合《中华人民共和国中外合资经营企业法》第8条关于企业利润根据合营各方注册资本的比例进行分配的规定,同时,该条规定与《公司章程》的有关条款不一致,也会损害公司利益及公司债权人的利益,不符合《中华人民共和国公司法》第20条第1款的规定。因此,根据《中华人民共和国合同法》第52条第5项的规定,该条由世恒公司对海富公司承担补偿责任的约定,违反了法律、行政法规的强制性规定,该约定无效,故海富公司依据该条款要求世恒公司承担补偿责任的诉请,依法不能支持。由于海富公司要求世恒公司承担补偿责任的约定无效,因此,海富公司要求世恒公司承担补偿责任,失去了前提依据。同时,《增资协议书》第7条第2项内容与《合资经营合同》中相关约定内容不一致,依据《中华人民共和国中外合资经营企业法实施条例》第10条第2款的规定,应以《合资经营合同》内容为准,故海富公司要求迪亚公司承担补偿责任的依据不足,依法不予支持。陆某虽是世恒公司的法定代表人,但其在世恒公司的行为,代表的是公司的利益,并且《增资协议书》

第7条第2项内容中,并没有关于由陆某个人承担补偿义务的约定,故海富公司要求陆某个人承担补偿责任的诉请无合同及法律依据,依法应予驳回。至于陆某未按照承诺在2007年12月31日之前将四川省峨边县五渡牛岗铅锌矿过户至世恒公司名下,涉对世恒公司及其股东的违约问题,不能成为本案陆某承担补偿责任的理由。

综上,一审法院认为海富公司的诉请依法不能支持,世恒公司、迪亚公司、陆某不承担补偿责任的抗辩理由成立。依照《中华人民共和国合同法》第52条第5项,《中华人民共和国公司法》第6条第2款、第20条第1款,《中华人民共和国中外合资经营企业法》第2条第1款、第2款、第3条,《中华人民共和国中外合资经营企业法实施条例》第10条第2款之规定,该院于2010年12月31日作出(2010)兰法民三初字第71号民事判决,驳回海富公司的全部诉讼请求。

海富公司不服一审判决,向甘肃省高级人民法院提起上诉。

二审查明的事实与一审一致。①

二审法院认为:当事人争议的焦点为《增资协议书》第7条第2项是否具有法律效力。本案中,海富公司与世恒公司、迪亚公司、陆某四方签订的协议书虽名为《增资协议书》,但纵观该协议书全部内容,海富公司支付2000万元的目的并非仅享有世恒公司3.85%的股权(计15.38万美元,折合人民币114.7717万元),期望世恒公司经股份制改造并成功上市后,获取增值的股权价值,才是其缔结协议书并出资的核心目的。基于上述投资目的,海富公司等四方当事人在《增资协议书》第7条第2项就业绩目标进行了约定,即"世恒公司2008年净利润不低于3000万元,海富公司有权要求世恒公司予以补偿,如果世恒公司未能履行补偿义务,海富公司有权要求迪亚公司履行补偿义务。补偿金额=(1-2008年实际净利润/3000万元)×本次投资金额"。四方当事人就世恒公司2008年净利润不低于3000万元人民币的约定,仅是对目标企业盈利能力提出要求,并未涉及具体分配事宜;且约定利润如实现,世恒公司及其股东均能依据《中华人民共和国公司法》《合资经营合同》《公司章程》等相关规定获得各自相应的收益,也有助于债权人利益的实现,故并不违反法律规定。而四方当事人就世恒公司2008年实际净利润完不成3000万元,海富公司有权要求世恒公司及迪亚公司以一定方式予以补偿的约定,则违反了投资领域风险共担的原则,使得海富公司作为投资者不论世恒公司经营业绩如何,均能取得约定收益而不承担任何风险。参照最高人民法院《关于审理联营合同纠纷案件若干问题的解答》第4条第2项关于"企业法人、事业法人作为联营一方向联营体投资,但不参加共同经营,也不承担联营的风险责任,不论盈亏均按期收回本息,或者按

---

① 本案的事实部分,一审、二审法院没有分歧,分歧在法律适用部分。

期收取固定利润的,是明为联营,实为借贷,违反了有关金融法规,应当确认合同无效"之规定,《增资协议书》第7条第2项部分该约定内容,因违反《中华人民共和国合同法》第52条第5项之规定应认定无效。海富公司除已计入世恒公司注册资本的114.7717万元外,其余1885.2283万元资金性质应属名为投资,实为借贷。虽然世恒公司与迪亚公司的补偿承诺亦归于无效,但海富公司基于对其承诺的合理依赖而缔约,故世恒公司、迪亚公司对无效的法律后果应负主要过错责任。根据《中华人民共和国合同法》第58条之规定,世恒公司与迪亚公司应共同返还海富公司1885.2283万元及占用期间的利息,因海富公司对无效的法律后果亦有一定过错,如按同期银行贷款利率支付利息不能体现其应承担的过错责任,故世恒公司与迪亚公司应按同期银行定期存款利率计付利息。

因陆某个人并未就《增资协议书》第7条第2项所涉补偿问题向海富公司作出过承诺,且其是否于2007年12月31日之前将四川省峨边县五渡牛岗铅锌矿过户至世恒公司名下与本案不属于同一法律关系,故海富公司要求陆某承担补偿责任的诉请无事实及法律依据,依法不予支持。

关于世恒公司、迪亚公司、陆某在答辩中称《增资协议书》已被之后由海富公司与迪亚公司签订的《合资经营合同》取代,《增资协议书》第7条第2项对各方已不具有法律约束力的主张,因《增资协议书》与《合资经营合同》缔约主体不同,各自约定的权利义务也不一致,且2008年2月29日,在甘肃省商务厅甘商外资字〔2008〕79号《关于甘肃众星锌业有限公司增资及股权变更的批复》中第2条中明确载明"投资双方2001年11月1日签订的增资协议、合资企业合营合同和章程从即日起生效"。故其抗辩主张不予支持。该院认为一审判决认定部分事实不清,导致部分适用法律不当,应予纠正。依照《中华人民共和国民事诉讼法》第153条第2项、第3项,第158条之规定,该院判决:

1. 撤销兰州市中级人民法院(2010)兰法民三初字第71号民事判决;

2. 世恒公司、迪亚公司于判决生效后30日内共同返还海富公司1885.2283万元及利息(自2007年11月3日起至付清之日止,按照中国人民银行同期银行定期存款利率计算)。

世恒公司、迪亚公司不服甘肃省高级人民法院(2011)甘民二终字第96号民事判决,向本院申请再审,请求裁定再审,撤销二审判决,维持一审判决。理由是:(1)海富公司的诉讼请求是要求世恒公司、迪亚公司和陆某支付利润补偿款19 982 095元,没有请求将计入合资公司资本金的18 852 283元及利息返还。因此二审判决判令世恒公司、迪亚公司共同返还18 852 283元及利息超出了海富公司的诉讼请求和上诉请求,程序违法。同时,18 852 283元及利息已超过2200万元,明显超出诉讼标的。(2) 二审判决将海富公司缴付并计入合资公司资本公积金的 18 852 283 元认定为"名为投资实为借贷",没有证据证明,也违反法律规定。(3) 二审判决参照最高人民法院《关于审理联营合同纠纷案件若干问题的解答》,适用法律错误。海富公司与迪亚公司、世恒公司之间不存在联营关系。(4)《合资经营合同》第 97 条约定:该合同取代双方就上述交易事宜作出的任何口头或书面的协议、合同、陈述和谅解,所以《增资协议书》对各方已不具有约束力。迪亚公司并未依照《增资协议书》第 7 条第 2 项或《合资经营合同》取得任何款项,判令迪亚公司承担共同返还本息的责任没有事实根据。

海富公司答辩称:(1)《增资协议书》是四方当事人为达到上市目的而签订的融资及股份制改造一揽子协议书,不是《合资经营合同》所能容纳得了的。(2) 二审法院判令世恒公司和迪亚公司返还的是股本金之外的有特别用途的溢价款,不涉及抽逃出资问题。(3) 陆某在《增资协议书》中只代表其个人,是合同当事人的个人行为,因其违反《增资协议书》的约定应承担补偿责任。(4) 陆某的行为涉嫌刑事犯罪,其采取虚报注册资本的手段诱使海富公司误信其公司的经济实力,骗取海富公司资金。请求调取证据查证事实或将此案移交公安机关侦查。

本院审查查明的事实与一、二审查明的事实一致。

本院认为:2009 年 12 月,海富公司向一审法院提起诉讼时的诉讼请求是请求判令世恒公司、迪亚公司、陆某向其支付协议补偿款 19 982 095 元,并承担本案诉讼费用及其他费用,没有请求返还投资款。因此二审判决判令世恒公司、迪亚公司共同返还投资款及利息,超出了海富公司的诉讼请求,是错误的。

海富公司作为企业法人,向世恒公司投资后与迪亚公司合资经营,故世恒公司为合资企业。世恒公司、海富公司、迪亚公司、陆某在《增资协议书》中约定,如果世恒公司实际净利润低于 3 000 万元,则海富公司有权从世恒公司处获得补偿,并约定了计算公式。这一约定使海富公司的投资可以取得相对固定的收益,该收益脱离了世恒公司的经营业绩,损害了公司利益和公司债权人利益,一审法院、二审法院根据《中华人民共和国公司法》第 20 条和《中华人民共和国中外合资经营企业法》第 8 条的规定认定《增资协议书》中的这部分条款无效是正确的。但二审法院认定海富公司 18 852 283 元的投资名为联营实为借贷,并判决世恒公司和迪亚公司向海富公司返还该笔投资款,没有法律依据,本院予以纠正。

《增资协议书》中并无由陆某对海富公司进行补偿的约定,海富公司请求陆某进行补偿,没有合同依据。此外,海富公司称陆某涉嫌犯罪,没有证据证明,本院对该主张亦不予支持。

但是,在《增资协议书》中,迪亚公司对海富公司的补偿承诺,并不损害公司及公司债权人的利益，不违反法律、法规的禁止性规定，是当事人的真实意思表示，是有效的。迪亚公司对海富公司承诺了众星公司2008年的净利润目标，并约定了补偿金额的计算方法。在众星公司2008年的利润未达到约定目标的情况下，迪亚公司应当依约应海富公司的请求对其进行补偿。迪亚公司对海富公司请求的补偿金额及计算方法没有提出异议，本院予以确认。

根据海富公司的诉讼请求及本案《增资协议书》中部分条款无效的事实，本院依照《中华人民共和国合同法》第60条，《中华人民共和国民事诉讼法》第153条第1款第2项，第186条的规定，判决如下：

1. 撤销甘肃省高级人民法院（2011）甘民二终字第96号民事判决；
2. 本判决生效后30日内，迪亚公司向海富公司支付协议补偿款19 982 095元。如未按本判决指定的期间履行给付义务，则按《中华人民共和国民事诉讼法》第229条的规定，加倍支付延迟履行期间的债务利息；
3. 驳回海富公司的其他诉讼请求。

一审案件受理费155 612.3元、财产保全费5 000元、法院邮寄费700元、二审案件受理费155 612.3元，合计316 924.6元，均由迪亚公司负担。

本判决为终审判决。

审判长　陆效龙
审判员　杨兴业
杨弘磊
二零一二年十一月七日

【裁判文书点评】

本案的判决，表明最高人民法院对股权投资中对赌协议的态度：股权投资机构与被投资企业之间的对赌协议无效，与被投资企业原有股东之间的对赌协议合法有效。投资者投资入股成为股东后，不能因为公司的业绩达不到预定目标而要求公司的补偿。最高人民法院重要的法律依据是《公司法》第20条的规定——"公司股东应当遵守法律、行政法规和公司章程，依法行使股东权利，不得滥用股东权利损害公司或者其他股东的利益"。一般认为，最高人民法院对此案的判决明确表明了法律立场，为对赌协议合法有效提供了审判参考，有利于PE、VC行业的发展，具有重大意义。

因为判决书不是案件诉讼法律文书的全部，我们无法考证其中陆某是否涉嫌犯罪的问题。因为本书的篇幅限制，这里也不再对最高人民法院的裁判作评判。我们可以通过对本案双方争议的过程研究，重视股权投资协议中的以下两个问题：

1. 对法律文本中重要的概括性表述应当进行说明和限定，顺序不同的法律文本如果出现冲突时对文本的效力应当进行约定。本案涉及的两个重要合同文本——先签订的《增资协议》与后签订的《合资经营合同》，二者出现冲突时各自的效力如何？《合资经营合同》第97条约定，该合同取代双方就上述交易事宜作出的任何口头或书面的协议、合同、陈述和谅解——《增资协议书》是否包括在内？谨慎的律师应该在法律文本中予以说明、限定和约定。

合同文本的表述可能因此会显得有些繁复。在表述的标准上，精炼和准确如果出现矛盾，律师应当更加强调准确而不是精炼。法律文本的表述准确程度，应当是因对方的水平和素养而有所不同的。法律文本的表述，准确性标准应当是准确表达双方意思而且不让对方以及水平不高的律师产生非分之想；达到了这个标准就算是准确，否则就是不准确。

2. 股权投资者的意图，无论如何进行法律设计，都应当与我国法律体系中的其他法律规定协调起来，至少应当保证不存在法律上的"硬伤"。我国类似的对赌协议不在少数，但是这是对簿公堂的为公众所知的第一例。"和尚动得，我动不得？"阿Q式的盲目仿效，不管创造了多少闹剧式的神话，都不是专业律师应当有的态度。在股权投资领域，法律文本盲目的仿效甚至生硬的照抄都不罕见，有些投资者为了省掉律师费而埋下的诉讼和败诉的种子不一定都会发芽，所以投资者没有获得足够法律保护就投入大笔资金，也是我国股权投资领域机会主义的表现。

[377] 企业出资人权益确认纠纷再审民事裁定书（及时固定法律关系）【☆☆☆☆】

SZ因与BS甲等企业出资人权益确认纠纷再审民事裁定书①

申请再审人（一审第三人、二审上诉人）：SZ。

被申请人（一审原告、二审被上诉人）：BS甲。

被申请人（一审原告、二审被上诉人）：BS乙。

被申请人（一审原告、二审被上诉人）：BS供销合作社。

---

① 参见最高人民法院（2012）民提字第197号民事裁定书。有删节，对人名、住所等信息已进行技术处理。其中，"申请再审人"的名称用"申""再"二字的汉语拼音首字母表示，写作"SZ"；"被申请人"用"被""申"二字的汉语拼音首字母表示，"被申请人甲"写作"BS甲"；"一审被告"用"B1"表示，"一审被告甲"写作"B1甲"，其余类推。

一审被告：B1甲。

一审被告：B1乙。

申请再审人SZ因与被申请人BS甲、BS乙、陕西省BS供销合作社（以下简称供销社）、原审被告B1甲、B1乙、原审第三人府谷县大昌汗乡大圪台煤矿（以下简称大圪台煤矿，已注销）企业出资人权益确认纠纷一案，不服陕西省高级人民法院（2010）陕民二终字第23号民事判决，向本院申请再审。经审查，本院以（2012）民申字第450号民事裁定书裁定提审本案。本案现已审理终结。

2008年7月21日，BS甲、BS乙、供销社、陕西省府谷县工业品公司（以下简称工业品公司）、陕西省府谷县贸易货栈（以下简称贸易货栈）以B1甲、B1乙为被告、大圪台煤矿为第三人，向陕西省榆林市中级人民法院（以下简称一审法院）提起诉讼称：大圪台煤矿的股份由BS甲等原告持有，B1甲、B1乙在2003年6月伪造承包合同将该煤矿股东私自变更为其二人。请求判令：BS甲有大圪台煤矿50%的股权，工业品公司、贸易货栈、供销社、BS乙各享有大圪台煤矿12.5%的股权。2008年10月20日，一审法院追加SZ作为第三人参加诉讼。2008年10月29日，工业品公司和贸易货栈向一审法院申请撤回起诉。B1甲、B1乙、SZ辩称：大圪台煤矿的股东在2003年已将股份转让给工业品公司和贸易货栈，BS甲、BS乙、供销社无权主张股东权利，请求驳回其诉讼请求。

一审法院查明：2003年11月26日，BS甲、BS乙、供销社及工业品公司、贸易货栈将煤矿从承包人B1甲、B1乙、康某奎手中收回。当日，工业品公司和贸易货栈受让了BS甲、BS乙、供销社的股份。2003年12月2日，该矿承包给郝某程，2005年1月，SZ取得该矿的经营权。

一审法院认为，BS甲、BS乙、供销社原系大圪台煤矿的股东，其在2003年11月26日将其股份转让给工业品公司和贸易货栈，该协议虽为有效协议，但并未履行。同年12月2日，BS甲、BS乙、供销社又签字从郝某程处领取了承包费，BS甲、BS乙、供销社仍然持有大圪台煤矿的股份，故其主张成立，其诉请依法应予支持。该院依照《合同法》第94条第1款第2项之规定，作出（2008）榆中法民三初字第27号民事判决，确认BS甲在大圪台煤矿享有50%的股份，供销社、BS乙各在大圪台煤矿享有12.5%的股份。案件受理费46800元，由大圪台煤矿负担。

SZ、B1甲、B1乙不服一审判决，向陕西省高级人民法院（以下简称二审法院）提起上诉认为：BS甲、BS乙、供销社已经不是大圪台煤矿的股东，无权以原告身份起诉。大圪台煤矿已经被注销，判决BS甲等人有该煤矿的股权显属错误。故请求撤销一审判决，驳回BS甲等人的起诉。B1甲、B1乙后以判决结果与其无利害关系为由申请撤回上诉。BS甲、BS乙、供销社答辩称，一审判决正确，请求驳回上诉，维持原判。

二审法院经审理查明：原府谷县大昌汉乡大圪台煤矿是由工业品公司、贸易货栈、供销社、大昌汉乡前五当沟村（BS乙代表16户村民）投资开办的集体所有制企业。原府谷县大昌汉乡房则塔煤矿是由BS甲独资开办的煤矿。2000年7月28日，原大圪台煤矿与原房则塔煤矿签订《联营协议书》，约定两矿合并，合并后的名称仍为大圪台煤矿。2000年8月1日，合并后的大圪台煤矿股东签订《合并后大圪台煤矿股东认定书》（以下简称《股东认定书》），载明合并后的煤矿的股份为：原房则塔煤矿占50%，原大圪台煤矿占50%（前五当沟村、供销社、贸易货栈、工业品公司各占12.5%）。2000年8月15日，大圪台煤矿与B1乙签订《承包煤矿合同书》。2003年6月3日，B1甲、B1乙根据其与大圪台煤矿的《承包煤矿合同书》，向陕西省工商行政管理局申请大圪台煤矿合伙企业设立登记并获批准，领取《合伙企业营业执照》。合伙企业工商登记表载明B1乙、B1甲各占50%股份。2003年11月26日，大圪台煤矿与B1甲、B1乙、康某奎签订《协议书》，载明：原大圪台煤矿和B1乙签订的合同作废，从2003年12月10日大圪台煤矿归该矿经营管理，由大圪台煤矿付给B1乙等3人整改费86万元。2003年11月26日，工业品公司、贸易货栈、供销社、BS乙、BS甲签订《协议书》（以下简称11·26协议），载明："经大圪台煤矿全体股东研究决定：（1）大圪台煤矿收回后出售价定为126万元整。（2）购买者定为工业品公司、贸易货栈。（3）付款方式及时间：2003年12月10日前付86万元，其中付给B1甲46万元，BS甲20万元，BS乙5万元，供销社5万元，工业品公司5万元，贸易货栈5万元。（4）在2003年12月2日至3日付清八股内煤矿承包费。（5）从2003年11月26日，大圪台煤矿归属工业品公司、贸易货栈所有。"2003年12月2日，甲方大圪台煤矿股东代表工业品公司、贸易货栈与乙方郝某程签订承包大圪台煤矿《合同书》（以下简称12·2合同），约定：大圪台煤矿系工业品公司、贸易货栈等联合开办，经该煤矿所有股东内部协商一致，将大圪台煤矿承包给郝某程生产经营30年，自2003年12月30日起至2033年12月30日止，承包费总额30年共计126万元。承包费支付办法：于2004年1月20日前交清承包费。并由收款人出具收条。工业品公司、贸易货栈及郝某程在该合同上签字并加盖印章，另外，BS甲、BS乙、供销社也在该合同上签字。2003年12月2日，工业品公司、贸易货栈共同收取郝某程承包费46万元；同年12月4日，BS甲收取承包费20万元，前五当沟村（BS乙）收取承包费5万元；同年12月5日、8日，供销社、贸易货栈分别收取承包费5万元；2004年2月5日，工业品公司收取郝某程承包费40万元，共计收取承包费126万元。2005年1月31日，王某仁、朱某军与SZ签订大圪台煤矿《股权转让合同》载明：对该煤矿股权转让，由SZ以765万元一次性买断该煤矿的全部股权。嗣后，大圪台煤矿由SZ经营。2007年11月7日，陕西省人民政府批复将府谷县大昌汗乡大石联办煤矿、黑石岩煤矿、炭窑渠煤矿、大圪台煤矿整合为府谷县通源煤矿。本案一审诉讼期间，2009年5月16日，SZ与李某波、段某、李某替签订《煤矿转让协议》，将大圪台煤矿以8500万元永久性转让给李某波等3人。陕西省工商行政管理局企业登记信息表显示，大圪台煤矿至2007年5月仍登记为合伙企业，合伙人为B1甲、B1乙。2011年9月17日，大圪台煤矿合伙企业营业执照经陕西省工商行政管理局批准注销。

二审法院认为：BS甲、BS乙、供销社原系合并后大圪台煤矿股东的事实，有《股东认定书》佐证，2003年11月26日，大圪台煤矿收回由大圪台煤矿自己经营管理；大圪台煤矿收回后其股东仍应为工业品公司、贸易货栈、供销社、BS乙、BS甲。本案双方争议的焦点是：(1) 11·26协议书的真实性及实际履行情况。(2) BS甲、BS乙、供销社现在对大圪台煤矿是否还享有股权？(3) SZ有无权利提起上诉。SZ虽然是在一审中依被告申请追加的第三人，但其作为大圪台煤矿的购买人和起诉时该煤矿的经营者，一审判决后，案件处理结果同SZ有法律上的利害关系。SZ承担了实体的权利义务，依法享有当事人的诉讼权利义务，故有权提起上诉。11·26协议是真实的，但没有证据证明工业品公司和贸易货栈支付了受让股权的对价款，而且在股权转让协议签订后的第7天，即2003年12月2日，BS甲、BS乙、供销社、工业品公司、贸易货栈五方股东共同与SZ签订承包大圪台煤矿12·2合同，也分别收取了郝某程的承包费。应该认定11·26协议并未实际履行，实际共同履行的是与郝某程签订的12·2合同。故BS甲、BS乙、供销社仍然持有大圪台煤矿的股权，其起诉请求确认享有大圪台煤矿股权理由正当，应予支持。二审法院依据《民事诉讼法》(2007年修正)第153条第1款第1项之规定，判决驳回上诉，维持原判。二审案件受理费46800元，由SZ承担。

SZ不服上述民事判决，向本院申请再审，请求撤销陕西省高级人民法院(2010) 陕民二终字第23号民事判决、榆林市中级人民法院 (2008) 榆中法民三初字第27号民事判决，驳回BS甲、BS乙、供销社的全部诉讼请求；本案的全部诉讼费用由被申请人承担。理由是：1. 11·26协议已实际履行，12·2合同名为承包实为转让，原审判决认定事实错误。11·26协议项下的股权转让对价款已履行完毕。工业品公司、贸易货栈取得大圪台煤矿所有权后，为了落实对B1甲的补偿款，对BS甲、BS乙、供销社的转让款，才与郝某程签订了处分大圪台煤矿的12·2合同。转让款以"承包费"的名义出现，目的是规避纳税。即使工业品公司、贸易货栈没有支付转让对价款，BS甲、BS乙及供销社也只享有对工业品公司、贸易货栈的债权请求权，对大圪台煤矿不再享有权益。郝某程从第三人的角度出发，为"防止前手找麻烦"而要求BS甲、BS乙在12·2合同上署名。2. 原审判决适用法律错误。被注销的企业不存在"股东",更不会有"股权",二审判决确认BS甲等人享有已被注销企业的股权没有法律依据,BS甲等人如认为其权益受到侵害,应当提起侵权诉讼。另外,《股东认定书》载明"前五当沟村占合并后煤矿股份的12.5%",非BS乙本人占有12.5%的股份,BS乙仅是16户村民之一,BS乙不具有原告资格。SZ善意受让大圪台煤矿股权,是大圪台煤矿的实际权利人。本案处理结果与SZ具有法律上的利害关系,SZ应当参加诉讼。

BS甲、BS乙、供销社答辩称:

1. SZ不具有申请再审的主体资格,应当驳回其再审申请。(1) SZ在大圪台煤矿的权利系从王某仁、朱某军处受让而来,但SZ并不能证明王、朱二人的权利从何而来,SZ在大圪台煤矿的权利来源不明。且SZ是无独立请求权的第三人,不属于最高人民法院《关于受理审查民事申请再审案件的若干意见》第6条规定的"生效裁判文书列明的当事人,或者符合法律和司法解释规定的案外人",不是适格的再审申请人。(2) 本案再审适用二审程序,SZ属于无独立请求权的第三人,一审判决也并未判决其承担民事责任,根据最高人民法院《关于适用〈中华人民共和国民事诉讼法〉若干问题的意见》第66条的规定,只有判决承担民事责任的无独立请求权的第三人才有权提出上诉,SZ不享有上诉权,故本案依法应当驳回其诉讼请求。(3) SZ在2009年5月16日已经将大圪台煤矿转让给李某波、段某、李某替,SZ现在已经与大圪台煤矿无关,不能作为第三人参与诉讼。

2. SZ再审请求超出原审范围,不属于再审审理范围。SZ一审未提出独立诉讼请求,其再审请求"依法改判,驳回被申请人全部诉讼请求",属于超出了原审范围增加、变更诉讼请求。根据最高人民法院《关于适用〈中华人民共和国民事诉讼法〉审判监督程序若干问题的解释》(法释〔2008〕14号)第33条第1款的规定,不属于再审审理范围。

3. 原审判决认定事实正确。12·2合同的签订和履行,以及工业品公司和贸易货栈收取的是郝某程的承包费而不是股权转让款,均说明11·26协议没有履行。12·2合同约定的内容均属于关于承包的约定,并无关于转让的约定,原审认定12·2合同是承包而不是转让正确。

4. 原审判决适用法律正确。即使企业被注销,出资人的民事权利也应得到确认,二者之间并不冲突。现有法律、司法解释均不存在企业注销后人民法院就不能确认企业的实际投资人权益的规定。本案大圪台煤矿的采矿权并入通源煤矿,BS甲等人在大圪台煤矿的出资人权益应当在通源煤矿得到体现。BS乙是大圪台煤矿的股东,其他15户村民与BS乙的关系与本案无关。综上,应驳回SZ的再审申请。

本院认为,SZ就BS甲等与B1甲等企业出资人权益纠纷一案,向本院提起再审申请，本院以（2012）民申字第450号民事裁定提审本案。由于该案系上述当事人双方企业出资人权益之争，原审判决并未涉及作为第三人参加诉讼的SZ的具体权利义务，故SZ的再审申请不应涉及对属于上述当事人双方实体权利的请求。但是，本院在审理中发现，原审判决存在基本事实缺乏证据证明，事实认定不清等问题，故根据《民事诉讼法》第198条第2款："最高人民法院对地方各级人民法院已经发生法律效力的判决、裁定、调解书，上级人民法院对下级人民法院已经发生法律效力的判决、裁定、调解书，发现确有错误的，有权提审或者指令下级人民法院再审"的规定，本院有权提审。

根据原审法院的审理情况，本案涉及的下列事实应予查明：

1. 关于大圪台煤矿的基本情况。根据原审查明的事实，大圪台煤矿原为集体企业，2003年，B1甲、B1乙成立了合伙企业大圪台煤矿，前后两个大圪台煤矿是何关系？BS甲等人请求确认的是其对哪个大圪台煤矿的权利？两个大圪台煤矿的出资人（合伙人）的工商登记情况如何？这些事实关系到本案的诉讼标的及大圪台煤矿有无其他出资人（合伙人）。

2. 与BS甲、BS乙的诉讼地位有关的事实。原审法院认定BS甲、BS乙系大圪台煤矿股东的主要依据系《股东认定书》，但原审查明的事实为《股东认定书》载明"原房则塔煤矿"占股50%而非"BS甲"占股50%，"前五当沟村"占股12.5%而非"BS乙"占股12.5%。原审认定房则塔煤矿系BS甲独资开办，并无证据证明，且企业的出资人与企业并非同一主体，二者不应混淆。原审查明原大圪台煤矿系"大昌汉乡前五当沟村（BS乙代表16户村民）"等开办的集体企业。BS乙、16户村民、前五当沟村三者是不同的主体，《股东认定书》载明"前五当沟村"占股12.5%，该"前五当沟村"指代的是否BS乙？这些事实对BS甲、BS乙能否以自己的名义提起本案诉讼有决定作用。

3. 关于大圪台煤矿流转的事实。原审查明，2005年1月31日，王某仁、朱某军与SZ签订大圪台煤矿《股权转让合同》，SZ取得大圪台煤矿的股权。但王某仁、朱某军从何人处取得大圪台煤矿的股权，原审并未查明。因大圪台煤矿工商登记情况亦未查明，不能排除第三人善意取得相关权利的可能。

当事人对12·2合同的性质存在争议，郝某程是12·2合同的当事人，该合同的性质如何，与郝某程有法律上的利害关系，郝某程可以申请参加诉讼，或者由人民法院通知郝某程参加诉讼，以保护其权利并查明本案相关事实。

综上，原审判决认定本案的基本事实不清，本院依照《中华人民共和国民事诉讼法》第170条第1款第3项、第207条之规定，裁定如下：

1. 撤销陕西省高级人民法院（2010）陕民二终字第23号民事判决、陕西省榆林市中级人民法院（2008）榆中法民三初字第27号民事判决；

2. 本案发回陕西省榆林市中级人民法院重审。

二审案件受理费 46 800 元，退回 SZ。

本裁定为终审裁定。

审判长　王东敏
审判员　刘崇理
代理审判员　曾宏伟
二〇一三年二月二十六日

【裁判文书点评】

本案涉及的关系复杂，以至于最高人民法院提审后才发现案件事实没有查清。煤矿权属争议的产生，与矿产资源价格曾经的一路飙升、矿产资源税法的规定不尽合理、相关当事人的法律意识不强等有密切关系。巨额的财富与淡漠的法律意识，是争议产生的沃土。在股权争议领域，本案有三个问题值得深思：

1. 股权转让应当及时履行法定手续，以从法律形式上及时固定股权方面的法律关系，避免企业资产巨大变动引起的其他股东的非分之想。与煤炭价格飙升引起煤矿价格飙升类似，企业上市预期也会给企业很大的价格上升空间，不及时固定股权方面的法律关系，也会引发股东争议。企业的价值有巨大的变动空间，本身就是股东争议的导火索，因此股权转让应当及时完成全部法定程序。

2. 本案中出现了避税问题——"转让款以'承包费'的名义出现，目的是规避纳税"的表述。应当注意的是，尽管税收筹划似乎是个高端、时髦的词汇，实际上企业无时无刻不在进行着税收筹划的工作，其中有些企业不惜铤而走险，为了少缴税从合法避税变成非法逃税。在股权争议中抛出避税问题，容易引发企业或者其他当事人的行政责任和刑事责任。

3. 企业承包和股权转让完全是两个领域的法律问题。但是，二者在本案中被当事人争辩为"名为承包实为转让"。矿山企业的承包因为特定矿区的矿藏储量的固定性和法律的特殊规定而具有独特性，但是承包仍然与股权转让不能相提并论。将两个法律关系说成是"名为……实为……"需要承担相应的证明责任，还应当注意法律对有关行为无效的规定。在经济法领域中，不能照搬民法中的"当事人的意思自治"理论，当事人的合意不一定是合法行为，也不一定是有效的法律行为。

[378] 股权转让纠纷二审民事判决书（协议与交易实质不符）【☆☆☆☆】

S甲、S乙与BS甲、BS乙、BS丙股权转让纠纷二审民事判决书①

上诉人（原审原告）：S甲。

上诉人（原审原告）：S乙。

被上诉人（原审被告）：BS甲。

被上诉人（原审被告）：BS乙。

被上诉人（原审被告）：BS丙。

上诉人S甲、S乙为与被上诉人BS甲、BS乙、BS丙股权转让纠纷一案，不服江苏省高级人民法院（2012）苏商初字第0011号民事判决，向本院提起上诉。本案现已审理终结。

江苏省高级人民法院审理查明：2007年6月21日，S甲、S乙与BS甲、BS乙签订了一份《股权置换协议》，约定：S甲、S乙持有南京浦东建设发展股份有限公司（以下简称南京浦东公司）2200万股份，BS甲对苏宁环球股份有限公司（以下简称苏宁环球公司）2200万股份享有权利，S甲、S乙将其持有的南京浦东公司2200万股份及其依该股份所享有的相应股东权益一并转让给BS甲，BS甲同意受让；BS甲将其享有权利的苏宁环球公司2200万股份及其依该股份所享有的相应股东权益一并转让给S甲、S乙，S甲、S乙同意受让。协议就南京浦东公司股权的交付作出约定，即协议签订后，S甲、S乙应当要求南京浦东公司将BS甲的名称、住所、受让的份额等事项记载于股东名册，该工作应当在1个工作日内完成。S甲、S乙负责配合公司办理完毕全部工商登记手续，该工作应当在10个工作日内完成。股东名册变更和工商登记变更手续全部办理完毕，视为S甲、S乙向BS甲交付南京浦东公司股权。协议签订之日起10个工作日内，S甲、S乙仍未向BS甲交付南京浦东公司股权的，BS甲有权解除协议并追究S甲、S乙的违约责任。在协议的"声明、保证和承诺"部分载明，S甲、S乙全权和合法拥有协议项下南京浦东公司2200万股份，BS甲对协议项下苏宁环球公司2200万股份享有合法权利。任何一方不履行或不完全履行协议，应依法承担违约责任，违约罚金为4亿元。BS乙承诺为BS甲提供连带担保。协议未就BS甲向S甲、S乙交付苏宁环球公司股份作出约定，但约定因协议属于股权等价置换，经双方协商，同意互不向对方支付转让款。

同日，BS甲与S甲、S乙签订了1份《借款协议》，约定：BS甲向S甲、S乙提

---

① 参见最高人民法院（2013）民二终字第52号民事判决书。有删节，人名和住所等已进行技术处理。

供借款3.92亿元,在2007年6月29日前支付。S甲、S乙若不能按期归还借款,同意将其通过置换方式获得的苏宁环球公司2200万股份交给BS甲清偿债务,BS甲处置苏宁环球公司2200万股份的处置款无论高于或低于3.92亿元,盈亏均与S甲、S乙无关。

同日,S甲、S乙与BS甲、BS乙签订了1份《委托处置股份协议》,约定:委托处置的股份是本协议签订时BS甲享有权利的苏宁环球公司2200万股份,该股份是用于置换S甲、S乙持有的南京浦东公司2200万股份的。S甲、S乙已向BS甲借款3.92亿元,为偿还该债务,S甲、S乙委托BS甲处理该苏宁环球公司2200万股份,一旦该股份可以对外转让,BS甲即可以对外转让、质押、自己持有等自己认为合适的方式处理该股份。因S甲、S乙对BS甲负有3.92亿元债务,BS甲对S甲、S乙负有交付苏宁环球公司2200万股份的义务,双方协商同意债务相互抵消。苏宁环球公司2200万股份的处置款无论高于或低于3.92亿元,均与S甲、S乙无关。在处置过程中发生的印花税等相关费用(按交易金额4.5‰计算),3.92亿元以内的由S甲、S乙承担,超过3.92亿元部分由BS甲承担。S甲、S乙应将176.4万元交给BS甲用于支付印花税,该税款在3.92亿元中扣除。该委托为不可撤销,任何一方提出撤销的,均应向对方支付4亿元的违约罚金。BS乙承诺为BS甲提供连带担保。

同日,南京浦东公司召开临时股东大会并形成决议,审议通过《关于股东S甲、S乙将其股份转让的议案》《关于修改公司章程的预案》《关于同意S甲辞去董事职务、S乙辞去监事职务的议案》。《关于股东S甲、S乙将其股份转让的议案》的主要内容为:S甲、S乙分别将其持有的南京浦东公司1200万股份、1000万股份转让给BS甲,BS甲以其持有的其他公司的股份进行交换,因属于股权等价置换,双方经协商,同意互不向对方支付转让款。《关于修改公司章程的预案》的主要内容为:S甲持有1200万股份,占公司股本总额的6%;S乙持有1000万股份,占公司股本总额的5%,修改为BS甲持有2200万股份,占公司股本总额的11%。

2007年6月29日,苏宁环球集团有限公司(以下简称苏宁集团公司)代BS甲向S甲、S乙支付3.90236亿元。同日,南京21世纪投资集团有限公司向苏宁集团公司出具收据,载明收到代收款3.90236亿元。S甲、S乙于同日出具收条,载明收到苏宁集团公司代BS甲支付的股权转让款3.92亿元,其中代扣相关费用176.4万元,实际收到3.90236亿元。该款项已由S甲、S乙指定的南京21世纪投资集团有限公司代收。还载明,以上款项是实际履行由S甲、S乙提议并在2007年6月21日签署的南京浦东公司《股权置换协议》及相关《借款协议》。S甲、S乙承诺,在上述实际收到的款项中,如有发生税费,全部由S甲、S乙承担,与苏宁集团公司和BS甲无关。

2007年7月23日，南京市工商行政管理局准予南京浦东公司变更登记，该变更登记载明BS甲系该公司股东。

该院另查明：在上述2007年6月21日3份协议中，BS乙、BS甲的名字均为BS丙所签。在签订该3份协议时，BS丙、BS乙均各持有苏宁环球公司2200万以上的股份，BS甲并不实际持有苏宁环球公司2200万或者以上的股份。S甲、S乙确认其在签署上述3份协议时，对BS甲是否持有苏宁环球公司2200万股份并不清楚。S甲、S乙认为BS丙和BS甲是交易主体，BS丙以BS甲的名义签约。

南京浦东公司2006年12月31日的资产负债表载明，该公司资产总计12.0287亿元，负债9.7174亿元，所有者权益2.3113亿元。

2012年8月6日，S甲、S乙向江苏省高级人民法院提起诉讼，请求判令：（1）BS甲向S甲、S乙支付违约金4亿元；（2）BS甲向S甲、S乙返还印花税等相关费用176.4万元；（3）BS乙、BS丙对BS甲的上述义务承担连带责任。BS甲、BS乙、BS丙承担本案诉讼费用。

江苏省高级人民法院审理认为：

1. 2007年6月21日的《股权置换协议》《借款协议》《委托处置股份协议》等3份协议在本案各方当事人之间形成的是股权转让关系，而非股权置换关系。主要理由是：

（1）本案中S甲、S乙与BS甲于同一天签署了3份协议，即《股权置换协议》《借款协议》《委托处置股份协议》。一方面，从该3份协议约定的内容进行分析：在《股权置换协议》中，双方虽约定S甲、S乙将其持有的南京浦东公司2200万股份及其依该股份所享有的相应股东权益一并转让给BS甲；BS甲将其享有权利的苏宁环球公司2200万股份及其依该股份所享有的相应股东权益一并转让给S甲、S乙。但在该协议"股权的交付"部分，双方仅约定了S甲、S乙交付南京浦东公司股份的义务，包括交付方式、时间等，明确S甲、S乙应在协议签订之日起10个工作日内，将南京浦东公司2200万股份变更登记至BS甲名下，而并未就BS甲交付苏宁环球公司股份的方式、时间等作出具体约定。双方在《借款协议》中约定BS甲向S甲、S乙提供借款3.92亿元，在2007年6月29日前支付。这一款项出借时间与上述《股权置换协议》中约定的S甲、S乙将南京浦东公司2200万股份变更登记至BS甲名下的时间基本对应一致。《借款协议》还载明，S甲、S乙若不能按期归还借款，同意将其通过置换方式获得的苏宁环球公司2200万股份交给BS甲清偿债务，BS甲处置苏宁环球公司2200万股份的处置款无论高于或低于3.92亿元，盈亏均与S甲、S乙无关，但《借款协议》并未规定还款时间。上述两份协议的内容表明BS甲需在2007年6月29日前将3.92亿元提供给S甲、S乙，S甲、S乙需在2007年6月21日起10

个工作日内将南京浦东公司2 200万股份变更登记至BS甲名下。而在同一天双方又签署了《委托处置股份协议》，进一步明确因S甲、S乙对BS甲负有3.92亿元债务，BS甲对S甲、S乙负有交付苏宁环球公司2 200万股份的义务，双方协商同意债务相互抵消。S甲、S乙委托BS甲自行处理该苏宁环球公司2 200万股份，处置款无论高于或低于3.92亿元，均与S甲、S乙无关，该委托为不可撤销。由此，纵观上述3份协议，就《股权置换协议》中的"BS甲将其享有权利的2 200万股苏宁环球公司股份及其依该股份所享有的相应股东权益一并转让给S甲、S乙"以及《借款协议》中的"S甲、S乙对BS甲负有3.92亿元债务"，在《委托处置股份协议》中已经被"双方协商同意债务相互抵消"，故双方当事人的真实意思是S甲、S乙将其持有的南京浦东公司2 200万股份转让给BS甲，BS甲向S甲、S乙支付相应款项。另一方面，从该3份协议的履行情况进行分析：2007年6月29日，BS甲通过苏宁集团公司向S甲、S乙支付了3.90236亿元。S甲、S乙在出具的收条中载明收到苏宁集团公司代BS甲支付的"股权转让款"，且注明系履行2007年6月21日协议，收条内容表明S甲、S乙确认其所收到的3.90236亿元并非借款。各方当事人上述履行协议的情况与2007年6月21日3份协议约定的内容一致，且已于2007年即履行完毕。在此后至提起本案之诉前长达近5年的期间内，并无证据证明S甲、S乙向BS甲主张其应履行转让苏宁环球公司2 200万股份的义务，这也表明，S甲、S乙对于出让南京浦东公司股份及收受股权转让款不持异议。综上，2007年6月21日3份协议的内容及履行情况均表明本案各方当事人之间形成的系股权转让关系，而非股权置换关系。

S甲、S乙主张《借款协议》约定的3.92亿元系S甲、S乙将南京浦东公司2 200万股份过户给BS甲提供现金质押保证；而《委托处置股份协议》是以S甲、S乙置换获得的苏宁环球公司2 200万股份作为反担保，目的在于约束S甲、S乙按期返还质押款。但《借款协议》中并没有上述关于保证的内容，S甲、S乙也未提供证据证明其收到3.90236亿元后以封金等形式将该款予以特定化，相反，S甲、S乙在收条中明确了该款的性质系股权转让款。同时，《委托处置股份协议》也未约定由S甲、S乙向BS甲提供担保，况且在BS甲未向S甲、S乙提供担保的情况下，不可能由S甲、S乙向BS甲提供反担保。故S甲、S乙的上述主张与协议内容及履行情况不符，不予采信。

（2）BS甲在签订上述3份协议时，虽不持有苏宁环球公司股份，但其通过苏宁集团公司向S甲、S乙支付了3份协议中所约定的3.90236亿元，对此S甲、S乙在其出具的收条中已予以确认，且相关汇款凭证、收据以及苏宁集团公司的说明等与收条相互印证，形成证据链，证实BS甲已经依约履行完毕上述3份协议所约定的付款义务。S甲、S乙也依据上述3份协议的约定将南京浦东公司2 200万股份变更登记至BS甲名下,并经南京浦东公司股东会决议所确认。故BS甲虽未亲自在上述3份协议中签名,但其实际履行了上述3份协议,是本案3份协议的合同主体。因3份协议实际约定的内容是S甲、S乙向BS甲出让南京浦东公司股份,BS甲向S甲、S乙支付相应款项;而S甲、S乙对BS甲支付的3.90236亿元已经确认为股权转让款3.92亿元,其中176.4万元费用由BS甲代扣,且明确系履行协议的款项。故BS甲已经依约履行协议,并已得到S甲、S乙的确认,S甲、S乙在本案中主张BS甲违约没有事实及法律依据。在BS甲没有违约的情形下,保证人BS乙也无须承担保证责任。BS丙虽代BS甲、BS乙签订了3份协议,但其并非3份协议的当事人,亦无须向S甲、S乙承担责任。

2. BS甲不负有向S甲、S乙返还176.4万元的义务。在《委托处置股份协议》中,双方明确S甲、S乙委托BS甲自行处理苏宁环球公司2 200万股份,一旦该股份可以对外转让,BS甲即可以对外转让、质押、自己持有等自己认为合适的方式处理该股份。据此,S甲、S乙委托BS甲自行处理苏宁环球公司2 200万股份的方式中除转让、质押以外,还包括自己持有。另外,双方还约定,苏宁环球公司2 200万股份的处置款无论高于或低于3.92亿元,均与S甲、S乙无关。在处置过程中发生的印花税等相关费用(按交易金额4.5‰计算),3.92亿元以内的由S甲、S乙承担,超过3.92亿元部分由BS甲承担。3.92亿元的4.5‰即为176.4万元。而在S甲、S乙出具的收条中,S甲、S乙进一步确认其收到苏宁环球公司代BS甲支付的股权转让款3.92亿元,其中代扣相关费用176.4万元,实际收到3.90236亿元,收条中未再注明系代扣税款,而明确为"相关费用"。综上,S甲、S乙在协议中已经约定BS甲处理苏宁环球公司股份的方式包括自己持有,同时还约定BS甲交付苏宁环球公司股份的义务与S甲、S乙的还款义务相抵消,故S甲、S乙对于BS甲是否实际处置苏宁环球公司股份的方式并没有作出特别要求,换言之,S甲、S乙对所谓印花税等相关费用176.4万元由其承担的约定并非是以该费用实际发生为条件的。同时,S甲、S乙在实际收到款项时,对收到3.90236亿元予以认可,就总款项3.92亿元中扣除的176.4万元又进一步明确为"代扣相关费用",故其再行向BS甲主张返还该176.4万元缺乏事实及法律依据,不予支持。

综上,S甲、S乙的诉讼请求缺乏事实及法律依据,不予支持。原审法院依照《中华人民共和国合同法》第44条、第60条、第91条,《中华人民共和国民事诉讼法》第142条之规定,判决:驳回S甲、S乙的诉讼请求。一审案件受理费2 050 620元,由S甲、S乙负担。

S甲、S乙不服江苏省高级人民法院上述民事判决,向本院提起上诉称:

1. 原审判决未经释明径行认定当事人之间系股权转让关系,违反法定程序。本案中S甲、S乙系以当事人之间存在股权置换关系为由，提起本案诉讼主张权益。纵然原审法院根据现有证据认定当事人之间系股权转让关系，而非S甲、S乙所主张的股权置换关系，应当根据最高人民法院《关于民事诉讼证据的若干规定》第35条的规定，进行释明。原审判决未经释明径行作出实体判决，构成程序违法，应予纠正。

2. 本案当事人之间确系股权置换关系，而非股权转让关系，原审判决未全面理解当事人的协议内容，认定事实错误。根据《股权置换协议》名称及其约定内容，已经明确S甲、S乙之间属股权等价置换，且置换标的价值相当，这是《股权置换协议》的意思基础，也是理解另两份协议的事实基础。根据南京浦东公司2007年第一次股东大会决议，明确双方当事人之间属于股权等价置换。此外，最高人民法院（2008）民二终字第54号民事判决亦认定S甲、S乙与BS甲之间系股权置换关系。

3. 原审判决认定当事人之间系股权转让关系于法无据，属于主观臆断。《股权置换协议》未对BS甲交付苏宁环球公司股份的时间作出约定，系因该股权变更涉及上市公司重大事项公告问题，但该事实仅属BS甲对《股权置换协议》的履行，与该协议的性质和效力无关。《借款协议》约定BS甲向S甲、S乙提供3.92亿元，该款项名为借款，实为BS甲为其向S甲、S乙履行置换苏宁环球公司股份的义务所提供的担保。收条中的3.90236亿元并非股权转让款，苏宁集团公司并未根据法庭要求提供财务凭据，证明苏宁集团公司的记账科目或证明BS甲确已归还该款项。S甲、S乙在原审中已提交有关函告、律师函，佐证S甲、S乙分别在2008年至2010年一直依据股权置换的约定向BS甲等主张权益。

4. 本案所涉的176.4万元应当返还S甲、S乙。因BS甲并无苏宁环球公司2200万股份可供处置，故BS甲、BS丙扣留并占用的因处置该股份所发生的印花税等相关费用176.4万元，应返还S甲、S乙，上述费用系以实际发生为前提，原审判决未支持返还该费用于法无据，应予纠正。

5. BS甲在签约时并不享有苏宁环球公司2200万股份，事后亦未取得该股份，其自始不能履行《股权置换协议》，已构成违约，依约应向S甲、S乙支付违约金4亿元。BS乙作为BS甲的履约担保人，应对BS甲违约行为承担连带责任。BS丙作为苏宁环球公司的法定代表人，明知BS甲并不持有苏宁环球公司2200万股份，却虚构BS甲对苏宁环球公司享有2200万股份，并代表其在相关协议上签名，误导S甲、S乙缔约。BS丙的行为存在明显故意，乃至恶意，应承担相应连带责任。

6. 原审法院回避了本案的焦点问题。一审诉讼过程中，针对S甲、S乙提出的BS甲的身份、3.90236亿元款项的权属与性质等问题，法庭进行了调查并要求BS甲等回答上述问题，但原审判决却回避相关问题，实质确认了"影子交易人"与S甲、S乙进行交易，对当事人之间违反证券法及相关上市公司监管规则的行为予以了肯定。综上，请求撤销原审判决，支持S甲、S乙的诉讼请求。

被上诉人BS甲答辩称：

1. 一审法院审理过程完全符合法定程序。S甲、S乙关于一审法院"未经释明径行作出实体判决，构成程序违法"的主张没有事实和法律依据。一审法院立案的案由就是股权转让纠纷，在应诉通知及各种通知文书中均明确本案是股权转让纠纷；在审理过程中也多次向S甲、S乙进行了释明，多次要求其明确诉讼请求。

2. 本案双方当事人之间是单次股权转让法律关系，一审认定事实清楚，定性准确。所谓置换实际就是两次股权转让法律关系，本案仅是单次股权转让。一审认定2007年6月21日的《股权置换协议》《借款协议》《委托处置股份协议》等3份协议，在本案各方当事人之间形成的是股权转让关系，而非股权置换关系正确。从3份协议约定的内容以及S甲签署的收条看，本案的法律关系仅仅是S甲、S乙向BS甲转让南京浦东公司股权，BS甲向S甲、S乙支付股权转让款而无须转让苏宁环球公司股份的单次股权转让合同关系，合同相对人是BS甲与S甲、S乙。股权转让的过程及方式是S甲、S乙提议的，其对单次转让是明知的。3份协议的履行情况也同样表明是单次股权转让。故一审判决的认定既符合当事人的真实意思表示，也完全符合法律规定。

3. BS甲不存在违约行为，S甲、S乙关于支付违约金4亿元的诉讼请求没有事实和法律依据。如上所述，3份协议的真实意思是S甲、S乙向BS甲转让南京浦东公司股权，BS甲也早在2007年6月向S甲、S乙支付了股权转让款，S甲已签字确认收到该笔款项，该股权转让款就是S甲、S乙向BS甲转让南京浦东公司股权的对价，股权转让早已履行完毕，BS甲不存在违约行为。且最高人民法院在生效判决中已经确认相关协议就是股权转让协议且已经履行完毕。一审认定S甲、S乙在本案中主张BS甲违约没有事实及法律依据是完全正确的。

4. S甲、S乙关于返还印花税等相关费用176.4万元的诉讼请求没有依据。根据《委托处置股份协议》的约定以及S甲出具收条载明的内容，S甲、S乙已经明确该176.4万元仅为相关费用，不包括税费，这是S甲、S乙自愿扣除的相关费用。又由于协议中已经约定BS甲可以自己持有苏宁环球公司股份，一审认定S甲、S乙"对于所谓印花税等相关费用176.4万元由其承担的约定并非是以该费用实际发生为条件的"是正确的，所以，S甲、S乙无权要求返还该176.4万元。请求驳回上诉，维持原判。

被上诉人BS乙答辩称：同意BS甲的上述答辩意见。同时，BS甲没有违约，也没有返还176.4万元相关费用的义务，一审作出的"在BS甲没有违约的情形下，保证人BS乙也无须承担保证责任"的认定正确。S甲、S乙要求BS乙承担连带责任没有事实及法律依据。请求驳回上诉，维持原判。

被上诉人 BS 丙答辩称：BS 丙不是合同当事人，根本无须承担任何责任。一审作出的"BS 丙虽代 BS 甲、BS 乙签订了 3 份协议，但其并非 3 份协议的当事人，亦无须向 S 甲、S 乙承担责任"的认定是正确的。S 甲、S 乙对 BS 丙根本没有诉权。S 甲、S 乙还虚构案件事实，明明是和 BS 甲进行了股权转让交易，却虚构为和 BS 丙进行交易，最高人民法院的生效判决已认定"S 甲、S 乙已经将南京浦东公司股权转让给 BS 甲"，其所转让的南京浦东公司的股权至今还登记在 BS 甲名下，BS 甲不仅受让了 S 甲、S 乙的股权，还受让了其他南京浦东公司股东的股权。S 甲、S 乙将 BS 甲虚构成"影子交易人"是臆造事实。明明是 S 甲、S 乙自己提议并签署了 3 份协议，却臆造为 BS 丙设局欺骗。S 甲、S 乙对 BS 丙所提起的是恶意诉讼。请求驳回上诉，维持原判。

本院经二审审理，对原审法院查明的事实予以确认。

本院认为，本案二审争议的焦点问题是：（1）原审判决是否违反法定程序问题；（2）本案所涉 3 份协议的性质、BS 甲是否构成违约以及 BS 乙、BS 丙是否应当承担民事责任问题；（3）BS 甲是否应当返还 S 甲、S 乙 176.4 万元问题。

1. 关于原审判决是否违反法律程序问题

原审判决认定 S 甲、S 乙与 BS 甲之间形成股权转让关系，而非股权置换关系。S 甲、S 乙上诉认为，原审判决的上述认定未向其进行释明，违反了《关于民事诉讼证据的若干规定》第 35 条的规定，构成程序违法。本院认为，原审判决根据 S 甲、S 乙提出的一审诉讼请求，依据本院《民事案件案由规定》的规定，将本案案由确定为股权转让纠纷。本院《关于民事诉讼证据的若干规定》第 35 条规定，在诉讼过程中，当事人主张的法律关系的性质或者民事行为的效力与人民法院根据案件事实作出的认定不一致的，人民法院应当告知当事人可以变更诉讼请求。上述规定旨在有些情况下，当事人的诉讼请求因为人民法院的认定而发生改变，进而影响了当事人在本诉中实现相应的实体权利，受诉法院应当告知当事人变更诉讼请求，以避免增加当事人另诉的诉讼成本，以及人民法院违背应在当事人诉讼请求范围内对案件进行审理的原则。本案中，S 甲、S 乙提出的 BS 甲向其支付违约金等诉讼请求，是以 BS 甲未履行向其转让苏宁环球公司的股权为前提的。因此，确认当事人之间系股权转让关系并不改变 S 甲、S 乙的一审诉讼请求，即 S 甲、S 乙在本案中的实体权利并不因人民法院的认定而受到影响，原审法院认定本案当事人之间为股权转让关系亦不违背本院《关于民事诉讼证据的若干规定》第 35 条的规定。故 S 甲、S 乙提出的原审判决违反法定程序的上诉理由不能成立，本院不予支持。

2. 关于本案所涉 3 份协议的性质、BS 甲是否构成违约以及 BS 乙、BS 丙是否应

当承担民事责任问题

关于本案所涉3份协议的性质问题，S甲、S乙上诉认为，《股权置换协议》、南京浦东公司股东会决议均明确双方当事人之间属于股权等值置换，且置换标的价值相当；最高人民法院（2008）民二终字第54号民事判决亦认定双方当事人之间系股权置换关系。本院认为，根据本案查明的事实，2007年6月21日，S甲、S乙与BS甲在《股权置换协议》中约定，S甲、S乙将其持有的南京浦东公司2200万股份转让给BS甲，BS甲将其享有权利的苏宁环球公司2200万股份转让给S甲、S乙；S甲、S乙需在2007年6月21日起10个工作日内将南京浦东公司股份变更登记至BS甲名下。同日，BS甲与S甲、S乙在《借款协议》中约定，BS甲于2007年6月29日前，向S甲、S乙提供借款3.92亿元，S甲、S乙若不能按期归还借款，同意将其通过置换方式获得的苏宁环球公司2200万股份交给BS甲清偿债务，BS甲处置该股份的处置款无论高于或低于3.92亿元，盈亏均与S甲、S乙无关。亦在同日，S甲、S乙与BS甲又在《委托处置股份协议》中约定，因S甲、S乙对BS甲负有3.92亿元债务，BS甲对S甲、S乙负有交付苏宁环球公司2200万股份的义务，双方协商同意债务相互抵消；S甲、S乙委托BS甲自行处理苏宁环球公司2200万股份。同年6月29日，苏宁集团公司代BS甲向S甲、S乙支付3.90236亿元，S甲、S乙出具收条，载明收到苏宁集团公司代BS甲支付的股权转让款3.92亿元，实际收到3.90236亿元；还写明上述款项是实际履行双方签署的《股权置换协议》和《借款协议》。上述事实表明，S甲、S乙与BS甲签订《股权置换协议》时，虽约定双方通过置换的方式，将各自持有或享有权利的股份转让给对方，但在双方同日签订的《借款协议》和《委托处置股份协议》中，因BS甲向S甲、S乙提供借款而形成3.92亿元债务，双方约定该债务与BS甲依《股权置换协议》应履行的交付苏宁环球公司2200万股份的债务相互抵消，即BS甲无须再向S甲、S乙履行转让苏宁环球公司股份的义务。因此，双方当事人通过签订系列协议的方式，对双方之间的股权转让达成了一致的意思表示。特别是在S甲、S乙收到苏宁集团公司代BS甲支付的3.90236亿元后，明确表示该款项为股权转让款并确认系履行双方之间的《股权置换协议》等相关协议。据此，应当确认S甲、S乙收到的3.90236亿元并非借款，而是BS甲受让南京浦东公司2200万股份后向S甲、S乙支付的股权对价，该对价已经双方协议确认，且S甲、S乙承诺，BS甲处置苏宁环球公司股份的处置款，无论高于或低于3.92亿元，盈亏均与S甲、S乙无关，亦说明S甲、S乙收取的3.92亿元股权转让款，不因苏宁环球公司2200万股份价值的高低而发生任何变化。故S甲、S乙仍以《股权置换协议》、南京浦东公司股东会决议的内容主张双方之间系股权置换关系，显然已与双方履行合同后的客观实际情况不符。关于本院（2008）民二终字第54号民事判决,该案系S甲、S乙与BS丙之间关于南京浦东公司的股权纠纷,涉及S甲、S乙提起该案诉讼时在南京浦东公司的股东身份问题,并未就本案中S甲、S乙与BS甲之间的争议进行审理。故S甲、S乙关于本院(2008)民二终字第54号民事判决认定其与BS甲之间系股权置换关系的上诉理由没有事实和法律依据。综上,原审判决关于本案当事人之间形成的是股权转让关系的认定正确,应予维持。S甲、S乙关于当事人之间系股权置换关系的上诉理由不能成立,本院不予支持。

关于BS甲是否构成违约以及BS乙、BS丙是否应当承担民事责任问题。如上分析,根据当事人的约定,BS甲已经无须履行《股权置换协议》中关于向S甲、S乙交付苏宁环球公司2 200万股份的义务,且其已依约向S甲、S乙支付了股权转让款,双方之间的协议已经履行完毕。S甲、S乙主张BS甲构成违约,没有事实依据。BS乙作为BS甲履约行为的保证人,亦不应承担保证责任。BS丙虽代BS甲与S甲、S乙签订了3份协议,但对BS丙的代理签约行为,S甲、S乙在签约时并未提出任何异议,且没有证据证明其签约系受BS丙胁迫所致。在此后的实际履行过程中,S甲、S乙收取了苏宁集团公司代BS甲支付的股权转让款,足以证明S甲、S乙对所签协议是认可的。故BS丙不是本案所涉协议的当事人,S甲、S乙主张其承担民事责任没有事实和法律依据。综上,S甲、S乙关于BS甲应当承担违约责任、BS乙承担保证责任、BS丙承担连带责任的上诉请求不能成立,本院不予支持。

3. 关于BS甲是否应当向S甲、S乙返还176.4万元问题

原审判决BS甲不负有向S甲、S乙返还176.4万元的义务,S甲、S乙对此向本院提起上诉,主要理由是:176.4万元印花税等费用系以实际发生为前提,BS甲无苏宁环球公司股份可供处置,其扣留并占用的因处置该股份所发生的费用应予返还。本院认为,根据本案查明的事实,双方在《委托处置股份协议》中约定,S甲、S乙委托BS甲处置苏宁环球公司2 200万股份,其可以采取对外转让、质押、自己持有等自己认为合适的方式处理该股份,处置款无论高于或低于3.92亿元,均与S甲、S乙无关。并约定处置过程中发生的印花税等相关费用的承担,S甲、S乙应将176.4万元付给BS甲用于支付印花税,该税款在3.92亿元中扣除。在S甲、S乙出具的收条中,明确记载其收到苏宁集团公司代BS甲支付的股权转让款3.92亿元,其中代扣相关费用176.4万元,实际收到3.90236亿元。上述事实表明,双方当事人在协议中已经明确约定BS甲处理苏宁环球公司股份的方式包括其自己持有,表明S甲、S乙在签订协议时,对"印花税等相关费用176.4万元由其承担"并未附加限制条件。且S甲、S乙在实际收到BS甲支付的股权转让款时,已对总价款中扣除176.4万元相关费用的事实予以了认可。因此,原审判决认定BS甲不负有向S甲、S乙返还176.4万元的义务并无不当。S甲、S乙关于176.4万元印花税等费用系以实际发生

为前提的上诉主张,没有事实依据,本院不予支持。

综上,原审判决认定事实清楚,适用法律正确,应予维持。S甲、S乙的上诉请求没有事实和法律依据,不予支持。本院依照《中华人民共和国民事诉讼法》第170条第1款第1项的规定,判决如下:

驳回上诉,维持原判。

二审案件受理费2050620元,由S甲、S乙承担。

本判决为终审判决。

审判长　王宪森
审判员　殷　媛
审判员　杨征宇
二〇一三年六月二十七日

【裁判文书点评】

本案中争议双方于同一天签署了3份协议——《股权置换协议》《借款协议》《委托处置股份协议》,对3个协议实质的确定成为本案的关键。表面的协议和交易实质的矛盾,是法律逻辑的起点;法律逻辑的终点是确定交易的实质,因为这里有一个重要的法律逻辑前提——实质重于形式。本案的判决,确定了交易的实质是股权转让。这样,一方转让股票一方支付对价,交易即告完成。所以,上诉人所提出的违约问题便失去了法律基础。"名为……实为……"是争议的常见元素。本案的整体,可以归结为"名为股份置换,实为股份转让"。在本案中,上诉人提出的名为借款实为担保的观点,也因此被否定。

本案中的4亿元违约金是一个罕见的约定——因为金额过高,也就失去了约定违约金的法律作用。以4亿元违约金为诉求提起诉讼,可以提高审级,把本案的一审程序放在高级人民法院进行,二审放在最高人民法院进行,必然增加诉讼成本。极度增加诉讼成本,可能是威慑对方的一种手段,但是,如果法律上不占实实在在的优势,结果就会和本案一样让提出争议者(原审原告、上诉人)最终承担案件的诉讼费用。

本案中3个协议的设计作为一个整体是有重大瑕疵的。设计的缺陷,不是在于能够被水平较高的法律人否定协议而确认与协议不同的交易实质,而是在于这些复杂的设计引发了导致自身败诉的诉讼。不能因为败诉就认为设计失败,因为我们缺乏进一步的资料,尚无法确定设计者的设计目的;但是我们可以看到的是,诉讼程序的启动和一审、二审连续的败诉。法律设计应当尽量避免产生诉讼,但是再好的设计也不能绝对避免诉讼，不过好的设计应当是诉讼则胜，否则凭什么判断设计方案可以避免诉讼呢？

[379] 股权转让纠纷二审民事判决书（转让合同要素不全）【☆☆☆☆】

S甲、S乙与BS甲、BS乙、BS丙股权转让纠纷二审民事判决书①

上诉人（原审被告）：S甲。

上诉人（原审被告）：S乙。

被上诉人（原审原告）：BS甲。

被上诉人（原审原告）：BS乙。

被上诉人（原审原告）：BS丙。

上诉人S甲、S乙为与被上诉人BS甲、BS乙、BS丙股权转让纠纷一案，不服河北省高级人民法院（2011）冀民二初字第15号民事判决，向本院提起上诉。本案现已审理终结。

河北省高级人民法院一审查明，2010年4月3日，原告BS甲与被告S甲、S乙，原告BS乙与被告S乙，原告BS丙与被告S乙，签订了3份股权转让协议，分别约定，原告BS甲向被告S甲转让其在河北曙光强兴水泥有限公司（以下简称强兴公司）股权价值为8463万元的股权，向被告S乙转让其在强兴公司股权价值为6244.4万元的股权；原告BS乙向被告S乙转让其在强兴公司股权价值为326万元的股权；原告BS丙向被告S乙转让其在强兴公司股权价值为200万元的股权。BS甲与两被告签订的股权转让协议中写明"以上股权转让事项三方签字后交割完毕。受让方成为公司股东，以其出资额为限……"BS乙、BS丙与两被告签订的两份股权转让协议均约定两被告应于上述股权转让协议生效后即刻办理股权转让款项的交割手续。BS乙、BS丙转让了全部股权，BS甲转让后剩余10%的股权。

同日，BS甲（丙方）与S甲（甲方）、S乙（乙方）签订了《投资协议书》及《投资补充协议书》。《投资协议书》第5条约定："出资形式及各股东所占公司股本比例：S甲，以现金形式出资，出资5亿元人民币，占公司股份的50%。S乙，以现金形式出资，出资4亿元人民币（土建、安装费用），占公司股份的40%。BS甲，以强兴公司一期生产线的所有资产、矿山、二期生产线整套手续、强兴商标等一切有形和无形资产折款出资为1亿元人民币，占公司股份的10%（以实际投资为准，确定总投资额）。"《投资协议书》第6条约定："本协议生效前，强兴公司的所有债

---

① 参见最高人民法院（2013）民二终字第32号民事判决书。有删节，人名与住所等信息已经过技术处理。

权、债务由甲、乙、丙三方审核后予以确定。甲、乙两方只承担经三方确定的债务336 255 850.62元人民币……""丙方须以原强兴公司名义偿还其经三方确定的债务。"

2010年4月21日，原告以两被告未支付股权转让款涉嫌经济诈骗为由，开始向有关机关进行举报，公安机关于2010年8月立案侦查，后经唐山市委督查室联合调查确定两被告不属于合同诈骗，系经济纠纷。

2010年4月22日，被告S甲（甲方）、S乙（乙方）与BS甲（丙方）、张某来（丁方）签订《协议书》，该《协议书》第14条约定："本协议经四方签字后即刻生效，并一式4份。甲、乙、丙、丁各1份。"该协议已由S甲（甲方）、S乙（乙方）和张某来（丁方）签字，但BS甲（丙方）未签字。

《中华工商时报》于2011年8月23日以《是经济纠纷还是合同诈骗》对该事件进行了报道。

2011年11月，BS甲、BS乙、BS丙诉至河北省高级人民法院，请求：（1）判决解除BS甲与S甲、S乙，BS乙与S乙，BS丙与S乙分别签订的3份股权转让协议；（2）判决S乙返还BS甲原在强兴公司股权价值为6244.4万元的股权、返还BS乙原在强兴公司股权价值为326万元的股权、返还BS丙原在强兴公司股权价值为200万元的股权，判决S甲返还BS甲原在强兴公司股权价值为8463万元的股权，上述股权价值共计1.52334亿元；（3）由两被告协助三名原告在工商部门办理上述股权回转变更登记；（4）由两被告承担诉讼费用。

河北省高级人民法院认为，本案争议的焦点问题主要是被告是否应向原告支付股权转让款。原、被告双方当事人2010年4月3日签订的3份《股权转让协议》和同日签订的《投资协议书》系当事人真实意思表示，且合法有效。被告主张实际履行的是《投资协议书》，该协议书中明确约定了为公司偿债的数额、BS甲与新股东（两被告）投资的数额、方式及BS甲需在该协议生效后3日内办理股权变更登记，而股权转让协议仅是办理股权变更登记的手续，是形式，没有对价，两被告对90%股权的受让应以投资协议约定的偿债数额为准，属于承债式受让。对此被告没有证据支持其主张，即使实际履行的是投资协议，但在签订投资协议时，BS乙、BS丙还是股东，却没有BS乙、BS丙在投资协议上的签字，对此两被告无法作出合理解释。被告还称，没有BS丙、BS乙的签字，是BS甲侵犯了BS乙、BS丙的权利，但被告也没有证据证明签订投资协议时两被告知道或应当知道BS乙、BS丙两人授权BS甲签订此协议，两被告也没有尽到基本的审查义务，故被告的主张不予支持。本案中的证据（2010年4月3日的3份股权转让协议、4月3日的投资协议、股东会决议、工商变更登记、原告举报材料、《中华工商时报》的报道等）足以证明股权转让协议和投资协议都是客观存在且都需具体履行的协议，也就是说，被告先通过股权转让协议成为股东，再以股东身份签订对整合后的公司的投资协议书。从原告于2010年4月3日签订股权转让协议、投资协议、2010年4月21日由于被告未支付股权转让款开始向有关部门反映、2010年8月公安机关立案、唐山市委督查室的调查报告及《中华工商时报》的报道来看，也可证明原告一直在向被告催要股权转让款，由此看来股权转让并非没有对价。由于股权转让协议中没有明确约定BS甲、S乙、S甲是以何种形式占有新公司股权，故投资协议中第5、6条才明确约定了BS甲、S乙、S甲的投资及替公司偿债的数额和形式。被告称投资协议中第8条只约定了BS甲在投资协议生效后3日内办理股权变更手续，而没有约定什么时候被告支付BS甲转让款，所以该股权转让是无偿的，该主张不能成立，因为在股权转让协议中已经约定了被告购买BS甲的股权，两被告如果按约定付款后，BS甲当然仅负变更股权登记的义务。由于股权转让协议和投资协议中并没有明确说明股权转让没有对价，在2010年4月3日原、被告签订股权转让协议时，虽然强兴公司属资不抵债，但并不能必然推断出该公司股权没有价值及该公司没有发展前景，并且股权价款是可协商的，且原告一直向被告追要转让款，故不能认定股权转让没有对价。在对被告询问时，被告明确表态坚持对股权的受让属于对公司承债式零价款受让，拒绝支付转让款，因此已无必要对股权价款进行确认，被告拒绝支付股权转让款的行为和意思表示已构成根本违约。至于投资协议书是否解除、原告是否返还被告对强兴公司的所有投资，由于本案中原告没有相关诉求，被告也没有提出反诉，故在本案中无法处理，双方当事人可通过其他途径解决。综上，原、被告双方签订的股权转让协议书依法应予解除，两被告应分别向原告返还受让的强兴公司的股权，并协助原告办理股权回转登记手续。该院依照《中华人民共和国公司法》第35条、第72条，《中华人民共和国合同法》第44条、第94条第4项之规定，判决：

1. 解除原告BS甲与被告S甲、S乙于2010年4月3日签订的（股权）转让协议书；解除原告BS乙与被告S乙于2010年4月3日签订的（股权）转让协议书；解除原告BS丙与被告S乙于2010年4月3日签订的（股权）转让协议书。

2. 被告S乙返还原告BS甲原在强兴公司股权价值为6244.4万元的股权、返还原告BS乙原在强兴公司股权价值为326万元的股权、返还原告BS丙原在强兴公司股权价值为200万元的股权；被告S甲返还原告BS甲原在强兴公司股权价值为8463万元的股权。

3. 两被告于判决生效之日起5日内协助三原告办理股权回转变更登记手续。案件受理费803 470元，由被告S甲、S乙承担。

S甲不服河北省高级人民法院上述民事判决，向本院提起上诉称：

1. 一审法院未能客观公正地审查判断证据，对案件事实作出了颠倒黑白的认定。本案当事人之间存在着两个协议，一是全面确认上诉人与被上诉人之间股权转让关系的《投资协议书》；二是为了落实投资协议向工商机关报备材料用的《转让协议书》。对一审中上诉人提供的证据，一审法院没有认真审查判断，错误地将上诉人通过承债方式购买股权的出资武断地界定为向企业的借款，而将向工商机关报备材料用的格式文件作为双方股权转让合同。

(1)《投资协议书》第5条约定："BS甲以强兴公司一期生产线的所有资产、矿山、二期生产线整套手续、强兴公司注册商标等一切无形和有形资产折款出资1亿元人民币，占公司股份10%。"BS甲已经穷尽所有利益占到整合后公司股权的10%，如果按照一审判决书的逻辑，在《转让协议书》中，BS甲主张接受股权转让金的对价是什么？

(2)《投资协议书》第8条约定："丙方应在本协议生效之日起3日内，办理完毕原强兴公司的股权变更手续，所需的各种文件一式3份，否则承担违约责任。"此条的文义说明：① 投资协议在先，股权转让协议书在后，与一审判决认定恰恰相反；② 股权转让协议书的签订只是按工商机关要求落实投资协议书的必要步骤。

(3)《投资协议书》第13条约定："调整S甲、S乙、BS甲的权利义务适用本协议和补充协议约定，其他任何协议包括工商登记备案的手续材料不得与本协议相抵。"这一条充分说明，原告赖以主张股权转让金的《转让协议书》，实际上是双方履行投资协议内容的步骤和手段。所谓8463万元中的"万元"，是对BS甲股份份额的描述而非转让价格。

2. 一审法院适用法律错误。一审法院适用《公司法》第35条、第72条，《合同法》第44条，与本案无关。本案上诉人在与BS甲签订投资协议后，双方按照约定履行了股权转让工商变更登记手续并与另一上诉人S乙一起清偿了3亿元债务，使企业得以存续。上诉人不存在任何违约事项，更谈不上根本违约。

3. 一审法院未经其同意，将不同的诉讼标的合并审理，违反了法律规定。请求撤销一审判决，驳回被上诉人的诉讼请求。

S乙亦不服河北省高级人民法院上述民事判决，向本院提起上诉称：

1. 上诉人与原审被告S甲按约定偿还了强兴公司3亿元外债，取得了强兴公司90%的股权，属于承债式取得股权。

2. 确定上诉人与被上诉人股权转让法律关系权利义务内容的合同依据是《投资协议书》，而非《转让协议书》，一审判决故意颠倒这两份协议签订的先后顺序和主辅关系，错误地认定"被告先通过股权转让协议成为股东，再以股东身份签订对整合后公司的投资协议书"，其目的是为了否定上诉人及原审被告S甲以承债方式取得股权。

3. 上诉人和原审被告 S 甲承债式取得股权,已经依照《投资协议书》的约定承接和偿还了公司 3 亿元债务,不应再向被上诉人支付股权转让金。一审判决在承认当事人对股权转让金的价格没有约定,且没有对股权转让金价格进行确认的情况下,以"原告一直向被告追要转让款,故不能认定股权转让没有对价"为由,认定上诉人拒绝支付股权转让款的行为和意思已构成根本违约,并据此判令返还股权是错误的。

4. 一审法院未经其同意将不同的诉讼标的合并审理违反法律规定。请求撤销原判,依法改判驳回被上诉人的全部诉讼请求。

BS 甲、BS 乙、BS 丙答辩称:

1. 原审判决认定事实清楚、适用法律正确且程序合法。

2. 答辩人与被答辩人的股权转让协议系双方真实意思表示,并无欺诈、胁迫等违法情形存在,属合法有效之协议。

3. 答辩人已基于股权转让协议履行了对被答辩人的股权转让义务,但被答辩人在答辩人几经索款的情况下,对股权转让款项至今近两年之久分文未付且在原审明确拒绝履行,由此,被答辩人对答辩人已构成根本违约。双方之间的股权转让协议符合依法解除的条件,且被答辩人应依法向答辩人返还相应股权并协助答辩人在工商部门办理股权回转登记手续。

4. 关于股权转让款的问题。(1) 答辩人与被答辩人在股权转让协议中已明确约定,协议签字生效后即刻办理股权转让款项的交割手续。对此,一是体现了被答辩人应给付答辩人股权转让款;二是给付该款的时间是各方在协议上签字之后即刻办理。据此,被答辩人对股权转让款分文未付进而构成根本违约的事实毋庸置疑。(2) 股权转让协议根本未约定股权转让为无偿,由此,在未约定无偿的情况下,不能推定其为无偿。此外,对于上亿元的股权,答辩人也不可能将其白白拱手相送,因此,在被答辩人不能证实股权转让协议为无偿的情况下,理应支付股权转让费,而其分文未付拒不履行,属于根本违约。

5. 关于被答辩人依据双方 2010 年 4 月 3 日签订的投资协议主张承债式收购股权的问题。(1) 从法律关系上讲,该投资协议系被答辩人与强兴公司的另案投资纠纷,与本案被答辩人与答辩人个人之间的股权转让协议纠纷无关。此外,投资协议也未体现被答辩人不负有支付股权转让款的义务。(2) 被答辩人并非是以承债方式取得强兴公司股权。投资协议中根本没有约定其为承债收购。承债的直接表现方式就是承担债务,但本案中,依据投资协议约定,被答辩人仅是代偿债务,该代偿债务仍需强兴公司事后向其清偿。因此,即便其垫付或者代偿债务,被答辩人也自始未丧失债权利益,该代偿债务的行为根本不属于"承债"行为。

6. 对于被答辩人原审中提及的"以股抵债"问题。(1) 被答辩人是否基于投资协议代偿债务仅是针对公司的还债行为，与本案应否对答辩人个人支付股权转让费无关。(2) 被答辩人取得股权的方式是通过股权转让的方式受让取得，而非是以股抵债的方式抵债取得，而本案解决的恰恰是其受让股权而引发的股权转让纠纷，而非解决其因抵债取得股权的"以股抵债"纠纷，也就是说，本案与"以股抵债"分属不同案件。此外，被答辩人是否为强兴公司代偿债务以及代偿债务的数额，仅凭被答辩人自己出具的简单的财务资料，根本无法认证且与本案无关。因此，以股抵债的说法更是无从谈起。

7. 关于股权转让协议与投资协议签订的先后顺序问题。虽然从时间上看，投资协议书与股权转让协议都是在同一天签订的，但是从法律逻辑上分析，应当是被答辩人S甲、S乙先与答辩人BS甲、张某来、BS丙3人分别签订了股权转让协议，并取代BS甲、张某来、BS丙成为公司股东，再以整合后公司新股东的身份与BS甲签订投资协议书。否则，根本无法界定被答辩人投资的主体身份。此外，《投资协议书》中约定的S甲、S乙的现金出资义务，实际是在此二人成为强兴公司股东后，对公司增加投资，而并非其受让股权所应支付的转让金。

8. 关于被答辩人提及本案规避级别管辖不应合并审理的原审程序问题。(1) 被答辩人S甲、S乙是整体受让答辩人BS甲、BS乙、BS丙90%的股权份额，并取得控股股东的地位。对此，股权转让协议之所以未用股权份额表述，而以股权价值表述，目的就在于此。因此，答辩人BS甲、BS乙、BS丙与被答辩人S甲、S乙针对的是强兴公司90%股权的整体转让和受让，因此，本案的诉讼标的是同一的，本案不涉及合并审理的问题。(2) 无论本案是否涉及合并审理的问题，被答辩人在原审收到应诉通知后并未向法院提出过审理异议；在收到举证通知后，在举证期限内积极举证证明其实体问题；在签收开庭传票后，更是积极应诉，直至开庭前一直未提审理异议，被答辩人虽然在庭审中提及本案不应合并审理，但其更多的是发表了实体答辩意见和实体辩论意见，并就自己的实体主张积极向法庭陈述。由此，被答辩人已从行为上表明其充分认可本案的审理方式，其无权再提异议。而其之所以直到庭审现场才稍带提及审理异议，就是想视最后的审判结果而定如何应对，如其胜诉，其肯定会完全认可本案的审理方式没有任何问题；如其败诉，其也会以此为借口为二审做后手准备。(3) 退一步讲，假设本案涉及是否应合并审理的问题，从审理级别上讲，本案由河北省高级人民法院作为一审，并未"降低身份"。从法律规定上讲，上级法院也有权审理下级法院审理的案件。此外，本案一审已经过河北省高级人民法院的审理，审理过程繁琐之极，审判结果来之不易。因此，盲目地将本案以所谓的不应合并审理为由而重新审理的话，是在极大地浪费司法资源、提高审判成本、降低审判效率。原审判决并无不妥，请求维持原判。

关于一审法院查明的事实：

（1）对一审法院查明的"BS乙、BS丙与两被告签订的两份股权转让协议均约定两被告应于上述股权转让协议生效后即刻办理股权转让款项的交割手续"一节，因BS乙、BS丙仅与S乙一人签订了股权转让协议，并未与S甲签订转让协议，更未与S甲作出上述约定，因此，本院对此节事实不予认定。

（2）鉴于上诉人S甲、S乙庭审中认为，虽然被上诉人提供的张某来举报材料载明的打印落款时间是2010年4月21日，但张某来在2010年4月22日还在与S甲、S乙签订《协议书》进行友好合作，两上诉人认为载明的举报时间不合常理，因此，本院对一审法院查明的举报时间为2010年4月21日此节事实不作认定。

除上述两节事实外，本院认定一审法院查明的其他事实。

本院另查明，2010年4月3日，BS甲（甲方）、S甲（乙方）、S乙（丙方）签订的《转让协议书》仅有4个条文，分别约定："一、BS甲将其在强兴公司拥有的8463万元股份转让给S甲、BS甲将其在强兴公司拥有的6422万元股份转让给S乙。二、以上股权转让事项三方签字后交割完毕。三、受让方成为公司股东，以其出资额为限，依照法律、法规及公司章程规定，享有相应权利，承担相应义务。四、本协议经三方签字后，即刻生效，并一式四份。甲、乙、丙各一份，工商登记机关备案一份。"该《转让协议书》没有约定受让人S甲、S乙受让相应股权应支付给转让方BS甲的股权转让款数额及支付股权转让款的时间。

2010年4月3日，BS乙（甲方）、S乙（乙方）签订的《转让协议书》，以及BS丙（甲方）、S乙（乙方）签订的《转让协议书》仅有3个条文，分别约定："一、甲方经股东会议同意，将其在强兴公司拥有的326万元股份转让给乙方。乙方同意接受，并于本协议生效后即刻办理股份转让款项的交割手续。二、甲方不承担公司的任何债务，也不享有任何权利和利益。三、本协议经双方签字后，即刻生效，并一式三份。甲、乙双方各一份，工商登记机关备案一份。""一、甲方经股东会议同意，将其在强兴公司拥有的200万元股份转让给乙方。乙方同意接受，并于本协议生效后即刻办理股份转让款项的交割手续。二、甲方不承担公司的任何债务，也不享有任何权利和利益。三、本协议经双方签字后，即刻生效，并一式三份。甲、乙双方各一份，工商登记机关备案一份。"上述两份《转让协议书》中虽然有"乙方同意接受，并于本协议生效后即刻办理股份转让款项的交割手续"的表述，但也没有对股权转让价款数额作出明确的约定。

2010年4月3日，S甲（甲方）、S乙（乙方）、BS甲（丙方）（其法定代理人：张某来）签订的《投资协议书》第4条约定："注册资本及投资总额：注册资本仍延续强兴公司现注册资本，即 16 926 万元人民币，投资总额约 10 亿元人民币。"第 8 条约定："丙方应在本协议生效之日起三日内，办理完毕原强兴公司的股权变更手续，所需的各种文件一式三份。否则，承担违约责任。"第 13 条约定："调整甲乙丙三方的权利、义务，适用本协议约定和三方补充协议约定，其他任何协议包括工商注册备案的手续材料，不得与协议相抵。"丙方签字为 BS 甲，丙方法定代理人签字为张某来。

2010 年 4 月 3 日，BS 甲（丙方）与 S 甲（甲方）、S 乙（乙方）签订的《投资补充协议书》，丙方载明为"丙方：BS 甲法定代理人：张某来"，落款处丙方签有"BS 甲"字样，法定代理人处签有"张某来"字样。

2010 年 4 月 22 日，S 甲（甲方）、S 乙（乙方）与 BS 甲（丙方）、张某来（丁方）签订的《协议书》载明，强兴公司负债 4.9 亿元人民币，资金严重短缺，已无力经营一线生产和二线建设，急需吸收外来资金，故甲乙两方决定投资入股。该《协议书》第 2 条约定："强兴公司现有的一线全部资产……经三方确认作价为 3 亿元人民币。甲、乙两方现金投资 3 亿元人民币，用于偿还强兴公司外债。甲、乙、丙三方在强兴公司股权比例分配如下：甲方占 50% 的股权，乙方占 40% 的股权，丙方占 10% 的股权。"第 4 条约定："本协议签订前，强兴公司的所有债务经甲、乙、丙三方审核后确认为 4.9 亿元人民币。此笔 4.9 亿元人民币的公司债务由甲、乙两方负责偿还 3 亿元……"第 13 条约定："调整甲、乙、丙三方的权利、义务，适用本协议约定和三方的补充协议约定，其他任何协议包括工商注册备案的手续材料，不得与本协议相抵，如有抵触以本协议为准。"第 15 条约定："2010 年 4 月 3 日所签协议与本协议内容不一致的，以本协议内容为准。"

张某来系 BS 甲的父亲、BS 乙的哥哥；BS 丙系跟随张某来十几年的高级管理人员。举报材料载明的举报人为张某来。两上诉人提交的《中共唐山市委督查室关于张某来反映 S 甲、S 乙、刘某远涉嫌合同诈骗问题的调查报告》中载明，"据查，强兴公司……原属张某来、BS 甲父子的私营企业……为维持强兴公司正常生产经营，张某来、BS 甲父子曾向社会、金融机构、公司员工及有关企业大量借债。2010 年 3 月份，企业因资产负债率高达 160% 而停产。之后，张某来寻求扩股增资盘活企业……张某来与 S 甲、S 乙二人正式商谈投资入股事宜……" 3 被上诉人提交的证据体现，2006 年 6 月 9 日唐山曙光实业集团有限公司作为转让方将其对强兴公司享有的股权分别转让给 BS 甲（96.9%）、BS 乙（2%）、BS 丙（1.1%），转让方法定代表人为张某来，相关《股份转让协议书》中亦未体现股权转让价款。

3 被上诉人 BS 甲、BS 乙、BS 丙二审答辩中就是否应当合并审理时称："被答辩人 S 甲、S 乙是整体受让答辩人 BS 甲、BS 乙、BS 丙 90% 的股权份额，并取得控股股东的地位……答辩人 BS 甲、BS 乙、BS 丙与被答辩人 S 甲、S 乙针对的是强兴公司90%股权的整体转让和受让，因此，本案的诉讼标的是同一的，本案不涉及合并审理的问题。"3 被上诉人的共同委托代理人和BS甲的另一委托代理人庭审时亦表示："明显本案股权转让是整体转让和受让，缺少任一个，另两个都不可能转让，所以本案诉讼标的只有一个而不是多个。""虽然形式上是3个协议，但是股东会决议等来看是一个整体转让，签订日期是同一天，签订后两方退出，如果其中一个不转让，整体的转让是不能成立的，所以实质内容上是一个整体的转让问题，合并审理不存在问题。"

在一、二审审理中，S甲、S乙为证明本案所涉股权转让为承债式受让股权，向法院出具了其向强兴公司转入资金316 594 130元的凭证，以及以此款偿还了强兴公司所欠借款（高息）、吸股（高息）、古冶基金会借款、预收熟料款、账面其他应付款等共计316 101 828.90元的相关凭证。BS甲、BS乙、BS丙认为上述证据系S甲、S乙与强兴公司之间的法律关系，与本案股权转让纠纷无关，拒绝予以质证。

本院经审理认为，本案争议焦点有二：一是S甲、S乙是否应当依据约定支付股权对价款，不履行支付股权对价款义务是否构成严重违约，是否应当判决解除转让合同；二是本案所涉及转让的股权是否为共同的诉讼标的，是否应当合并审理。

（一）S甲、S乙是否应当依据约定支付股权对价款，不履行支付股权对价款义务是否构成严重违约，是否应当判决解除转让合同

1. BS甲主张S甲、S乙不履行支付股权对价款义务构成严重违约没有事实和法律依据。BS甲与S甲、S乙签订的股权《转让协议书》中，不仅没有约定受让方S甲、S乙应当支付的股权转让款数额，而且也没有约定受让方S甲、S乙应当履行支付转让款的时间和履行方式等义务。协议书中载明的"拥有的股份8 463万元股份""拥有的股份6 422万元股份"，应是双方对所转让股份标的的描述，而非对股权转让价款的约定。被上诉人BS甲关于上述表述即为双方约定的股权转让款的抗辩，本院不予支持。退一步讲，即使根据《合同法》的规定，对一般情况下当事人就价款、质量、履行地点等内容没有约定或者约定不明确的，可以通过协议补充或者按照合同有关条款或者交易习惯确定等方式进行补救，但就本案而言，一是没有证据证明双方对合同转让价款及履行义务等事后达成了补充协议；二是因本案所涉股权转让协议签订时，强兴公司已属于严重资不抵债，股权价值为负，如果没有特别约定，很难得出受让人应当支付高额转让款项的结论。更何况，从当事人诉辩来看，本案并非一般情况下当事人对价款等内容没有约定或者约定不明的情形，本案两个受让人自始主张其受让股权系基于承债式受让，不存在有偿受让股权问题。作为股权转让方在转让其重大资产即签订股权转让协议时，一般情况下不可能不对受让人应当支付的股权对价款数额和支付时间、方式等义务作出有效安排，而仅约定简单几个

条文。因此，本案原审原告BS甲在《转让协议书》没有约定受让方应当支付的股权转让款数额和支付转让款的时间、履行方式等支付对价义务的情况下，以两原审被告S甲、S乙拒绝履行支付股权转让款构成根本违约为由，主张解除股权转让协议，没有事实和法律依据。

2. BS乙、BS丙主张S乙不履行支付股权对价款义务构成严重违约，亦无事实和法律依据。BS乙与S乙、BS丙与S乙分别签订的两份股权《转让协议书》亦未对所涉股权转让价款作出约定。协议书中载明的"拥有的326万元股份""拥有的200万元股份"，应是双方对所转让股份标的的描述，而非对股权转让价款的约定。被上诉人BS乙、BS丙关于上述表述即为双方约定的股权转让款的抗辩，本院亦不予支持。虽然上述两份《转让协议书》中有"乙方同意接受，并于本协议生效后即刻办理股份转让款项的交割手续"的字样，但是，（1）鉴于BS乙、BS丙在针对本案是否应当合并审理的答辩中一再强调"虽然本案所涉股权转让涉及3个转让协议，但从股东会决议等来看，实质上系整体转让和受让，诉讼标的是同一的，缺少任一个，另两个都不可能转让"；（2）该两份《转让协议书》所涉转让股份仅占强兴公司股份的3.1%，强兴公司高达86.9%的股份转让体现在BS甲与S甲、S乙签订的《转让协议书》中；（3）从2006年6月9日唐山曙光实业集团有限公司作为转让方将其对强兴公司享有的股权分别转让给BS甲（96.9%）、BS乙（2%）、BS丙（1.1%），转让方法定代表人为张某来，相关《股份转让协议书》中未体现股权转让价款，以及张某来与BS甲的父子关系、与BS乙的兄弟关系，以及张某来代为或参与签订了本案所涉多份合同，以及举报人是张某来等事实看，张某来应当可以认定为强兴公司的实际控制人；（4）BS乙、BS丙亦无证据证明在强兴公司严重资不抵债情况下各方对所转让给S乙的强兴公司3.1%股权的转让款具体数额作出了明确约定或者补充约定。因此，BS乙、BS丙仅基于其与S乙签订的《转让协议书》中载明的"乙方同意接受，并于本协议生效后即刻办理股份转让款项的交割手续"字样，以S乙拒绝履行支付股权转让款构成根本违约为由，主张解除股权转让协议，亦无事实和法律依据。

综上，原审法院在BS甲、BS乙、BS丙主张S甲、S乙应当按照各方约定支付股权对价款的情况下，将股权转让没有对价的举证责任分配给原审被告，显属举证责任分配不当。原审法院关于"被告主张实际履行的是《投资协议书》……股权转让协议仅是办理股权变更登记的手续，是形式，没有对价，两被告对90%股权的受让应以投资协议约定的偿债数额为准，属于承债式受让。对此被告没有证据支持其主张"。"股权转让协议和投资协议中没有明确说明股权转让没有对价，在2010年4月3日原、被告签订股权转让协议时，虽然强兴公司属资不抵债，但并不能必然推断出该公司股权没有价值及该公司没有发展前景,并且股权价款是可协商的,且原告一直向被告追要转让款,故不能认定股权转让没有对价"等认定,不符合法律规定。根据《民事诉讼法》第64条的规定,作为原审原告的BS甲、BS乙、BS丙,对其自己提出的主张,有责任提供证据。如3原告无法举证证明各方对受让人应当支付的股权转让对价款和其他应当履行的义务形成了合意,或者无法举证证明股权转让时存有价值的,应当承担举证不能的法律后果。原审法院将当事人之间签订的股权转让协议书和投资协议等大量相关事实简单割裂开来处理不当。即使根据现有证据尚无法认定S甲、S乙系承债式受让股权,但在各方签订的《转让协议书》对股权价款未作约定、且强兴公司严重资不抵债的情况下,也很难得出受让人S甲、S乙拒绝履行支付股权对价款已构成严重违约的结论。原审法院以S甲、S乙拒绝支付股权对价款已构成根本违约为由判决解除股权转让协议,于法无据,本院依法予以纠正。

(二)本案所涉转让的股权是否为共同的诉讼标的,是否应当合并审理

BS甲、BS乙、BS丙将其各自享有的对强兴公司的有关股权分别转让给S甲、S乙,转让的标的并非是共同的诉讼标的,而是同一种类的诉讼标的。被上诉人BS甲、BS乙、BS丙关于本案所涉诉讼标的是同一标的的答辩理由,本院不予采信。根据《中华人民共和国民事诉讼法》第52条的规定,当事人一方或者双方为二人以上、诉讼标的是同一种类、人民法院认为可以合并审理的,在经当事人同意的情况下,可以作为共同诉讼合并审理。本案原审法院未经当事人同意即将不同诉讼标的合并审理,确属不当。但从诉讼经济的角度出发,本案不再仅以此为由发回原审法院重审。

综上,原审法院认定事实错误,适用法律不当,本院依据《中华人民共和国合同法》第6条、第60条,《中华人民共和国民事诉讼法》第64条、第170条第1款第2项、第175条的规定,判决如下:

1. 撤销河北省高级人民法院(2011)冀民二初字第15号民事判决;
2. 驳回BS甲、BS乙、BS丙的诉讼请求。

一、二审案件受理费各803 470元,由BS甲负担96.9%,BS乙负担2%,BS丙负担1.1%。

本判决为终审判决。

审判长　刘　敏
代理审判员　赵　柯
代理审判员　杜　军
二〇一三年六月二十一日

【裁判文书点评】

股份转让合同应当具有完备的要素，合同主体、转让标的、价款、转让时间或期限、协助义务、标的之权利承诺、违约责任等要素应当齐全，合同文本的表述应当准确、明晰、无歧义。但是，本案中的股权转让合同没有对"价款"这一要素进行约定。没有约定转让价款，关于价款和违约的举证责任在哪一方呢？本案中，二审法院对这些问题进行了与一审法院不同的认定和推理。二审法院认为，关于价款的举证责任在主张者一方，符合"谁主张谁举证"的法律规定。因此不难看出，一审法院分配举证责任错误。

本案中，《中华工商时报》的报道对二审判决没有产生影响。《中华工商时报》于2011年8月23日以《是经济纠纷还是合同诈骗》对该事件进行了报道。2011年11月，BS甲、BS乙、BS丙诉至河北省高级人民法院。这种通过媒体造势配合诉讼的方法，在现实中曾经取得一定的作用。现实是，我国人民法院的独立性越来越强，通过报纸等舆论工具影响司法审判的可能性越来越小。作为法律专业人士，对媒体关于案件的报道永远都应持谨慎态度，因为一方面，离开了对案件证据的全面占有和研究，就不应有对案件的专业评判；另一方面，即使作为一方的代理律师参与法庭的审判，也有义务对人民法院的裁判保持尊重，不应发表与身份不符的言论。

[380] 出资纠纷再审民事裁定书（被注销企业接受出资）【☆☆☆☆】

黄山金马集团有限公司因中国环境保护公司与黄山金马股份有限公司出资纠纷再审民事裁定书①

申诉人（案外人）：黄山金马集团有限公司。

被申诉人（一审原告、二审上诉人）：中国环境保护公司。

被申诉人（一审被告、二审被上诉人）：黄山金马股份有限公司。

案外人黄山金马集团有限公司（以下简称金马集团）因中国环境保护公司（以下简称环保公司）与黄山金马股份有限公司（以下简称金马股份公司）出资纠纷一案，不服北京市高级人民法院（2007）高民终字第664号民事裁定，向本院申诉。本院于2012年12月28日作出（2012）民监字第538号民事裁定，决定对本案提审。现已审理终结。

环保公司以金马股份公司是"新型太阳能光伏水泵系统"国债项目的实施单位，

---

① 参见最高人民法院（2013）民提字第42号民事裁定书。有删节，人名和住所等信息已做技术处理。

并实际使用该国债资金为由,以金马股份公司为被告,向北京市第一中级人民法院提起诉讼。请求法院判决:

1. 金马股份公司返还投资资金1 000万元;
2. 金马股份公司承担本案诉讼费用。

北京市第一中级人民法院(以下简称一审法院)经审理查明:1999年,原国家计委和财政部联合下发《关于国家资本金出资人代表有关问题的通知》(计高技〔1999〕2252号)的文件,确定由中国节能投资公司(以下简称节能公司)作为安徽省朝阳微电机厂(以下简称朝阳微电机厂)"新型太阳能光伏水泵系统"国债项目中央财政预算内专项资金国家资本金出资人代表,在项目建成投产后,履行出资人的权利和义务。

2000年3月3日,朝阳微电机厂与节能公司签订《协议书》约定:根据国家计委、财政部关于1999年国债资金项目安排的有关精神,乙方(即节能公司)作为国家出资人投资新型太阳能光伏水泵系统产业化示范工程项目,将国债资金1 000万元作为股本金与甲方(即朝阳微电机厂)合资设立有限公司(名称待定);乙方按照国家计委、财政部的有关要求,将上述国债资金及时拨付到甲方指定国债资金专用账户上;本协议签订后,经协商,委托双方认可的有资质的资产评估机构对甲方投入的资产进行评估,确认其出资额,总股本确定后即开始办理合资公司正式注册手续;甲方应保证此笔资金的安全性并专款专用于上述国债项目,不得挪作他用,否则将承担一切责任,并有义务按财政部的规定,及时提供基建进度表和财务报表。

2002年8月23日,节能公司下发节投〔2002〕64号文件《关于将上海市离心机械研究所等49个国债项目资金划转为环保公司资本金的通知》,决定将节能公司国债项目国家资本金45 320万元转增为环保公司法人资本金,由环保公司作为股东与上海市离心机械研究所等单位共同组建公司,其中包括朝阳微电机厂的1 000万元。

朝阳微电机厂新型太阳能光伏水泵系统产业化示范工程项目于2004年8月18日竣工验收。

一审法院走访了国务院国有资产监督管理委员会,对环保公司是否可以行使国家出资人职责问题进行了咨询,国务院国有资产监督管理委员会对此问题给予了肯定的答复,即环保公司可以行使国家出资人职责,环保公司作为本案原告适格。

一审法院认为:节能公司依据原国家计委和财政部联合下发的《关于国家资本金出资人代表有关问题的通知》(计高技〔1999〕2252号)的文件规定,作为朝阳微电机厂"新型太阳能光伏水泵系统"国债项目中央财政预算内专项资金国家资本金出资人代表,于2000年3月13日(800万元)、4月11日(200万元)分两批将

1 000万元国债资金全部拨付到朝阳微电机厂开设的银行专户内。2004年8月18日，该国债项目通过了安徽省计委组织的验收。作为被投资主体朝阳微电机厂虽然于1998年被工商部门注销，但其却一直在工商部门进行年检，直至2004年9月才因未参加2003年度年检被工商部门吊销营业执照。由此可见，朝阳微电机厂具有法律意义上的主体资格，现环保公司起诉要求金马公司返还投资款，无事实及法律依据，不予支持。一审法院依照《中华人民共和国民事诉讼法》第108条第2项、第140条第1款第3项和第2款，最高人民法院《关于适用〈中华人民共和国民事诉讼法〉若干问题的意见》第139条之规定，作出（2006）一中民初字第11346号民事裁定，驳回中国环境保护公司对黄山金马股份有限公司的起诉。

环保公司不服一审裁定，向北京市高级人民法院（以下简称二审法院）上诉称：一审裁定认定事实不清，适用法律不当。一审裁定一方面认定朝阳微电机厂已于1998年注销，另一方面又认定其一直在工商部门进行年检，这一认定本身自相矛盾。1998年朝阳微电机厂注销后整体并入金马股份公司，企业资产注入金马股份公司，与金马股份公司混同，没有民事责任能力，其民事责任应由金马股份公司承担。事实依据在于：

1. 环保公司一审提供的证据"企业申请注销理由"清楚表明，1998年朝阳微电机厂并入金马集团。

2. 2000年形式上存在的朝阳微电机厂以"新型太阳能光伏水泵系统示范工程项目"名义获得了国家1 000万元的国债资金，但这一国债资金所资助的项目却出现在了金马股份公司的年报与审计报告中。

3. 环保公司一审提供的证据显示，诉争1 000万元国债资金分两笔分别打入了安徽省朝阳微电机厂、黄山金马股份有限公司朝阳微电机厂两个账户。黄山金马股份有限公司朝阳微电机厂2000年取得了诉争国债项目资产，负责实施诉争国债项目。

4. 安徽省朝阳微电机厂与黄山金马股份有限公司朝阳微电机厂为同一主体，金马股份公司对此也是认可的。

金马股份公司答辩称：一审裁定认定事实清楚，环保公司的上诉事实和理由不能成立。

1. 安徽省朝阳微电机厂2000年的企业法人营业执照、2003年9月15日祁门县政府下发的关于安徽省朝阳微电机厂法定代表人任免通知、2004年9月3日祁门县工商行政管理局对安徽省朝阳微电机厂作出的吊销营业执照的行政处罚决定书等证据，都证明安徽省朝阳微电机厂并未于1998年注销。

2. 环保公司未提供证据证明安徽省朝阳微电机厂整体及资产全部并入金马股份公司。

3. 安徽省朝阳微电机厂与黄山金马股份有限公司朝阳微电机厂是两个完全不同的主体，环保公司关于安徽省朝阳微电机厂的资产已经与金马股份公司混同的主张不能成立。

4. 黄山金马股份有限公司朝阳微电机厂实施的新型太阳能光伏水泵项目与朝阳微电机厂承担的项目无任何直接关系，并非同一项目。

5. 诉争国债资金由节能公司拨付给了安徽省朝阳微电机厂，金马股份公司并未取得诉争国债资金，更不存在享有其资金利益的事实，因此相应的法律责任应由安徽省朝阳微电机厂独立承担。

二审法院经审理查明：1999年10月11日，国家计委以计高技〔1999〕1587号批复批准安徽省计委《关于报送新型太阳能光伏水泵系统产业化示范工程可行性研究的请示》，同意由国家投资1000万元，由朝阳微电机厂承担新型太阳能光伏水泵系统产业化示范工程项目（以下简称国债项目）建设。1999年12月，国家计委、财政部以计高技〔1999〕2252号文确定，由节能公司作为国债项目国家资本金出资人代表。国债资金1000万元已经足额投入，国债项目也于2004年8月18日通过验收。

1998年3月12日，朝阳微电机厂因被金马集团兼并而申请注销登记，祁门县工商行政管理局于同年3月15日核准注销登记。但祁门县工商行政管理局未收回朝阳微电机厂的公章和营业执照，并继续对朝阳微电机厂的企业法人营业执照进行年检，直至2004年9月3日才以未进行2003年度年检为由吊销朝阳微电机厂的营业执照。朝阳微电机厂在核准注销登记后，仍然以自己的名义就国债项目签订协议、申请验收等。

金马集团兼并朝阳微电机厂后，将其包括朝阳微电机厂在内的资产评估为326 728 130.98元，其中包括负债188 378 213.96元和净资产138 349 917.02元，与杭州永磁集团有限公司、黄山徽新金塑有限公司、中国兵器工业第二一四研究所、黄山普乐房地产开发公司共同发起成立了金马公司，金马集团占出资比例的98.16%。

以上事实，有国家计委计高技〔1999〕1587号文件，国家计委、财政部计高技〔1999〕2252号文件，节能公司节投〔2002〕64号文件，朝阳微电机厂与节能公司的协议书、收据、进账单、国债项目竣工验收材料，企业申请注销登记注册书、资产评估报告书、验资报告，安徽省国有资产管理局皖国资评字〔1998〕116号文件，安徽省祁门县工商行政管理局工商企处字〔2004〕第41号行政处罚决定书，以及双方当事人的陈述等证据在案佐证。

二审法院认为：企业法人作为民事主体资格，始于开业登记、领取营业执照，终于被工商行政管理机关核准注销。朝阳微电机厂于1998年3月15日已经被安徽省祁门县工商行政管理局核准注销，其民事主体资格已依法终止。因此，金马股份公司关于朝阳微电机厂并未于1998年注销的答辩意见与事实不符，该院不予支持。朝阳微电机厂陈述"企业申请注销理由"时称，其已并入金马集团，并已将债权债务清理完毕，交由金马集团承担。金马集团将包括朝阳微电机厂在内的资产，与杭州永磁集团有限公司、黄山徽新金塑有限公司、中国兵器工业第二一四研究所、黄山普乐房地产开发公司共同发起成立了金马股份公司。金马股份公司因此是否应当承担朝阳微电机厂包括本案国债资金在内的债务，是本案争议的焦点。金马股份公司并非由安徽朝阳微电机厂改制而成，而是由金马集团与其他4家法人单位共同投资新设成立的独立企业法人，对发起人投入的资产享有所有权。安徽朝阳微电机厂的资产在被投入金马集团前，已经被金马集团兼并，并因此增加了金马集团的资产规模。因此，投入到金马股份公司的原安徽朝阳微电机厂的资产，已经在投资前转变成金马集团的资产，与朝阳微电机厂不存在法律上的联系。金马集团以其兼并的安徽朝阳微电机厂的资产出资，与安徽朝阳微电机厂不存在法律上的联系。由此可见，金马集团以其兼并的安徽朝阳微电机厂的资产出资，与安徽朝阳微电机厂以其优质资产出资，虽然在资产形式上相同，但在法律性质上是有本质区别的。金马集团以其兼并的朝阳微电机厂的资产出资新设成立金马股份公司，被兼并的朝阳微电机厂的债务应由兼并企业金马集团承担，金马股份公司作为各股东投资新设立的目标公司对该债务不承担清偿责任。一审法院以环保公司起诉要求金马公司返回投资款无事实和法律依据为由，裁定驳回环保公司的起诉，并无不当，应予维持。二审法院依据《中华人民共和国民事诉讼法》第154条的规定，于2007年12月7日作出(2007)高民终字第664号民事裁定，驳回上诉，维持原裁定。

案外人金马集团于2012年9月向本院申诉称：

1. 原审法院在未通知申诉人参加诉讼亦未送达上诉状副本、剥夺申诉人各项诉权的情况下，作出裁定认定申诉人承担朝阳微电机厂的债务，主要证据未经质证，剥夺当事人的辩论权利，违反《民事诉讼法》规定，裁定确有错误，应予撤销。

2. 裁定应针对程序性问题的审理，而不应该有实体判定，原审裁定确有不当。

3. 申诉人有新的证据足以证明该裁定实体认定违法。

环保公司未提交书面答辩意见。

本院查明：环保公司于2008年3月31日以金马集团为被告，向北京市第一中级人民法院提起诉讼，以朝阳微电机厂于1998年注销并入金马集团为由，请求法院判决金马集团返还国债资金及利息。北京市第一中级人民法院于2009年12月14日作出(2008)一中民初字第14895号民事判决，判令金马集团返还环保公司国债项目资金人民币1000万元。判决书中载明："关于金马集团公司作为本案诉讼主体的问题，已生效的北京市高级人民法院(2007)高民终字第664号民事裁定，认定安徽省朝阳微电机厂于1998年3月15日已经被安徽省祁门县工商行政管理局核准注销，其民事主体资格已依法终止。祁门县工商行政管理局于2009年7月6日出具的关于安徽省朝阳微电机厂于2004年9月3日因未办理2003年度年检，被该局依法吊销营业执照的证明，不能推翻已生效的北京市高级人民法院（2007）高民终字第664号民事裁定关于安徽省朝阳微电机厂已依法被注销的事实的认定。已生效的北京市高级人民法院（2007）高民终字第664号民事裁定，认定被兼并的安徽省朝阳微电机厂的债务应由兼并企业金马集团公司承担，故金马集团公司作为本案的诉讼主体适格。金马集团公司关于其不是安徽省朝阳微电机厂的债务的承担主体的抗辩主张，没有事实根据，本院不予支持。"

金马集团不服一审判决，向北京市高级人民法院提起上诉。北京市高级人民法院于2010年12月6日作出（2010）高民终字第561号民事判决，驳回上诉，维持原判。金马集团不服二审判决，向最高人民法院申请再审。最高人民法院于2011年8月31日作出（2010）民申字第1828号民事裁定，指令北京市高级人民法院再审。北京市高级人民法院于2012年3月20日作出（2011）高民再终字第3376号民事判决，维持二审判决。金马集团不服北京市高级人民法院再审判决，向本院提出申诉，本院于2013年2月6日作出（2012）民监字第539号民事裁定，再次指令北京市高级人民法院再审。

本院认为：结合金马集团和环保公司的诉辩意见，可归纳出本案争议焦点有三：一是被告的诉讼主体资格问题；二是二审生效裁判文书的效力范围问题；三是案外人权利保护问题。

关于被告的诉讼主体资格问题。二审生效裁定以金马股份公司不应列为本案被告为由，驳回原告环保公司起诉。最高人民法院《关于适用〈中华人民共和国民事诉讼法〉若干问题的意见》第139条规定："起诉不符合受理条件的，人民法院应当裁定不予受理。立案后发现起诉不符合受理条件的，裁定驳回起诉。"上述条文说明，不予受理和驳回起诉的裁定都应适用于不符合受理条件的案件。本案应否驳回原告环保公司的起诉，应审查案件是否符合法律规定的受理条件。

2007年《中华人民共和国民事诉讼法》第108条规定："起诉必须符合下列条件：（一）原告是与本案有直接利害关系的公民、法人和其他组织；（二）有明确的被告；（三）有具体的诉讼请求和事实、理由；（四）属于人民法院受理民事诉讼的范围和受诉人民法院管辖。"此条规定为原告起诉的条件，从法院立案工作角度而言，也是法院受理民事案件的条件。《民事诉讼法》对受理条件的规定，首先要求原告与案件有直接利害关系，此为原告的主体资格问题，也称为原告的"适格性"，即适格原告应当是争议的法律关系的主体。但民事诉讼法对被告的主体资格问题规定与之不同，仅要求起诉时"有明确的被告"，即原告能够提供被告住所地或住址、联系方式等信息，证明被告真实存在。至于被告是否为争议的法律关系主体、是否应当承担民事责任，并非人民法院审查受理时应当解决的问题。简言之，被告不存在是否"适格"的问题，仅存在是否"明确"的问题。人民法院不应以被告不是争议的法律关系中的义务主体或责任主体为由，裁定驳回原告对被告的起诉。只要原告提出了明确的被告，且符合其他起诉条件，人民法院就应当受理并进入实体审理程序，以判决形式对双方权利义务和民事责任作出裁判。如果人民法院经过依法审理，最终确认被告不应承担民事责任，可以判决驳回原告的诉讼请求。本案二审法院以金马股份公司不应当对环保公司主张的国债资金承担清偿责任为由，驳回环保公司的起诉，在程序适用上确有不当。

关于二审生效裁判的效力范围问题。民事案件审理终结后，人民法院应当在裁判文书中对双方当事人之间产生争议的法律事实作出清楚的认定，对权利义务关系作出准确的判断，此种认定在裁判文书生效后产生相应的法律效力。裁判文书的效力分为对人效力和对事效力。在对人方面，裁判文书应当只约束参加诉讼的原、被告和第三人等诉讼主体，对没有参加到诉讼中的民事主体，裁判文书不应当对其权利义务作出认定。如果人民法院审理中认为其他民事主体与案件具有利害关系或应当承担法律责任，可在释明后，追加为案件当事人。在对事方面，裁判文书只解决当事人之间发生争议的法律关系，案件的审理应围绕诉讼标的进行，审理对象应限于原告起诉及被告答辩的内容，对原告没有提起的诉请，法院不得自行予以认定。对没有参加到诉讼中来的民事主体与当事人一方或双方间的法律关系，也不属于裁判文书应当界定的对象。

本案二审裁定中对案外人金马集团的民事义务和责任进行了认定，并且实际影响到了金马集团的利益。具体表现在环保公司诉金马集团出资纠纷一案中，北京市第一中级人民法院（2008）一中民初字第14895号民事判决中认定："已生效的北京市高级人民法院（2007）高民终字第664号民事裁定认定被兼并的安徽省朝阳微电机厂的债务应由兼并企业金马集团公司承担，故金马集团公司作为本案的诉讼主体适格。金马集团公司关于其不是安徽省朝阳微电机厂的债务的承担主体的抗辩主张，没有事实根据，本院不予支持。"可见，此判决以本案二审生效裁定中认定的"被兼并的朝阳微电机厂的债务应由兼并企业金马集团承担"作为其裁判理由之一。金马集团利益因此受到实质性的影响，有权对本案提出申诉。

关于案外人金马集团的权利保护问题。从诉讼权利角度而言，金马集团并非原审案件的当事人，二审生效裁定判项中也并未实际确定或处分金马集团的权利或利益。一般情况下，金马集团在原审审理中并不享有或承担出庭、举证和质证等诉讼权利及义务。但二审生效裁定裁决理由部分认定"被兼并的朝阳微电机厂的债务应由兼并企业金马集团承担",二审法院在没有通知或追加金马集团参加诉讼的情况下,对金马集团的民事责任作出认定,且该认定在另案中被引用作为金马集团应承担朝阳微电机厂债务的理由之一,金马集团的利益受到了实质性的影响,却没有获得出庭应诉、发表意见和举证质证的诉讼权利,其诉讼权利没有得到实现。原审法院在没有听取金马集团陈述答辩意见、组织其参加质证的情况下认定的事实,难以保证其真实性与可靠性。

从实体权利角度而言,民事裁定中不应对实体权利作出认定。2007年《中华人民共和国民事诉讼法》第140条对裁定的适用范围规定了11种情形,均为对受理、管辖等诉讼程序性问题进行的处理。民事裁定书中不应对实体权利义务等问题作出认定。二审法院以裁定书的形式认定金马集团对国债资金的偿还义务也有不当。二审裁定认定被兼并的朝阳微电机厂的债务应由兼并企业金马集团承担,金马股份公司作为各股东投资新设立的目标公司,对该债务不承担清偿责任,不仅仅属于诉讼主体资格问题,已经涉及对案件实体问题的审理。民事裁定书仅适用于程序性事项,原审在对民事责任承担等实体问题作出认定后,又以裁定形式驳回起诉,确有不当。

综上,原审裁定违反法定程序,申诉人申诉理由部分成立。本院根据《中华人民共和国民事诉讼法》第207条之规定,裁定如下:

1. 撤销北京市高级人民法院(2007)高民终字第664号民事裁定和北京市第一中级人民法院(2006)一中民初字第11346号民事裁定;
2. 本案由北京市第一中级人民法院审理。

本裁定为终审裁定。

审判长　王宪森
审判员　殷　媛
审判员　杨征宇
二〇一三年六月七日

【裁判文书点评】

已经被注销的企业仍然能够接受出资,表明该企业并未按照法律规定履行企业注销手续。我国企业登记管理机关在企业吊销、注销管理方面的乱象,由本案可见一斑。也由此可以理解法律尽职调查在股权投资中的作用。

本案的特殊性,在于投入的资金不是一般的私有财产,而是具有官方色彩的大额资金。官方资金的投放和运营,因为监管力度较小,成为不少人觊觎的"唐僧肉"。以各种方式侵吞国有资产，是我国股权投资领域需要重视的现象。

[381] 股权转让纠纷再审民事裁定书（股权转让合同的审批）【☆☆☆☆】

中鑫投资公司、仙源房地产公司股权（权益）转让纠纷再审民事裁定书①

再审申请人（一审被告、二审上诉人）：中鑫投资公司。

再审被申请人（一审原告、二审被上诉人）：仙源房地产公司。

原审被上诉人（一审被告）：远兴房产公司。

原审被上诉人（一审被告）：中投理财公司。

再审申请人中鑫投资公司因与再审被申请人仙源房地产公司、原审被上诉人远兴房产公司、原审被上诉人中投理财公司股权（权益）转让纠纷一案，不服广东省高级人民法院（以下简称二审法院）于2009年3月10日作出的（2008）粤高法民四终字第323号民事判决，向本院申请再审。本院依法组成合议庭进行了审查，现已审查完毕。

仙源房地产公司向广东省广州市中级人民法院（以下简称一审法院）起诉称：中鑫投资公司和中投理财公司于2007年1月9日经竞拍获得远兴房产公司百分之百的出资额及权益，并在广州产权交易所（以下简称产交所）的见证下，与远兴房产公司的原出资人签订了《出资额及权益转让合同》。中鑫投资公司受让上述权益后，于2007年4月28日与仙源房地产公司签订了《远兴房产公司股权转让及项目合作合同》（以下简称《股权转让及项目合作合同》），约定中鑫投资公司将其持有的远兴房产公司28.5%的股权转让给仙源房地产公司，并在中鑫投资公司与远兴房产公司原股东的过户手续完成后3日内办理相关的工商登记变更手续，如逾期办理，违约金为每天1‰。以上合同签订后，仙源房地产公司依约支付了受让股权价款，中鑫投资公司与远兴房产公司原股东的股权过户手续亦于2007年7月24日办理完毕，但中鑫投资公司经仙源房地产公司多次催促，却一直未办理股权变更手续，给仙源房地产公司造成了严重经济损失。请求判令：（1）中鑫投资公司、远兴房产公司和中投理财公司立即办理将中鑫投资公司所持有的远兴房产公司28.5%的权益变更至仙源房地产公司名下的工商登记变更手续；（2）中鑫投资公司按每天1‰的标准支付逾期履行违约金至办理工商登记变更手续之日（由2007年7月28日起暂计至2007年11月27日的违约金数额为人民币516万元）；（3）中鑫投资公司将远兴房产公司房产项目有关证照，即该房产项目的国有土地使用权证原件交由仙源房地产公司保管。

---

① 参见最高人民法院（2009）民申字第1068号民事裁定书。有删节，人名与住所等信息已经过技术处理。

一审法院经审理查明：

中鑫投资公司原名"广东中大中乾投资策划有限公司"（以下简称中乾公司），2007年1月26日，经广东省工商行政管理局核准更名为现名。远兴房产公司是于1993年8月18日在广州市注册成立的中外（香港）合作经营房地产开发项目公司，系有限责任公司，经营范围包括"在德政南路19—49号、福行街22—28号地段开发、建设、销售、出租和管理自建的商品楼宇"（以下简称讼争房产项目），其成立时的中外合作双方分别为广州市二轻房产开发公司（以下简称二轻房产）和香港卓康发展有限公司（以下简称香港卓康）。

2007年1月9日，二轻房产为甲方，香港卓康为乙方，中乾公司为丙方，中投理财公司为丁方，在产交所的见证下签订了1份《出资额及权益转让合同》。合同称，鉴于甲方作为标的公司（远兴房产公司）的中方出资人，乙方作为外方出资人，基于其所投入的注册资金和土地使用权等合作条件而分别取得标的公司"环球大厦"项目，建成后甲方占40%、乙方占60%建筑面积的分配权利，丙、丁两方愿意受让甲、乙两方对标的公司的全部出资额及权益，并同意按照法律规定和合同约定履行义务；转让标的为远兴房产公司中外合作双方全部出资额与权益，及其在远兴房产公司的章程和合作合同及相应修改文件项下的全部权利和义务；转让价格为丙、丁方竞买的价格即人民币8500万元，丙、丁方同意于合同签订后20日内付清该款，其中合同签订后10日内付清该款的50%，即人民币4250万元；为保证交易的顺利进行，合同四方特委托产交所对交易资金进行监管结算，丙、丁方应按照约定时间将应付款划入产交所的监管账户；除支付转让价款外，丙、丁方还须承担标的公司的债务人民币250万元和支付之前由乙方垫支的标的公司档案保证金和市政管理费合计人民币76.8万元；企业移交日（即丙、丁方付清款后3个工作日内，由产交所组织合同四方办理企业移交手续之日）到产权交割日（即标的公司在工商登记机关登记变更出资人之日）期间，受让方对标的公司的管理和安全负责，标的公司的公章（包括但不限于公章、合同章和财务章）暂交产交所保管；产权交割日起3个工作日内，产交所及甲、乙方结束对标的公司的监管，并向丙、丁方移交公章和证照等。此外，合同还就转让的其他条件、职工安置、资产、债权债务和所有者权益的处理等问题作了约定。

2007年4月28日，中乾公司为股权出让方（甲方），仙源房地产公司为股权受让方（乙方），中投理财公司为项目合作方（丙方）共同签订《股权转让及项目合作合同》，称甲方和丙方经产交所在公开市场合法竞拍获得远兴房产公司百分之百的股权，甲方占40%股权，丙方占60%股权，该拍卖标的金额为人民币8500万元，甲方与丙方共同支付该拍卖款项人民币4280万元，出现资金缺口人民币4591.8万元，经三方协商一致同意实行股权转让，乙方受让甲方所占28.5%的远兴房产公司股份，形成新的远兴房产公司股权结构，即乙方占远兴房产公司28.5%的股权，甲方占11.5%的股权，丙方占60%的股权；由于甲、丙方转让标的时出现资金缺口，为了能从产交所将全部股权过户到甲、丙方，乙方代甲方一次性垫付人民币4300万元，并作为乙方受让甲方28.5%股权的对价，该笔资金由甲方及丙方的股权作质押担保并将与房地产项目有关的证照原件交给乙方作为履约的另一保证，待过户完毕后3日内，甲、乙、丙三方另行签订《股权转让协议》，并到市工商行政部门办理股权变更手续，上述质押同时解除；甲、丙双方保证公司及项目用地手续的合法性和产权的清晰性，负责对该项目用地手续及产权纠纷所引起的一切责任；甲、丙方应在远兴房产公司产权交易完成后，将甲方所占的28.5%的股权转让给乙方，并负责将甲方的股权转让到乙方名下；甲、丙方应在本合同签订后20日内完成远兴房产公司的整体股权变更手续，以保证甲方与乙方的股权转让行为得以尽快履行；甲、乙、丙三方按约定完成本次股权转让的全部法律文件，并到市工商行政部门办理股权变更手续，由乙方根据有关法律及远兴房产公司章程的规定，按照其所受让的股权比例享有权利并承担相应的义务；若甲、丙方不能按约定完成乙方办理股权转让的全部法律手续，视为甲、丙方违约，甲方无条件退还乙方投资款，并承担乙方出资总额每天1%的违约金，赔偿乙方由此遭受的一切直接和间接损失，而乙方在该公司中占有的甲方股份自动转归甲方所有；乙、丙方办理银行贷款后，根据贷款发放金额人民币1亿元，按乙方占45%的比例及丙方占55%的比例归还投资款项，具体返还金额为甲方不少于人民币3000万元，乙方不少于人民币2500万元，余款留作开发项目之用；项目验收完工后，乙方按成本单价5900元/平方米分享建筑面积11000平方米，包括商业用房2000平方米、写字楼9000平方米；甲、乙双方任何一方未履行约定的权利及义务时，均为违约，守约方有权追究违约方的责任，违约方须赔偿守约方的一切经济损失；若甲方在本合同签订并实施后，未使乙方与甲方签订股份转让协议的，乙方有权单方终止本合同并追究甲、丙方的经济责任；若乙方不能按本合同约定投入投资款的，甲方有权单方终止本合同及股份转让协议；与本合同的有效性、履行、违约及解除等有关争议，各方应友好协商解决，如果协商不成，可向乙方所在地人民法院提起诉讼。次日，以上三方又签订《补充协议》称，由于甲方事先已变更企业名称为中鑫投资公司，为此三方确认在竞拍及出让股权事项的过程中，各项合法的权利与义务都由甲方与中鑫投资公司共同连带承担，并增加中鑫投资公司为主合同的庚方，在工商登记过程中，中乾公司更名为中鑫投资公司后，将行使甲方的权利与义务。中鑫投资公司在该补充协议的庚方落款处盖章确认。该补充协议签订的同一天，中乾公司、仙源房地产公司和中投理财公司还与肖某田、梁某贤、何某流签订了《补充协议（保证函）》，约定该3个自然人作为前述股权转让及项目合作的连带责任保证人承担连带保证责任，若中乾公司、中投理财公司不按时履行合同的全部和部分内容，仙源房地产公司有权要求该3人或其中任何一方履行清偿责任。以上《股权转让及项目合作合同》及相关补充协议签订后，至今尚未报请我国对外经济贸易主管部门审查批准。

2007年4月30日，仙源房地产公司自行划款或通过案外人广东高鑫资产管理有限公司（以下简称高鑫公司）代为付款的方式，向中鑫投资公司指定的产交所账户划付了人民币4300万元。同年7月20日，中鑫投资公司向仙源房地产公司开具收据，确认收到仙源房地产公司投资款4300万元。

2007年6月4日，广州市越秀区对外贸易经济合作局以越外经贸复〔2007〕103号文批准二轻房产、香港卓康与中鑫投资公司、中投理财公司签订的《出资额及权益转让合同》以及远兴房产公司相应的合作合同修正案、章程修正案生效。同年7月24日，广州市工商行政管理局向远兴房产公司颁发了新的营业执照，远兴房产公司的合作方（投资者）亦由二轻房产和香港卓康变更为中鑫投资公司和中投理财公司，公司的法定代表人和董事会成员也作了相应变更。

由于上述股权变更登记手续完成后，中鑫投资公司和中投理财公司并未按照《股权转让及项目合作合同》的约定，将中鑫投资公司所受让40%股权中的28.5%过户到仙源房地产公司名下，仙源房地产公司遂委托广东晟晨律师事务所于2007年8月23日向中鑫投资公司、中投理财公司发出律师函，认为后者的行为已构成违约，要求接函后马上着手办理与仙源房地产公司的股权转让手续，并将讼争房产项目已有的证照原件交给仙源房地产公司，尽快推进合作合同的履行。2007年9月2日，中鑫投资公司和中投理财公司向仙源房地产公司复函，认为《股权转让及项目合作合同》约定的股权转让存在一定的法律障碍，包括：远兴房产公司作为中外合作经营企业，分别是由外方提供注册资本、中方提供土地使用权作为合作条件，公司章程及批准成立文件未对合作各方在公司中所占股权（股份）进行约定或划分，故中方合作者在项目建成后，享有物业分配权但不享有股权，因此实际操作中无法向仙源房地产公司转让"股权"，而只能转让项目建成后的部分物业分配权；《股权转让及项目合作合同》未对仙源房地产公司可分享物业的具体楼层、方位、坐向等进行约定，另外有关贷款及分配事项的约定不清楚，缺乏可操作性，对开发资金的来源等问题也未作明确约定等。但仙源房地产公司认为该合同合法有效，是可以履行的，中鑫投资公司和中投理财公司应先为其办理股权转让手续，故未就复函中提出的相关问题与后者再行协商，并于2007年9月24日提起了本案诉讼。

本案开庭时，讼争各方一致表示同意适用内地法律作为处理本案争议的准据法。

另外，仙源房地产公司、中投理财公司和远兴房产公司表示，《股权转让及项目合作合同》的审批手续是可以办理的，中鑫投资公司则明确表示不同意协助办理审批手续，理由是该合同因违法而无效，中鑫投资公司的老板也不同意其约定的合作方式。仙源房地产公司和中鑫投资公司均表示，不同意本案纠纷以中鑫投资公司向仙源房地产公司退还相关股权转让款及利息的方式解决。

对于本案第三项诉讼请求中的"远兴房产公司房产项目有关证照原件"，仙源房地产公司庭上确认是指讼争房产项目的国有土地使用权证原件（编号为：穗府国用〔2000〕字第特126号），并主张该证现为中鑫投资公司所掌控；庭审辩论时表示，同意该证原件交由远兴房产公司现法定代表人林某或者由产交所暂时保管。产交所的相关资料显示，该证于2007年2月2日移交给产交所，由产交所的工作人员高某财接收，之后又于2007年8月13日由高某财移交给中鑫投资公司。中鑫投资公司代理人庭上表示对此不清楚，庭后书面答复称，高某财将该证移交给了远兴房产公司的董事何某祎。经查，何某祎是中鑫投资公司委派到远兴房产公司的董事。

一审法院另查明：远兴房产公司原章程记载的合作双方为二轻房产（甲方）和香港卓康（乙方），公司注册资本为720万美元，其中甲方提供场地，乙方投入注册资本720万美元；该章程第17条规定："董事会由七名董事组成，其中甲方委派三名，乙方委派四名，董事任期为四年，经委派方继续委派，可以连任。"第18条规定："董事会设董事长一人，由甲方委派；副董事长一人，由乙方委派。"第42条规定："大厦建成后，甲乙双方按大厦建成后的实际建筑总面积（含地下室面积在内）各占50%比例进行分配。"第43条规定："在分配时以整座大厦的南北方向垂直中线对称划分，面积对等，甲方分给北面部分，乙方分给南面部分。"第65条规定："有关资产、债权、债务的清理责任，各种用具、设施的归属处理，均按双方签订的合同条款执行。"中鑫投资公司和中投理财公司从二轻房产和香港卓康受让取得在远兴房产公司的投资权益后，远兴房产公司的章程进行了相应修改，由中鑫投资公司作为合作甲方，中投理财公司作为合作乙方，公司注册资本仍为720万美元，其中甲方提供土地使用权为合作条件，乙方出资720万美元现金；同时章程第17条修改为："董事会由三名董事组成，其中甲方委派二名，乙方委派一名，董事任期为三年，经委派方继续委派，可以连任。"第18条修改为："董事会设董事长一人，由乙方委派。"第42条修改为："大厦建成后，甲、乙双方按大厦建成后的实际建筑总面积（含地下室面积在内）按4:6的比例进行分配，其中甲方占40%，乙方占60%。"第43条修改为："在分配时以整座大厦的南北方向垂直按6:4划分，甲方分给北面部分，乙方分给南面部分。"第65条修改为："有关资产、债权、债务的清理责任，其财产划分归属按双方签订合同的有关条款执行。合作公司的债权、债务按中国的中外合作经营企业的有关法规和本合同规定，由甲、乙双方按5∶5的比例承担相关责任。"

在本案诉讼过程中，中鑫投资公司还向一审法院出示了落款时间为2007年1月9日的《股权转让协议书》，该协议书由二轻房产、香港卓康与中鑫投资公司、中投理财公司共同签订，约定的事项与《出资额及权益转让合同》的主要内容相同。中投理财公司对该协议书的真实性没有异议，但对为何会在同一天就同一事项签订两份合同表示不清楚。中鑫投资公司庭后向一审法院提交书面解释，认为2007年1月9日签订《出资额及权益转让合同》时中鑫投资公司尚未更名，《股权转让协议书》是其更名后根据产交所的要求再行签订的，落款时间也是应产交所的要求倒签为2007年1月9日。

此外，本案最初由广州市天河区人民法院受理，该院根据仙源房地产公司的财产保全申请和提供的担保，于2007年10月16日作出（2007）天法民三初字第8号民事裁定，冻结中鑫投资公司在远兴房产公司28.5%的股东权益，同时查封担保人张某东、张某承共有的坐落在广州市天河区华明路39号3206室的房屋。

一审法院认为：中投理财公司是在香港注册成立的公司，故本案属于涉港股权转让纠纷，依法应比照涉外案件处理。中鑫投资公司和远兴房产公司的住所地均在广州市，根据《中华人民共和国民事诉讼法》第22条第2款关于"对法人或者其他组织提起的民事诉讼，由被告住所地人民法院管辖"的规定，该院作为被告住所地有涉港民商事案件集中管辖权的中级人民法院，对本案依法享有管辖权。又因本案为合同纠纷，讼争各方开庭时已一致同意适用内地法律，根据《中华人民共和国民法通则》第145条第1款和最高人民法院《关于审理涉外民事或商事合同纠纷案件法律适用若干问题的规定》第4条第1款的规定，该院确认以内地法律作为解决本案争议的准据法。

综合双方的诉辩意见，本案的争议焦点首先在于：中鑫投资公司（缔约时采用原名中乾公司）与仙源房地产公司和中投理财公司签订的《股权转让及项目合作合同》的法律效力如何？仙源房地产公司和中投理财公司、远兴房产公司均认为合同有效，中鑫投资公司则以该合同未经审批，违反内地法律的禁止性规定为由主张合同无效。一审法院认为，《股权转让及项目合作合同》是缔约各方的真实意思表示，合同内容除了其中第5条第2款关于仙源房地产公司和中投理财公司在取得讼争房产项目的银行贷款后可直接从贷款中按比例先行收回部分投资的约定，因违反《中华人民共和国公司法》第36条关于"公司成立后，股东不得抽逃出资"的禁止性规定应属无效外，其他条款并未违反内地法律、行政法规的强制性规定，依法不应认定为无效。尽管《中华人民共和国中外合作经营企业法》第10条规定："中外合作者的一方转让其在合作企业合同中的全部或者部分权利、义务的,必须经他方同意,并报审查批准机关批准。"但这只是对股权转让的程序予以规范,并未直接规定未经审批的涉外股权转让合同无效,并且现在也没有任何迹象和证据显示,若使本案合同有效将损害国家利益和社会公共利益,鉴此亦不宜以上述法律规定为据否定《股权转让及项目合作合同》在民商法上的效力。更重要的是,从当事人签订《股权转让及项目合作合同》的背景来看,该合同是在中鑫投资公司和中投理财公司已经通过竞拍准备受让远兴房产公司的股权,并与远兴房产公司的原出资人签订了《出资额及权益转让合同》,但由于出现人民币4 591.8万元的资金缺口,以致合同履行出现困难的情况下签订的。仙源房地产公司的及时垫资避免了中鑫投资公司的违约,并使其成功获取了远兴房产公司40%的出资权益。在此,仙源房地产公司的诚信履约行为值得肯定,其据此所享有的合同权利亦应受到法律保护。该院同时注意到,在《股权转让及项目合作合同》签订的当时,中鑫投资公司、中投理财公司与远兴房产公司原出资人之间的《出资额及权益转让合同》尚未获得审查批准机关的批准,远兴房产公司的股权也尚未过户到中鑫投资公司名下,此时要求《股权转让及项目合作合同》的缔约各方立即将合同报请审查批准机关批准并不现实。在此情况下,如果仅仅因为中鑫投资公司事后反悔,拒绝将合同报批就否定合同效力,将导致法律适用结果的严重不公平。另外,从《股权转让及项目合作合同》的内容来看,仙源房地产公司的义务是一次性垫付人民币4 300万元,并以此作为受让中鑫投资公司28.5%股权的对价,而办理股权转让的全部法律手续,将中鑫投资公司所占40%股权中的28.5%过户到仙源房地产公司名下,则是中鑫投资公司和中投理财公司应该承担的义务。换言之,办理股权转让的审批手续在此并非合同的生效要件,而是缔约一方应当履行的合同义务。况且,本案的股权转让只是在中方之间进行,通常不存在审批上的法律障碍。综上,中鑫投资公司关于合同无效的抗辩没有法律依据,该院不予采纳;《股权转让及项目合作合同》属于依法成立的合同(其中第5条第2款除外),对当事人具有法律约束力,各方当事人均应遵照执行。

《股权转让及项目合作合同》签订后,仙源房地产公司已经及时履行了支付股权转让款的义务,中鑫投资公司却在取得远兴房产公司股权后,迟迟未将仙源房地产公司应得的部分转让到仙源房地产公司名下,甚至于本案开庭时,在中投理财公司和远兴房产公司均明确表示愿意配合办理股权转让手续的情况下,无正当理由拒绝将合同报请审查批准机关批准,其行为已构成恶意违约,并在客观上影响了讼争房产项目土地的及时开发利用,中鑫投资公司理应承担相应的民事责任。现仙源房地产公司请求中鑫投资公司立即办理股权转让手续并支付逾期履行违约金符合法律规定,该院予以支持。远兴房产公司作为合作企业,中投理财公司作为外方合作者,均应就股权转让手续的办理给予配合。至于违约金标准,合同中的约定是每天1%,仙源房地产公司起诉时已自行将其调整为每天1‰,这是仙源房地产公司对其诉讼权利的处分,依法应予尊重。而根据《中华人民共和国合同法》第114条第2款的规定,约定的违约金只有在过分高于违约所造成的损失的情况下,才需要根据当事人的请求予以适当减少。本案中,中鑫投资公司的行为显然缺乏诚信,现又无证据证明每天1‰的违约金过分高于因中鑫投资公司违约给仙源房地产公司造成的损失,鉴此,对于中鑫投资公司关于违约金标准应在每天1‰的基础上再次予以调整的请求,该院不予支持。至于讼争房产项目的国有土地使用权证原件,因其本来就为远兴房产公司所有,持有该证又是远兴房产公司进行讼争房产项目开发的必要条件,况且仙源房地产公司开庭时已经表示,同意该证原件交由林某代表远兴房产公司或者由产交所暂时保管,有鉴于此,该院对仙源房地产公司和远兴房产公司的上述意见予以尊重。而产交所的相关资料显示,该证原件现已移交给了中鑫投资公司,尽管中鑫投资公司对此答复称接收证件的是远兴房产公司的董事何某祎,但由于何某祎是中鑫投资公司委派的董事,故证件移交的责任仍应由中鑫投资公司承担。

根据《中华人民共和国中外合作经营企业法》第10条的规定,讼争各方在办理本案股权转让的工商变更登记手续之前,应到审查批准机关办理相关股权变更手续,包括将《股权转让及项目合作合同》或者依照该合同另行签订的股权转让协议报请审查批准机关批准。根据对外贸易经济合作部和国家工商行政管理局1997年5月28日颁布的《外商投资企业投资者股权变更的若干规定》,中外合作经营企业在申请办理股权变更的批准和登记手续时,应提交合作企业原合同、章程及其修改协议、企业董事会关于投资者股权变更的决议以及股权变更后的董事会成员名单等法律文件。故在此过程中,缔约各方应遵循诚实信用原则,按照各自所占股权比例,通过友好协商合理确定各方的权利和义务,及时完成相关法律文件。如果其中任何一方不予配合,拒绝协商和签署有关法律文件,则其他方可依照《股权转让及项目合作合同》商定的股权结构,在合理确定各方权利义务的基础上,对远兴房产公司的合同和章程进行相应的修改(例如可由中鑫投资公司、仙源房地产公司、中投理财公司分别作为合作的甲、乙、丙方,公司注册资本仍为720万美元,出资方式为甲方、乙方共同提供土地使用权的合作条件,丙方出资720万美元现金;同时董事会可仍然由3名董事组成,由甲、乙、丙方分别委派,董事长由丙方委派;大厦建成后的实际建筑总面积按甲方占11.5%、乙方占28.5%、丙方占60%的比例进行分配;分配时以整座大厦的南北方向垂直按11.5∶28.5∶60划分,由甲、乙、丙方从北往南依次分得;远兴房产公司的债权、债务依照有关法律规定及权利义务对等的原则,由甲、乙、丙方按14.375∶35.625∶50的比例承担责任),并将修改后的文件、决议及新组成的董事会成员名单等上报有关部门,以办理股权转让的批准和变更登记手续。

至于诉讼费用的负担问题,鉴于本案纠纷系因中鑫投资公司的不诚信行为所致,中投理财公司和远兴房产公司在合同的履行方面并无过错,故由此产生的诉讼费用依法应由中鑫投资公司负担。

综上所述,依照《中华人民共和国民事诉讼法》第22条第2款、第235条,《中华人民共和国合同法》第6条、第8条、第56条、第60条、第107条,《中华人民共和国中外合作经营企业法》第10条之规定,判决:

1. 中鑫投资公司于判决生效之日起10日内,就其与仙源房地产公司、中投理财公司共同签订的《股权转让及项目合作合同》项下的股权转让事宜,报请审查批准机关批准;并在审查批准机关批准之日起10日内,到工商行政管理部门办理该股权变更的登记手续。中投理财公司、远兴房产公司对此应予配合。

2. 中鑫投资公司于判决生效之日起10日内,向仙源房地产公司支付截至判决生效之日的违约金,违约金以仙源房地产公司已付款人民币4300万元为基数,按每天1‰的标准,自2007年7月28日起计付;之后的违约金以同样的基数和标准计至股权变更的工商登记手续办理完毕之日止(行政机关审批和登记的工作时间予以扣除),中鑫投资公司应在股权变更的工商登记手续办理完毕之日一次性给付。

3. 中鑫投资公司于判决生效之日起10日内,将编号为穗府国用〔2000〕字第特126号的国有土地使用权证原件移交给远兴房产公司的法定代表人林某保管。本案一审案件受理费人民币48 020元,财产保全申请费人民币5 000元,均由中鑫投资公司负担。

中鑫投资公司不服一审判决,向二审法院提起上诉称,一审判决认定事实不清,适用法律错误,判决结果不当。请求撤销一审判决,驳回仙源房地产公司的全部诉讼请求,本案一、二审案件受理费由仙源房地产公司负担。

二审法院补充查明事实如下:

2007年1月9日,中鑫投资公司、中投理财公司与远兴房产公司原股东二轻房产、香港卓康签订《出资额及权益转让合同》,前者分别从后者受让远兴房产公司40%、60%的股份后,依据远兴房产公司修订后的公司章程,中鑫投资公司委派何某流、何某祎任远兴房产公司董事,中投理财公司委托梁某贤到远兴房产公司任董事长。2007年7月24日,远兴房产公司领取了新的营业执照,法定代表人为梁某贤。2007年11月17日,远兴房产公司向工商部门提出变更法定代表人申请,将原法定代表人梁某贤变更为林某。2008年1月14日,广州市工商行政管理局出具的企业注册基本资料显示:远兴房产公司法定代表人为林某。本案一审期间,林某以远兴房产公司法定代表人身份委托广东信某律师事务所卢某军、巫某钏律师为远兴房产公司委托代理人。盖有远兴房产公司公章的授权委托书显示，委托广东化某律师事务所律师钟某甲、钟某乙律师为远兴房产公司委托代理人。一审法院认可卢某军、巫某钏律师为合法代理人。

二审法院查明的其他事实与一审判决相同，对一审判决认定的事实，二审法院予以确认。

二审法院认为：本案是涉外股权转让纠纷，根据最高人民法院《关于审理涉外民事或商事合同纠纷案件法律适用若干问题的规定》第8条第4项关于"中外合资经营企业、中外合作经营企业、外商独资企业股份转让合同"适用中华人民共和国法律的规定，本案应适用内地法律。一审适用法律正确，二审法院予以支持。

本案二审争议焦点是：中鑫投资公司是否应按合同约定将其从二轻房产受让的对远兴房产公司28.5%的股权过户给仙源房地产公司，承担不及时办理股权过户的违约金责任，并将国有土地使用权证原件交由远兴房产公司法定代表人林某保管。

关于远兴房产公司委托代理人资格问题。远兴房产公司法定代表人由梁某贤变更为林某后，林某作为远兴房产公司法定代表人，有权以远兴房产公司名义委托代理人参加诉讼。一审法院认可林某以远兴房产公司法定代表人身份，委托广东信某律师事务所卢某军、巫某钏律师为远兴房产公司委托代理人参加本案诉讼，并无不当，二审法院予以支持。中鑫投资公司上诉主张，一审法院否认广东化某律师事务所律师钟某甲、钟某乙律师作为远兴房产公司委托代理人资格错误，该主张依据不足，二审法院不予支持。

关于《股权转让及项目合作合同》的效力问题。合同各方当事人对一审判决认定《股权转让及项目合作合同》第5条第2款属于无效条款没有异议，但对合同效力有争议。本案事实表明，远兴房产公司成立时是中外合作经营企业性质的有限责任公司，2007年1月9日，中鑫投资公司、中投理财公司与远兴房产公司原股东二轻房产、香港卓康签订《出资额及权益转让合同》，分别从远兴房产公司的中、外方股东受让40%、60%股权后，2007年4月28日，中鑫投资公司、中投理财公司、仙源房地产公司签订《股权转让及项目合作合同》，约定中鑫投资公司将其受让的远兴房产公司28.5%的股权转让给仙源房地产公司，仍属中外合作经营企业的股权转让问题，根据《中华人民共和国中外合作经营企业法》第10条关于"中外合作者的一方转让其在合作企业合同中的全部或者部分权利、义务的，必须经他方同意，并报审查批准机关批准"的规定，远兴房产公司的再次股权变更，应报国内外资主管部门审查批准。根据《中华人民共和国合同法》第44条第1款关于"依法成立的合同，自成立时生效"的规定，以及第2款关于"法律、行政法规规定应当办理批准、登记等手续生效的，依照其规定"的规定，《股权转让及项目合作合同》因未按法律规定办理批准手续而应未生效。但本案事实表明，造成《股权转让及项目合作合同》因未报批而未生效的原因，是在仙源房地产公司、中投理财公司、远兴房产公司都愿意履行报批手续以促成合同生效的情形下，中鑫投资公司明确拒绝配合其他各方完成审批手续以促成合同生效，中鑫投资公司故意造成合同不生效的行为客观上使得《股权转让及项目合作合同》产生了视为生效的类似法律效果。因此，就《股权转让及项目合作合同》效力而言，除第5条第2款属于无效条款外，依法成立未生效，但具有类似生效的法律约束力。中鑫投资公司上诉认为，一审判决对《股权转让及项目合作合同》效力认定错误，该主张依据不足，该院不予支持。

关于中鑫投资公司是否有义务将其对远兴房产公司28.5%的股权过户到仙源房地产公司名下的问题。根据《股权转让及项目合作合同》，中鑫投资公司应在其受让远兴房产公司股权过户完毕后3日内，与仙源房地产公司、中投理财公司到工商行政管理部门办理股权变更手续。2007年7月24日，中鑫投资公司完成股权过户手续，成为远兴房产公司的登记股东之一。中鑫投资公司按照《股权转让及项目合作合同》完成股权转让报批手续，将远兴房产公司28.5%的股权过户给仙源房地产公司，既是遵守《股权转让及项目合作合同》法律约束力的表现，也是民法诚实信用原则的要求。从《股权转让及项目合作合同》签订背景来看，中鑫投资公司已经通过竞拍受让远兴房产公司的股权，与远兴房产公司的原出资人签订了《出资额及权益转让合同》，但由于出现人民币4591.8万元资金缺口，合同履行困难。在此情形下，中鑫投资公司与仙源房地产公司达成协议，以向仙源房地产公司转让远兴房产公司28.5%股权的形式，获得了仙源房地产公司人民币4300万元的垫资，使中鑫投资公司成功获得远兴房产公司40%的出资权益，避免了违约行为发生。现中鑫投资公司在利用仙源房地产公司资金获取远兴房产公司40%的股权后，又拒绝按照《出资额及权益转让合同》(应为《股权转让及项目合作合同》) 约定，将远兴房产公司28.5%的股权转让给仙源房地产公司，与《中华人民共和国民法通则》第4条关于"民事活动应当遵循自愿、公平、等价有偿、诚实信用的原则"相悖。基于上述理由，仙源房地产公司有权依据《股权转让及项目合作合同》，要求中鑫投资公司促成《股权转让及项目合作合同》生效，请求中鑫投资公司完成远兴房产公司28.5%的股权过户手续。中鑫投资公司按照《股权转让及项目合作合同》约定将远兴房产公司28.5%的股权过户给仙源房地产公司，有合理依据。至于中鑫投资公司应配合仙源房地产公司、中投理财公司履行《股权转让及项目合作合同》报批手续，为仙源房地产公司提出的中鑫投资公司应将其对远兴房产公司28.5%的股权过户给仙源房地产公司的诉讼请求所涵盖，一审法院判决中鑫投资公司应配合仙源房地产公司、中投理财公司履行《股权转让及项目合作合同》报批手续，并无不当。中鑫投资公司上诉认为，一审法院判决中鑫投资公司配合仙源房地产公司、中投理财公司履行《股权转让及项目合作合同》报批手续，明显超越仙源房地产公司诉讼请求。该主张依据不足，法院不予支持。

关于中鑫投资公司向仙源房地产公司支付违约金的问题。根据《股权转让及项目合作合同》的约定，若中鑫投资公司、中投理财公司不能按约定完成向仙源房地产公司的股权转让手续，应视为违约，中鑫投资公司应退还仙源房地产公司投资款并承担按仙源房地产公司出资总额每天1%的违约金。本案事实表明，仙源房地产公司垫付人民币4300万元，中鑫投资公司受让获得远兴房产公司40%的股权，但中鑫投资公司拒绝按照合同约定，配合完成将28.5%的股权过户给仙源房地产公司的手续。仙源房地产公司有权参照合同约定向中鑫投资公司主张违约金，仙源房地产公司主动将违约金标准调低为每日1‰，属其行使处分权表现，该院予以支持。一审法院判决中鑫投资公司按照仙源房地产公司已出资款项人民币4300万元，依据每日1‰的标准，自2007年7月28日起，计算违约金，并无不当，二审法院予以支持。中鑫投资公司上诉主张其并未违约，即使违约，违约金也过高。该主张依据不足，法院不予支持。

关于交付国有土地使用权证作为履约保证的问题。根据《股权转让及项目合作合同》的约定，仙源房地产公司代中鑫投资公司一次性垫付人民币4300万元，仙源房地产公司受让中鑫投资公司在仙源房地产公司（应为远兴房产公司）28.5%的股权，该笔资金由中鑫投资公司、中投理财公司的股权作质押担保，有关房地产项目的有关证照原件交给仙源房地产公司作为履约的另一保证。仙源房地产公司有权请求中鑫投资公司将有关房地产开发证件交由仙源房地产公司保管，作为中鑫投资公司的履约保证。本案事实表明，各方争议的编号为穗府国用〔2000〕字第特126号国有土地使用权证原件，已由中鑫投资公司委派到远兴房产公司的董事何某祎领取。中鑫投资公司应将〔2000〕字第特126号国有土地使用权证原件交给仙源房地产公司或仙源房地产公司指定的第三方保管。仙源房地产公司后变更请求中鑫投资公司该将国有土地使用权证原件交由远兴房产公司法定代表人林某保管，属仙源房地产公司处分其民事权利的表现，该院予以支持。一审法院判决中鑫投资公司将〔2000〕字第特126号国有土地使用权证原件交给远兴房产公司法定代表人林某并无不当。中鑫投资公司上诉认为，一审判决中鑫投资公司将国有土地使用权证交由远兴房产公司法定代表人林某保管，超过仙源房地产公司诉请，程序违法。该主张依据不足，法院不予支持。

综上，一审判决认定事实清楚，适用法律正确，处理结果恰当，依法应予维持。中鑫投资公司上诉理据不足，依法予以驳回。二审法院依照《中华人民共和国民事诉讼法》第153条第1款第1项的规定，判决：驳回上诉，维持原判。本案二审案件受理费人民币48 020元，由中鑫投资公司负担。

中鑫投资公司不服二审判决，向本院申请再审称：

1.《股权转让及项目合作合同》本质上是借款合同，二审法院错误地定性为股权转让纠纷，属于认定基本事实缺乏证据证明。（1）从缔约背景和目的来看，签订《股权转让及项目合作合同》本意是通过向仙源房地产公司借款来解决中鑫投资公司、中投理财公司在竞拍时出现的资金缺口，以完成受让远兴房产公司的权益。（2）合同第5条第2款并非为仙源房地产公司抽逃出资作出的约定，实际上是仙源房地产公司回收借款的保底条款，保底条款说明该合同本质上是一个借款合同。（3）《担保法》第2条第1款规定："在借贷、买卖、货物运输、加工承揽等经济活动中，债权人需要以担保方式保障其债权实现的，可以依照本法规定设定担保。"可见，担保的设定是为了保障债权的实现，而不是为了保障股权转让的实现。《补充协议（保证函）》约定由肖某田等人对《股权转让及项目合作合同》的履行承担连带保证责任，也说明《股权转让及项目合作合同》是借款合同。

2. 若将《股权转让及项目合作合同》认定为股权转让合同，则须经审查批准机关批准才生效，否则，因违反法律强制性规定而无效。二审判决认定《股权转让及项目合作合同》"成立未生效，但具有类似生效的法律约束力"，没有依据。

3. 林某使用假公章伪造变更登记申请资料，骗取了远兴房产公司法定代表人的地位，其委托的代理人不能代表远兴房产公司。二审判决认可了林某委托的代理人，错误认定"远兴房产公司表示《股权转让及项目合作合同》的审批手续是可以办理的""远兴房产公司同意将土地证交由远兴房产公司法定代表人林某保管"。

4. 二审判决认定中鑫投资公司须按每天1‰的标准支付违约金，属于适用法律错误。《股权转让及项目合作合同》第5条第1款约定的是解除合同的违约金，各方没有约定继续履行合同的违约金标准。既然未约定继续履行合同的违约金标准，则不管是调高或调低都是没有依据的。二审判决认为仙源房地产公司在起诉时主动将标准降低为每天1‰是自身诉讼权利的变更，也因而缺乏依据。综上，二审判决认定的基本事实缺乏证据证明，认定事实的主要证据是伪造的，且适用法律错误。请求撤销二审判决，驳回仙源房地产公司的诉讼请求；本案诉讼费由仙源房地产公司承担。

仙源房地产公司答辩称：

1.《股权转让及项目合作合同》是股权转让合同而非借款合同。各方自始至终都没有借款的意思表示。《股权转让及项目合作合同》明确了股权转让的前因后果、标的和价款，并明确了相关手续的办理等事项，具有股权转让合同的必备条款。合同中没有任何如借款、利息、还款期限等借款合同应当具备的条款。关于用银行贷款归还投资款项的合同条款，是各方当事人因急于先行回收投资而约定的，该条款已被法院认定为无效。该条款也非"保底条款"。因为，仙源房地产公司支付了人民币4 300万元转让款，若是借款合同保底条款，仙源房地产公司则应收回全款，而中鑫投资公司无权收回投资款。况且该条款还明确了银行贷款余款用于项目开发。此外，并非只有在借款关系中才有债务人，债务人在法律上是指在当事人之间产生的特定的权利和义务关系中负有义务的人，保证并非仅限于借款性质的债权。在一、二审的整个过程中，中投理财公司和远兴房产公司均确认《股权转让及项目合作合同》是股权转让合同，而不是借款合同，股权转让是各方的真实意思。

2.《股权转让及项目合作合同》未经批准不等于无效。中鑫投资公司主张无效，违反了诚实信用原则。

3. 远兴房产公司的工商登记资料表明林某是远兴房产公司的法定代表人，林某是中投理财公司根据远兴房产公司章程指派担任远兴房产公司董事和董事长的合法人员，有权代表远兴房产公司签署法律文件。

4. 合同约定的违约金是针对逾期办理股权变更登记手续的违约行为的，而选择解除合同或要求继续履行则是守约方的权利。中鑫投资公司称违约金仅适用于解除合同及退还投资款的情形，属于狡辩。故二审判决认定事实清楚，适用法律正确，请求驳回中鑫投资公司的再审申请。

远兴房产公司陈述称：鉴于梁某贤的种种行径，中投理财公司依照章程和法律，撤销了对其董事的委派，另行委派林某为远兴房产公司的董事和法定代表人，并依法办理了变更手续，在工商部门办理了正式登记。梁某贤在知道其被撤换后，向法院提交了一份伪造的董事会决议。在该决议中，中投理财公司的印章早已作废，且中投理财公司表示没有参加董事会或作出决议。两审法院对远兴房产公司代理人身份的认定是正确的。中鑫投资公司是希望空手套白狼，相反，仙源房地产公司一直积极参与远兴房产公司的运营。一、二审判决正确，请求驳回中鑫投资公司的再审申请。

中投理财公司陈述称：梁某贤在参与远兴房产公司项目的过程中，采取欺诈和不正当手段，使合作方的权益受到严重损害，将追究其责任。

本院查明：中鑫投资公司称二审判决认定的基本事实缺乏证据证明，认定事实的主要证据是伪造的，但从其申请再审的具体事由看，中鑫投资公司对二审判决就合同性质、效力、代理人资格、违约金类型等认定所提出的异议，实质上都是对有关事项在法律上如何认定的问题。对二审判决查明的事实本身，中鑫投资公司实际上并无异议。其他各方当事人也未提出异议。故对二审判决查明的事实，本院予以确认。

本院认为：本案为中外（香港）合作经营企业股权（权益）转让合同纠纷，二审判决依法适用内地法律解决，各方均无异议，本院予以认可。

本案再审审查中的主要争议为：《股权转让及项目合作合同》的性质和效力问题；远兴房产公司诉讼代理人的资格问题；中鑫投资公司是否应按仙源房地产公司的请求支付违约金？

1. 关于《股权转让及项目合作合同》的性质。当事人争议的是该合同是股权（权益）转让合同还是借款合同。该合同名称为股权转让和项目合作合同，其内容也是仙源房地产公司受让中鑫投资公司持有的 28.5% 的股权，股权需变更至仙源房地产公司名下，并约定了未按期完成股权变更的违约责任，故该合同是典型的股权（权益）变更合同。中鑫投资公司称从《股权转让及项目合作合同》订立的背景和目的看，该合同是借款合同。该合同签订的背景是中鑫投资公司在竞拍远兴房产公司权益时出现资金缺口，这是事实。但在现实经济生活中，通过借款来解决资金困难不是唯一的方式，当事人还可以通过转让股权（权益）等方式来筹资。本案当事人选择了转让股权（权益）这种方式来筹资，并无借款的意思表示。中鑫投资公司称《股权转让及项目合作合同》第 5 条第 2 款为保底条款，由此可推断该合同只能是借款合同。按照该合同条款，中鑫投资公司和仙源房地产公司在远兴房产公司获得的贷款中提取一部分先行收回投资，该条款是提前收回出资的条款，而不是保底条款，更不能据此认定整个合同是借款合同。中鑫投资公司称他人为该合同履行提供了担保，故该合同就是借款合同，这是对法律的误解。《中华人民共和国担保法》第 2 条第 1 款规定："在借贷、买卖、货物运输、加工承揽等经济活动中，债权人需要以担保方式保障其债权实现的，可以依照本法规定设定担保。" 该条仅列举了适用担保的部分情形，不能根据该款规定得出只能为借贷、买卖、货物运输、加工承揽提供担保的结论。根据《中华人民共和国民法通则》第 89 条的规定，可以为各类债务的履行设定担保。股权（权益）转让合同属于民法上的债，为其履行设定担保符合法律规定。因此，不能根据肖某田等人为《股权转让及项目合作合同》的履行提供了担保，就认定该合同只能是借款合同。

2. 关于《股权转让及项目合作合同》的效力。《中华人民共和国中外合作企业法》第 10 条规定："中外合作者的一方转让其在合作企业合同中的全部或者部分权利、义务的，必须经他方同意，并报审查批准机关批准。" 对于未经批准的，效力如何，该法没有明确规定。但《中华人民共和国合同法》第 44 条规定："依法成立的合同，自成立时生效。法律、行政法规规定应当办理批准、登记等手续生效的，依照其规定。" 依照合同法该条规定，此类合同虽已成立，但不像普通合同那样在成立时就生效，而是成立但未生效。最高人民法院《关于适用〈中华人民共和国合同法〉若干问题的解释（一）》第9条对此类合同的效力则有更明确的解释，即："依照合同法第四十四条第二款的规定，法律、行政法规规定合同应当办理批准手续，或者办理批准、登记等手续才生效，在一审法庭辩论终结前当事人仍未办理批准手续的，或者仍未办理批准、登记等手续的，人民法院应当认定该合同未生效。"因此，二审判决认定《股权转让及项目合作合同》成立未生效是正确的。由于该合同未生效的原因是未经批准，而批准的前提是当事人报批，促成合同生效的报批义务在合同成立时即应产生，否则，当事人可肆意通过不办理或不协助办理报批手续而恶意阻止合同生效，显然违背诚实信用原则。最高人民法院《关于适用〈中华人民共和国合同法〉若干问题的解释（二）》第8条规定：经批准才能生效的合同成立后，有义务办理申请批准手续的一方当事人未按照法律规定或者合同约定办理申请批准的，属于合同法第42条第3项规定的"其他违背诚实信用原则的行为"，人民法院可以判决相对人自己办理有关手续；对方当事人对由此产生的费用和给相对人造成的实际损失，应当承担损害赔偿责任。既然"相对人"可以自己办理有关手续，而"对方当事人"应对由此产生的损失给予赔偿，"相对人"自然也可以要求"对方当事人"办理申请批准手续。二审判决中鑫投资公司履行报请审查批准机关批准的义务是正确的。

3. 关于代理人资格。远兴房产公司的法定代表人已由梁某贤变更为林某。中鑫投资公司称林某系采取欺骗方式取得远兴房产公司法定代表人资格，但没有证据证明，且在远兴房产公司原法定代表人梁某贤提起要求撤销变更登记的行政诉讼中，法院已驳回其请求。此外，根据远兴房产公司修改后的章程，远兴房产公司的董事长由中投理财公司委派，而中投理财公司在本案诉讼中从未否认林某为远兴房产公司的法定代表人，相反，却向本院陈述称将追究梁某贤的责任。《中华人民共和国民事诉讼法》第49条规定："公民、法人和其他组织可以作为民事诉讼的当事人。法人由其法定代表人进行诉讼……"根据上述法律规定，远兴房产公司法定代表人林某签字委托的诉讼代理人有权代表远兴房产公司进行诉讼，有关诉讼代理人在诉讼阶段作出的陈述对远兴房产公司具有约束力。二审判决根据远兴房产公司诉讼代理人的意见，认定远兴房产公司表示《股权转让及项目合作合同》的审批手续可以办理、远兴房产公司同意将土地使用权证交由远兴房产公司法定代表人林某保管，是正确的。

4. 关于违约金。《股权转让及项目合作合同》第5条第1款的内容为：若中鑫投资公司、中投理财公司不能按约定完成办理股权转让的全部法律手续，视为违约，中鑫投资公司应无条件退还仙源房地产公司投资款并承担出资总额每天1%的违约金。中鑫投资公司称该条款仅约定了解除合同的违约金，属于理解错误。根据该违约责任条款，只要中鑫投资公司违约，就应按每日1%支付违约金，仙源房地产公司还可以要求解除合同，至于是选择解除合同还是选择要求继续履行合同，则是仙源房地产公司的法定权利。仙源房地产公司在起诉时主动将违约金标准降低为每天1‰，是对自身权利的处分，不违反意思自治原则。因此，二审判决中鑫投资公司按每天1‰的标准向仙源房地产公司支付违约金是正确的。

综上，中鑫投资公司申请再审的理由不能成立，其申请不符合《中华人民共和国民事诉讼法》第179条第1款规定的情形。依照《中华人民共和国民事诉讼法》第181条第1款之规定，裁定如下：

驳回中鑫投资公司的再审申请。

审判长　陈纪忠
审判员　奚向阳
代理审判员　高晓力
二〇〇九年十二月三十日

【裁判文书点评】

本裁定书对需要审批的合同的效力问题以及怠于履行审批手续一方的违约责任问题作了精辟的阐释。结论是：关于需要审批方可生效的合同，属于成立但未生效的合同而不是无效合同。怠于履行审批手续一方应当承担违约责任。

关于担保和债权的关系问题，关于通过股权转让解决资金困难的问题，裁定书也作了精妙的解释。裁决书认为，担保可以针对股权转让合同的履行，因为不履行股权转让合同也会产生民法上的债；解决资金问题，可以通过借贷也可以通过股权转让解决。

关于违约金问题，裁定书的解释有着现实的考虑。违约金从每天1%降低为1‰，等于将违约金从每年360%降低到每年36%。36%大约相当于同期银行贷款利息的4倍，属于我国民间借贷的上限，每天1‰违约金也是实践中一般法院可以支持的上限。如果主张违约金一方坚持违约金为每天1%，则对方可能会以银行同期贷款利息作为参考标准予以反驳，进一步主张违约金一方则要拿出自己的实际损失来证明违约金不属于"过高"的范畴方可。

[382] 股权转让纠纷执行案复议裁定书（股权归属的争议）【☆☆☆☆】

山西好世界保龄球娱乐有限公司与太原东方铝业有限公司、太原东铝控股有限公司欠款与股权转让纠纷执行案复议裁定书①

申请复议人（申请执行人）：山西好世界保龄球娱乐有限公司。

被执行人：太原东方铝业有限公司。

原异议人（追加被执行人）：太原东铝控股有限公司（原山西晋能电力开发有限公司）。

申请复议人山西好世界保龄球娱乐有限公司（以下简称好世界公司）不服山西省高级人民法院（以下简称山西高院）（2009）晋执异字第1号执行裁定，向本院申请复议，本院依法组成合议庭进行审查，现已审查终结。

申请复议人好世界公司与被执行人太原东方铝业有限公司（以下简称东铝公司）定作与租赁电解槽合同欠款纠纷一案，山西高院作出（2004）晋民初字第7号民事判决，判令东铝公司应支付好世界公司欠款5537万元及利息。本院以（2006）民二终字第43号民事判决予以维持。山西高院在执行本案过程中，根据好世界公司的申请，于2009年5月10日作出（2007）晋执字第4-1号执行裁定，以太原东铝控股有限公司（原山西晋能电力开发有限公司，以下简称晋能公司）作为被执行人的开办单位（投资人），存在抽逃注册资金2668万元的行为，依照最高人民法院《关于人民法院执行工作若干问题的规定（试行）》（以下简称《执行规定》）第80条的规定，裁定追加晋能公司为被执行人。

晋能公司不服（2007）晋执字第4-1号执行裁定，向山西高院提出执行异议。其理由是：好世界公司在东铝公司二期中投入了2668万元的股本金，东铝公司二期在2003年9月12日组建成山西晋能集团新东方铝业有限公司（以下简称新东铝公司）。有关协议明确约定，在拟组建的新东铝公司中，东铝公司所占有的4000万元股权中，好世界公司享有其中的2668万元股权。晋能公司通过协议购买了好世界公司在东铝公司二期的2668万元股权，就代替好世界公司享有了好世界公司在新东铝公司的2668万元股权。晋能公司没有无偿占有东铝公司的股权，不存在抽逃东铝公司注册资金的行为。

山西高院经审查认定：好世界公司在东铝公司二期工程中投资2668万元，2003年8月3日与晋能公司签订股权转让协议，将该2668万元股权转让给晋能公司。

---

① 参见最高人民法院（2012）执复字第14号执行裁定书。有删节，人名与住所等已做技术处理。

2003年9月9日，东铝公司与好世界公司签订协议，进一步明确：根据好世界公司在东铝公司二期工程（后组建为新东铝公司）中实际投入资金的情况，在拟组建的新东铝公司中，东铝公司所占有的4 000万元股权内，好世界公司享有其中2 668万元股权，好世界公司有权单方处置其拥有的2 668万元股权。后因太原市中级人民法院（以下简称太原中院）执行山西华储实业有限公司（以下简称华储公司）诉好世界公司欠款（东铝公司担保）纠纷案中，冻结了东铝公司在新东铝公司的4 000万元股权（包括好世界公司的2 668万元股权），东铝公司、华储公司、好世界公司、晋能公司各方当事人之间通过一系列协议，使好世界公司、晋能公司以及华储公司、东铝公司抹平了各方之间的债务，也履行了好世界公司与晋能公司之间所签订的《股权收购协议》。晋能公司支付了3 314万余元，购买了好世界公司在东铝公司二期工程的股权2 668万元，就代替好世界公司享有了其在新东铝公司的2 668万元股权。不存在支付一个3 314万余元既占有好世界公司在东铝公司的2 668万元股权，又享有东铝公司在新东铝公司2 668万元股权的事实。现有证据也不能证明晋能公司用东铝公司的资金支付购买股权款，晋能公司没有抽逃东铝公司2 668万元资金的行为，故以晋能公司作为本案被执行人东铝公司的开办单位（投资人）抽逃注册资金2 668万元为由，追加晋能公司为本案被执行人没有事实和法律依据。据此于2011年12月21日作出（2009）晋执异字第1号执行裁定，撤销了该院（2007）晋执字第4-1号执行裁定。

好世界公司不服山西高院（2009）晋执异字第1号执行裁定，向本院申请复议，要求撤销该裁定。综合其复议申请书和补充意见，其理由概述如下：（1）晋能公司所购买的是好世界公司在东铝公司中的2 668万元股权。好世界公司出资2 668万元是在东铝公司2000年第二次增资扩股时投入的，是投入到东铝公司的，其投入改变了东铝公司的注册资本。"东铝二期"只是东铝公司第二次增资扩股的简称，是东铝公司建设和扩建的一个阶段，并非一个独立的民事主体，更不是新东铝公司的前身。后来成立的新东铝公司的股东是东铝公司和晋能公司。东铝公司二期工程中的2 668万元股权，与新东铝公司的2 668万元股权无关。（2）最高人民法院（2004）民二终字第214号民事判决、山西高院（2006）晋民初字第27号民事判决，确认了好世界公司将其在东铝公司中的2 668万元股权转让给了晋能公司。（3）晋能公司有偿取得了好世界公司在东铝公司中的2 668万元股权，替代好世界公司成为东铝公司的股东。随后其利用托管人的身份操控东铝公司，通过与华储公司签订一系列《执行和解协议》，未向东铝公司支付任何对价而无偿取得东铝公司在新东铝公司中的2 668万元股权，实现了其抽逃在东铝公司出资的目的。（4）山西高院否定晋能公司抽逃注册资金2 668万元，主要依据的是东铝公司与好世界公司2003年9月9日签订的协议，而该协议是无效的：首先，该协议形式上无效。协议上只有自然人签字，双方均未加盖公司公章，签字人好世界公司副总经理庞某联并非好世界公司的法定代表人，也未取得好世界公司授权，该协议未成立。其次，该协议主体上无效。签订该协议之前，好世界公司已将2 668万元股权转让给晋能公司，已经丧失股东地位，没有资格签订协议。再次，东铝公司出资4 000万元入股新东铝公司，属于东铝公司全体股东的投资行为，未经股东会决议，任一股东无权单独将该股权设置在自己名下；东铝公司是作为独立法人以4 000万元实物出资入股新东铝公司的，该出资系公司出资而非股东出资，东铝公司无权将其整体对外投资中的一部分确认到某个股东名下。最后，该协议的内容违背了8月18日股东会决议，违反了《中华人民共和国公司法》的相关规定，损害了公司其他股东的利益。

被执行人晋能公司辩称：（1）晋能公司依2003年8月3日《股权收购协议》受让好世界公司在东铝公司二期工程的2 668万元股权，就是好世界公司享有的东铝公司在新东铝公司4 000万元股权中的2 668万元股权。（2）晋能公司购买前述2 668万元股权，实际支付了股权转让款3 314.323万元及利息，且办理了工商变更登记，合法有效。（3）好世界公司在东铝公司的注册资本为10 002万元。好世界公司重复验资，虚构注册资金3 000万元，严重侵害了东铝公司股东的合法权益。

本院查明与争议有关的基本事实如下：

被执行人东铝公司由太原铝厂（后变更为太原三晋铝业有限公司，以下简称三晋铝业公司）与两家香港公司于1995年合资成立，开发、生产和销售电解铝产品，原注册资本1 200万美元。

1998年3月18日，东铝公司与好世界公司签订协议（以下简称《3·18协议》），约定好世界公司向东铝公司一期工程投资4 000万元，东铝公司4年内返还其本息4 800万元及保底利润4 800万元。1998年东铝公司第一期增资扩股时，曾将好世界公司该4 000万元出资界定为其对东铝公司的股权。后好世界公司向山西高院诉请判令东铝公司按照《3·18协议》履行付款义务。经二审，本院（2006）民二终字第43号民事判决（即本案执行依据）认定：好世界公司投入东铝公司4 000万元，是其通过加工定作、租赁和回购的方式参与东铝公司一期项目的投入。好世界公司成为东铝公司的股东只是形式，目的是为了更好地履行《3·18协议》，并非放弃履行《3·18协议》而真正转为投资入股。根据双方签订的有关债务结算的《转股协议》，东铝公司仍欠好世界公司5 537万元。故判决东铝公司向好世界公司支付该笔款项及利息。

1999年8月，东铝公司开始实施电解铝环境治理、节能改造二期工程建设。2000年5月开始，东铝公司第二次增资扩股，好世界公司认购增加投资723万美元，折合人民币6 002万元,出资总额达到1 205.06美元,折合人民币1亿多元,占东铝公司全部资本的27.34%。

2003年5月16日,三晋铝业公司与晋能公司签订了《股权委托管理协议书》,将其持有的东铝公司的12 572万元股权委托给晋能公司管理。协议约定:晋能公司在东铝二期项目全面投产前,负责东铝公司各股东股权的清晰工作。《协议》要求晋能公司促成东铝公司董事会通过东铝二期建设的决议,并筹集资金主持实施。《协议》第9条约定:"乙方(即晋能公司)为二期建设和生产经营正常运转筹措资金,暂列为东铝的负债,资产重组后,乙方直接投入的资金,在东铝各方股东共同确认后,可转为股本金。"2003年5月24日,东铝公司董事会作出决议,同意该委托管理协议。

2003年8月25日,太原市政府召集三晋铝业公司、东铝公司、晋能公司研究东铝公司二期工程的有关问题,形成了会议纪要,载明:"晋能公司是在东铝公司经营十分困难的情况下介入的。委托经营以来,晋能公司先后投入流动资金6 163万元,解决临时拆借周转资金2 000万元。""为了加快二期工程建设,把太原市的铝产业做大做强,经东铝公司董事会全体董事同意,决定以二期部分在建工程与晋能公司实行重组,成立新公司,新公司集中人力、物力、财力进行二期工程建设。"会议决定:"晋能公司以先期投入一期工程的6 163万元资金抵顶的二期实物资产及新投入的资金作为股本金,东铝公司以二期实物出资4 000万元作为股本金,进行合作,成立新东铝公司。"

新东铝公司于2003年9月12日登记设立。公司设立登记资料载明:晋能公司出资1.1亿元(其中实物6 200万元,货币4 800万元),占注册资本的73.33%;东铝公司实物出资4 000万元,占注册资本的26.67%。

好世界公司曾于2005年10月提起仲裁,请求确认晋能公司无偿占有东铝公司在新东铝公司的2 668万元股权,是抽逃其在东铝公司出资的行为。后于2008年12月申请撤销仲裁请求,仲裁庭据此决定撤销案件。2007年1月,好世界公司亦曾向山西高院提起诉讼,请求判令晋能公司和新东铝公司对本院(2006)民二终字第43号民事判决确认的东铝公司所欠好世界公司的5 537万余元债务承担连带责任。理由为,晋能公司利用托管关系以及从好世界公司受让其在东铝公司的2 668万元股权,而成为东铝公司的实际控制人和股东,以对东铝公司实行资产重组为名,实施了一系列抽逃出资、侵吞东铝公司优势资产等以合法形式掩盖非法目的的恶意逃债行为。后又于2007年5月提出了撤诉申请,山西高院据此裁定准许撤诉[参见山西高院(2009)晋执异字第1号案卷第62—99页]。

对好世界公司在东铝二期工程中2 668万元的投入,未查到该2 668万元投入的具体情况和关于其权利性质的最初约定，但各方对有此投入的事实本身无争议。该2668万元投入，通过一系列协议和法院裁定，作为好世界公司的股权，转让给了晋能公司。上述系列协议、裁定等文件，是好世界公司与晋能公司在本案中共同提供的，事实情况如下：

1. 好世界公司与晋能公司之间的股权转让协议、与东铝公司的股权界定协议及东铝公司股东会纪要。2003年8月3日，好世界公司与晋能公司签订《股权收购协议》（以下简称《8·3协议》），约定："甲方（指好世界公司）作为东铝公司的股东之一，在东铝公司二期工程中，货币投入股本金2668万元，该工程处在建设中，现同意转让给乙方（指晋能公司）。"并约定该转让应征得东铝公司股东同意；晋能公司自签订该协议之日起先付500万元，剩余款项在2003年10月底全部付清。

东铝公司于2003年8月18日召开股东会议，"专题研究东铝二期资产重组、一期租赁事宜"。会议纪要（以下简称8·18股东会议纪要）第9项第2句为："同意好世界公司在二期享有的股权2668万元出让，其他两方股东放弃优先购买权。"

2003年9月9日，东铝公司与好世界公司签订了一份《协议书》（以下简称《9·9协议》），内容为："甲方东铝公司，乙方好世界公司。根据东铝公司8月18日股东会议决议，经甲乙双方充分协商，就公司与晋能公司组建的新东铝公司的股权分配有关事宜达成如下协议：一、根据好世界公司在东铝公司二期实际投入资金的情况，双方共同确认，在拟组建的新东铝公司中，东铝公司所占的4000万元资产的股权内，好世界公司享有其中2668万元的资产及相应股权。二、好世界公司有权单方处置其拥有的2668万元股权，东铝公司应积极配合出具相应的手续。三、本协议一式四份，甲乙双方各执两份，双方签字之日起生效。"好世界公司由代表人庞某联签字。

2. 太原中院执行华储公司与好世界公司欠款纠纷案中的相关协议和裁定。好世界公司对华储公司有欠款，东铝公司为保证人，该纠纷经太原中院调解结案，在执行过程中，2004年2月，华储公司、好世界公司、东铝公司三方达成以股权抵债的《执行和解协议书》（以下简称抵债协议），其当事人栏列华储公司为申请执行人，被执行人为好世界公司和东铝公司（担保人）。协议确定执行标的为1040万元，抵债部分表述为："好世界公司未按期全部支付欠款，东铝公司也未履行代为清偿责任。现在，太原中院已冻结东铝公司在新东铝公司中的4000万元股权。经申请执行人与被执行人协商，被执行人由于自身问题，愿以在新东铝公司中4000万元股权中的2668万元股权抵顶全部执行标的……被执行人同意申请执行人享有全部股东权益，并有权转让该股权给第三人。"

2004年2月24日，太原中院作出（2002）并执字第296号民事裁定，按照上述三方当事人达成的和解协议，裁定如下："被执行人好世界公司在新东铝公司中的

2668万元股权以股顶债给华储公司1253万元。"

2004年2月28日，华储公司与晋能公司签订《股权转让协议》，约定：华储公司所享有的"受让于东铝公司在新东铝公司的股权"2668万元转让给晋能公司，晋能公司同意以溢价3208万元的价格收购该股权。

2004年3月11日，华储公司与好世界公司签订《执行和解协议书》，称根据华储公司、好世界公司、东铝公司在2004年2月签订的执行和解协议，以及太原中院执行裁定，"乙方（指好世界公司）在新东铝公司2668万元股权已被太原中院划转甲方（指华储公司）折抵乙方所欠甲方债务。甲方于2004年2月28日将该股权转让给晋能公司。晋能公司已将2668万元股权转让金给付甲方。"约定：华储公司将晋能公司支付的股权转让金，扣除其应得1040万元部分的余额支付给好世界公司。

在本执行案中，好世界公司主张上述2668万元股权是好世界公司在东铝公司享有的股权，而不是其在新东铝公司中的股权，由此要求进一步认定晋能公司通过受让而成为东铝公司的股东，并在此基础上无偿取得了东铝公司对新东铝公司的2668万元股权，从而抽逃了东铝公司的注册资金，应当被追加为被执行人。此主张是否能够成立，只能根据相关的一系列协议以及在此基础上形成的裁定和判决的表述进行认定。对此，本院结合好世界公司的复议理由，分析认定如下：

1. 本院相关判决没有确认好世界公司转让给晋能公司的2668万元股权是好世界公司在东铝公司的股权。好世界公司主张，本院（2004）民二终字第214号民事判决、山西高院（2006）晋民初字第27号民事判决确认了好世界公司将其在东铝公司中的2668万元股权转让给了晋能公司。山西高院（2006）晋民初字第27号民事判决，是来宝资源公司因对东铝公司有债权，而对东铝公司的股东提起的代位权纠纷案。该判决在事实部分只是简单引述了《8·3协议》的内容，并援引了本院（2004）民二终字第214号、（2006）民二终字第43号民事判决书，而径行认定："好世界公司已将其在东铝公司的全部股份转让，其不再是东铝公司的股东，对东铝公司不再具有出资义务"，故判定来宝资源公司无权向好世界公司主张代位权。因该判决主要是依据本院上述判决作出的认定，故必须受本院上述判决解释的限制，不能超越本院判决的限定，而直接作为认定2668万元股权是好世界公司对东铝公司所享有的依据。对该问题的认定仍需以本院相关判决的表述为准。

本院（2006）民二终字第43号民事判决书仅在理由部分（第15页）提到，"而2668万元股权则系好世界公司参与东铝公司二期项目建设的投入。后好世界公司已将该2668万元股权转让给了案外人晋能公司"。该案审理的是好世界公司在东铝公司一期工程中原4000万元投入名为入股实为定作和租赁形成债权债务的关系，并未对该东铝二期的2668万元股权的性质作实质审理，只是将一期和二期进行了区分。

本院（2004）民二终字第 214 号民事判决，审理的是好世界公司就其 2 668 万元股权转让给晋能公司的价款支付纠纷。该判决解决的焦点问题，一是好世界公司、东铝公司、晋能公司、华储公司之间一系列协议之间的关系，认为"实质是好世界公司、晋能公司以及华储公司、东铝公司各方通过协议形式实现抹平各方之间债务的真实目的，说明本案有关当事人是在真实地履行好世界公司与晋能公司之间所签订的《股权收购协议》（即《8·3 协议》）"。二是认定晋能公司在《8·3 协议》项下尚欠好世界公司 587.323 万元，判决支付该款项及相关利息。现该判决已经执行完毕。这些内容是山西高院在本案异议裁定中认定事实的依据。该判决事实认定部分概要叙述了上述全部协议和太原中院裁定等相关事实（第 2、3 页），其中对《9·9 协议》概括表述为："东铝公司又与好世界公司签订了一份协议，进一步明确好世界公司在东铝公司二期工程（后组建为新东铝公司）中，东铝公司所占有的 4 000 万元股权内，好世界公司享有其中的 2 668 万元股权，并有权单方处置。"判决理由部分（第 9 页）提到"好世界公司所拥有的在东铝公司二期工程中的 2 668 万元股权"。该判决对该 2 668 万元股权是否就是指对后来设立的新东铝公司的股权，并未做阐述，但已经指明是对东铝公司二期工程的股权，并注明该二期工程后组建为新东铝公司，为本案作进一步认定奠定了基础。无论如何，判决中并无确认该 2 668 万元股权属于好世界公司对东铝公司的股权的表述。好世界公司关于该判决已经认定该 2 668 万元股权是好世界公司对东铝公司股权的主张，不能成立。

2. 有关 2 668 万元股权转让的一系列协议、会议纪要、裁定等文件表明该股权是指对新东铝公司的股权，晋能公司通过受让成为新东铝公司的股东，而没有成为东铝公司的股东，故无从认定其抽逃东铝公司的注册资金。

（1）有关 2 668 万元股权转让的一系列协议、会议纪要和裁定，对该股权的表述，有一个发展变化的过程，从最初的二期工程股本金逐渐明确为新东铝公司的股权。其中最关键的协议有两个：一是《9·9 协议》；二是《抵债协议》。具体分析如下：

《8·3 协议》中表述为好世界公司"在东铝公司二期工程中，货币投入股本金 2 668 万元"。8·18 股东会议纪要表述为好世界公司"在二期享有的股权 2 668 万元"。此时尚未明确该股权所指向的标的公司是东铝公司还是新东铝公司。而《9·9 协议》则明确表述为好世界公司对新东铝公司的股权。《9·9 协议》是对好世界公司通过《8·3 协议》转让给晋能公司的 2 668 万元股权的具体界定，明确指出，双方是就新组建的"新东铝公司的股权分配有关事宜"达成的协议，确认"在拟组建的新东铝公司中"，东铝公司所占的 4 000 万元资产的股权内，好世界公司享有其中 2 668 万元的资产及相应股权，并有权单独处置。此时已经明确，好世界公司的 2 668

万元股权,所指向的目标公司是拟组建的新东铝公司,即是在新东铝公司中享有的该股权。

在华储公司诉好世界公司案执行中的协议和裁定,均明确表述为2 668万元股权是对新东铝公司的股权。抵债协议明确约定,被执行人(好世界公司和东铝公司)"愿以在新东铝公司中4 000万元股权中的2 668万元股权抵顶全部执行标的"。此时可能存在争议的,不是2 668万元股权指向的目标公司,而是该股权的持有主体,究竟是好世界公司还是东铝公司。在该协议中,因好世界公司和东铝公司均为被执行人,而未具体区分执行财产为哪个被执行人的,故无法根据该协议判定该2 668万元股权究竟为好世界公司所持有,还是东铝公司所持有。同样,2004年2月28日华储公司与晋能公司签订的《股权转让协议》,将华储公司转让的对新东铝公司的2 668万元股权表述为"受让于东铝公司",也表明对新东铝公司股权的原持有主体可能存在疑问。但该协议的实质在于将华储公司的股权转让给晋能公司,至于华储公司的股权受让予谁,只是附带说明,且该协议没有好世界公司参与,故应以抵债协议作为认定股权持有主体的主要依据。依据抵债协议,即使不能断定该股权持有主体是好世界公司,也只能说好世界公司与晋能公司关于谁是新东铝公司的股权持有人问题可能有不同理解。如果理解为东铝公司是股权所有人,则一种可能是东铝公司依据生效法律文书替好世界公司履行了担保义务,另一种可能是好世界公司处分了东铝公司对外持有的股权,由此形成东铝公司与好世界公司之间的追偿关系。但无论股权的原持有主体是指哪一方,抵债的标的也已经被明确界定为是对新东铝公司的2 668万元股权,而绝不存在理解为好世界公司对东铝公司的2 668万元股权的可能。

2004年2月24日太原中院作出的(2002)并执字第296号民事裁定书的表述进一步明确,抵债的是"被执行人好世界公司在新东铝公司中的2 668万元股权"。如果好世界公司认为2 668万元股权是其对东铝公司的股权,应该在当时或随后提出,但其并未对前述裁定提出异议,反而在后来与华储公司签订的《执行和解协议书》中,称好世界公司在新东铝公司的2 668万元股权已被太原中院裁定抵债,完全确认了太原中院裁定书的表述。至此最终表明了好世界公司的意思是,2 668万元股权是指对新东铝公司的股权,而且该股权是好世界公司享有的。

综上,尽管好世界公司在不同时期自己参与的各项协议的特定表述存在着不一致,但该股权是指对新东铝公司的股权,应当是毫无疑义的。尽管理解上可能存在究竟属于好世界公司享有还是东铝公司的歧义,但因本案中东铝公司并未再主张2 668万元股权原为其所享有,故应当排除东铝公司作为该股权主体的推断,而认定是好世界公司所享有。

(2) 好世界公司在复议中主张其在东铝公司二期工程的股本金2 668万元与新东

铝公司无关。根据前述基本事实及分析认定，本院认为该问题只能作如下解释：新东铝公司是在东铝公司二期工程资产重组基础上组建的新公司。东铝公司二期工程虽然最初作为东铝公司内部建设的项目，曾是东铝公司项目建设的一个阶段，不是独立法人实体，好世界公司在二期工程的2668万元投资，确实可以说与东铝公司第二次增资扩股是一致的。如果二期工程没有组建为新东铝公司，没有《9·9协议》、与华储公司的抵债协议等，正常情况下，好世界公司对东铝公司二期工程的2668万元股本金投入都可能被视为对东铝公司的股权。但鉴于东铝公司在资产重组中，以二期工程为基础设立了新东铝公司，该二期工程实际构成了新东铝公司的实体资产。好世界公司在原东铝公司二期工程投入的股本金，原本可以界定为好世界公司对东铝公司的股权，但根据《9·9协议》转化为在拟设立的新东铝公司的股权。协议中所谓东铝公司4000万元股权中有好世界公司2668万元股权的说法，实质上表明双方对该2668万元股权作了名义持有人与实际持有人不一致的安排，即东铝公司名下的在新东铝公司中的4000万元股权中，有2668万元股权是由好世界公司实际享有，而通过东铝公司名义持有。

（3）综合上述相关各项协议、纪要及裁定等文件的表述，应当认定，好世界公司转让给晋能公司的2668万元股权，是好世界公司对新东铝公司的股权，而不是其对东铝公司的股权。无法得出晋能公司通过受让而成为东铝公司的股东的结论。此外，也未发现晋能公司通过其他途径成为东铝公司股东的证据。故不存在晋能公司抽逃其向东铝公司已经投入的注册资金的前提条件。晋能公司已经为购买该2668万元股权支付了对价，也未发现晋能公司利用东铝公司的资金支付股权转让款的证据。好世界公司为了追加晋能公司为本案被执行人，主张2668万元股权与新东铝公司无关，而是其对东铝公司的股权，晋能公司通过受让该股权而成为东铝公司的股东，再将本应属于东铝公司对新东铝公司的2668万元股权占为己有，是抛开自己直接作为当事人的前述协议、纪要和执行裁定等文件，所作出的意思相反的假设性逻辑推论，无法认可其为事实。故无从认定晋能公司抽逃东铝公司注册资金，不具备按照《执行规定》第80条追加其为被执行人的条件。

3. 关于东铝公司与好世界公司2003年9月9日签订的《9·9协议》效力等问题。本案需要解决的是执行程序中依据《执行规定》第80条的规定追加被执行人问题，限于执行程序的职能范围，原则上应当根据与争议的股权归属相关的一系列协议、会议纪要及裁判文书等文件所具有的客观效果作出形式上的审查判断。同时，《9·9协议》虽然是认定2668万元股权属于对新东铝公司股权的关键证据之一，但不是唯一的证据。另一份关键证据，即好世界公司作为当事人的抵债协议，以及随后的其他协议和太原中院的裁定，均已经明确该2668万元股权是对新东铝公司的股权,且这些协议已经履行。《9·9协议》无效的结果至多只能说明晋能公司购买的是东铝公司对新东铝公司的2668万元股权,仍不能得出其购买了好世界公司对东铝公司的2668万元股权的结论。但鉴于好世界公司在本案中坚持将该协议无效作为主要理由,本院应当予以回应。

本院认为:好世界公司在其诉晋能公司2668万元股权转让欠款纠纷案一、二审中,均将《9·9协议》作为说明《8·3协议》转让股权的具体内容的证据提交给法院,可见其当时是认为《9·9协议》为有效协议。山西高院一审判决及本院(2004)民二终字第214号二审判决亦将《9·9协议》的内容予以认定,该认定是以该协议有效为前提。好世界公司在向晋能公司追索股权转让价款成功后,在本案中作为东铝公司债权人时,为达到追加晋能公司为本案被执行人的目的,又提出《9·9协议》无效,否认自己当年作为追索该股权转让价款时作为依据之一的《9·9协议》,自相矛盾,有违诚实信用原则。本院在复议审查中亦未发现其中有符合《中华人民共和国合同法》第52条规定的足以认定该协议无效的证据。故对好世界公司《9·9协议》无效的主张不予支持。具体分析如下:

(1)签字盖章问题涉及合同是否成立的问题。根据《中华人民共和国合同法》第32条的规定,书面合同"自双方当事人签字或盖章时合同成立"。在此,法律规定的合同成立要件是签字或者盖章二者具备其一即可。法人订立合同时也并非必须经过法定代表人签字。《9·9协议》经好世界公司代表人庞某联签字,且其中约定自"双方签字之日起生效",故该协议的成立,无须好世界公司加盖公章。而同一时期庞某联作为好世界公司的代表签署的协议等文件,除了《9·9协议》以外,还有《8·3协议》、东铝公司《8·18股东会议纪要》(庞某联代表好世界公司参加该会议)、抵债协议、2004年3月11日与华储公司签订的执行和解协议。即本案所涉及的、好世界公司参与的有关2668万元股权转让的全部协议,好世界公司一方均是由庞某联作为代表人签字的。此外,作为本院(2006)民二终字第43号判决基础的、记载东铝公司欠好世界公司5537万元的《转股协议》,也是由庞某联代表好世界公司签署的。多数文件上将庞某联称为好世界公司的"代表人",其中《8·3协议》上当事人部分将庞某联列为好世界公司的"法人代表"。由此可以断定,庞某联长期作为好世界公司的代表人进行签字,应属于职务行为。故好世界公司关于庞某联无权签字的说法不足采信。

(2)《8·3协议》和《8·18股东会议纪要》中对好世界公司转让的标的,只是表述为是好世界公司在东铝公司二期工程中的股本金或股权,其本身有待进一步明确。因该转让行为与新东铝公司的组建同时进行,且《9·9协议》签订之前,《8·3协议》并未履行完毕,《9·9协议》只是进一步明确了好世界公司在东铝公司二期工程中的股本金或股权转化为对新东铝公司的股权，是协助好世界公司澄清《8·3协议》中转让的标的。好世界公司关于"签订该《9·9协议》之前，好世界公司已将2668万元股权转让给晋能公司，已经丧失股东地位，没有资格签订协议"的说法，与上述《协议》和《会议纪要》之间的实际关系不符，不足采信。

（3）对新东铝公司出资4000万元，是以东铝公司的名义进行的。此在一定意义上，也可以说属于东铝公司全体股东的投资行为。因此，通常不应当将东铝公司整体对外投资中的一部分确认到某个股东名下。但此不妨碍在资产重组及新公司设立过程中，东铝公司及其股东根据实际情况，充分协商，对未来设立的新公司的股权分配作出划分，将作为东铝公司股东的好世界公司在二期工程中投入的、原已经明确称为"股本金"的2668万元界定为新组建公司的股本金，并由东铝公司名义持有，好世界公司实际享有。在东铝公司经营十分困难、好世界公司对华储公司负债的情况下，将2668万元股本金界定为好世界公司对新东铝公司的股权，与界定为好世界公司对东铝公司的股权，并形成与新东铝公司的间接关系相比，显然对好世界公司更为有利。故此种界定行为，符合好世界公司当时的利益。根据目前的全部相关文件分析，只能得出结论为：将好世界公司2668万元股权界定为是对新东铝公司的股权，是当时东铝公司、好世界公司及其他股东、晋能公司共同的真实意思，也没有违反《中华人民共和国公司法》的规定。

综上，好世界公司关于《9·9协议》无效的主张，与其之前在相关案件中的诉讼行为及主张自相矛盾，前后不一，又无与相关判决中的认定相反的充分证据支持，故本院认定该协议为有效协议。至于好世界公司提出的晋能公司利用托管人的身份侵占东铝公司资产的问题，现有证据无法认定，同时该问题不属于通过执行程序裁定追加被执行人解决的范围，如好世界公司仍坚持该主张，可通过另行诉讼程序解决。

综上，好世界公司申请追加晋能公司为本案被执行人的请求不能支持，山西高院（2009）晋执异字第1号执行裁定认定事实清楚，适用法律正确，应予维持。依照《中华人民共和国民事诉讼法》第225条和最高人民法院《关于适用〈中华人民共和国民事诉讼法〉执行程序若干问题的解释》第9条的规定，本院裁定如下：

驳回山西好世界保龄球娱乐有限公司的复议请求。

本裁定为终审裁定。

审判长　黄金龙
代理审判员　范向阳
代理审判员　薛贵忠
二〇一三年三月二十七日

【裁判文书点评】

股权转让纠纷执行案的核心是股权转让纠纷。本案中，股权和债权存在着复杂的关系，而且对于股权是哪个公司的股权、股东是哪个公司的股东这种看似"小儿科"的问题也出现了争议，该争议甚至要最高人民法院作出裁定才可以解决。

本案将股权、股东、债权的复杂性推向了一个新的高度，对本案的理解会让读者对股权争议的复杂性有更加深入的认识。

[383] 股权转让纠纷执行案复议裁定书（股权转让生效裁判的执行）【☆☆☆☆】

SZ1、SZ2 诉 SF 等 11 人股权转让纠纷执行案复议裁定书①

申请复议人（被执行人）：SF。

申请执行人：SZ1。

申请执行人：SZ2。

SF 因不服青海省高级人民法院（以下简称青海高院）（2012）青执异字第 1 号执行裁定书，向本院申请复议。本院依法组成合议庭进行审查，现已审查终结。

SZ1、SZ2 诉 SF、周某辉、林某清、周某金、张某薪、李某光、项某元、王某新、卢某星、项某元、陈某华（以下简称 SF 等 11 人）股权转让纠纷一案，青海高院于 2011 年 8 月 3 日做出（2011）青民二初字第 6 号民事判决，判令 SZ1、SZ2 与 SF 等 11 人签订的关于该 11 人向 SZ1、SZ2 转让青海金鹰矿业有限公司（以下简称金鹰公司）股权的《股权及资产转让协议书》（以下简称协议书）合法有效，双方应继续履行。经上诉审理，本院于 2011 年 12 月 5 日作出（2011）民二终字第 106 号民事判决，驳回上诉，维持原判。

判决生效后，SZ1、SZ2 申请执行，青海高院 2011 年 12 月 23 日向 SF 等 11 人发出（2011）青执字第 7 号《责令履行指定行为通知书》，责令其继续履行协议书，将金鹰公司的股权过户给申请人 SZ1、SZ2。同日向 SZ1、SZ2 发出（2011）青执字第 7 号《通知》，责令其向 SF 等 11 人支付股权转让价款 2 255 万元，转入青海高院指定账户。

SF 等 11 人不服《责令履行指定行为通知书》，向青海高院提出异议，主要理由为：(1) 本案生效判决是合同有效、继续履行的确认之诉的判决，没有给付内容，不具有强制执行力。(2) 生效判决确定的内容仅限于"《股权及资产转让协议书》

---

① 参见最高人民法院（2012）执复字第 13 号执行裁定书。有删节，人名与住所等信息已经过技术处理。

合法有效，双方应继续履行"，而《责令履行指定行为通知书》增加要求 SF 等 11 人"将金鹰矿业的股权过户给 SZ1、SZ2"的内容，未经法院审理判决，导致被执行人救济权利的丧失，违反民事诉讼程序。(3) 根据《青海省矿业权转让管理办法》第 5 条的规定，当发生"企业法人未发生变化，但原控股股东发生变化"情形时，"矿业权人必须向原发证机关提出申请，经审查批准后办理矿业权转让审批和变更登记手续。工商管理部门凭矿业权管理部门的转让批准文件或矿业权变更登记文件办理相应工商登记"。青海高院在未经矿业权管理部门批准的情况下，强制进行股权过户，势必发生司法权与行政权的冲突，造成司法干预行政权的结果。综上，SF 等 11 人请求青海高院依法驳回 SZ1、SZ2 的执行申请或裁定不予执行。

青海高院经审查认为：异议人提出的生效法律文书确定双方当事人继续履行合同的判决结果因无给付内容，执行标的不明确，不能强制执行的理由，不属于执行异议审查范围。该案因股权转让合同产生纠纷，一、二审判决均确认合同合法有效，要求双方当事人继续履行合同。因 SF 等人未履行生效判决，执行中，该院在充分尊重案件事实和判决的基础上，要求双方履行法定义务，依法作出的法律文书合理合法。异议人提出的《责令履行指定行为通知书》超过法律文书确定内容的理由不能成立。综上，青海高院 2012 年 2 月 15 日作出（2012）青执异字第 1 号执行裁定，驳回 SF 等 11 人的异议。

SF 不服（2012）青执异字第 1 号执行裁定，向本院申请复议，理由与异议理由相同，并补充如下：(1) 青海高院认为"异议人提出的生效法律文书确定双方当事人继续履行合同的判决结果因无给付内容，执行标的不明确，不能强制执行的理由，不属于执行异议审查范围"，属于故意回避本案事实，逃避审查义务，推卸责任。(2) 判决书对双方应如何履行及具体履行内容并未明确。执行部门无权结合判决的说理部分与合同的具体条款确定继续履行的执行内容。由执行人员判断双方合同的义务及次序，违背"审执分离"的原则。(3) 青海高院异议裁定未审查复议人提出的关于"对本案的错误执行会引发与行政权的冲突"的异议理由。据此，申请复议人请求本院依法撤销（2012）青执异字第 1 号执行裁定，驳回 SZ1、SZ2 的执行申请或裁定不予执行。

根据本案生效判决，本院查明相关事实如下：金鹰公司全体股东 SF 等 11 人决议将全部股权对外一次性转让，转让事宜及转让协议签订后的矿业权审批备案、工商变更登记等手续由周某辉、周某金全权负责办理，并出具了授权委托书。全体股东并约定股权出让的总价款不得低于 2400 万元。2010 年 12 月 29 日，SZ1、SZ2 为甲方与由周某辉、周某金代表的乙方 SF 等 11 人签订《股权及资产转让协议书》，约定将全部股东的股权 1012 万元及其资产（青海省格尔木市那陵郭勒河东铁矿矿业权），共计2 355万元,一并转让给甲方,并约定了价款支付、财产移交等具体事宜。SZ1、SZ2向周某金支付定金100万元,在该二人按照协议约定的期限准备支付剩余转让价款及办理工商变更登记时,由于周某金、SF之间因付款银行账户发生争议,SZ1、SZ2二人无法按约定期限支付转让价金,导致纠纷发生。本案申请执行人(原告)起诉的主要请求是:继续履行《股权及资产转让协议书》;被告(被执行人)支付违约金。被告反诉,主要请求确认《股权及资产转让协议书》无效。一、二审判决驳回被告反诉请求,认定该协议有效,主要理由是:周某辉、周某金二人的代理行为未超越被告的授权范围;金鹰公司股东内部关于出让股权价款,不得低于2 400万元的约定,仅发生对内的效力,不能对抗合同相对人;本案矿业权的主体是金鹰公司而非全体股东,股东转让股权不涉及公司享有的矿业权的转让,本案协议书所涉资产,仍属于股东股权范畴,并不涉及金鹰公司矿业权的转让。判决同时驳回了原告要求被告支付违约金的请求,但依据是《合同法》第107条的规定,支持了其关于继续履行合同的请求。

本院认为:

1. 本案申请执行人提出继续履行合同的诉讼请求,生效判决不仅确认合同有效,而且依据《合同法》第107条判决双方继续履行合同。该项内容属于违约责任,当事人不自动履行时,应当通过强制执行程序予以落实。只要根据判决认定的事实和理由以及所确认的合同,能够明确应当继续履行的具体内容,即应认定该继续履行合同的判决给付内容明确,有强制执行效力。本案双方当事人应当继续履行的内容虽然在生效判决主文中未具体表述,但根据判决认定的事实和理由,以及由生效判决确认应继续履行的《股权及资产转让协议书》,可以查明尚未履行的合同内容为:SZ1、SZ2付清股权转让的剩余价款,SF等11人配合完成股权转让的有关手续。该履行的步骤清楚、明确,青海高院据此向双方当事人发出通知,责令双方履行各自的义务,并未扩大SF等11人应履行义务的范围,或超出判决内容,亦未涉及对当事人责任的重新审查判断,只是将概括表现的内容具体化,并不违反审执分离的原则。青海高院在异议裁定中关于异议人提出的生效法律文书确定双方当事人继续履行合同的判决结果因无给付内容,执行标的不明确,不能强制执行的理由,不属于执行异议审查范围"的表述不当。但因裁定中实质上已经认定本案判决有执行内容,该不当表述不影响本案实质结论。

2. 青海高院《责令履行具体行为通知书》是对SF等11人发出的,尚未要求工商行政部门协助办理股权过户手续。**在申请执行人将股权转让价款支付到法院后,如果被执行人SF等11人不能自行完成股权过户手续,青海高院有权采取相应的强制执行措施。**金鹰公司股权过户是否需要按照《青海省矿业权转让管理办法》的相关规定办理审批手续及如何具体办理，应当在下一步执行中由青海高院协调处理，申请复议人以此否定青海高院发出的《责令履行具体行为通知书》的理由不能成立。

综上，青海高院（2012）青执异字第 1 号执行裁定的结论正当合法，应予维持。依照 2007 年《中华人民共和国民事诉讼法》第 202 条和最高人民法院《关于适用〈中华人民共和国民事诉讼法〉执行程序若干问题的解释》第 8 条、第 9 条的规定，裁定如下：

驳回申请复议人 SF 的复议申请。

审判长　黄金龙
代理审判员　范向阳
代理审判员　黄文艺
二〇一二年六月五日

【裁判文书点评】

对股权转让纠纷生效裁判的执行力问题，本裁定书进行了极好的阐释。

强制执行措施，是负责强制执行的人民法院可以自行确定的内容。人民法院对执行中的审批手续问题和办理中的具体问题，有权协调处理，不必事事拘泥于法律的已有规定。这种观点，对下级法院在股权转让中涉及行政审批程序的案件执行有着积极的指导作用，因为实践中由于当事人不配合审批就难以继续执行的股权争议案件不在少数。

本书主要法律规范性文件简全称对照二维码索引表[①]

简称（拼音序）	全称	北大法宝二维码
公司法	中华人民共和国公司法	
公司法司法解释（一）	最高人民法院关于适用《中华人民共和国公司法》若干问题的规定（一）	
公司法司法解释（二）	最高人民法院关于适用《中华人民共和国公司法》若干问题的规定（二）	
公司法司法解释（三）	最高人民法院关于适用《中华人民共和国公司法》若干问题的规定（三）	
公司法司法解释（四）	最高人民法院关于适用《中华人民共和国公司法》若干问题的规定（四）	
民法总则	中华人民共和国民法总则	

[①] 扫描二维码，可免费登录北大法宝查阅对应法律规范性文件全文。

简称（拼音序）	全称	北大法宝二维码
企业破产法	中华人民共和国企业破产法	
信托法	中华人民共和国信托法	
上市公司章程指引	上市公司章程指引	
中外合资经营企业法	中华人民共和国中外合资经营企业法	
合伙企业法	中华人民共和国合伙企业法	
公司登记管理条例	中华人民共和国公司登记管理条例	
外资企业法	中华人民共和国外资企业法	
合同法	中华人民共和国合同法	

简称（拼音序）	全称	北大法宝二维码
税收征管法	中华人民共和国税收征收管理法	
中外合作经营企业法	中华人民共和国中外合作经营企业法	
证券法	中华人民共和国证券法	
民事诉讼法	中华人民共和国民事诉讼法	

附录　参考网站[*]

1. 最高人民法院官方网站：http://www.court.gov.cn

最高人民法院网站有很多实用的链接和栏目，比如中国审判流程信息公开、中国庭审直播公开、中国裁判文书公开、中国执行信息公开、最高人民法院诉讼服务网、全国企业破产重整案件信息网、中国司法案例网、全国法院诉讼活动通知查询网，以及全国法院失信被执行人名单信息公布与查询、被执行人信息查询、法院公告查询、全国人大代表全国政协委员联络沟通平台、院长信箱、人民法院工作人员违法违纪举报中心等。

2. 中国法院网：http://www.chinacourt.org/index.shtml

中国法院网是最高人民法院主管、人民法院新闻传媒总社主办的"全国法院门户网站"，栏目众多，信息量较大。链接中国庭审公开网，有中国法制图片库、中国审判案例库、法律文库、法院公告查询、院长信箱、给大法官留言、专利诉讼代理人名单等。

3. 中国裁判文书网：http://wenshu.court.gov.cn

方便查询和研读裁判文书，了解案件相关信息。

4. 国家税务总局网站：http://www.chinatax.gov.cn

方便进行发票查询和涉税查询。

5. 上海证券交易所网站：http://www.sse.com.cn

方便了解上交所上市公司的公开信息。

6. 深圳证券交易所网站：http://www.szse.cn

方便了解深交所上市公司的公开信息。

7. 中国中小企业股份转让系统网站：http://www.neeq.com.cn

方便了解新三板挂牌公司的公开信息。

8. 各地市场监督管理局网站（网址略）

方便查询企业基本登记信息和企业基本信用信息。

---

[*] 本部分推荐的网站仅供参考，法律规范性文件的查询应当结合"百度"等搜索引擎的搜索结果进行综合判断。如需法律规范性文件的标准文本，则需要登录该文件发布机关的官方网站进行查询和下载。